主办／珠海科技学院

主编／刘鸣

珠江论丛

PEARL RIVER FORUM

2022 年第 1 辑
（总第 31 辑）

社会科学文献出版社

SOCIAL SCIENCES ACADEMIC PRESS (CHINA)

《珠江论丛》编辑委员会

目 录
C O N T E N T S

湾区经济

关于粤澳深度融合的科技金融产品创新思考
························黄刚伟　黄鑫雨　李奕霏／3
澳门城市边界与空间组织的重构
——以粤澳深度合作区建设为中心 ·········陈　平　郭　淦／20
粤港澳大湾区城乡融合发展新机制研究 ··················王　明／34
粤港澳大湾区跨境金融合作的法律问题研究 ···········陈佳宁／46
跨境电商视角下粤港澳区域通关的若干问题及对策 ·········刘礼金／57
珠海跨境结算的金融与贸易影响因素研究 ············杨嘉俊／70
粤澳深度融合背景下的珠海渔港产业转型发展研究 ·········周子微／97
RCEP 背景下广东跨境电商的发展瓶颈与对策探析
——以兰亭集势（深圳）为例
··············廖婉仪　吴晓静　叶洪涛　高俊晗／107

实证研究

国内旅游景区网红营销的实证研究
——以宁夏沙坡头旅游度假区为例 ······陈　江　徐　杰　刘静滢／125

基于标准化影响力视角的技术创新与企业绩效关系的实证研究
································· 李 钊 / 141

中国数字资产交易的风险问题与应对策略 ················· 孔乐怡 / 160

南粤文化

珠海沙田民歌广东省"非遗"传承人陈社金访谈录
····························· 何 平 刘晶晶 / 177

粤港澳大湾区文化视域下的粤剧与武术共生发展分析
——以彭庆华戏剧中的咏春武打艺术为例 ················· 杨毅鸿 / 190

教育教学

郑观应的留学观 ····························· 冯冬娜 / 205

新时代背景下提升民办高校党史学习教育针对性与实效性研究
············ 王奕衡 赖育健 孔斯丁 金梦暄 / 215

谈立德树人视域下体育专业课程思政教学设计
——以中学体育教材教法课程为例 ················· 王石峰 / 225

产教深度融合背景下跨境电商人才培养模式探究 ············· 熊 霞 / 235

文艺研究

"六经皆诗"的理论观念与"六经"文学研究的新突破 ······ 李洲良 / 249

从"三礼"看"乐感文化"的审美实践性 ··············· 张鹏举 / 258

大连图书馆藏稀见抄本《珍珠舶》谫论 ··········· 张庆利 王 琦 / 274

大连图书馆藏《金瓶梅》整理弁言 ················· 郑晓峰 / 284

大连图书馆藏《连城璧》的版本价值 ················· 赖劲昊 / 297

晚明世情小说中杭州的多元形象与多样书写 ··············· 张 萌 / 310

论《东周列国志》人物塑造的扁平化倾向及其成因 ··········· 耿亚楠 / 329

《梧桐影》叙事的三重视角、结构寓意及文化意蕴 ………… 乔金秋 / 339

弥漫的乡愁

　　——论耿立的《向泥土敬礼》和《消失的乡村》 ……… 刘语涵 / 356

《赫索格》的犹太文化母题刍议 ………………………… 彭　涛 / 369

温柔的背叛

　　——意大利文艺复兴再认识 ………………………… 刘云德 / 381

《珠江论丛》征稿启事 ……………………………………… / 397

CONTENTS

The Greater Bay Area Economy

Thinking on the Deep Integration of Guangdong and Macao in Technology
　Financial Products Innovation
　　　　　　　　　　　　　　 Huang Gangwei, Huang Xinyu, Li Yifei / 3
Reconstruction of Macao's Urban Boundary and Spatial Organization
　—*Centering on the Construction of Guangdong-Macao In-depth*
　　Cooperation Zone ································· *Chen Ping, Guo Gan* / 20
Study on New Mechanisms for Integrated Urban-rural Development
　in the Guangdong-Hong Kong-Macao Greater Bay Area ······ *Wang Ming* / 34
Research on Legal Issues of Cross-border Financial Cooperation in the
　Guangdong-Hong Kong-Macao Greater Bay Area ········· *Chen Jianing* / 46
Some Problems and Countermeasures of Guangdong-Hong Kong-Macao
　Regional Customs Clearance from the Perspective of Cross Border
　E-commerce ································· *Liu Lijin* / 57
Research on Influencing Factors of Finance and Trade in Zhuhai's
　Cross-border Settlement ························· *Yang Jiajun* / 70
Research on the Industrial Transformation and Development of Zhuhai
　Fishing Port under the Background of Deep Integration of
　Guangdong and Macao ························· *Zhou Ziwei* / 97
The Development Bottleneck and Countermeasures Analysis of Guangdong
　Cross-border E-commerce under the Background of RCEP
　—*On the Case of Light In The Box*
　　　········· *Liao Wanyi, Wu Xiaojing, Ye Hongtao, Gao Junhan* / 107

Empirical Research

An Empirical Study on the Marketing of Internet Celebrities in Domestic
  Tourist Attractions
  —On the Case of Ningxia Shapotou Tourist Resort
  .... *Chen Jiang*, *Xu Jie*, *Liu Jingying* / 125
An Empirical Study of the Relationship between Technological Innovation and
  Enterprise Performance based on the Perspective of Standardized Influence
  .... *Li Zhao* / 141
The Risk and Strategy of Digital Asset Trading in China ...... *Kong Leyi* / 160

Culture of Southern Guangdong

The Interview Record of Chen Shejin the Inheritor of Zhuhai Shatian Folk
  Songs and the Intangible Cultural Heritage in Guangdong Province
  .... *He Ping*, *Liu Jingjing* / 177
Analysis on the Symbiotic Development of Cantonese Opera and Martial Arts
  under the Cultural Vision of the Guangdong-Hong Kong-Macao Greater Bay Area
  —On the Case of the Martial Arts Wing Chun in Peng Qinghua's Drama
  .... *Yang Yihong* / 190

Education and Teaching

On Zheng Guanyin's Thoughts of Overseas Study .... *Feng Dongna* / 205
Research on Improving the Pertinacity and Effectiveness of Party History Learning
  and Education in Private Colleges under the Background of the New Era
  .... *Wang Yiheng*, *Lai Yujian*, *Kong Siding*, *Jin Mengxuan* / 215
On the Construction of Teaching Designation of Ideological & Political
  Curriculum of PE Major under the Perspective of Moral & Virtue Education
  —On the Case of the Curriculum of Teaching Material & Method of Middle School PE
  .... *Wang Shifeng* / 225

Research on the Training Mode of Cross-border E-commerce Talents under
the Background of Deep Integration of Industry and Education
·· Xiong Xia / 235

Literature and Art Research

The Theoretical Concept of "All the Six Classics are Poetry" and the New
Breakthrough in the Study of the Literariness of the "Six Classics"
·· Li Zhouliang / 249
On the Aesthetic Practice of "Musical and Aesthetic Culture" from
the Perspective of "Three Rites" ···················· Zhang Pengju / 258
On the Survey of Rare Manuscript Zhen Zhu Bo in Dalian Library
··· Zhang Qingli, Wang Qi / 274
Preface to Sorting of Jin Ping Mei Collected in Dalian Library
·· Zheng Xiaofeng / 284
On the Value of the Version of Lian Cheng Bi in the Collection of
Dalian Library ······································· Lai Jinhao / 297
The Multiple Images and Writing of Hangzhou in the Secular Novels of the
Late Ming Dynasty ······························· Zhang Meng / 310
On the Flattening Tendency and Causes of the Characterization in The
National Chronicles of the Eastern Zhou Dynasty ········ Geng Yanan / 329
Three Perspectives and Structural & Cultural Implications of the Narrative in the Novel
Shadow of Wutong ·································· Qiao Jinqiu / 339
The Diffuse Nostalgia
—On Geng Li's Salute to the Dirt and The Vanishing Countryside
·· Liu Yuhan / 356
Tentative Analysis of Herzog's Motifs Tied to Biblical Culture
·· Peng Tao / 369
A Gentle Betrayal
—A Fresh Look at the Italian Renaissance ···················· Liu Yunde / 381

Contribution Wanted ··· / 397

湾区

区

THE GREATER BAY AREA ECONOMY

经济

关于粤澳深度融合的科技金融产品创新思考[*]

黄刚伟　黄鑫雨　李奕霏^{**}

【摘要】 在粤港澳大湾区一体化发展的政策推动下，粤澳深度融合进入新阶段。澳门作为粤港澳大湾区一体化发展的重要角色，具备融合发展的天然优势。本文提出，依托科技金融的创新赋能，通过设立"粤澳深度融合引导基金"等手段，优化粤澳融合的资源跨境配置，在拓宽投融资渠道的同时，引导澳门的多元化转型，进而带动珠三角城市群以产融结合的方式促进粤澳深度融合，实现粤港澳大湾区的一体化发展。

【关键词】 粤澳深度融合　科技金融　产业引导基金

中共中央、国务院于 2021 年 9 月 5 日公布了《横琴粤澳深度合作区建设总体方案》，将总面积约 106 平方千米的横琴新区划为粤澳深度合作区，实施澳门与粤港澳大湾区更进一步融合发展的创新尝试，这是我国深化"一国两制"政策、深入落实粤港澳大湾区一体化发展的重大举措。国家赋予合作区四大核心战略定位，即"促进澳门经济适度多元发展的新平台、便利澳门居民生活就业的新空间、丰富'一国两制'实践的新示范、推动粤港澳大湾区建设的新高地"。围绕这一战略定位的核心价值，以

---

* 本文为广东省教育厅 2021 年重点建设学科科研能力提升项目（项目编号：2021DZJS137）的阶段性研究成果。
** 黄刚伟，珠海科技学院金融与贸易学院教授，经济学博士，主要研究方向为金融创新与资本运营；黄鑫雨，吉林大学经济学院金融专业 2017 级硕士研究生；李奕霏，吉林大学经济学院金融专业 2021 级硕士研究生在读，主要研究方向为金融创新与资本运营。

"促进澳门经济适度多元发展"为主线，科技金融创新是实现粤澳深度融合发展的必然路径。

一　粤澳深度融合机制的传统优势

（一）"一国两制"背景下的澳门既有优势

新冠肺炎疫情以来，澳门产业单一的负面影响更加凸显，根据澳门特别行政区政府统计暨普查局公布的数据，2020年澳门常住人口为68.3万人，本币 GDP 为2044亿澳门元，折合人民币1678.44亿元，人均超过24万元。① 珠海市香洲区统计局数据显示，2020年珠海香洲区全口径的 GDP 和常住人口分别是1556.64亿元和112.78万人，人均 GDP 约14万元。② 两地人均生产总值均处于我国前列。

因此中央政府及时推出粤澳深度融合发展的战略举措，借助于深度融合政策的落实，为澳门依托有利于金融创新的市场制度、实现与粤港澳大湾区进一步的融合发展提供了难得的机遇。发挥粤澳的既有优势，通过粤澳双方的跨境通力合作创新，构建出驱动粤港澳大湾区一体化发展的新格局。在深度融合战略落实过程中，澳门可以发挥以下几方面的既有优势。

1. 税制简单的制度优势

澳门的税制原则相对简单，计税标准统一、方式公平，不会重复进行征税。澳门地区实行独立的财政税收制度，税制规定，凡是在本地区获得的一定收益都要按纳税标准缴税。直接税是澳门税收体系的主体税种，也是财政收入的主要税收来源。目前，澳门主要的税收类型有14种，其中8种为直接税，6种是间接税。在税率厘定方面，澳门有着不同于其他地区

---

① 澳门特别行政区政府统计暨普查局详细数据统计之2020年数据，澳门特别行政区政府统计暨普查局官网，https：//view. officeapps. live. com/op/view. aspx？ src = http%3A%2F%2Fwww. dsec. gov. mo%2Fc%2Fgdp_ quarterly. aspx&wdOrigin = BROWSELINK，最后检索时间：2022年3月1日。

② 《2020年香洲区国民经济和社会发展统计公报》，珠海市香洲区统计局官网，http：//www. zhxz. gov. cn/zhxztjj/gkmlpt/content/2/2868/post_ 2868333. html#6498，最后检索时间：2022年3月1日。

的独有特色：彩池税和专利税的税率不通过税法来确定，而是政府与相关的企业、社团商定后决定的。此外，澳门在税收方面只行使地域管辖权，即仅对在澳门本地拥有财产或所得利益的企业及个人进行征税。

作为现代化的休闲城市，澳门的博彩业、旅游业都很发达，二者所产生的税收占澳门所有税收收入的一半以上，是主要的税收来源。澳门地区的税率在世界范围内偏低，这是因为澳门的公共收入很大一部分来自博彩业而非居民税收，这使得澳门能够吸引外来的投资者在本土从事投资活动，从而减轻了税负的压力。

2. 独立完善的货币体系

澳门特别行政区拥有独立的货币财政制度，体现的是"一国两制"方针在金融领域中的具体实践。澳门币也称作澳门元，是澳门特别行政区的法定货币。澳门的货币政策由澳门金融管理局制定，在澳门特别行政区成立后，澳门币作为法定货币继续流通，其他与中国澳门特别行政区地位不相符的货币，逐渐退出了流通领域。根据澳门基本法的规定，澳门货币的发行实行准备金制度，也就是说发行澳门币的同时必须有100%的外汇资产或等值黄金作为准备金，交付给政府的金融管理机构作为发行澳门币的担保。这种货币发行制度能够从根本上保证澳门币币值的稳定。

最初发行澳门币是由于葡萄牙殖民主义者想要通过发行货币的方式体现主权掌控，从而废除人民币在澳门的使用，达到控制澳门经济大权的目的。澳门币经历过去一个多世纪的不断演变，最终构建起符合澳门经济环境的特质，通过与港币挂钩的联系汇率制度，澳门币间接与美元挂钩，这种固定汇率制度使澳门的利率水平要与香港和美国保持一致的步伐。但同时，特区政府拥有充足的外汇储备用以维持澳门币的信用和可兑换性。

独立的货币体制为粤澳深度融合过程中的各种金融创新尝试留下了丰富的政策与产品层次的空间与舞台，将使粤澳深度融合在大湾区一体化发展的格局中发挥出独具特色的引领作用。

3. 外汇交易的宽松灵活

澳门外汇管理是指依法对外汇的买卖和流通加以管理。澳门基本法规定，澳门回归中国以后不实行外汇管制政策。外汇政策的宽松灵活，促使资金能够在澳门自由流通、外汇交易更加便捷高效，这是澳门金融制度的一大重要特色。由于澳门具备自由港的地缘特征，现在各种国际商品、资金、贸易可在澳门自由流动。从多年的实践经验来看，与港元联系的汇率制度对澳门金融体系的稳定和经济良好运行起着积极的作用。在现行的汇率制度下，澳门币间接联系美元，能保证其币值相对稳定。现行汇率制度也促使金融管理局制定相对保守的财政政策，以此来保持财政盈余，维持经济环境的稳定。

此外，由于澳门政府对外币存款不征收利息税，对经营外币存款也没有准备金标准，因此外资银行纷纷进驻澳门，并成为澳门金融业的重要组成部分。据2020年底统计，目前澳门共有商业银行29家，其中外资银行有17家。[①] 这一独特的制度优势为粤港湾大湾区依托粤澳深度融合的跨境金融创新服务提供了难得的基础保障，为我国的离岸人民币业务创新与人民币国际化预留了巨大的沙盒空间。

4. 博彩业闲置资金的吸附功能

一业独大的澳门博彩业为澳门培育了独特的闲置资金吸附功能，非疫情年景中澳门博彩业每年的收入都在2000亿~3000亿澳门元，2020年由于疫情的影响，澳门的博彩收入巨幅缩减，但也超过了600亿澳门元。巨量的资金能否找到合适的出口是事关澳门产业转型及粤澳深度融合政策落实的、必须给予深切关注的问题，在继续维持澳门博彩业资金吸附功能的基础上，通过粤澳深度融合找到引流的出口，将为大湾区构建出中国特色的微型经济体转型发展与区域协同的独特模式，创新提炼出新的"中国经验"。

（二）粤澳深度融合框架下的技术与产业支撑优势

1. 拥有国家级中医药技术交流平台

横琴总体发展规划中明确提出了努力打造一个由医药企业组成的产业集群的任务目标。应横琴总体发展规划要求建设的"粤澳合作中医药科技产业园"已经初具规模，该产业园成为粤澳合作框架协议中首个成功落地

---

① 数据来源：澳门金融管理局官网，https://www.amcm.gov.mo/，最后检索时间：2022年3月1日。

的项目，得益于其拥有多样的文化资源要素、专业化的科技研究人才、充足的技术研发资金以及政策助力，它也是粤港澳大湾区中医药科技研发的龙头园区，构建了粤澳深度融合发展的独特产业支撑优势。

"粤澳合作中医药科技产业园"位于横琴新区高新技术片区，建筑面积为128000平方米，该产业园的设立目标是在园区内打造一个可持续发展的营运模式，由培养个别企业扩展到辅助整个产业链协调运行，在法律法规、技术支持、投融资、创业发展等方面有针对性地为研发机构及企业的进入提供便利条件，大大拓宽澳门中医药产业的发展空间。产业园具备中医药文化与产业国际化的优势定位，秉承构建"国际级中医药质量控制基地"和"国际健康产业交流平台"的核心思想，在粤澳深度融合机制下，产业园已经吸引了多个知名企业聚集，为众多企业及青年人才提供了良好的发展环境及上升空间。正因为有了这一国家级中医药技术交流平台作为技术保障，该产业园成为推动澳门经济多元化发展以及确立区域经济增长极地位的重要载体，未来有着广阔的发展前景，亦为未来粤澳深合区的进一步融合发展提供了坚实的产业基础和极具价值的标杆示范。

2. 拥有国家级的航空产业引领机制

随着金海大桥的贯通，与横琴一桥相连的金湾航空产业聚集区是中国通用航空产业发展的标杆，为澳门产业多元化奠定了非常扎实的转化基础。粤澳深度融合机制能够促使横琴依托中国国际航空航天博览会的品牌引领，加快与澳门资本合作的步伐，共同打造具有中国特色的通用航空产业集群。

粤澳深度合作区应该抓住机遇，融合澳门大学、云洲智能及中国通飞水上飞机的科研与产品优势，联合北京航空航天大学、南京航空航天大学、沈阳航空航天大学、中国民航大学、中国民用航空飞行学院、空军航空大学等高校与科研机构，构建横琴"中国航空航天科技攻关转化平台"，依托粤澳融合的机制创新促进通用航空产业的技术突破与转化。

3. 拥有湾区最为富集的海岛和旅游会展资源

借助于粤澳深度融合的机制创新，依托海岛资源拓展特色旅游会展的空间与业态，通过珠澳口岸功能的延展，开通洪湾渔港与澳门、横琴与外岛、澳门各个码头与外岛等旅游航线，将博彩资源转化为旅游消费资源。将澳门及横琴的酒店会展资源与珠海海岛资源、横琴的长隆海洋世界及斗门的特色渔农产业及文化资源相融合，推进粤澳深度融合的资源转化与传统旅游产业的转型升级，粤澳深度融合合作区将成为立足湾区、享誉世界的旅游会展核心区。

4. 拥有数字金融时代的后发优势

横琴新区经过十多年的累积发展，构建了富含跨境金融服务特色的金融产业基础，数字金融的研发与产业促进作用明显，具备了数字金融产业的后发优势，借助于粤澳深度融合的机制创新优势，通过培养数字金融生态的科技金融，将构建出粤澳深度融合的产业支撑新高地。

二 粤澳深度融合的科技金融创新

（一）粤澳深度融合的科技金融的价值解析

首先，从政策的导向功能来看，近年来为进一步支持科技企业创新成长，政府相继出台了各种科技创新支持政策，主要目的是减轻企业财务负担，增强创新动力。科技金融政策打通了科技与金融的联通渠道，政府可以通过建立创新奖励基金，或对科创型企业提供研发经费等鼓励性扶持，为科技企业提供强大的资金来源。这种科技金融创新政策将会对横琴的产业聚集与高新技术产业生态构建起到不可替代的推动作用。其次，从金融服务的视角来看，相较于传统的金融服务模式，科技金融更加注重两种要素的融合，属于创新型金融范畴，是社会宏观及中观层面上金融服务体系的创新。在这种产业融合的过程中，对于企业来说，未来的成长潜力以及科技成果的转化价值是决定企业发展水平的重要因素。这一观念引领将促进横琴构建出在我国的中医药产业及通用航空产业发展中的核心优势。最后，从社会发展系统的视角来看，科技金融是社会发展过程中的风险识别防范与成果共享系统，它的目标是推进科创型企业加快研发脚步，从而得到更好更快的发展。通常来说，投资者会选择那些建设初期规模较小但发展潜力高、发展速度较快以及具有高收益特征的中小企业作为投资对象。

科技金融有着系统性的社会服务资源体系，在给企业提供资金支持的同时还满足了社会持续发展中的风险分摊与盈利共享两个条件，是支持数字经济发展、促进"共建、共享、共赢"的社会服务系统数字化的关键支撑要素。

（二）粤澳深度融合的科技金融产品创新

产业投资引导基金是由政府参与建立的产业投融资平台，产业基金的有效引导，能够加快产业转型升级并推动产业结构优化。政府资金通常是产业引导基金的主要来源，作为一种政策性投资，它往往投向私人资金不愿意参与的高风险领域。在中央政府的政策支持下，通过粤澳政府间的合作，以"粤澳深度融合引导基金"的方式，吸引各种社会资源参与，就可以探索出澳门通过金融创新实现产业适度多元化的新路径。

初创企业的主要特点是回报周期相对较长，且资本流动性较差，因此投资风险较大，相对于证券市场的变现快、流动性高等特点，较难获得长期稳定的资金来源，仅依靠资本市场机制很难解决这一问题。因此为了吸引社会投资，以粤澳深度合作的政府信用为保障建立产业投资引导基金，能够提高金融机构及风险投资者的投资积极性，从而汇集社会上大量的闲散资金，为处于初创期的企业提供充足的发展资金，满足科技型企业的融资需求，并进一步维持其良性运转。

1. 以技术开发为依托的"粤澳深度融合中医药产业投资引导基金"

在澳门的国家重点实验室的技术引领的支撑下，通过粤澳深度合作机制的科技金融机制创新，以中医药技术开发为依托，设立粤澳深度融合"中医药产业投资引导基金"。设立该基金的目标是引领和构建澳门的中医药技术与产品的研发集群，促进分工体系向区域一体化深度拓展，加快中医药产业领域的交流借鉴，包括进出口贸易、技术研讨与交流、成果转化等，从而实现产业规模效益的大幅提升，构建起粤澳深度合作区大健康产业的对外辐射板块。

中医药作为我国传统的特色资源，具有悠久深厚的历史，其中蕴藏着巨大的健康价值、生态价值以及经济价值。我国是全球中医药贸易大国，但由于目前中医药研发与生产过程中仍然存在许多技术性的问题，因此我国还不足以成为中医药领域的贸易强国。医药行业主要的特点是投资风险大且周期长、投资收益高，技术开发进展很大程度上依赖于投资来源的稳定支撑。

我国中医药虽然资源丰富且历史底蕴深厚，但其行业特点决定了大多数生产企业规模小且分布较为分散，生产技术相对落后。美国是世界上医药业最发达的国家之一，其中最重要的原因在于企业有足够的风险资金支持，尤其是针对发展初期的小型医药企业，风险投资的多轮进入为企业的技术研发提供了充足的保障条件，加快了技术成果的转化和生产的专业化、规模化。因此，我国要想破除中医药技术性壁垒，将中国传统医药做大做强，稳定、足够的技术资金支持必不可少。设立粤澳深度融合"中医药产业投资引导基金"，将澳门博彩业集聚的大量资金通过恰当的产品与机制设计，转化为主题鲜明的金融投资资源，进入中医药技术的研发领域，以此破解粤澳合作中医药科技产业园区内以中医药技术研发企业为代表的行业发展的金融瓶颈。以金融资源支持技术创新、产品升级，促进澳门中医药产业高质量发展，全方位发挥粤港澳大湾区中医药资源的独特优势，构建持久稳定的全产业链条，打造粤港澳大湾区中医药高地。

2. 以传统文化为基础的"中医药文化产业投资引导基金"

澳门地区有着独特的中西文化交融的历史背景，具有很强的文化包容性，在过去几十年的发展历程中积累了良好的口碑及品牌基础。因此可以通过"中医药文化产业投资引导基金"的有效引导，加深粤澳地区的中医药产业纵深合作，塑造在中医药领域的"澳门品牌"形象，为澳门产业更好地传承创新中医药、更快地走向世界化提供一个全新的思路。

在理论研究方面，澳门传播中医药技术已有十多年的时间，始终积极向内地学习中医药相关知识。澳门科技大学及澳门大学等澳门地区许多高校均开设中医药专业，丰富的科研资源可进一步为澳门中医药发展培育更多优秀人才。

在科研基础方面，澳门科技大学作为澳门地区的知名高等院校，拥有经国家科技部批准、正式挂牌成立并运行了十年的专业化中医药质量研究国家重点实验室。这是我国在中医药领域唯一的国家级重点实验室，为夯实产业基础、构建中药领域的澳门品牌提供了强有力的技术支持。

在政策推动方面，国家"十四五"规划中强调，要深化文化金融合作、推进文化金融创新工程。设立粤澳深度融合机制框架下的"中医药文化产业投资引导基金"，可以依托科技金融创新为我国中医药行业的稳定健康发展提供积极有效的政策引导，推动中医药市场条件优化，营造良好的中医药服务贸易生态环境，这将对深入推进粤澳深度融合发展，深入发掘中医药宝库中的精华，从技术支持和文化宣传等方面积极支持我国中医药企业现代化发展，为中医药领域的澳门品牌的培育发挥积极的推动作用。

3. 以旅游会展产业链条为扶持目标的"大健康产业投资引导基金"

粤澳深度合作的金融创新还应该以旅游会展为切入口实现进一步深耕拓展。澳门旅游局从 2018 年开始重点关注、积极参与"一带一路"旅游建设，粤澳深度合作可以以旅游会展为引领，设立粤澳深度融合"大健康产业投资引导基金"，丰富澳门旅游会展产业的内容，充分发挥澳门独特优势，与粤港澳大湾区其他城市一起建设具有区域特色的旅游目的地。

从表 1 可以看出，近年来随着经济快速增长，我国正加速步入老龄化社会。在 2014 年 65 岁以上人口比例就已经超过 10%，到 2020 年这一比重已达到 13.50%。预计在 2025 年，我国 60 岁以上的人口将会突破 3 亿人，老龄化人口规模巨大。国际上通常把 60 岁以上人口比例达到 10% 的国家定义为老龄化国家，而我国老年人口占全国人口的比重将远远超出这一国际标准。在未来几十年中，中国将逐渐成为严重人口老龄化国家。因此，应对我国人口老龄化问题迫在眉睫。

表 1　2013~2020 年中国老龄化人口总数及比例

年份	总人口（万人）	65 岁及以上人口（万人）	65 岁以上人口占总人口比例（%）
2013	136072	13161	9.67
2014	136782	13755	10.06
2015	137462	14386	10.47
2016	138271	15003	10.85
2017	139008	15831	11.39
2018	139538	16658	11.94

续表

年份	总人口（万人）	65岁及以上人口（万人）	65岁以上人口占总人口比例（%）
2019	140005	17603	12.57
2020	141178	19064	13.50

资料来源：《人口年龄结构和抚养比（中国统计年鉴2021）》，国家统计局官网，http://www.stats.gov.cn/tjsj/ndsj/2021/indexch.htm，最后检索时间：2022年3月1日。

与养老问题同样严峻的是人群亚健康状况，2020年我国一线城市等主要城市中75%的白领都处于亚健康状态，真正健康的人口所占比例为5%左右。[①] 亚健康问题的普遍存在也使得人们对健康保障越发重视。

大健康产业的发展必然成为未来数字经济拓展的方向之一。通过发挥"大健康产业投资引导基金"的导向作用，赋能粤澳深度合作区大健康产业数字化转型。有效整合中医药业、金融业、农业等其他传统行业，不仅能优化传统大健康产业的发展模式，还能为其发展创造新的机遇，形成创新融合模式，打造经济发展的新引擎。集合了中医美容、保健养生、运动休闲、健康疗养、文化娱乐等功能于一体的中医药旅游健康服务产业，能够丰富大健康产业发展的生态圈，发挥价值链整合与资源集聚优势，促进澳门地区与内地的相关产业融合协调发展，加快澳门产业的转型升级。

三　粤澳深度融合发展的金融辐射

通过上述科技金融的创新赋能，以产业引导基金带动粤澳深度融合的战略延伸，以粤澳合作中医药科技产业园发展模式为依托，推动粤澳深度合作区在粤西地区合作建立一个中医药大健康产业开发基地。依托内地更为丰富的产业发展要素如土地和人力资源，粤澳深度合作区城市群产业有望进一步互联互通，有利于加速实现产业融合发展。以粤西地区为桥头堡搭建一个功能完善的大湾区大健康产业引领平台，推动金融资本与各类主

---

① 《艾媒咨询｜2021全球与中国大健康产业运行大数据及决策分析报告》，艾媒大健康产业研究中心网站，https://www.iimedia.cn/c400/78278.html，最后检索时间：2022年3月1日。

要产业产生广泛的联结与渗透，促使落后的产业部门转型升级，为粤澳深度合作区与粤西地区产业互补注入强大动力。

（一）深化澳珠合作极点带动作用

以江门为中心的粤西地区与粤澳深度合作区共建的大健康产业开发基地是粤澳中医药产业园的进一步延伸，意味着粤澳合作进一步加深。借助于粤、澳两地深度融合的科技金融创新，以粤西地区为基地搭建大湾区大健康产业引领平台，构建一个功能完善的传统产业基地与金融资本相融合的运行机制，引导粤澳深度合作区与粤西地区产业互补。

一方面，可将澳门居民的社会福利机制与澳门博彩业吸纳闲散资金的集聚功能转化为区域的金融资源增量，充分发挥澳门地区的体制优势，在满足自身金融创新与产业结构多元化需求的同时，以产融结合的方式促使澳门与珠三角城市群不断协同发展。另一方面，江门与澳门的合作是贯彻落实粤港澳大湾区发展规划纲要中关于建设粤澳深度合作示范区号召的重要举措。江澳产业合作发展，有利于打通粤、澳两地产业的沟通渠道，汇聚不同企业间的价值链要素，充分利用产业的相对优势，对资源、技术、信息等进行重新配置，发挥粤、澳两地在大湾区建设中的节点带动作用，深化粤澳合作平台建设，将大健康产业链辐射到国内各地相关产业。

（二）促进传统金融资源聚焦澳门产业转型

自 2002 年赌权开放至今，博彩业已为澳门积累大量的可用资金。把通过博彩业聚集的大量资金以金融创新的方式尝试转化为大湾区经济协调发展的金融资源，是呼应国家发展战略的重要举措。澳门作为一个发达的经济体，在大湾区建设过程中应当起到促进对外发展、加强对内融合的作用。

澳门目前有四个主要支柱产业，分别是博彩旅游业、出口加工业、金融服务业以及建筑地产业。其中最重要的是博彩业，它在澳门国民生产总值中的占比远远超过其他产业。如图 1 所示，2016 年澳门的博彩及博彩中介业占比达到 47.20%，将近国民生产总值的一半，总收益远远超过澳门其他行业的年收入。此外，澳门的银行保险业虽然在行业收益排名中位列第四，但总收益仅为 6.90%，这是因为澳门金融产业结构较为单一，未能充分激发澳门金融资源的潜力。澳门总体经济体量较大，有着高效的经济运营模式，国际化程度较高。人均 GDP 为 8.09 万美元，约合人民币 54.65 万元，排名全球第三，仅次于卢森堡和瑞士。

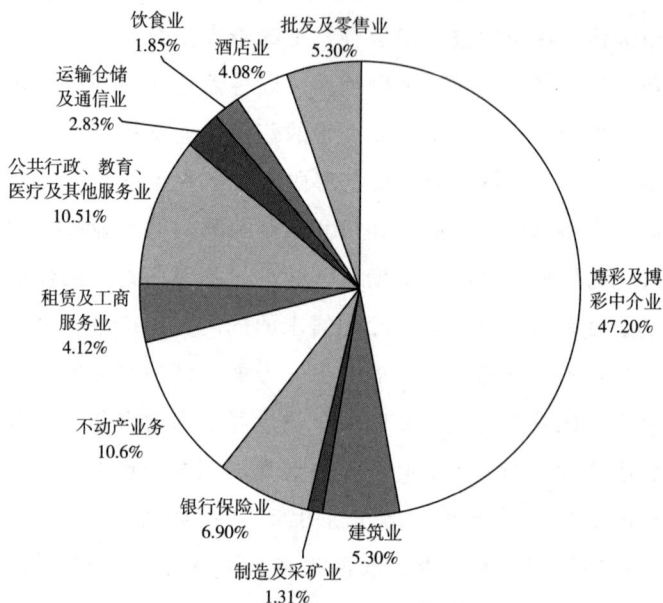

饮食业 1.85%
批发及零售业 5.30%
酒店业 4.08%
运输仓储及通信业 2.83%
公共行政、教育、医疗及其他服务业 10.51%
租赁及工商服务业 4.12%
不动产业务 10.6%
银行保险业 6.90%
制造及采矿业 1.31%
建筑业 5.30%
博彩及博彩中介业 47.20%

图 1　2016 年澳门行业结构统计

资料来源：《澳门经济适度多元发展统计指标体系分析报告》，澳门特别行政区政府统计暨普查局网站，https://www.dsec.gov.mo/getAttachment/37a3e672-f4b3-4c74-9394-3f5dc31eec5a/C_SIED_PUB_2016_Y.aspx，最后检索时间：2022 年 3 月 20 日。

通过金融创新将博彩旅游业汇集的资金转化为产业结构多元化的内生动力是澳门未来经济发展的必要选择。江澳合作建立的大健康产业基地有利于推动澳门利用金融资源进行产业转型，发起设立"政府产业投资引导基金"能够推动企业向产品服务和经营方式多元化发展。一方面，利用政策导向能够吸引资金向重要产业聚集，助力金融产业在江门中医药大健康产业基地的集聚融合，进一步完善江门多层次、多方面的金融服务体系，实现产业发展的新模式，以科技金融引领大湾区大健康产业不断发展。另一方面，这一金融创新产品的设计具备澳门全民福利的金融功能。2008 年澳门特区政府最初实施了现金分享计划，2022 年财政年度预算现金分享计划共涉及永久居民 69.7 万人，非永久居民约 4.2 万人，涉及资金规模约为 72.3 亿澳门元。[①] 如果能够将这部分的资金成果集聚起来，以"政府产业投资引导基金"的形式对江门中医药大健康产业开发区进行投资，再将全民福利以基金份额的形式发到每个人的账户上，就能够在满足全民收益实现的前提下促进澳门金融资源的高效利用。

（三）推动粤港澳大湾区一体化建设

在如今的全球经济格局当中，最具有竞争力的通常是产业集中度相对较高的地区，而具有较强生命力的产业也一般汇聚于此。粤港澳大湾区作为全国科技、资本与人才等各类资源要素集聚密度非常高的区域之一，其中金融、科技和产业的互补之势是区别于全球其他湾区的独特优势，这种合作优越性可以推动地域一体化建设高效进行。中医药大健康产业开发区的良好发展需要不断进行技术创新与产品升级，开发区以高技术应用为经营重点，为积极推动产业技术升级，应鼓励粤、澳两地政府共同建设、共同分享创新平台，加强两地优势资源管理，争取在区域内形成具有比较优势的产业规模性集聚，培育和发展产业集群和经济增长极，为澳门进行金融创新提供优良的产业基础。

科技金融已然成为金融业未来发展的趋势，也是澳门探索特色金融发展路径的适当选择，将产业投资引导基金投资到产业开发区不是金融与科技的简单融合，而是基础层的创新，体现了信息收集、投资决策、风险定价等金融活动的深度融合。以适当的金融产品创新将科技与金融有效结合，真正促进投融资对接，推进大健康产业技术创新，让更多的澳门投资机构及社会资金聚焦到粤港澳大湾区健康产业，化解自主创新资源短缺的矛盾，实现粤澳区域优势资源的最优整合，推动粤港澳大湾区一体化建设。

---

① 《澳门特区行政会讨论完成 2022 年度现金分享计划》，人民网-港澳频道，http：//hm.people.com.cn/n1/2022/0311/c42272-32373100.html，最后检索时间：2022 年 3 月 20 日。

（四）强化数字经济架构下粤澳深度融合的产业引领作用

大健康产业发展不仅要加快医药产品研发，而且要关注整个产业链以及服务的整体过程提升。作为粤澳合作机制在粤西地区的延伸，澳门与江门合作建立的中医药大健康产业开发区进一步巩固了中医药科技产业园在大湾区大健康产业规划中龙头产业园的地位。

一方面，江门中医药大健康产业开发区能够与粤港澳大湾区及全国范围内符合合作条件的绿色医药生产基地签订合作协议框架，为全国各地的绿色健康中医药种植产品提供一个展示、利用及销售的重要平台，使粤港澳在大健康产业中形成中医药绿色种植及中医药科研中心相互促进、共同发展的产业链条模式（见图2）。

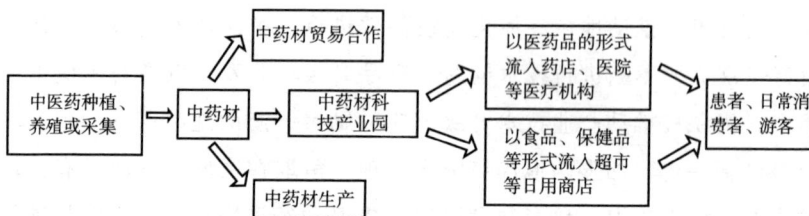

图2　粤港澳大湾区中医药产业链

另一方面，应《中华人民共和国国民经济和社会发展第十四个五年规划纲要》的指导，[①] 推动大健康产业发展是将澳门打造成为国际休闲旅游中心的核心竞争要素。疫情过后，全球著名旅游胜地在以丰富景色、独特美食、地域风俗等作为经营特色来吸引游客的同时，必将把健康要素作为旅游产业转型升级的重点选择，而中医药这一独具特色的医药资源是澳门发展大健康产业的优势所在，粤澳深度合作产业投资引导基金通过资金支持，使粤澳融合发展的重点聚焦于中医产业精品化研究上，加强集成创新和技术转化，在生产精细中医药产品的同时兼顾澳门旅游保健品的研发推广，在产业基金的支持下逐步将产业链建设完善并进行规模化生产，构建

---

① 《十四五规划纲要全文范文》，百度文库，https：//wenku. baidu. com/view/9903a8ec88d63186bceb19e8b8f67c1cfad6eea1. html，最后检索时间：2022年3月1日。

一系列粤澳深度合作的养生健康医疗产品品牌。推动澳门产业多元化进程，实现粤、澳两地金融资源、科技资源、医药资源、土地资源、人力资源等多重资源有效结合，利用中医药大健康产业开发区对粤西地区的辐射作用，以粤澳深度融合的科技金融创新为抓手，为澳门融入粤港澳大湾区建设赋能助力。

（五）促进我国传统中医药文化传播

中医药文化旅游资源是中医药对外贸易服务的高地之一，中医药贸易往来是我国经贸市场的重要组成部分，促进中医药对外贸易是中医产业走向世界的关键一步，也是助力健康中国建设、传播中华传统文化、提升我国软实力的重要途径。发展大湾区大健康产业的中医药文化旅游项目，既能启发大家积极思索如何更好地传播中华传统文化之美、增强民众文化自信，又能够让粤港澳大湾区乃至全国人民对中医药产业开发区拥有更深的了解，促进澳门健康产业更好地发展。

据 2019 年全球主题公园游客大数据统计，珠海长隆海洋王国年客流量为 1173.6 万人次，占据我国同类旅游园区第一名、世界第八名。[①] 该年澳门出入境总人次和旅客量均创新高，入境旅客超过 3940 万人次，比 2018 年的 3580 万人次上升约 10%，[②] 疫情后的人流恢复性增长可期。因此利用横琴新区及澳门丰富的旅游资源发展中医药文化产业旅游项目，是能够满足旅游群体不同客户需求、推进中医药传统文化进一步传承，并加快澳门产业多元化步伐的一项重要举措。同时，旅游项目的开发能够全面落实大健康产业链条间的带动作用，以江门产业开发区为支撑、中医药科技产业园为窗口，面向全国各地乃至全世界提供各具特色的绿色健康食品，突出大湾区中医药大健康产业的品牌建设功能，推动粤澳深度合作的产业生态成为新的区域增长极。

---

① 《2019 年全球各大游乐园和主题公园游客人数统计》，艾媒咨询网，https：//data. iimedia. cn/data-classification/detail/13174958. html，最后检索时间：2022 年 3 月 20 日。

② 《澳门 2019 年出入境总人次和旅客量均创新高》，人民网，https：//baijiahao. baidu. com/ s？id=1654539810691296425&wfr=spider&for=pc，最后检索时间：2022 年 3 月 20 日。

四 关于落实粤澳深度融合发展的科技金融政策的工作建议

为了有效落实国家关于粤澳深度融合发展的战略部署，我们提出以下政策建议。

第一，建议粤澳深度合作协同管理机构，推动澳门特区政府成立的"澳门融合投资发展股份有限公司"与横琴的"珠海大横琴投资有限公司"共同出资建立粤澳融合开发有限公司，负责落实粤澳深度融合的产业园区建设，产业落地管理、运作及经营等工作。以粤澳融合开发有限公司为主体，引领各项科技金融政策及产品的落地，以横琴粤澳中医药产业园为样本，推动科技金融创新的跨境产业引领尝试，借鉴其成功经验，对于大湾区城市群协同发展起到重要的示范作用。

第二，建议发挥横琴新区在数字金融方面的探索优势，以粤澳深度融合机制融合澳门的资金优势与横琴的人才优势，通过深度合作区的人才制度创新，构建粤澳深度融合发展的新高地。建议依托深度合作区的科技金融创新载体，让合作区所需要的人才享受"澳门永久居民"身份待遇，开启吸引全球高素质专业人才服务于粤澳深度合作的大门，构建大湾区跨境合作模式背景下管理体制创新、制度创新、产业开发创新、政策创新的先行试验区，实现大湾区一体化发展真正意义上的制度优势互补与产业深度融合。

第三，建议在粤澳深度合作区内探索优化反洗钱工作的数字化疏导手段，尝试开展放宽额度限制的外币现钞兑换模式，开展数字人民币兑换试点，先行先试探索数字人民币与澳门币现钞小额兑换方式方法，通过为合作区内小企业、个体户、居民和游客提供合法、便捷的资金兑换渠道，疏导本外币流动远离地下钱庄，通过强化数字化有效服务，提升反洗钱工作的质量与水平，树立金融监管的粤澳深度合作区样板。

我们相信，通过科技金融的创新赋能，粤澳深度融合发展一定能够展示出前所未有的制度融合与产业集成的数字化活力，为粤港澳大湾区的一体化发展探索出新的实现路径与经验。

参考文献

陈池、张仁寿：《把横琴新区打造成推动粤港澳大湾区发展的新高地（下）》，《广东经济》2022 年第 2 期。

罗伍丽：《澳门产业多元化发展研究》，《合作经济与科技》2021 年第 11 期。

吴宛珍：《区域经济一体化与粤港澳大湾区建设的思考》，《江苏商论》2022 年第 3 期。

刘璟：《粤港澳大湾区产业创新生态重构：一个新的理论分析框架》，《河南社会科学》2022 年第 1 期。

林俊国：《澳门金融业的主要特征及发展对策》，《海峡科技与产业》2001 年第 4 期。

高霄：《金融集聚对粤港澳大湾区经济发展的影响及建议分析》，《商场现代化》2021 年第 24 期。

Thinking on the Deep Integration of Guangdong and Macao in Technology Financial Products Innovation

Huang Gangwei, *Huang Xinyu*, *Li Yifei*

Abstract：Under the policy of the integration of the Guamgdong-Hong kong-Macao Greater Bay Area, Guangdong-Macao deep integration has entered a new stage. As an important role in the integrated development of Guangdong-Hong Kong-Macao Greater Bay Area, Macao has the natural advantage of integrated development. Relying on the innovation and empowerment of science and technology finance, through the establishment of "Guangdong and Macao Deep Integration Guiding Fund" and other means, this paper proposes to optimize the cross-border allocation of resources for the integration of Guangdong and Macao, while broadening the investment and financing channels, guiding the diversified transformation of Macao, then driving the Pearl River Delta urban agglomeration to promote the deep integration of Guamgdong and Macao by the combination of industry and finance, and realizing the integrated development of the Guamgdong-Hong kong-Macao Greater Bay Area.

Keywords：Guangdong-Macao Deep Integration；Technology Finance；Industry Guidance Fund

澳门城市边界与空间组织的重构

——以粤澳深度合作区建设为中心

陈平 郭淦*

【摘要】在"一国两制"的框架下，澳门城市边界系统主要包括地理性、行政性边界，外劳身份边界、本地居民工作生活边界、与内地区域合作的资本边界，以及琴澳合作衍生的权利性与政策性边界。由于澳门城市地理性和行政性边界的影响深刻，同时特殊的产业结构与内地的产业关联度不高，粤澳合作重大制度性突破的难度依然长期客观存在，亟须突破现有城市边界系统，在更大的空间内进行功能组织和产业布局。粤澳深度合作区的落地和建设启动带来新的契机，主要体现在一体化发展打破传统行政和地理性边界系统、中央集中治理下的粤澳协作创新模式突破制度性边界、吸引资本空间集聚构建以澳门为核心的商业生态系统、扩大空间重组尺度保障澳门有限空间的再生产、优化跨界居民的身份建构和日常生活实践并实现职住平衡。粤澳深度合作区建设要在琴、澳两地合作以及横琴开发历史成效基础上取得更具突破性的发展，未来应将横琴视为城市新核心区域并纳入澳门城市规划和发展体系，逐步推进横琴免税岛和国际消费中心建设，以旅游业作为先导产业培育新兴产业集群，打造澳门—横琴—万山群岛旅游业联动的新格局。

【关键词】澳门 城市边界 空间组织 粤澳深度合作区

---

* 陈平，国际关系博士，澳门科技大学社会和文化研究所博士后研究人员，主要研究方向为粤港澳大湾区建设、公共政策；郭淦，澳门科技大学社会和文化研究所国际关系（全球治理）专业 2020 级博士研究生，主要研究方向为跨境数据流动规则与治理。

　　城市边界是一个复杂的系统，传统、地域、资源等对城市边界的形成与变动发挥着至关重要的作用。城市边界既包括如河流、城墙、围栏等地理分割线，又包括法定程序确定的行政界线，还包括基于经济发展需要而设置的规划线，如今后者对城市建设和居民的生产生活带来更深入的影响。① 随着区域融合、城市合作的推进，生产要素必然跨界流动，而政治制度、技术规范、生产力水平、开发理念与模式的差异，又产生了城市对人口、货物、资金、信息等控制及治理的权力和政策性边界，进一步导致城市边界系统的重构，以及在新边界系统下城市空间组织的优化。随着城市边界系统融入区域化发展中，这时的区域空间组织被视为区域城市"最适宜和有效的尺度"。② 但不容忽视，边界具有"过滤功能"，在边界的"中介效应"和"屏蔽效应"③ 的作用下，边界系统会阻碍生产要素的自由流动，尤其是政治、社会、文化、经济等多个综合层面作用下的边界，如粤港澳地区明显的边界效应对城市间的流通存在阻碍作用。④ 随着区域城市之间利益协调机制的形成和优化，边界效应对要素流动的阻碍作用逐步减弱。⑤ "一国两制"背景下粤港澳在社会制度、文化背景、法律体系、产业结构等诸多方面仍存在巨大差异，迫切需要突破边界效应进行空间尺度的重构，从而实现协同与平衡发展，推动大湾区超级城市群的建设。

一　澳门城市边界系统的结构

　　自澳门回归以来，其本地生产总值持续增长，居民就业稳定、收入提高，财政储备不断增加；但是澳门城市空间不足、土地和人力资源紧缺、

① 贾卫宾：《城市边界：类型、意义、演化与控制——基于边界管理的规划方法优化》，《城市时代，协同规划——2013中国城市规划年会论文集（08-城市规划历史与理论）》，2013，第63~76页。
② 刘超群、李志刚、徐江等：《新时期珠三角"城市区域"重构的空间分析——以跨行政边界的基础设施建设为例》，《国际城市规划》2010年第2期。
③ 李铁立、姜怀宇：《次区域经济合作机制研究：一个边界效应的分析框架》，《东北亚论坛》2005年第3期。
④ 甘潇利：《粤港澳地区边界效应的演变及其影响因素研究》，广东外语外贸大学硕士学位论文，2019，第41页。
⑤ 唐为：《分权、外部性与边界效应》，《经济研究》2019年第3期。

经济发展对外依存度高等，要求澳门必须拓展发展空间。一方面，澳门进行填海造地，陆地面积由1999年的23.8平方千米增长到目前的32.9平方千米，同时在2015年首次明确了85平方千米的海域；另一方面，加强与内地的合作，澳门依托背靠广东的强大经济腹地，加强粤澳合作，合作逐步拓展到泛珠三角区域及内地其他区域。

《澳门特别行政区城市总体规划（2020—2040）》草案提出，"以近岸填海及远期填海计划作为城市的新发展空间及新增土地储备，以应对未来人口增长、社会及经济发展带来的土地需求"。① 但填海需要对生态环境影响做出充分评估，更需要国家层面的批准，因此澳门的地理性边界在一段时间内会基本保持现状。在"一国两制"的框架下，澳门行政性边界在短期内基本固化，但是澳门城市边界系统在不断地演化，主要体现为迁移外劳与本地居民的身份边界、本地居民珠澳"双城模式"的工作生活边界、澳门与内地区域合作的资本边界，以及由此衍生的澳门经济、社会、资源治理的政策性边界。

（一）劳动力迁移的身份边界

外劳群体成为澳门人口、劳动力的重要组成部分，为澳门经济发展做出重要贡献。2019年底，澳门外劳群体达到196538人的规模，其中近七成来自我国内地；2020年以来，受防疫形势严峻和经济萧条的双重影响，澳门外劳数量降至177663人。② 由于世界范围内疫情防控形势严峻，外籍非居民或身处国外的非居民即使已获本地雇主聘请亦不能入境，内地雇员成为目前澳门外劳的主要力量。

长期以来，澳门特区政府市政和工商界一向贯彻本地人优先就业和向上流动的原则，按照澳门相关法律规定，外地雇员只是补充澳门本地雇员的不足。受新冠肺炎疫情影响，澳门社会进一步将"外雇退场"作为"保

---

① 《澳门特别行政区城市总体规划（2020—2040）草案》，澳门特别行政区政府土地工务运输局网站，https：//www.dssopt.gov.mo/uploads/media/masterplan/consultation_ch.pdf，最后检索时间：2021年8月31日。

② 数据来源：整理自澳门特别行政区政府统计暨普查局官网，https：//www.dsec.gov.mo/zh-MO/，最后检索时间：2022年3月1日。

本地居民就业"的重要举措，澳门劳工事务局在 2020 年 7 月底时宣布，为保障本地人优先就业，会削减企业的外劳名额，① 就业市场进一步向本地居民倾斜。在疫情中，外劳与本地居民同舟共济、共抗疫情，然而澳门的抗疫惠民措施并未完全惠及外劳。外劳工作、收入和生活同样受到疫情严重影响，加之"外雇退场"的论调高涨，这极易引发本地居民与外劳群体之间的矛盾和对立。

澳门是中西文化交汇、多元文化并存的城市，理应是包容度相对较高的城市。澳门特殊的行政性边界对移民政策的限制，空间狭小、楼宇昂贵、城市承载力有限而无力承担外劳群体的居住和生活，同时本地产业结构单一、多元化不足下的劳动力政策更倾向于关照本地居民，由此造成澳门特区政府外劳治理机制尚不够完善，基于局限的空间组织只能坚守本地整体利益至上的原则。

（二）本地居民双城流动的工作生活边界

珠海与澳门陆路相连，中心城区相对，澳门对外陆路交通及水电、生活物资等基础供应等物流必须经由珠海，且城市之间仅数百米的陆地距离，澳门获得珠海日常生活服务十分便利，受两地物资供给能力、公共服务配套及市场经济价格差距影响，大量本地居民和外劳群体选择居住生活在珠海而工作在澳门的双城模式，而部分本地居民居住、生活、工作都在澳门，到珠海的目的仅为消费。这种双城模式实际上是通过跨越边界来获取关键资源，②③ 即在澳门获取工作和收入，在珠海获取生活资料。

这种双城生活模式看似对澳门居民而言是一种资源互补，但不符合循环经济系统的要求，因为它不是以资源交换为前提，是一种单向的资源补

---

① 澳门特别行政区政府劳工事务局：《劳工局关注疫情影响　全力协助本地雇员就业》，中华人民共和国澳门特别行政区政府入口网站，https：//www. gov. mo/zh－hant/news/341692/，最后检索时间：2021 年 8 月 31 日。

② Ancona，D. G.，"Outward Bound：Strategies for Team Survival in the Organization，" *Academy of Management Journal* 33（2）（1990）：pp. 334-365.

③ Du，W. & Pan，S. L.，"Boundary Spanning by Design：Toward Aligning Boundary-Spanning Capacity and Strategy in IT Outsourcing，" *IEEE Transactions on Engineering Management* 60（1）（2013）：pp. 59-76.

充，这也造成"水客"屡查不绝。而且珠海市基于城市发展功能目标，也不可能将全部资源配置在珠澳边界尤其是拱北口岸片区，这样一来边界资源环境承载力有限。虽然双城模式下，居住、生活、工作、教育不再以城市的行政边界为界线，会促进整个地区的空间交易成本降低，[①] 但实际上造成珠海与澳门边界的楼宇租售价格、生活资料价格等不断上升。而且不同的社会类别间的边界线关联了行动者，并在边界建构上产生了社会秩序，[②] 由此造成珠海社会治理面对更加复杂的群体和环境。

澳门经过多年发展，城市已进入"老龄化"，楼宇残破，虽然澳门已将城市更新提上日程，2019年底，澳门特区政府组织更新委员会、法务局、土地工务运输局及房屋局等相关部门联合发布了《澳门都市更新法律制度》草案，[③] 致力于建设绿色宜居、配套完善的活力城区；但是澳门土地空间有限，不能根本性改善居民生活的环境与质量问题，这刺激了本地居民对珠海澳门边界资源的需求，且因行政性边界的分割，资源空间相互共享较为困难。

（三）区域合作的资本边界

自澳门回归以来，其与内地在区域、服务等方面的经贸合作不断深化。自2004年《内地与澳门关于建立更紧密经贸关系的安排》落地以来，澳门与内地合作空间开始由粤澳拓展至泛珠三角区域，同广东、福建、江西、湖南、广西、海南、四川、贵州、云南9省区和香港特区签署了《泛珠三角区域合作框架协议》，近些年还扩展到内陆其他省区，与浙江、湖北、江苏等省份建立经贸合作关系，设立苏澳工业园区、澳门贸易投资促进局内地代表处，同北京启动"京澳合作伙伴行动"等，构建起丰富多样的商业合作系统。

---

① 韩玉姝、冯云廷：《城市边界、虚拟城市与资源空间整合》，《学习与实践》2015年第8期。

② Jussi, P. LAINE、吴寅姗等：《当代全球化背景下的边界和边界景观》，《地理科学进展》2017年第12期。

③ 澳门特别行政区政府行政法务司司长办公室：《〈澳门都市更新法律制度〉明公开咨询》，中华人民共和国澳门特别行政区政府入口网站，https://www.gov.mo/zh-hans/news/265632/，最后检索时间：2021年8月31日。

一般而言，商业系统的生态链具有专业互补、资源共享、价值共创和共同演化的特征，① 尤其跨境合作的基础是要素互通，动力是产业互补，支撑是平台共建，目标是互利多赢，保障是机制共商。② 然而现实中澳门与内地部分合作共识在落实中变形走样，澳门企业进入内地门槛仍然较高。澳门"一个平台"的地缘经济优势没有得到充分发挥，与内地产业联动效应低，限制了澳门与内地合作的深化。制度距离加上资本迁移距离较大，信息不对称、管理成本、社会网络等因素导致澳资投资具有"本地偏好""家乡偏好"等特点。

相比而言，粤港澳大湾区与澳门的制度和资本迁移距离较小，为澳门发展提供了广阔的空间。但是澳门在区域合作中处于相对不利的地位，大湾区形成的极具优势的发展环境、强大的资源集聚效应，吸纳澳门的资金、人才等资源，③ 投资资本、人力资本在大湾区的收益若未能与澳门实现价值共创，也将制约澳门的多元发展。因此，澳门在与内地的合作中，很容易形成双向的资本边界，一是澳门对内地的投资，二是澳门资本在内地收益后对澳门的回馈。

由此可见，澳门亟须拓展一个最适宜的发展空间。凭借优越的地理位置，国家将与澳门一河之隔的横琴新区明确定位于服务澳门，为澳门实施经济适度多元发展、融入国家发展大局提供空间，但在过去十多年时间内，澳门与横琴围绕要素流动的跨界治理，尝试创新突破边界限制，却又产生新的权力性和制度性边界。

二 横琴开发开放的制度性边界与深度合作区的突破

在粤澳深度合作区落地之前，横琴先后经历了泛珠三角横琴经济合作区、纳入珠海特区、国家级新区、自由贸易区和"一国两制"条件下探索

---

① 崔淼、李万玲：《商业生态系统治理：文献综述及研究展望》，《技术经济》2017 年第 12 期。
② 向晓梅、张瑞志、李人可：《沿边地区跨境产业合作：问题、路径及对策》，《开放导报》2019 年第 5 期。
③ 张作文：《粤港澳大湾区建设：澳门面对的机遇、挑战及其策略》，《港澳研究》2019 年第 2 期。

粤港澳合作新模式的示范区等多重转换和多重利好叠加。国家颁布的一系列纲领性文件以及粤澳签署的合作协议，进一步明确了对横琴新区与澳门合作的定位、目标及产业发展规划。在国家和地方政策支持下，澳门与横琴逐步走向深度融合发展的新阶段，但是两地之间的制度性边界仍旧未能实现根本性突破。

（一）横琴开发开放的成效

在服务澳门方面，横琴按照"澳门所需""横琴所能"的原则，遵循澳门目前产业内在发展逻辑，配套延伸上下游的产业链，探索建立"澳门资源+开放人才+先进技术+横琴载体+政策支撑+成果共享"的产业协同发展新模式，协同澳门聚焦发展科技创新、特色金融、医疗健康、文旅会展、跨境商贸和专业服务等新兴产业。同时推出跨境办公、跨境创业、跨境通勤、跨境医保等一系列跨境新举措，着力打造横琴澳门青年创业谷、粤澳合作产业园、粤澳合作中医药科技产业园、粤澳跨境金融合作（珠海）示范区等重大合作载体，引导澳门人才、资金、技术等澳门元素在横琴集聚，[①] 为加快横琴与澳门之间突破边界限制、实现互通与融合奠定了基础。

一是通关制度的技术边界突破。横琴口岸实施 24 小时通关，以及新口岸实施"合作查验、一次放行"的通关模式，澳门单牌车入出横琴政策正式实施。二是商业系统、税收政策与金融资本边界的突破。横琴已借鉴港澳的商事登记制度和税收制度，持续研究加强金融规则制度衔接，推进建设澳门居民横琴金融服务中心、中药材（期货）交易所等重点金融合作项目。三是土地政策突破地理性边界。在中央政府的支持下，澳门与横琴在土地合作方面取得了突破性的进展，形成了租赁并管辖、共建产业园、拍卖土地使用权等合作模式。四是民生政策突破工作生活边界。横琴相继出台实施港澳居民到横琴执业的政策，试点常住横琴的澳门居民参加珠海基本医疗保险，澳门社团在内地开设的首个综合社会服务项目——集居住、养老、医疗、卫生于一体的"澳门新街坊"民生社区——正在兴建。

---

① 《"行走自贸区"三区并进广东自贸区高质量构建标杆样本》，金羊网，http://news.ycwb.com/2020-08/28/content_1105234.htm，最后检索时间：2021 年 8 月 31 日。

（二）澳门与横琴合作存在的问题

整体来看，澳门与横琴两地合作的内涵和活力依然不足，横琴服务澳门经济适度多元发展的动力与成效有限，实际效果与当初规划设计的目标仍有较大差距，"横琴实体经济发展还不充分，服务澳门特征还不够明显，与澳门一体化发展还有待加强，促进澳门产业多元发展任重道远"，[①] 这主要是因为两地制度性边界系统的界限影响极为深刻。

一是澳门、横琴行政级别不对等，事权不一，给两地合作带来了一定的影响。二是在"一国两制"框架下，相关政策红利释放接近极限，横琴服务澳门、与澳门融合发展进入瓶颈期，需要顶层设计、制度创新的政策赋能。三是产业空间组织不如预期，产业衔接不顺畅，未能实现资源空间共享。四是横琴缺乏澳门"生活场景"，造成在横琴创新创业乃至工作生活的澳门居民偏少。

三 粤澳深度合作区与澳门城市边界重构及空间组织的完善

受澳门城市地理性和行政性边界的影响，外劳和本地居民本该模糊的身份边界、生活边界变得更加清晰。虽然平台型的合作使得合作服务不断强化，但资本空间融合度不高。横琴开发开放是澳门经济适度多元发展和融入国家发展大局的重大机遇，但政策环境和体制机制的边界差异显著，粤澳合作长期处于磨合状态，重大制度性突破的难度依然客观存在。因此，澳门的城市功能空间组织方式和模式仍旧局限在本土，导致澳门空间狭小、产业单一、人力资源不足、城市承载力有限等瓶颈在疫情下显得愈加明显。不断积累的结构性问题和疫情防控常态化对澳门经济社会的冲击，进一步凸显出澳门亟须突破现有城市边界系统，在更大的空间内进行功能组织和产业布局，而横琴粤澳深度合作区的落地并启动建设，为澳门城市边界系统的优化以及城市空间组织的调整带来新的契机。

---

① 《中共中央 国务院印发〈横琴粤澳深度合作区建设总体方案〉》，中国政府网，http://www.gov.cn/zhengce/2021-09/05/content_5635547.htm，最后检索时间：2021年9月6日。

（一）一体化发展打破传统行政性和地理性边界系统

空间尺度重组已成为中国调控空间发展的重要跨界治理手段，可实现吸引资本流动、培育区域经济发展动能。一体化发展既是城市空间尺度的一种表现，也是跨界治理的一种模式，[①] 横琴粤澳深度合作区建设目标基本围绕横琴与澳门的一体化发展进行设置。澳门亟须在跨行政边界方面进行资源整合，突破传统边界系统实现城市的成长，"突破极限的能力是决定城市兴衰的核心能力；成功的城市无一不是在突破中发展壮大的"。[②] 与以往的琴澳合作不同，深度合作区实施范围是横琴岛 106 平方千米的区域，横琴与澳门之间设为"一线"，横琴与内地之间设为"二线"，澳门相当于获得三倍大的新发展空间。琴澳一体化是深度合作区的发展目标，在合作区内主要发展科技研发和高端制造业、中医药等澳门品牌工业，以及文旅会展商贸产业、现代金融产业等促进澳门经济适度多元发展的新产业，这是基于国家"十四五"发展规划、澳门优势及定位和横琴发展基础，重新在横琴空间内进行的产业组织，且进一步促进货物、人流、资金、信息等要素更便利地流动，更有助于澳门在突破行政性边界、扩大地理性边界后，融入粤港澳大湾区超级城市群的空间，融入国家发展大局，享受国家和大湾区发展红利，最终实现长期繁荣稳定发展。

（二）中央集中治理下的粤澳协作创新模式突破制度性边界

全球城市跨界治理演变的趋势主要有集中化、离散化、跨界协作和公共服务产业化，其中实现自上而下、垂直管理的集中化治理，是全球城市跨界治理的基本趋势，全方位开展跨行政区各类横向协作是全球城市跨界治理的基本方向。[③] 粤澳深度合作区建设已上升为国家重大战略部署，在

[①] 吴军、叶颖、陈嘉平：《尺度重组视角下粤港澳大湾区同城化地区跨界治理机制研究——以广佛同城为例》，《热带地理》2021 年第 4 期。

[②] 韩玉姝、冯云廷：《城市边界、虚拟城市与资源空间整合》，《学习与实践》2015 年第 8 期。

[③] 陶希东：《全球城市区域跨界治理模式与经验》，东南大学出版社，2014，第 145~167 页。

粤港澳大湾区建设领导小组下，粤澳双方联合组建管理委员会，管理委员会下设执行委员会，合作区上升为广东省属地管理，成立广东省委和省政府的派出机构，其中广东省省长和澳门特区行政长官共同担任管委会主任，澳门特区政府委派一名常务副主任，执委会主要负责人由澳门特区政府委派。可见，粤澳深度合作区是由中央政府集中垂直治理、澳门主导开发、广东省履行属地管理职责的粤澳跨行政区协作。在这种模式下，管委会统筹决定合作区重大规划、重大政策、重大项目和重要人事任免，执委会履行合作区的国际推介、招商引资、产业导入、土地开发、项目建设、民生管理等职能，同时根据需要组建开发投资公司，派出机构则集中精力抓党建、国家安全、刑事司法、社会治安等工作。粤、澳两地职权分明，构建起立体化的、横向合作的、"共商共建共管共享"的新体制，打破了以往掣肘粤澳进一步深度合作的权力性和制度性边界。

（三）吸引资本空间集聚，构建以澳门为核心的商业生态系统

粤澳深度合作区建立与澳门衔接、国际接轨的监管标准和规范制度，实施"一线放开、二线管住"的分类管理制度，同时提出一系列扶持企业营商的政策，包括对合作区符合条件的产业企业减按 15%税率征收企业所得税，将有利于澳门适度多元发展的产业全部纳入政策范围，对合作区设立的旅游业、现代服务业、高科技企业新增境外直接投资所得免征企业所得税。建立合作区收益共享机制，2024 年前投资收益全部留给合作区管理委员会支配，中央财政对合作区给予补助等。一系列围绕发展科技研发和高端制造产业、金融产业吸引和集聚国际高端人才的政策措施，将促使深度合作区形成以澳门为中心的人力资源、创新要素、金融资本的集聚效应，进一步缩小澳门资本迁移的距离。此举一方面有助于澳门利用国内人才、资金、技术培育新兴产业、金融产业等集群，打造国际创新人才新高地，增加持续发展的新动能；另一方面打造良性的商业生态系统，促进大湾区乃至国内产业、企业通过深度合作区平台和澳门窗口，与国际社会在人才、资金、技术等领域实现专业互补、资源共享、价值共创和共同演化。

（四）扩大空间重组尺度，保障澳门有限空间的再生产

空间修复成为全球众多大城市的重要特征。[1][2] 粤澳深度合作区建设已被提升至国家尺度，以横琴为空间载体，原有的跨境空间转换为一体化的尺度，横琴也因此由服务澳门发展的边缘地带向澳门城市核心区域转型，从而打造出澳门特色的产业及市场的空间、标志和符号。为适应新的发展需求，未来在琴澳统一规划下，澳门将在空间内形成规模更大、功能差异的城市体系，有效解决澳门本土空间收缩和承载力不足的问题，而澳门特区政府亦可以基于琴澳城市尺度格局展开本地功能修复、空间深度再生产和场所优化提升等城市治理，包括历史城区的深度保育、老旧街区的活化、原有工业区功能的调整、城市交通的优化等，以及对住屋、商业、公用设施、绿地、公共开放空间等重新规划，从而实现土地复合利用及公共交通导向发展，释放出有限的土地潜力，延续历史文化氛围及城市肌理，将"一中心一基地"的定位和宜居城市的功能性发挥到极致。

（五）优化跨界居民的身份建构和日常生活实践实现职住平衡

一般而言，边界两侧居民的跨界频率越高，居民对边界另一侧城市的地方感越强。[3] 粤澳深度合作区建设提出建设便利澳门居民生活就业的新家园，吸引澳门居民就业创业、加强与澳门社会民生合作、推动基础设施互联互通。随着澳门居民在合作区学习、就业、创业和生活更加便利，能够直接享受到澳门公共服务和社会保障体系，澳门居民到横琴的跨界工作生活流动意愿将会愈加强烈，逐步缓解拱北片区边界资源环境的压力。当国际化、专业化医疗服务机构落地，两地社区治理和服务融合发展，手机漫游和国际互联网配套逐步完善，"一线放开、二线管住"促使澳门销售的世界各地物资通过一线进入深度合作区等，也将吸引珠海居民以及劳工群体涌向横琴，在横琴实现与澳门的资源共享。随着粤澳深度合作区建设

---

[1] Harvey, D., "Globalization and the Spatial Fix," *Article* 2 （2001）: pp. 23–30.

[2] Shin H. B., "Economic Transition and Speculative Urbanization in China: Gentrification Versus Dispossession," *Urban Studies* 53 （3）（2016）: pp. 471–489.

[3] 李立勋:《关于"粤港澳大湾区"的若干思考》,《热带地理》2017 年第 6 期。

深入推进，澳资、外资企业集聚，部分外劳群体从澳门流向横琴是必然趋势，可缓解澳门本土对外劳的承载压力，有助于淡化身份边界引发的隔阂与矛盾。跨界居民还可以把自身所携带的社会文化元素嵌入边界另一空间属性中去，[①] 横琴也将因此构建起多元包容的社会环境、趋同国际标准的社会秩序。

四 结语及建议

粤澳深度合作区的建设，在合作方式、制度设计、分工利益等方面取得重大突破，重构了澳门城市的空间尺度格局，成为我国"一国两制"新实践的新载体，为粤港澳大湾区建设突破制度障碍、进一步突破行政区划限制、推动大湾区经济社会深度融合、促进区域协调发展、实施更高水平的改革开放探索路径。粤澳深度合作区刚刚起步，还需要一段时间出台细则，进行详细规划以及开发建设。在此期间，粤澳应在琴、澳两地合作以及横琴开发的基础上，根据《横琴粤澳深度合作区建设总体方案》进一步优化调整，确保横琴开发开放的进度不间断，力争在历史成效基础上取得更具突破性的发展。具体建议如下。

一是将横琴视为城市新核心区域纳入澳门城市规划和发展体系，继续完善《澳门特别行政区城市总体规划（2020—2040）》草案，淡化横琴边缘空间的认识，打破传统边界形成的固化思维，在土地、住屋、交通和公共设施布局等方面实现澳门横琴一体规划和布局。在《澳门特别行政区经济和社会发展第二个五年规划（2021—2025 年）》编制工作中，要密切对标国家"十四五"规划和粤港澳大湾区发展规划，更要结合《横琴粤澳深度合作区建设总体方案》，将深度合作区建设，尤其是更深入地开发横琴作为第二个五年规划的重点任务。

二是逐步推进横琴免税岛和国际消费中心建设。深度合作区管理委员会可以向财政部、海关总署、国家税务总局等部门申请支持，在横琴实施

---

① 唐雪琼、杨茜好、钱俊希：《流动性视角下边界的空间实践及其意义——以云南省河口县中越边境地区 X 村为例》，《地理研究》2016 年第 8 期。

离岛免税的政策，并利用澳门自由港的优势建设购物免税岛。同时鼓励澳门中小微企业到横琴提供文旅会展商贸的配套服务，制定与之相匹配的优惠政策，将横琴打造成为亚洲最具竞争力的并在世界范围内具有影响力的国际消费中心，将免税岛和国际消费中心建设成为吸引境外消费回流、促进产业结构升级、拉动经济高质量增长的新引擎。

三是以旅游业作为先导产业培育新兴产业集群。立足澳门"世界旅游休闲中心"和横琴"国际休闲旅游岛"的定位，在取得已有成就的基础上充分考虑科技研发和新兴产业培育周期较长的现实因素，积极在旅游业中率先应用5G、大数据、云计算、人工智能、生物识别、先进制造等，培育新兴产业和未来产业集群，打造珠澳科技极点。吸收澳门商业经验，建设国际品质的购物和商业环境，打造高端综合性商业广场和特色商业街区，培育文旅商贸集群。将中医与高端医疗、会展旅游等相结合，发展以康养为特色的大健康旅游服务。大力发展旅游金融、旅游资产交易、旅游保险、旅游资源采购等特色金融，促进旅游与金融科技协同发展。

四是打造澳门-粤澳深度合作区-万山群岛联动的新格局。充分凸显横琴一体化区域的价值和作用，将澳门、粤澳深度合作区（横琴）与东澳岛、桂山岛、万山岛、外伶仃岛等岛屿连片开发，形成区域化发展优势。拓展多样化旅游产品，打造海陆空一体化、人文自然景观丰富的世界级旅游休闲目的地。加速港口和航线建设，利用横琴一体化区域水域重点建设深水港，开设国际邮轮通道，吸引国际游客。

Reconstruction of Macao's Urban Boundary and Spatial Organization

—Centering on the Construction of Guangdong-Macao In-depth Cooperation Zone

Chen Ping，Guo Gan

Abstract：Under the framework of "One Country，Two Systems"，the boundary system of Macao's city mainly includes geographic and administrative boundaries，the identity boundary of foreign workers，the work and life boundary of local residents, the capital boundary of regional cooperation with the mainland, and the rights and policy boundary derived from the cooperation between Qin and Macao. Due to the profound influence of the geographical and administrative boundaries of the city of Macao, and its special industrial structure which is not highly related to the mainland's industries, the difficulty of long-term major institutional breakthroughs in Guangdong-Macao cooperation still exists objectively, and there is an urgent need to break through the existing urban boundary system, with functional organization and industrial layout in a larger space. The implementation and launch of the Guangdong-Macao in-depth cooperation zone has brought new opportunities, mainly reflected in the integration of development to break the traditional administrative and geographical boundary system, and the Guangdong-Macao collaborative innovation model under the centralized governance breaking through the institutional boundaries, attracting capital space to build a business ecosystem with Macao as the core, expanding the scale of spatial reorganization to ensure the reproduction of limited spaces in Macao, and optimizing the identity construction and daily life practices of cross-border residents, realizing a work and living balance. In order to make a breakthrough development based on the cooperation between Qin and Macao and the historical results of the development of Hengqin, the construction of Guangdong-Macao in-depth cooperation zone should regard Hengqin as the new core area of the city and incorporated into the Macau urban planning and development system in the future, gradually promoting the construction of Hengqin Duty Free Island and an international consumption center, using tourism as a leading industry to cultivate emerging industrial clusters, and creating a new pattern of tourism linkage between Macao-Hengqin-Wanshan islands.

Keywords: Macao; City Boundary; Spatial Organization; Guangdong-Macao In-depth Cooperation Zone

粤港澳大湾区城乡融合
发展新机制研究[*]

王　明^{**}

【摘要】 在《粤港澳大湾区发展规划纲要》《关于支持深圳建设中国特色社会主义先行示范区的意见》的引导下，粤港澳大湾区开展城乡融合发展工作十分紧迫。粤港澳大湾区城乡融合发展的理论基础、实践基础，为具体融合发展措施与实践提供了支持。基于上述分析提出建立健全城乡融合规划机制、推动城乡要素融合机制更新、实践中优化城乡融合公共服务机制、乡镇工业转型为园区集中发展模式、完善城乡融合发展制度五点建议，推动粤港澳大湾区城乡融合发展。

【关键词】 粤港澳大湾区　城乡融合发展　乡村振兴战略　城乡关系

党的十九大提出了《关于建立健全城乡融合发展体制机制和政策体系的意见》，中共中央、国务院出台了《横琴粤澳深度合作区建设总体方案》《全面深化前海深港现代服务业合作区改革开放方案》，广东省委、省政府系列重要讲话和重要指示批示中，重点强调了横琴、前海开发开放的重大意义。"双区"与"双合作区"重大平台建设进入新的阶段。重新塑造新型城乡关系，实现城乡融合发展，达到乡村振兴、农业农村现代化的建设发展目标，粤港澳大湾区城乡融合发展需要有新体制新机制作为支撑，在重大现实问题的导向下深入开展理论研究与应用研

---

　*　本文为 2021 年度教育科学规划课题（高等教育专项）"粤港澳大湾区高校民族传统体育文化的传承与发展研究"（项目编号：2021GXJK080）的研究成果。

　**　王明，珠海科技学院体育科学学院副教授，主要研究方向为体育人文社会学。

究，对于全面深入执行粤港澳大湾区国家战略、带动粤港澳大湾区经济发展具有重要意义。

一　粤港澳大湾区城乡融合发展的必要性

我国基础经济社会关系中，城乡关系占据核心地位。从我国实施改革开放至今，在城乡二元结构引导下，以城市偏向、市民偏向和工业偏向为核心，延伸出来的发展战略、分配制度和产业结构使得城乡失衡更为严重，甚至引发了农村空心化与农业边缘化等问题。[①] 党的十九大会议上专门针对该问题提出了对策，在乡村振兴基础上落实国家战略，并且提出城乡融合发展，在现代社会贯彻落实习近平新时代中国特色社会主义思想，同时参考《粤港澳大湾区发展规划纲要》《关于支持深圳建设中国特色社会主义先行示范区的意见》等对于粤港澳大湾区城乡融合发展的要求，基于当前城市化建设进度制定新体制新机制。[②] 农村剩余劳动力是城镇化实现人力资本结构转型的重要因素，其间受到经济发展因素影响，各个区域之间人口迁移流动、城镇化态势，逐渐形成了具有多样化特征的模式。促进城乡融合发展，应该将关键点集中在提高迁入地吸引力、促进就业、优化公共服务等方面，使地区的人口结构得到优化，其间对特大城市人口进行有力控制，使人口向城市、城镇流入。基于政策、机制层面，将人口流动问题解决，特别是实现就近就业与就近创业，在推动城乡融合发展进程中实现就近城镇化。[③]

从理论层面分析粤港澳大湾区城乡融合发展，这是新时代环境下城市、乡村建设的重要契机。现阶段城乡融合发展需要对城市、城镇、农村的行政经济体制进行重建，强调城镇、农村之间的融合发展。了解城乡融合发展的本质，即将城乡二元结构原本存在的制度破除，对空间布局加以

---

① 魏宇婷：《乡村振兴战略下特色小镇带动城乡融合发展——以西安市为例》，《经营与管理》2021 年第 11 期。

② 张海朋、何仁伟、李立娜、李光勤：《环首都地区城乡融合水平时空分异及乡村振兴路径》，《自然资源学报》2021 年第 10 期。

③ 张瑄：《〈广东城乡融合发展报告（2021）〉〈粤港澳大湾区建设报告（2020—2021）〉成果发布》，《新经济》2021 年第 10 期。

优化调整（见图1），并且创新体制与机制，达到城乡经济、制度、社会、环境、文化等方面的融合，实现城乡联动与共建共享，创建新型关系。这里提到的经济融合，要求该地区资金、人才、技术、资源等能够实现双向自由流动，彼此之间还可以优化组合，促进城乡产业结构升级与创新；制度融合方面，需要在城乡统一基础上完善户籍管理制度和社会保障制度，为城乡居民基本医疗、养老保险等的全面覆盖提供着力点，还可以达到城乡社会福利均等化的发展目标；社会融合方面，要求做到城乡居民享有的基本权益平等，使城镇基本公共服务能够不断向农村拓展，在教育、就业、文化等领域也可以实现均等化；环境融合方面，保证城乡生态资源之间可以互补、共享，对于生态保护建设项目应该加强统筹，使城乡、人与自然和谐相处；文化融合方面，需要在城乡融合发展进程中实现所有公共文化资源共享。①

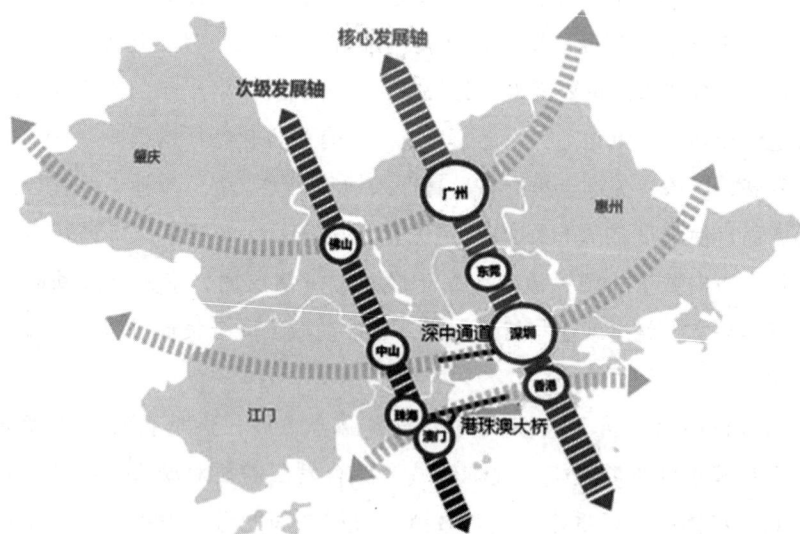

图1　粤港澳大湾区空间布局优化调整

注：湾区按照发展阶段分成南北纵向主、次发展轴。

资料来源：《马上通车？高清图，你关心的穗莞深轨道地下车站首次曝光！》，https://m.sohu.com/a/303226344_ 356082，最后检索时间：2022年3月1日。

---

① 陈建：《城乡融合背景下农村集体经济组织发展的困境及治理》，《农业经济》2021年第8期。

结合粤港澳大湾区经济发展情况来看，城乡融合发展与交通基础设施、大城市覆盖范围等关联十分密切，商务成本提高，会使一些产业逐渐转移到周边地区，从而促进周边城镇建设，也为城乡融合发展创造了条件。在动力机制层面，城镇作为城乡融合不可忽略的节点，也是城乡生产要素流动、组合的中间流程，起到连接城市与农村、带动区域经济发展等作用。[①] 今后在粤港澳大湾区城乡融合发展进程中，需要从发展城镇这一方面着手，积极创新体制与机制，加快实现产业集聚，提高地区人口吸纳力，使城乡全面实现现代化。

二 粤港澳大湾区城乡融合发展的基础

（一）理论基础

城乡融合发展离不开马克思、恩格斯城乡融合理论的支持，该理论立足于比较尖锐的城乡矛盾，对城乡融合理论内涵与实践方法进行了论述。基于理论本身，其属于城乡关系在发展中的最高阶段，同时包括农业与工业融合、城乡人口均匀分布、文化与生活方式结合等内容。

从社会层面分析，通过城乡融合发展计划的调节，提高大工业生产力、提高布局合理性，有利于实现粤港澳大湾区工农业联合，城乡人口分布也更为均衡。[②] 从文化层面分析，教育教学是人才培养的重要途径，将传统分工导致的畸形发展问题解决，有利于实现该地区人才全面发展。从交往层面分析，城乡物质交往与精神交往得到强化之后，实现物质、精神两者的统一，也是加速城乡融合发展的必要条件。

（二）实践基础

1. 需要制定合理的城乡融合发展规划

现阶段我国有很多现代化城区、乡镇等进行布局设计，采取外延扩容

---

① 袁顺波：《新时代县域城乡融合的创新发展之路——以景宁畲族自治县为例》，《观察与思考》2021 年第 9 期。

② 谢传会、奚雷：《新发展阶段县域内城乡融合发展推进研究》，《山东农业工程学院学报》2021 年第 9 期。

的方式，这种扩张形式比较关注数量，反而使质量受到忽视，而且其合理性、预见性也需要加强。鉴于以上问题的存在，经常发生用地粗放和建设缺乏有序性的问题。例如部分地区划分生活、工业、商业等各个功能区时没有设定清晰的界限，存在不同功能区混杂的现象；基础设施整体比较薄弱，水电供应时常出现问题，特别是城区中的个别地段排水系统在前期设计环节存在问题，从而导致内涝，对附近居民生活造成影响。①

2. 需要加强城乡公共服务均衡性

粤港澳大湾区各个区域之间面临公共服务失衡的问题，个别地区投资比较少，而且基础设施建设缺乏力度，城乡面临公共产品缺失、公共服务能力有限等问题。另外，城乡公共服务各个区域之间存在明显的差异，主要表现在基础教育、医疗卫生、文化设施等方面。例如：基础教育基础薄弱，特别是学前教育环节；医疗卫生缺乏先进的基础卫生设施，部分乡镇卫生院的专业水平有限，无法满足当地群众的就医需求；文化设施方面，乡镇文化体育设施建设水平相对落后，文体有关基础设施数量有限，不能支持乡镇基本的文体需求。②

3. 需要为城乡融合发展提供资金支持

城乡融合发展作为建设项目具有系统性，关系到城乡经济、公共基础设施、医疗卫生、教育等各个领域，而且要投入足够的资金。但是结合粤港澳大湾区城乡融合发展现状，发现当地还没有完全形成居民共同参与到城乡融合发展的氛围，政府部门能够给予的资金比较有限，加之社会资本多停留在城市，致使乡镇的资金投入缺失，这对于城乡融合发展而言成为不可忽略的阻碍。

4. 需要重点解决生态环境污染问题

城乡融合发展中生态环境污染是十分重要的问题，一般情况下乡镇产生的生活污水与垃圾、过量使用农药化肥等，都会造成生态环境保护的压

---

① 侯志茹、武林英、牛晓梅：《基于"三变+旅游"模式的涉藏地区城乡融合发展研究——以甘南州卓尼县博峪少数民族村寨为例》，《西藏大学学报》（社会科学版）2021年第3期。

② 杨梦洁：《数字经济驱动城乡产业链深度融合的现状、机制与策略研究》，《中州学刊》2021年第9期。

力，若是无法从源头上解决生态环境恶化问题，会对农业生产、经济收入等带来不利影响，从而增加解决"三农"问题的难度。[①]

三 粤港澳大湾区城乡融合发展机制创新建议

（一）建立健全城乡融合规划机制

粤港澳大湾区现行城乡融合发展体制中，比较关注城市与乡村之间的独立性，受乡村振兴战略思想的影响，城市、乡村之间的融合发展也成为今后该地区的主要趋势。在当前"三农"问题基础上，可以发现城乡关系比较复杂，要想创建城乡融合发展的新体制与新机制，必须做好顶层设计。不管是编制发展规划还是具体落实，顶层设计都是非常有效的方法。在新时代环境下粤港澳大湾区城乡规划设计需要保证一体性与统一性，强调城乡融合，从而满足融合发展的基本需求。城镇建设不只是增加高层建筑数量，还要尊重自然、保护自然，实现人与自然和谐发展。乡镇建设也不是转型为城镇，而要在建设中总结规律，强调乡镇特征，保留乡镇风味与风貌。[②]

（二）推动城乡要素融合机制更新

一直以来在二元体制约束下，城乡要素流动始终呈现单向性特点，整体水平不高，限制了乡镇长期快速发展。所以，为了创建城乡要素融合新机制，需要发挥市场机制优势，实现城乡资源整合、生产要素双向流动。对于城乡人才流动机制的创新，需要从户籍制度改革着手加以深入，完善粤港澳大湾区城乡就业制度，乡镇居民到城市中自主参与创业，城市居民也可到农村自主创业。[③] 基于资本流通角度，建议促进农村资本回流，尤其要使社会资本持续性地投入农村，带动城乡金融组织体系与基础业务的

① 吴海峰：《论城乡经济融合发展的内涵特征与实现路径》，《中州学刊》2021年第9期。
② 耿献辉、潘军昌：《城乡融合增强发展创新性与协调性》，《群众》2021年第17期。
③ 牛晓梅、侯志茹：《县域内城乡融合发展中乡镇的对接功能》，《吉林工程技术师范学院学报》2021年第8期。

更新，从而在乡村振兴背景下不断提高金融服务水平。城乡产业发展过程中，将侧重点集中在农业供给侧改革和调整生产力布局等方面，加快实现城乡一、二、三产业之间的融合发展，其间可以在粤港澳大湾区经济因素的影响下催生新产业与新业态，挖掘乡村振兴建设的潜能。

完善城乡人才培养体制机制，为乡村振兴战略的实施提供强有力的人才保障。需要在户籍制度改革背景下，加强城乡户口登记管理制度的统一性。实施户籍制度改革，其目标是改变原有城乡分割现象，将农业、非农业户口之间的划分界限取消，使户口登记管理制度在落实中达成统一，促使粤港澳大湾区城乡人口能够实现自由流动。[①] 与此同时，新型职业农民应该有专门的培训机构。农民是乡村振兴战略实施的主体，政府部门在了解农民群众情况之后，可以在农闲时间组织其参与培训。针对城镇中返乡创业人才，需要有相对应的激励政策，政府部门应完善鼓励返乡创业政策与长效机制，培养实施乡村振兴战略以及城乡融合发展所需的实践人才。

（三）实践中优化城乡融合公共服务机制

现阶段粤港澳大湾区城乡融合发展的基本公共服务依然存在差距，必须要有城乡融合公共服务体系作为支撑，改变城乡优质公共服务资源单向流动的现状，为该地区乡村振兴建设提供动力。优化城乡融合公共服务机制，要将城乡公共医疗卫生体系加以统一，提高医疗卫生资源配置合理性。[②] 教育体制同样要保证统一性，实现城乡师资统筹配置，加强城乡教育资源均等性。为了体现社会保障制度的统一性，需要对农村最低生活保障制度进行优化，为居民提供就业机会，加强就业管理，使城乡就业政策与环境能够实现平等。

粤港澳大湾区城乡公共服务新体制新机制的建立，是提高乡村振兴服务水平的重要保障。政府部门应该对乡镇义务教育给予重视，在城乡均衡发展基础上创建义务教育发展新机制，出台财政倾斜政策，加强财政转移

---

① 李玉恒、黄惠倩、王晟业：《基于乡村经济韧性的传统农区城乡融合发展路径研究——以河北省典型县域为例》，《经济地理》2021年第8期。

② 武威利：《新时代城乡融合发展的哲学审视》，《兰州工业学院学报》2021年第4期。

支付，使城乡教育之间存在的差距能够逐渐缩小，达到教育资源均等化的目标。社会保障体系在新体制新机制建设方面需要加强完善，基于城乡一体化完善城乡居民基本医疗保险、大病保险、居民基本养老保险等制度，并且实现城乡社会救助体系一体化。[①] 就业管理制度方面，要认识到就业和民生的关系，政府部门以城乡居民为对象加强就业政策平等性，尤其要将乡镇转移劳动者就业作为重点，保证城乡居民的就业机会与就业平台平等。

（四）乡镇工业转型为园区集中发展模式

对于粤港澳大湾区城乡工业建设，建议提前制定发展规划，合理调整分布与布局，遵循适度性与超前性原则，以粤港澳大湾区为对象编制工业园区整体规划，而且要分别立足于控制性、建设性两个方面制定详尽的规划方案。编制工业园区规划时，建议采取招投标方式，由专业团队负责规划设计工作，可以保证整体规划水平。在社会中公开规划方案，而且要由专家进行评估，向全社会征求意见，保证最终决策的科学合理与民主。

工业园区中的所有土地普遍采取转让的方式获取使用权，如果是高新技术企业与现代化制造业，则会优先采用土地出让与租赁等方式获取土地使用权。从政府部门角度分析，重点工业园区用地确定与粤港澳大湾区制定的城乡整体规划与土地利用规划相符，便可以减少、免除土地使用费。[②]

（五）完善城乡融合发展制度

城乡融合发展最关键的制约因素是城乡二元结构，这也是粤港澳大湾区新体制新机制建设的阻碍。新时期践行乡村振兴战略，务必要消除城乡二元结构体制机制的影响，在问题导向下以地、钱、人、公共服务这四点为核心，优化城乡融合发展新体制新机制，使粤港澳大湾区经济建设与乡

---

① 马丽、潘颖：《中国新型城镇化与乡村振兴融合发展的路径及对策研究》，《湖北农业科学》2021 年第 16 期。
② 徐春莲：《加快推进城乡融合发展问题研究——以河南省安阳市为例》，《农家参谋》2021 年第 16 期。

村振兴战略实施能够有制度保障。①

1. 农村经营新机制

持续性巩固创新农村基本经营制度，这是农村改革总结的经验，即以农民为主体，对社会主义市场经济体制进行优化，在家庭承包经营基础上遵循农村生产特征、实现统分结合，搭建新农村基本经营制度。该方面需要正确认识统分结合双层经营体制，了解其在粤港澳大湾区城乡融合发展方面的优势，实现"统""分"发展的协调性。农村土地制度改革层面，根据法律要求将农村土地问题解决，这在新时期属于深化农村改革核心问题，也是乡村振兴战略在落实中必须要关注的政策性问题。② 按照党的十九大报告要求，农村土地制度改革基本方向、实施方法已经十分明确，而且各项改革工作也稳步推进，为粤港澳大湾区城乡融合发展夯实了基础。农村集体产权制度改革实践进程中，农村产权制度处于重要位置。根据习近平总书记指出的产权制度要求，可以确定该项制度是社会主义市场经济基础，要想推动市场经济发展，务必要做好产权相关工作。粤港澳大湾区城乡融合发展进程中，在中国特色社会主义环境下，农村集体产权制度要有清晰的归属、完整的权能，政府部门需要在农村集体资产清产核资、明确集体成员身份这两项工作中加大力度，推动新农村集体经济发展，在粤港澳大湾区城乡融合发展过程中，加快实现集体经营性资产股份合作制改革，从而在实践发展中总结出适合农村集体经济需求的新体制新机制。③

对于乡村振兴战略的实施，必须要抓紧开展相关立法工作。根据《中华人民共和国乡村振兴法》要求，采取可行性高的乡村振兴政策，并在城乡融合发展进程中实现法定化。在粤港澳大湾区城乡建设实际情况基础上，要以乡村振兴战略为核心制定法规规章，总结可行经验，实现政策法定化，使乡村振兴战略在当地的落实有法律保障。

---

① 吴笛、谭月、陈挚：《公园城市理念下山地城市城乡融合规划探索与实践——以成都彭州市为例》，《四川环境》2021年第4期。

② 余林徽：《以城乡融合发展助力构建"双循环"新格局》，《国家治理》2021年第31期。

③ 向科：《当前我国西部地区城乡融合发展主要路径探析》，《中国集体经济》2021年第25期。

2. 投融资新机制

公共财政方面完善农业农村优先财政保障体制机制，在乡村振兴战略作用下缩小城乡之间的差距，为农业农村建设提供适度公共财政倾斜。做好整合涉农资金工作，而且要有相应的长效机制，凭借财政资金保障机制，吸引金融资本、社会资本，为乡村振兴提供资金支持。金融领域需要优化激励约束双管齐下的金融支农惠农政策，推动农村金融深入改革，在确定了农村金融改革方向之后，发挥金融支农激励约束机制作用，确保乡村金融服务体系满足服务"三农"特征。

3. 农村工作领导新机制

无论是"三农"问题，还是粤港澳大湾区城乡融合发展问题，在实践建设与发展中必须要有农村工作领导新体制新机制，才能够为融合发展措施的落实提供指导。与此同时，按照 2018 年中央一号文件，乡村振兴战略被正式提上日程。[1] 所以，政府部门在推进粤港澳大湾区城乡融合发展的相关工作时，也需要以乡村振兴战略为引导，明确各项责任的实施细则，完善农村工作监督考核长效机制。当确定了乡村振兴责任之后，可以规避各个层级之间忽略农业问题的现象。

根据中共中央、国务院出台的《横琴粤澳深度合作区建设总体方案》《全面深化前海深港现代服务业合作区改革开放方案》，粤港澳大湾区开展"双区""双合作区"建设，农村工作机制建设非常重要。[2] 各个部门必须明确承担的职责，加强对农村工作的指导，保证资源要素与制度供给等的合理性，加强城乡之间协同配合，在乡村振兴战略执行中形成工作合力，完善"三农"人才培养与激励制度，在新时期下做好"三农"工作，组建专业干部团队，各个部门制定人才激励与引导机制，为工作人员提供优厚待遇，从而吸引一些真正懂农业与乡镇建设工作的优秀人才投身城乡融合发展中。

---

① 刘贵忠：《坚持走城乡融合发展的乡村振兴之路 奋力谱写重庆乡村振兴新篇章》，《重庆行政》2021 年第 4 期。

② 钱力、张轲：《长三角地区城乡融合发展水平评价与空间演变分析》，《中国石油大学学报》（社会科学版）2021 年第 4 期。

四　结语

综上所述，粤港澳大湾区作为重点建设项目，在推动城乡融合发展进程中，按照《粤港澳大湾区发展规划纲要》《关于支持深圳建设中国特色社会主义先行示范区的意见》等的要求，加强城乡融合发展规划针对性、可行性，有利于缩短城乡差距，促进该地区经济、农业、工业等的发展与进步，对于乡村振兴战略的实施也是非常重要的保障。城乡融合发展新机制的建设与落实，使得城乡教育、文化、经济、医疗等资源分配更为合理，为地区整体发展提供动力，可加快实现粤港澳大湾区现代化建设与发展目标。

Study on New Mechanisms for Integrated Urban-rural Development in the Guangdong-Hong Kong-Macao Greater Bay Area

Wang Ming

Abstract：Under the guidance of The Outline of the Development Plan for the Guangdong-Hong Kong-Macao Greater Bay Area and Opinions on Supporting Shenzhen in Building a Pilot Demonstration Zone for Socialism with Chinese Characteristics, the Greater Bay Area is urgent to pursue integrated urban-rural development. The theoretical and practical basis for integrated urban-rural development in the Guangdong-Hong Kong-Macao Greater Bay Area provides support for concrete measures and practice for integrated development. Based on the above analysis, five suggestions are proposed to establish and improve the urban-rural integration planning mechanism, promote the renewal of urban-rural factor integration mechanism, optimize the public service mechanism of urban-rural integration in practice, transform township industries into a centralized development model of industrial parks, and improve the urban-rural integration development system, so as to promote the integrated urban-rural development in the Guangdong-Hong Kong-Macao Greater Bay Area.

Keywords：Guangdong-Hong Kong-Macao Greater Bay Area；Urban-rural Integrated Development；Rural Revitalization Strategy；Relationship between Urban and Rural Areas

粤港澳大湾区跨境金融合作的
法律问题研究

陈佳宁*

【摘要】 随着粤港澳大湾区三地经济合作日渐深入，跨境金融服务需求及其伴随产生的法律纠纷也日益增加。粤、港、澳三地法律体系差异较大，缺少顶层金融立法已经成为大湾区跨境金融发展的最大障碍。把这种多元体系从合作障碍转换成资源优势，以能够惠及各方利益的金融融合方向为突破口，以建设粤港澳大湾区统一金融市场为目标，通过寻找各方利益诉求的最大公约数，探索建立跨境金融法律纠纷的协同创新机制，具有重要的现实意义。

【关键词】 粤港澳大湾区　金融服务　金融监管　金融创新　多元纠纷解决机制

随着我国金融业务发展范围的扩大，金融消费领域的纠纷不仅数量多、数额小，而且更加复杂。而司法资源的有限性、法律本身具有的滞后性以及由此带来的金融法律法规供给不足，导致司法机关面对金融市场变化与发展时争议解决机制不够灵活。我国当前对金融消费纠纷一直提倡诉讼分流的筛选机制，积极探索调解、仲裁等替代性纠纷解决机制。然而粤港澳大湾区是一个体制多元化区域，湾区内汇集了社会主义法系、大陆法系和普通法系等三种世界主要法系，虽然三地在民商法领域已形

---

* 陈佳宁，珠海科技学院金融与贸易学院讲师，吉林大学南方研究院法学专业博士研究生在读，主要研究方向为法社会学。

成一些初步的合作机制，但现有机制很难应对粤港澳大湾区的金融消费纠纷。

一 粤港澳大湾区跨境金融纠纷的立法现状

（一）内地法律法规

我国虽然金融法律已成体系，但并没有专门针对金融消费纠纷的高位阶法。就跨境金融纠纷方面而言，仅限于将一些经济发展框架协议中提及的寥寥数语作为指导性意见。金融消费者与金融机构之间的法律纠纷简单被归为民商事案件。2012 年 7 月，中国人民银行成立了金融消费权益保护局，各地分支机构随后跟进。2013 年 5 月，央行颁布《中国人民银行金融消费权益保护工作管理办法（试行）》，明确规定对于金融消费纠纷确认无法达成和解的，中国人民银行的各级分支机构可以组织投诉的金融消费者与被诉金融机构进行调解。同年，我国修改了《中华人民共和国消费者权益保护法》，其中第 28 条，首次明确将"金融服务"写进了消费者权益保护范围的条款，由此为司法实践中的金融纠纷提供了法律层面的依据。而 2020 年 11 月 1 日开始施行的中国人民银行 5 号令《中国人民银行金融消费者权益保护实施办法》是当前我国金融消费纠纷处置最主要的法律依据，对今后的金融消费纠纷解决工作开展具有重要的指导意义。

在跨境金融纠纷上，广东已经做出金融纠纷解决机制的初步探索。2017 年广东省高院出台的《关于进一步加强诉调对接工作的规定》中，就开展多元纠纷解决机制问题，规定了诉讼与调解之间的对接程序，以及后续判决与裁决的效力确认程序。而 2018 年最高人民法院在深圳设立的第一国际商事法庭，则极大地提高了广东司法机关解决跨境商事纠纷的司法实践水平。此后，深圳与香港、澳门与珠海都在一些合作协议与框架协议中明确合作意向，为跨境金融纠纷多元解决机制的构建积累了丰富经验，成立了比如深圳市的南沙国际仲裁中心、珠海国际仲裁院以及珠港澳商事争议联合调解中心等机构。

（二） 港澳地区法律

香港地区的金融消费纠纷的调解过去以金融机构内部投诉机制处理为主，或是通过金融监管机构走行政程序，比如向香港金融管理局、证券及期货事务监察委员会进行申诉。但这种机制存在透明度不足的问题，而且也不具备法律约束力。因此1997年面对金融危机，其未能有效发挥应有作用。之后1999年，在吸取了金融危机的教训下，香港特区政府成立了香港和解中心，在特区政府大力支持下，该中心积累了丰富的经验。此后受2008年美国次贷危机引发的全球金融危机影响，香港于2011年底成立了"金融纠纷调解中心有限公司"（FDRC）。该公司以英国金融申诉专员模式（FOS）为基本框架，结合本地区的实践经验，探索出一套适合自身特色、以调解为中心的新型金融纠纷解决机制。[①]

澳门地区的法律属于大陆法系，与内地的法律同属成文法体系，司法制度框架与内地的差异相对较小。在金融消费纠纷方面，澳门共有三个仲裁机构，并未设立独立的调解机构。其中澳门金融管理局一方面负责宏观层面的整体调控与监管，另一方面亦受理金融消费者对金融机构的投诉，一经受理，按照监管指引规定督促被诉机构处理。另外两个仲裁机构中的澳门消费争议仲裁中心，属于澳门消费者权益委员会的下辖机构，专门负责金额在5万元澳门币以内的小额消费纠纷，其最大特色是把调解作为前置程序且是强制的，未经调解的案件不得仲裁；而澳门世贸仲裁中心处理金融消费纠纷虽然也启动调解程序，但该程序具有独立性，不具有法律效力，而类似和解协议，亦可直接进入仲裁程序。

二 粤港澳大湾区跨境金融纠纷的当前问题与法律分析

（一） 当前大湾区跨境金融纠纷解决存在的问题

从司法实务层面看，内地金融纠纷解决目前采取的是金融机构内部处

---

① 江保国、赵蕾、孙梦：《论粤港澳大湾区金融消费纠纷调解合作机制的构建》，《理论月刊》2020年第2期。

理+金融消保委调解（对接法院确认）+司法诉讼的工作机制，仲裁方式用得非常少。而港澳地区如前文介绍主要是内部处理与诉讼、以调解作为仲裁的前置程序这样的机制。从调研结果看，当前大湾区跨境金融纠纷一方面是整体数量不多，因为大湾区跨境金融业务的开展处于初期，跨境理财产品基本没有，虽然跨境金融业务确实有很强现实需求，但是碍于当前缺少国家法律依据以及央行的授权，相关工作无法开展；另一方面是调解与仲裁在大湾区跨境金融纠纷案件的处理方式中所占比例较小，三地的调解、仲裁制度本身有很多差异和限制，不仅缺少结果互认的法律依据，而且在机构与人员上也存在较大差异，这些都让调整、仲裁结果的三地互认困难重重。

从金融业务层面看，跨境金融业务受诸多因素的制约，现在的工作重点更多的是放在对新兴跨境金融业务的扶持与激励上，整体的大湾区金融市场框架及落地措施尚未实现，跨境支付、跨境理财及跨境融资等业务尚未开展起来；同时由于监管制度的不完善，出于防范风险的考虑，上级监管单位对于跨境金融新业务的开展保持谨慎态度，要求尽量在具有具体监管措施及监管框架的领域开展跨境金融业务。

从粤港澳大湾区长远发展来看，在三地金融融合与创新的发展趋势下，未来金融衍生品的数量与种类会持续增加，进而导致交易结构更加复杂多变、金融风险相应增加。因此金融消费纠纷本身也会产生新的变化，比如案件数量持续走高，客户群体更加分散，交易双方地位更加不均衡，等等。而这都是当前三地的跨境金融纠纷解决机制无力应对的。因此建立一套能得到三地金融机构认同、兼具对金融消费者保护的长效多元纠纷化解机制势在必行。本文认为，最核心的问题在于当前缺少作为金融机构与司法机关开展工作的法律依据与行动指南的关于大湾区跨境金融发展的顶层设计。本文围绕建构"顶层设计"这一中心，提出下文一系列建议，形成自上而下的整体框架。

（二）大湾区跨境金融纠纷解决机制的顶层设计思路

由于涉及三地不同的制度和法律框架，推动粤港澳大湾区金融融合发展，离不开相关法律的衔接，离不开进一步细化、拓展现有金融地方法规。在实现不同法律系统融合、衔接问题上，包括英美法系与大陆法系成员国的欧盟的金融法律经验对大湾区来说具有很强的借鉴意义。大湾区跨境金融纠纷的顶层设计首要问题是需要一部由全国人大制定的高位阶法律，用以协调三地之间的法律差异。该法律应以三地达成共识的基本法律原则为基础，在横向上建构三地法律的衔接机制，在纵向上协调三地金融监管机制，同时加强金融消费者权益保护工作，营造良好的法治营商环境；其次，在法律执行层面，应通过立法授权，建立大湾区金融发展的统一协调机构即大湾区跨境金融发展委员会，下设理事会、条法司、监管司、争议解决中心乃至人才学院等各个机构，内部分工明确，定位清晰，兼具权力集中与机制灵活的特征；再次，通过立法，明确相应的工作机制及落地执行的指导措施；最后，通过立法弥补当前一些金融方面的立法空白，就跨境金融发展而言主要体现在金融科技与监管创新方面，比如监管沙盒等方面的相关立法。

三 完善粤港澳大湾区跨境金融法律制度的几点建议

（一） 制定法律作为大湾区跨境金融工作开展的最高指南

国家层面的立法是粤港澳大湾区金融深度合作的基本前提，目前这一顶层设计的缺失也是大湾区跨境金融发展障碍重重的根本原因。建设粤港澳大湾区是国家战略，这一关乎"一国两制"下的新实践新探索必须由国家层面加强立法，这样既能为大湾区领航定向，也为广东地方进行制度探索进行具体赋权。在立法路径上，可参照出台《中华人民共和国海南自由贸易港法》《广东省经济特区条例》等模式，由全国人大法工委、司法部牵头制定跨境金融法律草案；或由全国人大全程指导、广东省人大牵头研究制定，最后报全国人大常委会批准实施。在法律内容上，围绕深化粤港澳大湾区跨境金融工作这一目标，内容包括法律原则、法律主体即管理机构的确立、三地法律规则衔接的基本方针、三地机构与结果的互认、相关人才的培养、金融监管协调工作的基本框架以及跨境金融纠纷解决机制的建立等方面。总体而言，通过建构一个统一而灵活的框架，寻求三地各自利益诉求的最大公约数，将各项基本协议在整体制度框架下制定，同时也要保证新的协议可持续添加进法律框架之中。而少部分协议为便于快速执行或出于立法考虑，可置身整体框架之外，采取"软法"方式以备忘录等方式添加在附录部分。此外整体框架应包括有序、平滑地终止部分协议的安排，并确保机制具有可操作性，既探索跨境金融消费者保护制度构建，也为我国其他地区的金融消费者保护工作提供借鉴。

（二）建立粤港澳大湾区跨境金融发展委员会

顶层设计的落地需要有一个地位高又手段灵活的统筹机构，用以统筹沟通政策需求，推动政策落地，指导建设跨境金融合作示范区以及金融人才建设等工作。粤港澳大湾区跨境金融发展委员会应在中央主导下设立，委员会负责大湾区跨境金融的顶层设计工作，湾区各城市有义务将委员会制定的金融政策转化为各自的地方性规范文件进行落地，委员会是这些政策的唯一解释机关。同时，委员会还将协调粤、港、澳三地的监管部门，实现跨境监管。[①] 在具体架构上，委员会可在最高层面设立理事会，是最高级别的会商和决策平台，理事会以下的执行层面设立联合委员会，负责理事会决议的执行，并提出新的合作意向。跨境金融发展委员会在内部机构设置上，可以通过设立一系列子委员会来管理不同的事务。比如执行委员会负责协调内部各机构之间的工作，落实理事会的各项决策，整合发展委员会的资源，提升发展委员会的工作执行效率。监督管理委员会负责制度统一的监管合作标准，协调三地金融监管机构工作，为跨境金融监管合作提供指引。法律工作委员会负责跨境金融纠纷解决机制的构建，并负责指导建立大湾区金融仲裁中心。技术信息委员会则主管跨境金融信息共享平台的搭建与运行，并与其他部门合作探索"监管沙盒"制度。此外，涉及大湾区跨境金融宣传工作（如举办各种论坛）、跨境金融人才培训与认证工作（如人才学院）等事务也都可以根据今后的工作需要设置相应的子委员会。

---

① 吴燕妮：《跨境金融监管的创新机制研究——以粤港澳大湾区建设为视角》，《深圳社会科学》2020 年第 6 期。

（三）大湾区跨境金融机构试行"单一通行证"制度

正如前文所述，粤港澳大湾区三地在法律层面上分处不同的法系，立法与司法等环节存在很多差异，在金融层面也存在如货币汇率对资本流动的差异等问题，这些都导致三地之间的金融融合风险是客观存在的，需要三地法律体系取长补短、相互补充。欧盟的做法对粤港澳大湾区有重要的参考意义。对大湾区而言，试行跨境金融机构"单一通行证"制度，可以通过立法授权给大湾区金融发展委员会，对审核符合条件的区域内金融机构颁发"单一通行证"。这样委员会如果就金融创新业务下达统一指令，持证金融机构在大湾区内即可开展金融服务、跨境金融业务，而无须监管机构再进一步审批。这一制度的推行将大幅度降低三地金融机构跨境展业的合规成本，在推动三地统一金融监管标准的同时，降低由法律体系不同而带来的监管难度，使金融机构顺利地在粤、港、澳三地之间加速资金流动，有力改善粤港澳大湾区的营商环境。而且单一通行证制度与CEPA框架协议的异地金融机构分支模式可以形成互补，形成大湾区跨境金融机构的"单一通行证"机制+"异地分支"机制，实现跨境金融服务机构互认、业务互认的格局。

（四）建立大湾区跨境金融信息共享平台

随着金融科技的发展与创新应用，当前金融机构都开始意识到"数据"对金融的重要性。传统金融靠人脉、数字化金融靠数据这种说法屡屡被提及。大湾区金融环境的治理主体是多元的，更需要在跨境跨行业信息的基础设施建设上加大投入，三地若想建立统一信息交换与对接标准，首先要做的就是建立信息共享基础网络，以包括大数据、区块链技术在内的金融科技为技术支撑，打造公共信息数据库，在实现金融信息共享的同时，也整合了三地金融信贷等各类金融政策；同时与湾区内头部金融科技公司进行合作，利用区块链等技术建立互信的金融合作信息传递机制，解决由信息不对称导致的信任问题与沟通障碍，利用大数据与云计算技术构建实时监管系统与风险预警通报制度，构建金融风险控制体系以协助金融机构防范风险。而共享平台在发展成熟阶段，可以进一步协同建立大数据征信体系，为大湾区金融纠纷"一站式"在线平台的建构，实现在线调解、在线仲裁、在线司法确认的"全流程"金融纠纷在线解决提供信息基础和平台基础。

（五）推动"监管沙盒"协同监管创新

金融监管改革需要立法先行，以使金融监管有法可依，提高金融监管政策的透明度和可预测性。尽管中国已经颁布《中华人民共和国商业银行法》和《中华人民共和国中国人民银行法》等多部金融监管法规，但相关法律体系仍然发展滞后。对粤港澳大湾区的金融监管而言，粤港澳大湾区三地之间跨境资本流动频繁，其中香港作为国际金融中心，澳门作为东方赌城，跨境资金流动较快，提高了金融风险发生的概率，需要更加完善的风险防控预警机制。在法律法规上，结合三个地区的法律体系特点，以保证大湾区金融业健康发展为出发点，照顾到不同法律体系下相应地区的特殊性，完善相应法律制度安排，减少监管真空地带，使大湾区内的金融监管更具兼容性和可行性；增强监管对话的广泛性，制定大湾区的金融监管标准要在三地均发表各自意见的基础上协调共建。

在具体制度上，大湾区内需要推进"监管沙盒"制度。"监管沙盒"制度始于英国，现在包括新加坡、澳大利亚、加拿大等国，也包括中国香港地区都在探索这一机制。我国于 2019 年底在北京开始首轮沙盒测试。被批准进入沙盒测试的企业可以在其中就自己的金融产品，乃至服务流程与营销模式进行测试。粤港澳大湾区开展跨境金融监管的沙盒试点工作，首先通过顶层授权或法定程序等方式，赋予大湾区内跨境金融监管沙盒法定权限；其次考虑三地制度上差异，统筹规划，分阶段有序推进，率先在银行业试行，选择深-港、珠-澳这类合作基础较好的金融示范地区进行测试，配合前文所述的"单一通行证"制度，在持牌的金融机构与科技企业中推行有潜力的项目，解决统一标准测试流程的难点，然后进一步在沙盒管理的范围内跨境联合开发产品进行区内销售，共担义务、共享收益[①]；最后推广到大湾区其他城市。

---

① 吴燕妮：《跨境金融监管的创新机制研究——以粤港澳大湾区建设为视角》，《深圳社会科学》2020 年第 6 期。

（六）建立大湾区金融纠纷解决中心，统筹三地合作

2018年4月粤港澳三地签署了《粤港澳大湾区消费维权合作备忘录》以及《粤港澳大湾区消费维权合作协议》，由此开启了大湾区"9+2"消费者权益保护合作机制。2019年7月，珠三角九市的金融消费纠纷调解机构与澳门世界贸易中心仲裁中心签订了《粤澳地区金融纠纷调解合作框架协议》，就建立金融纠纷调解合作联络机制、金融纠纷调解合作机制以及金融纠纷调解合作研究机制进行了规划。但当前大湾区在跨境金融纠纷解决机制上处于起步阶段，达成的合作协议往往都是指导性意见，法律位阶不高，缺少系统的、可落地的工作机制与工作流程。随着大湾区金融市场的一体化程度逐渐加深，当前纠纷解决机制在跨境金融上明显应对乏力，地区差异、流程复杂与维权成本偏高成为当前三地金融消费纠纷解决机制发展的痛点。

破解当前跨境金融纠纷解决机制面临的难题，建立更高效的工作机制，降低维权成本，实现大湾区内服务一体化的目标，当前主要应从以下三个方面着手。首先，立足大湾区不同法系的复杂现实，从立法上确定大湾区金融纠纷解决机制的基本框架，对大湾区内丰富多样的纠纷解决源进行汇集整合，科学设计多元、高效、便捷的一体化纠纷解决机制，采取"关口前移，重心下沉"的方式，优化调解、仲裁、诉讼等不同层级之间的制度衔接。其次，从框架出发，纵向理顺调解、仲裁、诉讼三者之间的衔接机制，横向则取三地金融法律之长，借鉴欧盟等国外经验，分别为调解与仲裁这两个非诉讼争议解决机制找到工作突破口，找到跨境金融纠纷解决机制的最大公约数，在此基础上建立跨境金融调解机制，打通调解员选任、调解程序启动、调解结果互认等各个环节。最后，建构大湾区跨境金融纠纷仲裁机制。金融仲裁尊重双方当事人意思自治，裁决结果的认定与执行上也更易于突破湾区不同法律带来的障碍，在金融纠纷解决中具有不可替代的作用。设立大湾区金融仲裁中心，对于完善大湾区金融争议解决、完善金融监管、保护金融消费者权利具有重要意义。目前大湾区内已经具备了成立金融仲裁中心的现实基础与一定的法律基础，亟待国家法律层面的支持。

四 结语

在粤港澳大湾区探索解决跨境金融纠纷的相关法律制度上，目前国内其他地区的经验很难为粤港澳大湾区所借鉴。而通过立法这一顶层设计，不仅能推动大湾区内实现金融结构协同、金融市场对接、金融产品互认、金融人才交流、金融监管合作、金融纠纷共商，也能为金融机构进一步开展两岸居民跨境金融业务提供法律依据，为三地金融消费者提供法律保障，对大湾区其他领域合作协调机制也有引领意义与深远影响，是粤港澳大湾区金融融合、建立一体化金融市场的必经之路，这也有助于提高大湾区金融机构服务实体经济的能力，有助于提高大湾区营商环境的竞争力，有助于推动大湾区内更多世界级的产业集群的形成，成为引导国内其他地区的先行地，引领我国经济转型升级。

参考文献

钟立国：《CEPA 框架下粤港澳大湾区建设法律制度的协调与完善》，《广东财经大学学报》2020 年第 5 期。

《深圳前海法院与一带一路国际商事调解中心签署诉调对接合作协议》，https：//baijiahao. baidu. com/s？ id=1594461500534678230&wfr = spider&for = pc，最后检索时间：2022 年 3 月 1 日。

亚洲金融智库编著《粤港澳大湾区金融发展报告（2019）》，中国金融出版社，2020。

《2019 年 11 月 4 日立法会财经事务委员会简报会》，香港金融管理局网站，https：//www. hkma. gov. hk/gb＿ chi/data－publications－and－research/legislative－council－issues/，最后检索时间：2022 年 3 月 1 日。

Research on Legal Issues of Cross-border Financial Cooperation in the Guangdong-Hong Kong-Macao Greater Bay Area

Chen Jianing

Abstract：With the deepening of economic cooperation in the Guangdong-Hong Kong-Macao Greater Bay Area, the demands for cross-border financial services are increasing with the corresponding legal disputes. The legal systems among the Guangdong, Hong Kong and Macao are quite different. The lack of top-level financial legislation has become the biggest obstacle to the cross-border financial development of the Greater Bay Area. How to transform this diversified system from disadvantages to advantages, it has an important practical significance, for focusing on financial integration as a breakthrough, taking the construction of a unified financial market in the Greater Bay Area as the goal, and exploring the establishment of a collaborative innovation mechanism for cross-border financial legal disputes by looking for the maximum common divisor of the interests of all parties.

Keywords：Guangdong-Hong Kong-Macao Greater Bay Area; Financial Services; Financial Regulation; Financial Innovation; Diversified Dispute Resolution

跨境电商视角下粤港澳区域通关的若干问题及对策[*]

刘礼金[**]

【摘要】随着经济全球化、贸易自由化的发展，跨境电商已成为推动我国经济发展的新动力、活跃经济贸易的新业态。本文基于跨境电商视角分析粤港澳区域通关现存问题，提出统一检验检疫备案、统一税收征管尺度、统一风险防控、实行"先理货后报关"、统一国际快递经营资质互认、实行跨境一锁、推广海外仓、优化完善港珠澳大桥口岸通关流程等对策，以期简化粤港澳三地区域通关手续，降低通关费用，推动我国跨境电商的发展。

【关键词】跨境电商 粤港澳地区 区域通关 港珠澳大桥

一 粤港澳区域跨境电商发展现状及通关模式

随着经济全球化、贸易自由化的发展，国家及经济体之间深度交往，在互联网络及信息技术的高速普及等多种因素综合作用下，跨境电商应运而生并迅速发展。从市场前景、市场潜力、市场活跃度、参与企业规模与数量、市场环境等综合因素分析，跨境电商已成为推动我国经济发展的新

---

* 本文为珠海市 2021~2022 年度哲学社科规划立项课题（课题编号：2021YBA023）、广东省2021 年高校科研平台和项目——特色创新项目（人文社科类）（项目编号：2021WTSCX131）、珠海科技学院 2020 校级创新培育项目（项目编号：2020XJCQ013）的研究成果。

** 刘礼金，珠海科技学院物流管理与工程学院讲师，主要研究方向为物流与供应链管理。

动力、活跃经济贸易的新业态。网经社《2020年度中国跨境电商市场数据报告》显示，2020年中国跨境电商市场规模达12.5万亿元，同比增长19.05%，预计2021年市场规模将达14.6万亿元（见图1）。据拱北海关官网数据，珠海市2020年进出口额达27305721.0万元，跨境电商贸易业务对象主要是香港和澳门。

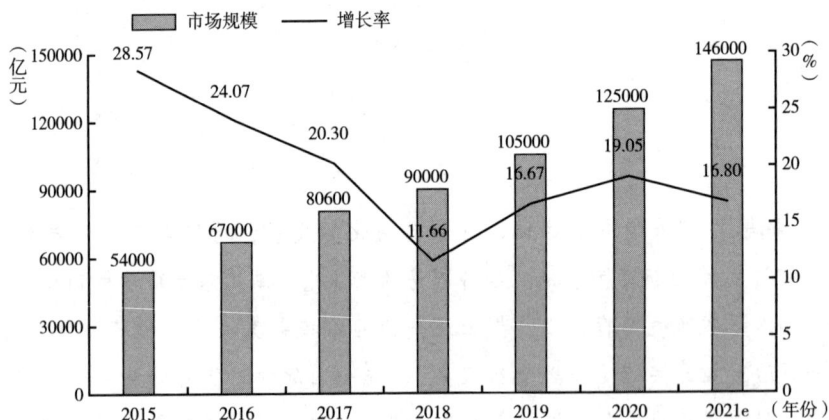

图1　2015～2021年中国跨境电商市场规模及增长率

资料来源：《2020年度中国跨境电商市场数据报告》，网经社，http://www.100ec.cn/home/detail--6592730.html，最后检索时间：2022年3月1日。

如表1所示，文献主要从跨境电商通关的问题和对策方面展开，均较少提及粤、港、澳三地跨境通关的现状。为深入贯彻中国共产党十九大关于培育外贸新业态新模式精神，通过调研粤港澳跨境通关发展现状，总结粤港澳三地通关实施过程中出现的问题并给出相应的政策建议，希望简化通关手续和降低通关费用，加快粤港澳跨境电商业务发展。

表1　部分研究关于跨境电商通关研究观点

作者	发表年份	主要论述内容
吴彦谕	2016	对跨境电商物流发展中所存在的问题进行分析，提出促进中国跨境电商物流发展的对策，并且研究中国跨境电商物流的海关监管
王娟娟、郑浩然	2017	分析跨境电商发展现状和通关服务现状，并给出"一带一路"通关一体化的解决对策

续表

作者	发表年份	主要论述内容
李艳	2019	通过固定效应变截距模型选取 6 项指标及 GDP 探究其对我国与 15 个"一带一路"沿线国家跨境电商进出口交易规模的影响
张英	2019	基于构建"网上丝绸之路"的视角，提出从加速中欧班列发展、推进海铁联运、布局海外仓等方面推动我国和"一带一路"沿线国家跨境电商的发展

吴彦谕：《中国跨境电商物流及监管研究》，《现代商贸工业》2016 年第 29 期。

王娟娟、郑浩然：《"一带一路"区域通关一体化建设问题研究——基于跨境电商视角的分析》，《北京工商大学学报》（社会科学版）2017 年第 4 期。

李艳：《"一带一路"主要国家贸易便利化对我国跨境电子商务交易规模的影响研究》，大连海事大学硕士学位论文，2019，第 10、56~58 页。

张英：《"网上丝绸之路"建设视角下中国与"一带一路"沿线国家跨境电商发展路径选择》，《大陆桥视角》2019 年第 7 期。

粤港澳跨境电商 B2B 模式通关适用于一般贸易的通关流程，已经实现了全国通关一体化。而在跨境电商零售进出口模式方面，粤港澳地区常用的通关监管模式是"9610"模式和"1210"模式。以"9610"海关监管方式开展电子商务零售进出口业务的电子商务企业、监管场所经营企业、支付企业和物流企业应当按照规定向海关备案，并通过电子商务通关服务平台实时向电子商务通关管理平台传送交易、支付、仓储和物流等数据。[1]以"1210"海关监管方式开展跨境贸易电子商务零售进出口业务的电子商务企业、海关特殊监管区域或保税监管场所内跨境贸易电子商务经营企业、支付企业和物流企业应当按照规定向海关备案，并通过电子商务平台实时传送交易、支付、仓储和物流等数据。[2]

---

[1] 中华人民共和国海关总署：《海关总署公告 2014 年第 12 号（关于增列海关监管方式代码的公告）》（总署公告〔2014〕12 号），中华人民共和国海关总署官网，http://www.customs.gov.cn/customs/302249/302266/302267/356052/index.html，最后检索时间：2022 年 3 月 1 日。

[2] 中华人民共和国海关总署：《海关总署公告 2014 年第 57 号（关于增列海关监管方式代码的公告）》（总署公告〔2014〕57 号），中华人民共和国海关总署官网，http://www.customs.gov.cn/customs/302249/302266/302267/356123/index.html，最后检索时间：2022 年 3 月 1 日。

二 跨境电商视角下粤港澳通关存在的主要问题

跨境电商进出口贸易规模不断扩大，对贸易安全与贸易便利化产生更高要求。通过调研相关政府商务局、海关、商会专家、高校教授和企业，本文总结出粤港澳跨境通关面临许多挑战，存在以下亟待解决的问题。

（一）检验检疫重复备案问题

自2018年4月20日起，中国原出入境检验检疫部门正式并入海关总署。[①] 出入境检验检疫与海关整合以后可以减少申报查验流程，简化外贸、申报、通关、报检流程，使得流程更标准化，同时，简化通关手续，加快通关速度，降低通关成本。

目前，正面清单在海关是不用备案的，但是在检验检疫部门是需要备案的。跨境电商"1210"模式一般按照SKU备案，而且不同的地方海关可能存在重复备案的问题。

关于备案问题，国家质检总局于2016年规定：跨境电子商务经营主体和商品备案信息实施一地备案、全国共享管理。同一经营主体在备案地以外检验检疫机构辖区从事跨境电子商务业务的，无须再次备案。同一经营主体在备案地以外检验检疫机构辖区销售同一种跨境电子商务商品的，无须再次备案。[②] 但是目前各检验检疫辖区仍然没有实现备案共享，不同的地方海关存在重复备案问题，比如，某跨境商品在广州海关已经做了检验检疫的备案，其在珠海进出境时需要再一次备案。这无疑增加了海关业务工作量，也让跨境电商企业面临重复递交备案资料、重复等待备案审核等问题。

---

① 《中共中央印发〈深化党和国家机构改革方案〉全文》，新华网，http：//hhht. nmgbb. gov. cn/tmtzq/jggghgl/201803/t20180326_ 94990. html，最后检索时间：2022年3月1日。

② 《国家质检总局跨境电子商务经营主体和商品备案管理工作规范》，中国电子商务研究中心网站，http：//www. 100ec. cn/detail—6295595. html，最后检索时间：2022年3月1日。

（二）征税问题

各跨境电商商品归类估价是海关确定税收高低的最重要的基础数据，直接关系到海关税收的准确计征，影响国家税务收入。同时，跨境电商商品交易偷逃税方式多种多样，易造成国家税收流失。目前，有关珠港澳跨境电商通关贸易中的征税问题主要如下。

首先，商品归类定价不统一，造成各直属海关估价不同，影响税收征管。归类、估价、原产地认定是海关征税最重要的三个环节，但是，由于通关过程自身的复杂性特征，而且商品归类、确定原产地以及海关估价等涉及很多专业知识，在实际操作中海关执法人员经验各不相同、对有关政策和法律法规的理解应用不同，又受到外部多种复杂环境的影响，以致不同关区之间的具体征管措施各有差异。征税技术方面的执法尺度不统一，容易导致同样的货物从不同的口岸入境，最终确定的归类编码、完税价格、货物原产地等征税要素有很大的差别从而影响到税收征管。[1] 比如同样的一罐来自新西兰的卡洛塔妮 900 克的 3 段羊奶粉，南沙海关的估价会低于拱北海关的估价，最终导致同样的跨境商品在南沙入境可能不用缴税而在拱北需要缴税。这样的问题也是当前进出口企业抱怨的最主要的问题。由于各个口岸的海关工作人员征税定价不统一，执法尺度和征税作业模式有很大差异，容易引起社会对海关执法统一性和规范性的质疑。[2]

其次，偷逃税款手法多样。纳税人逃税手法高超、不易让人察觉且手段多样，呈现集团作案、行业作案、专业作案等特点。他们常常利用跨境电商贸易免税额最高为 5000 元的特点偷逃税款，造成国家税收的流失。具体手段如采用刷单方式，将大单变成小单（如将一张 20000 元跨境电商订单拆成 5000 元以下的多张小订单，并用很多不同身份的交易人参与交易实施逃税），或直接把一般贸易通关货物变成跨境电商货物进出口实施偷税（如一般贸易货物到达保税区后，拿一堆身份证在平台下单，然后按照跨境电商货物入境）等，给海关税收征管带来了新的挑战和困难。

---

① 钟昌元：《我国海关税收征管方式改革探析》，《税收经济研究》2016 年第 3 期。
② 钟昌元：《我国海关税收征管方式改革探析》，《税收经济研究》2016 年第 3 期。

（三）风险防控问题

目前海关已搭建了跨境电子商务零售统一版信息化系统通关服务子系统，工作人员通过准入备案，集中全部精力做好货物合同、发票、装箱清单等单证的审核工作，在强化征税方面一般都采取风险管理手段，高效控制事前市场准入和事中的税收征管风险，但是事后监管抽查存在较大的通关风险防控问题。具体表现在以下两个方面。

1. 事后检查税收、报关单等抽检尺度不统一

布控，是海关对出入境货物实施随机抽查的一种方式。有的直属海关（如广州南沙）选择抽查方式，有的直属海关（如珠海拱北）选择全查方式。比如，同样的价值5000元的8罐来自新西兰的卡洛塔妮900克的3段羊奶粉，广州南沙海关在事后检查税收有关单证时，直接抽查部分报关单、订单、物流单和支付单等，合格即可。而珠海拱北海关是需要将这8罐奶粉的所有单证全查一遍，费时费力，加大了海关的工作强度，降低了工作效率。而且，这里也会重新涉及海关估价标准不统一的问题。在事后检查税收征管工作中，价值5000元的这8罐来自新西兰的卡洛塔妮900克3段羊奶粉，广州南沙海关可能认为企业填报金额没超过5000元，可以检查通过，而珠海拱北海关则可能认为其金额超过5000元，认定为不合格，需要重新补缴关税。

2. 重复布控问题

我国海关布控有计算机布控和人工布控两种方式。海关管理属于三级管理制度，现在存在两套布控系统。海关总署有一套直接按照行邮税征税比例分类征税的布控系统，同时，各直属海关如珠海拱北海关也有一套自己的布控系统。两套布控系统并存，导致进出口货物的风险参数的设定可能存在不一致的情况。比如按照海关总署的布控系统，某跨境商品可能属于风险参数较低，而按照直属海关的布控系统，该跨境商品可能被设定为风险参数较高而布控查验。

（四）账册数据不一致问题

跨境商品的账册数据的规范性、完整性、一致性对税收征管相当重要，数据失真将影响后续税收征管的准确性。目前跨境电商商品的通关流程是企业先自主申报、海关再查验理货。企业自主申报的数量与海关查验理货的数量可能存在不一致的问题。因为，企业申报的跨境商品的数量源自订单数据，而海关查验理货的数量是真实的实物数据，来自发货商的发货数量和装箱单数量。

跨境商品种类繁多、数量庞大，在跨境电商企业出入境申报查验过程中经常出现客户报关数据与后期实际理货数据不符的情况，导致海关账册数字和实际入库的数字有出入，盘点时货物与账册数字不符，涉及误差问题难以调整和改单。出现此类状况后，通常需要删单重新申报，从而导致操作重复率高和效率低下。比如，企业申报的某种跨境商品数量为1000个单位，当海关实际查验发现数据是1000个单位时，则账册数据一致，海关会正常放行。当海关实际查验发现数据多于1000个单位时，哪怕多出的数量可能是海外发货商多发或错发或补发的退换货品造成的，海关可能也会误以为是企业想偷税款而少申报，最终认定为账册数据不一致而扣下多余的数量。当海关实际查验发现数据少于1000个单位时，哪怕少出的数量可能是海外发货商少发或错发造成的，海关也会认定为账册数据不一致。这时企业就需要重新去修改申报数量并按实际的商品数量缴税。账册数据不一致的情况，常导致企业部分超出数量的商品被海关扣押或者需要去重复修改申报数量等各种问题，给跨境电商经营企业带来很大的困扰。

(五) 国际快件经营许可证资质问题

跨境电商商品的国际物流过程一般为"境外-一线口岸-保税仓-境内"。目前，我国海关统一规定跨境电商商品从保税仓到境内的这段物流运营主体必须取得国际快件经营许可证资质，对于境外到保税仓这段物流过程，有些直属海关也要求运营主体必须取得国际快件经营许可证资质，而有些海关就不需要运营主体必须取得该资质，只需要有完整正规合理的保税报关单即可。对于国际快件经营许可证问题，笔者总结如下。第一，国际快件经营许可证审批难度大。由于国际快件经营许可证的申报材料繁多，审核流程长，审核程序非常严格，所以目前，只有邮政 EMS 获得跨境电商国际快件经营许可证，其他如顺丰、"三通一达"等快递企业都暂时处于积极申报该资质中。第二，资质不通用。目前，国际快件经营许可证在不同的直属海关口岸间是不通用的。比如，国际快件经营人在广州有资质，但在珠海不能成功推送物流信息。该国际快件经营人必须把资质从一家口岸扩展到另一家口岸，这比该经营人新开一家公司再申报一个新资质可能还要困难。

三　跨境电商视角下粤港澳区域通关对策

借鉴一般贸易进出口实施全国通关一体化的成功经验，在海关统一部署的"跨境统一版系统"基础上，笔者认为粤港澳区域通关应该做到"五个统一"，并实施"跨境一锁"、推广海外仓、简化港珠澳大桥通关流程，使粤港澳通关更便捷、流程更科学、运转更高效。

（一）统一检验检疫备案

建议针对跨境电商经营企业、经营人以及商品备案信息实施广东地区各海关"统一备案、统一管理、信息共享"。将国家质检总局原有的"跨境电商零售进出口检验检疫信息化管理系统"，归并至海关总署设置的"跨境电子商务统一版信息化系统"（以下简称"跨境电商统一版"）中，取消原有地方检验检疫备案平台和公共服务平台中的检验检疫备案功能，对跨境电子商务经营主体和所涉商品的检验检疫备案进行统一的审核和监管，并生成统一的报检单位备案号，取消各关区口岸备案功能，彻底解决异地备案和重复备案问题，实现检验检疫和海关的数据系统完整对接和整合。系统整合后，跨境电子商务经营主体统一登录"跨境电商统一版"的"检验检疫子系统"进行备案，备案后的同一经营主体、同一经营主体的同种跨境电子商务商品在广东地区的任何口岸进出境无须再次备案。备案信息发生变化时，跨境电子商务经营主体应及时向检验检疫机构更新备案信息。

（二）统一税收征管尺度

现行跨境电商企业报关报税需要逐票进行，每一票都要归类、审价、计征税收，过程烦琐、工作复杂，不同关区对同一商品的计征尺度存在不一致现象。建议由海关总署统一部署，对粤港澳进出口涉及的所有商品进行统一归类、定价、税收标准设定等，并且对现有税收征管方式进行改革，实现跨境电子商务企业进出口"自报自缴"税款。对税收征管作业流程进行优化，将税收征管作业放在货物放行后实施，少数特殊情况下才实行放行前税收要素审核。

（三）统一风险防控

由海关总署统一部署，设立"跨境电商风险防控中心"，对粤港澳地区跨境电商通关过程中可能发生的风险进行预估，制定风险等级标准，设置安全准入参数并设定处罚标准，可以有效解决海关总署和地方口岸重复布控问题，实现综合试验区内各口岸执法标准一致化。

同时，实现税收征管数据信息与风险防控数据信息共享，按照商品分类和行业分工，对涉税申报要素的准确性进行验证和处置，重点防控涉及归类、价格、原产地等税收征管要素的税收风险，并设置相应的风险测评标准，前置税收风险分析。对存在一定税收风险，但通过放行后批量审核、验估或稽（核）查等手段，能够进行风险排查处置及追补税的，实施放行后风险排查处置。对少量存在重大税收风险且放行后难以有效稽（核）查或追补税的，实施必要的放行前排查处置。对跨境电子商务经营主体进行信用等级评价，大力实施分类管理及验证监管模式，对信用等级高、质量管理规范的企业可以实施"随报随放""边检边放"。让质量长期稳定、检验合格率高、信用良好的企业享受"绿色通道、直通放行"等便利通关政策，缩短货物通关时间。创新"互联网＋现场检验检疫"远程视频监管模式，解决企业进口批次多、数量少、使用急、风险大、检验慢、成本高等问题。

为有效防控偷税漏税，可以在"跨境电商风险防控中心"进一步扩展"身份验证"功能，对可疑偷逃漏税者实行身份验证，对其身份证信息、手机实名信息、订单信息、支付人信息等四个信息进行审核，要求四个信息必须一致，防止冒用身份信息的情况发生。四个信息一致性审核无误后，要求"风险防控系统"自动发送验证信息至实名制手机，并进行手机绑定。该功能能够进行较为详尽和完善的信息确认和审核，有效降低跨境电子商务偷税漏税情况发生。

（四）统一实行"先理货后报关"

实行"先理货后报关"制度，要求进境商品先通行进入保税区仓库，进行理货后再实施报关，全程均在海关实时监控下进行。实施"先理货后报关"操作后，将大大降低跨境商品报关、理货不符率，有效提高后续海关管理和账册数据的准确性，提升进出境商品通关效率。对申请"先理货后报关"的企业实施分级管理，信誉好、口碑优良的央企、国企及其他跨境电子商务企业，可在海关指定区域实施自行"围栏理货"，根据理货数据进行报关。海关不定期地对理货数据进行抽查，如出现理货数据与实际不符的情况，将对企业信用资质降级处理。其他申请企业，需要由海关指定的第三方监理机构在指定区域内进行理货，海关及第三方机构实时监管，监管较"围栏理货"更为严格。

（五）统一国际快递经营资质互认

国际快递经营资质应实现粤港澳"一次申办、资质互认"。物流快递企业在国家邮政局申办并取得国际快递经营资质后，可在综试区范围内的任何区域开展跨境电子商务进出口相关业务，无论该区域是否设有分支机构，不必重复申办。

对申办企业资质进行严格审核，如注册资金、国内网店设置情况、运营线路、年交易量、海外网点数量等。对海外网点设置情况不完备的国内优秀物流快递企业，可适当放宽申办标准，鼓励其与海外相关企业进行合作，实现优势互补。统一国际快递经营资质应用范围，要求境内与保税区之间的货物往来必须由拥有国际快递经营资质的企业经营。

（六）大范围实施"跨境一锁"

"跨境一锁"计划采用"跨境一锁，分段监管"的模式，通过电子预报货物数据并应用安全智能电子锁及全球定位系统设备，便于跨境不同海关可以随时监控到车辆的动向，这既方便了企业，也确保了海关监管的严密和高效，同时避免同一批货物在两地出入境时被不同海关重复检查，极大地缩短货物通关时间，简化清关手续和提高通关效率。

尽管广东与香港于 2016 年提出"跨境一锁"计划并于当年完成首票"跨境一锁"通关业务，广东与澳门也于 2020 年提出该计划，并于当年完成首票"跨境一锁"通关业务，但应用规模还很有限，为进一步高效率清关，建议粤港和粤澳出入境业务大范围实施"跨境一锁"。

（七）推广海外仓模式

跨境电商企业在货物进口时可以选择多样化的物流备货模式，如保税仓提前备货模式、前店后库模式、O2O 模式等，这几种模式都是提前把货品存放于国内保税区仓库，物流成本低、配送效率高、用户收货体验好。电商平台和跨境电商企业在货物出口时可以通过自建或租赁"海外仓"布局境外物流体系。海外仓模式，按照一般贸易方式，将货品批量出口到海外仓，电商平台完成销售后，再将商品配送至境外的消费者。"海外仓"的建设可以让出口企业将货物批量发送至国外仓库，实现该国本地销售、本地配送。[①]

（八）优化完善港珠澳大桥口岸通关流程

港珠澳大桥全长 55 千米，连接香港、澳门和珠海三个独立的关税区，目前实行的是"三地三检"的通关模式：跨境货物分别要经过海关、边检和检验检疫等部门的查验。"三地三检"通关模式应用现代化物流电子设备，使得车辆入场到离场一般不超过 3 分钟，这大大提升粤、港、澳三地的物流通关效率。但是如果从香港入境内地货物经由港珠澳大桥香港口岸出关查验后需要经过 20 多千米的距离才能到达港珠澳大桥珠海口岸履行入关查验手续，这 20 多千米的监管需要花费大量人力和物力，而且也会有监管盲区和困难。同时，很多货车并不能

---

① 杨芸：《我国跨境电商海外仓发展现状及应对策略机制研究》，《对外经贸》2021 年第 12 期。

成功申领三地牌照，至此通关过程涉及换车、装卸等环节，增加了企业的物流成本。

建议粤、港、澳三地能研究采取"一地三检"通关模式，即将粤、港、澳三地的海关、边检和检验检疫查验集中设置在一个合适的地点——港珠澳大桥香港口岸，快速完成海关、边检和检验检疫查验的审查，加速车辆通关，也可以避免监管盲区，节约人力和物力，最大限度地释放大桥的通关潜能和经济效益。①

四　结论

党的十九大报告明确提出"推动形成全面开放新格局"的目标，为此要采取多种措施继续拓展对外贸易，加强贸易强国建设，培育贸易新业态、新模式。通过不断改革与优化通关模式、提高通关效率，满足未来对外贸易发展的需要。针对跨境电商区域通关存在的问题，建议统一检验检疫备案、统一税收征管尺度、统一风险防控、统一实行"先理货后报关"，统一国际快递经营资质；并实行"跨境一锁"、推广海外仓和优化港珠澳大桥通关流程，以期简化粤港澳三地区域通关手续，降低通关费用，推动我国跨境电商的发展。

Some Problems and Countermeasures of Guangdong-Hong Kong-Macao Regional Customs Clearance from the Perspective of Cross Border E-commerce

Liu Lijin

Abstract：With the economic globalization and trade liberalization's development, cross-border e-commerce has become a new driving force for China's economic development and a new business form for economic trade. Based on the perspective of cross-border e-commerce, this paper analyzes the

---

① 刘礼金：《港珠澳大桥通车运营问题及对策研究》，《中国市场》2020 年第 7 期。

existing problems of Guangdong, Hong Kong and Macao regional customs clearance, and puts forward some countermeasures, such as unified commodity filing, unified tax collection and management standards, unified risk prevention and control, implementation of "tally before customs declaration", unified logistics enterprises operation qualification, implementation of cross-border one lock, promotion of overseas warehouses, optimization and improvement of port customs clearance of Hong Kong-Zhuhai-Macao Bridge, so as to simplify customs clearance procedures of Guangdong-Hong Kong-Macao, reduce customs clearance costs, and promote the development of China cross-border e-commerce.

Keywords: Cross-border E-commerce; Guangdong, Hong Kong and Macao Area; Regional Customs Clearance; Hong Kong-Zhuhai-Macao Bridge

珠海跨境结算的金融
与贸易影响因素研究

【摘要】 自《粤港澳大湾区发展规划纲要》等一系列政策出台以来，珠海跨境结算快速发展，但在外部因素的积极推动下，仍仅占广东省的1/10。因此，应快速找出珠海内部制约跨境结算发展的因素。在现状分析和实证分析下发现，珠海跨境结算发展不如人意的主因来自珠海的金融和贸易两方面，金融规模和贸易竞争力制约了珠海跨境结算发展。本文通过对影响因素的分析，为珠海跨境结算发展消除内部的不利因素提供了解决方向。

【关键词】 珠海跨境结算　金融规模　贸易竞争　粤港澳大湾区

推动跨境人民币结算业务发展有利于我国减少跨境贸易中的汇兑成本，有利于贸易自由化和便利化。目前，像珠海市这种地区性的跨境人民币结算面临很多问题和挑战。珠海地区有着良好的区位优势，但跨境结算的发展一直低于社会预期，结算规模在广东省内不大，投入和产出不成正比。在国家新政策下要推动珠海跨境结算的发展，需要从多方面分析制约的原因。

一　珠海跨境结算在金融与贸易方面的现状及问题

（一）金融融资结算现状及问题

1. 融资结算现状分析

经过了20余年的发展，站在新的历史起点和高度上，珠海地区跨境贸

---

* 杨嘉俊，吉林大学经济学院金融专业 2019 级硕士研究生，主要研究方向为金融。

易结算事业发展之路曲折又充满光明。虽然依旧存在诸如货物贸易占比过大、收支失衡以及国际认可度较低等突出问题，但珠海地区跨境贸易总体发展态势仍旧稳中向好，贸易结算结构日趋优化，贸易结算量也不断增大，这对珠海地区跨境贸易结算业务起到了很好的支撑和奠基作用。

珠海地区跨境投融资流向优质渠道，今天来看人民币在外汇市场中具有一定的地位，但这个过程经历了较为漫长的时间。珠海地区人民币跨境使用起源于国际贸易结算活动。现阶段珠海地区跨境进行投资及融资按照交易主体来划分，分为三类。第一类是境外机构通过金融机构或其他金融渠道，在人民币离岸市场进行融资，再将融资资金投资于境内。第二类交易主体为境内机构，境内机构的投融资手段又分为两种模式：一是境内吸收人民币，将吸收的资金投资于境外市场；二是境外吸收人民币，将吸收的资金投资于境外市场。第三类是境内金融机构，如银行，在境内市场进行筹资，将所筹资金以信贷业务的形式投向境外市场。

从珠海地区跨境贸易融资量结构配比来看，随着货物贸易占比的下降，以及服务贸易结算量的逆势上扬，原先珠海地区以生产加工为主的低端产业链正逐步向研发和资本指向类型的中高端产业链进军。尽管在这期间一些内部经营不善且技术较落后的企业会因此而备受打击，但同样使得珠海地区相关产业力量在优胜劣汰的法则中得到整合和重组，加上珠海地区经济在技术、资源、人力和智力等方面存在的规模经济效益，对于珠海地区产业的转型升级和提升珠海地区跨境贸易结算质量将大有裨益。

从收支和认可度角度看，收大于支可能会带来大规模的人民币外流，但依附于我国健康且较为高效的经济体上，更多的是利大于弊的发展前景。例如，珠海地区通过"一带一路"倡议，在未来建立的横跨欧、亚、非三大洲的零关税和自由贸易区大市场启动后，没有了中间外汇的兑换以及关税等关键环节，这一地区内部的经贸沟通、资金融通更加便捷通畅，有利于珠海地区打破同西方发达国家因日益频繁的经贸摩擦带来的软性"经济封锁"，盘活对外开放的经济通路，从而提升珠海地区以及"一带一路"沿线国家和地区的经济体量和民众生活水平，达到互利共赢的新高度。

2. 跨境结算在金融方面的问题

（1）金融市场问题

在一般情况下，金融市场会根据其金融服务能力、风险化解能力和对金融市场资源调配的能力，通过间接的影响来增大或减少主权货币跨境贸易结算的份额。为了使主权货币在境外的接受程度上升，则需要完善金融市场，金融市场的体系愈是健全，相关主权货币被接纳的可能性亦愈大。如果一个健全的金融市场想要发挥其自身的职能作用，则要通过提供高质量的金融服务、提高风险化解能力和资源调配能力、降低跨境贸易的成本，加大在跨境贸易结算中人民币作为计价货币的权重[①]。目前而言，我国金融市场的情况可分为两种：一是市场基础设施的建设，二是市场机制和市场制度的完善。如果这两方面的建设跟上了、问题解决了，将正向促进我国跨境人民币贸易结算和人民币国际化的发展。另外，全球金融领域的流行趋势是金融市场国际化，西方发达国家都相继慢慢放开了对市场的限制，都进行了不同程度的金融自由化改革。我国则呈现另外一种情况，国内汇率利率形成机制市场化程度不足，人民币缺乏有效的价格形成机制，部分资本项目不能实现兑换，金融体系开放不足，限制大且多，这使得境外人民币持币者的持币欲望和投资欲望不大，人民币流入量缩小，回流渠道单一。[②]

金融市场不发达对珠海跨境结算的影响产生了较大的影响。截至目前，珠海地区的资本账户尚未开放，因此不可能通过资本账户自由循环人民币。外国公司通过资本市场交易对人民币的投资受到很大限制，只能用作基本以人民币表示的外币存款或贸易付款，因此没有采取任何措施应对人民币汇率波动的风险。海外清算中心和开放的金融产品市场的短缺降低了外国投资者选择人民币付款的意愿，因为人民币在国际市场上未被认可，并且其声誉远低于美元和欧元等强势货币。

跨境贸易结算发展，很大程度取决于贸易结算体系是否完整。就目前珠海地区实际情况来看，其人民币跨境结算体系虽然已初步成形，但是仍

---

① 杨帆：《金融发展对跨境贸易人民币结算影响的实证研究》，昆明理工大学硕士学位论文，2020，第27页。

② 易峰：《跨境贸易人民币结算影响因素研究》，南昌大学硕士学位论文，2017，第17页。

不健全，这极大地限制了珠海地区跨境贸易结算的发展进程。首先，目前珠海地区并没有一整套覆盖一整个贸易区的货币结算体系，更多采用基本的结算方式，由此必然会阻碍世界范围内珠海地区贸易地位的提升。其次，从长远角度看，人民币的贸易地位始终不高，珠海地区单个试点，很难在较短时间内建立完善科学的跨境贸易结算体系，这对于珠海地区跨境贸易的结算限制巨大。同时，人民币跨境贸易结算并没有得到外国企业的理解与支持，协作能力不强，这就导致跨境贸易不能很好地监管资金流动的方向。与此同时，人民币境外储蓄量必然随着人民币跨境贸易结算的推进而增多，在此情况下，珠海地区的银行可能会面临境外人民币大量提现的压力，从而使得珠海地区商业银行在境外流动性不足。一旦境外人民币的存取业务使用频率过高，将会引起境外人民币数目被追踪记录，珠海地区的监管能力下降，风险上升。

（2）货币稳定性问题

目前国际宏观经济和国家政策的共同推动为跨境人民币支付提供了巨大的好处，其弊端不容忽视。随着宏观经济因素变得越来越不确定，货币稳定性也会影响宏观经济。人民币作为珠海跨境结算的货币之后，珠海地区与其他国家和地区的经贸往来更加紧密，国际经济的前行和国际形势的变化都将对珠海地区的经济产生影响。

因跨境贸易双方需要根据自身相应的货币需求进行调整，通过套期保值等手段去规避汇率风险，所以珠海地区的跨境贸易结算规模受到了货币汇率波动的影响。当汇率提高，使美元下调而人民币增值，珠海地区的跨境贸易企业对人民币的需求相应扩大，跨境结算规模也相应地扩大。[①] 另外，一部分境外投资者预期未来人民币将继续升值，则会更想增加人民币的持币数额来获利。同时，部分投机者对人民币的汇率走势和利率走势做出以获利为目的的判断，将增持人民币数额以便进行投机活动，这也会促进珠海地区跨境结算的发展。在这个时期，境外进口企业则会选择人民币作为计价货币，减少手中的持币数量，用以规避相关汇率风险，这也增强

① 朱华峰：《跨境贸易人民币结算理论研究与实证分析》，云南财经大学硕士学位论文，2018，第35页。

了珠海地区的贸易结算规模。但境外的投机者和预防者也会在预防动机下，判断是否持有人民币，减少投机的频次和需求，这就会缩减跨境结算的规模。

货币稳定的必要性主要体现在以下几个方面。首先，当前的外汇管理政策无法满足珠海地区人民币跨境支付的要求，人民币跨境支付包括人民币基金的海外发行，国际支付统计的监控，双边货币掉期支付以及中国目前的外汇管理。其次，跨境人民币监管体系尚未完善，政策体系尚未成熟，中国跨境人民币发展缺乏基本经验。在国内贸易人民币结算过程中，建立成熟的政策和完善监管体系需要很长时间。最后，跨境人民币业务对跨境人民币监控系统的需求更大，因为其引入了更多的市场参与者。要进行更全面的监控，密切关注市场参与者的违规行为，防止各种投机者，注意"热钱"压力，防止离岸人民币通过地下渠道和其他非法渠道进入中国，需要构建一个系统，维持市场影响货币政策的稳定性。

（二）跨境贸易结算现状及问题

1. 贸易结算现状分析

珠海跨境贸易结算主要有三种模式，分别是"清算行"模式、"代理行"模式以及"边贸行"方式（见图1）。

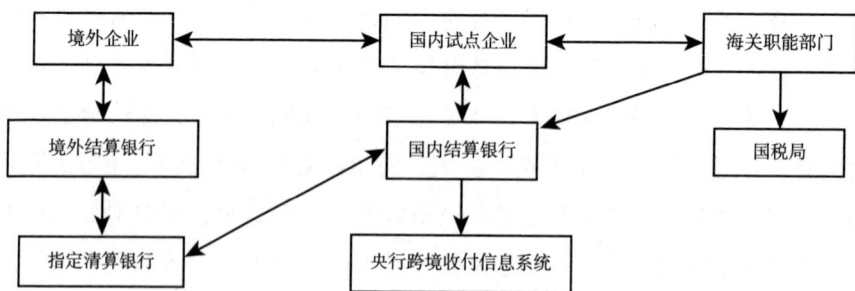

图1 珠海跨境贸易结算流程

资料来源：1.《大嘉购：跨境电商系统：跨境支付介绍》，大嘉购网站，https://www.fz10086.com/5960.html，最后检索时间：2022年3月1日。

2.《新形势下跨境出口电商支付方式的理性选择》，搜狐网，https://www.sohu.com/a/253303105_468675，最后检索时间：2022年3月1日。

（1）"清算行"模式

顾客向珠海地区结算银行付款后，珠海地区结算银行向中国人民银行超大金额三方支付平台推送汇款单，随后根据香港、澳门清算银行在中国人民银行设立的账户开展人民币资产跨境电商清算，最终发送至国外顾客的结算银行。"清算行"模式适用示范点公司之间的跨境电商人民币结算（进口公司不受到限制）及根据香港、澳门清算银行清算的国外顾客。现阶段，该银行能够与香港、澳门的清算银行开展跨境电商人民币结算。

（2）"代理行"模式

地区顾客向地区代理银行支付有关账款后，海外交易对手的清算银行应在地区代理银行设立人民币银行间账户，地区代理银行立即向海外参与银行推送汇款命令，汇款命令选用SWIFT国家标准文件格式。"代理行"模式适用示范点公司之间的跨境电商人民币清算（进口公司不受到限制）及在本行设立人民币同行业账户的海外参与银行顾客。代理银行方式的跨境电商人民币交易方式将在下一阶段的工作上进一步应用推广。

（3）"边贸行"方式

依据国务院关于跨境人民币清算的规定和各地方政府的工作方案，将来边境贸易结算业务将列入跨境人民币结算管理范畴，地下钱庄的生存环境将进一步被抑制。国家税务总局还将增加新标准，如云南边境纳税规模较小的纳税人的出口货品和边境线省区与中国周边国家一般贸易实行更优惠的退（免）税政策。到时候，龙邦、水部位、萍乡市、友谊关、防城港、平蒙、阆中、阿依达、朔龙、岳辉、松柏树、科家等12个国境线港口，根据一般贸易或小规模纳税人边境贸易出口越南地区的货品，将享有退（免）税现行政策，并以人民币清算。"边贸行"方式运用目前的边境贸易结算互联网和专用工具，例如SWIFT、边境贸易在网上银行或银行汇票等，根据海外边境贸易结算协作银行在本行开立的边境贸易结算专用型账户开展人民币资产跨境电商结算，为示范点公司申请办理跨境人民币结算业务。"边贸行"方式适用示范点公司（进口公司不限）之间的跨境人民币结算和越南地区边境贸易结算组织的顾客根据小规模纳税人边境贸易。假如将边贸结算业务列入跨境人民币结算管理方法范畴，边贸银行方式将变成跨境人民币结算的另一种资产结算和贸易结算方法。

现阶段，越南地区国家银行并未颁布容许其地区银行在本行开立人民币同行业账户和申请办理跨境人民币结算业务的现行政策。因而，跨境人民币结算如选用边境贸易银行方法申请办理，务必根据海外边境贸易结算协作银行在本行开立的边境贸易结算专用存款账户申请办理。

珠海地区跨境贸易人民币结算从边贸时期以来取得了很大的成就，跨境贸易人民币结算试点的业务领域范围得到了很大覆盖，业务参与的主体从企业逐步延伸至居民个人再延伸到非居民机构，业务地区也从边境国家拓展到世界。另外，"一带一路"建设的实施、自贸区的建立以及2016年人民币正式被纳入特别提款权（SDR）篮子中等一系列的经贸决策也极大地推动了珠海地区跨境贸易结算的发展。

2. 跨境贸易在贸易方面的问题

（1）贸易规模问题

珠海跨境贸易规模的迅速发展，对珠海地区现有商业银行跨境贸易结算业务以及汇兑等相关业务提出了更高的要求。但是就目前珠海地区商业银行整体的业务环境来看，还不具备服务规模如此庞大的跨境贸易结算的能力。第一，珠海地区金融发展相对缓慢，诸多金融业务仍处于较初级的状态，在跨境贸易企业双方的资金往来的高压之下，采用的解决方式往往是最原始的外币兑换形式，而以人民币为结算工具的服务体系仍没有建立完全，在高压之下，仍容易出现问题，从而影响到珠海地区跨境贸易结算的发展。第二，珠海地区商业银行的汇兑、贸易结算、贸易融资等跨境贸易结算业务的发展速度非常缓慢，这就使得珠海地区跨境贸易业务跟不上其出口速度，在贸易结算爆炸式增长的情况下，这对于珠海地区人民币跨境贸易结算的发展无疑是影响巨大的。

（2）贸易结构问题

由于人民币在国际市场的认同度不高，珠海地区企业在贸易谈判中一直处于被动状态，出口议价权较弱，其很大一部分原因在于出口产品仍是附加值低、技术含量低的产品占较大比重。而且珠海地区的主要对外贸易市场集中在东盟等周边的亚洲国家和地区，出口的产品国际竞争力较弱，很难在国际上占据市场。另外，国际货币的使用惯性也会对珠海地区扩大国际市场形成一定的阻碍，在欧美等国家主要是采用美元和欧元计价结算，珠海地区企业想要在贸易谈判中以人民币计价，结算难度增加了。因此，珠海的外贸企业想要在业务谈判中掌握议价的主动权，就要积极优化产品结构，增加产品的附加值，研发高新技术产品，以增加自己的谈判筹码。要鼓励和推动产业转型升级，转变增长方式，拓宽国外市场，争取在贸易谈判中有议价主动权，从而促进人民币跨境业务的发展。

从珠海地区贸易结构状况来看，服务贸易的发展增速同比不断提高，服务贸易总额的增速早已超过商品贸易总额的增速，体现了跨境贸易发展的主要推动力推动了经济的提升。单个国家长时间地依靠商品贸易推动经济的提升是不可持续的，一方面会超限度耗损国家资源，另一方面会带来更加严重的与周边国家和地区贸易失衡的不利影响。相较于商品贸易，服务贸易能够为经济的发展带来新的力量源泉。

二 珠海跨境结算影响因素

(一) 金融市场规模

目前随着珠海银行业、证券业等金融机构的发展和增多，丰富的金融资源和金融工具能够使珠海的外贸企业在跨境结算时有效地规避汇率风险，从而降低货币成本，有利于在跨境结算中使用人民币作为计价货币。由图 2 可见，珠海金融业增加值逐年增长，分别在 2016 年和 2019 年有巨大的飞跃。无论是 2016 年"营改增"试点的推行、非银支付牌照的发放、"深港通"的起航等政策或事件，还是 2019 年 A 股入"富"、科创板等利好因素，都大大推动了金融业的发展。中国金融业的快速发展带动了珠海金融业的发展，2020 年珠海金融业增加值为 432.67 亿元，比 2016 年增长了约 160%。因此，衡量金融因素对珠海跨境结算的影响，金融市场规模是极为重要的影响因子。

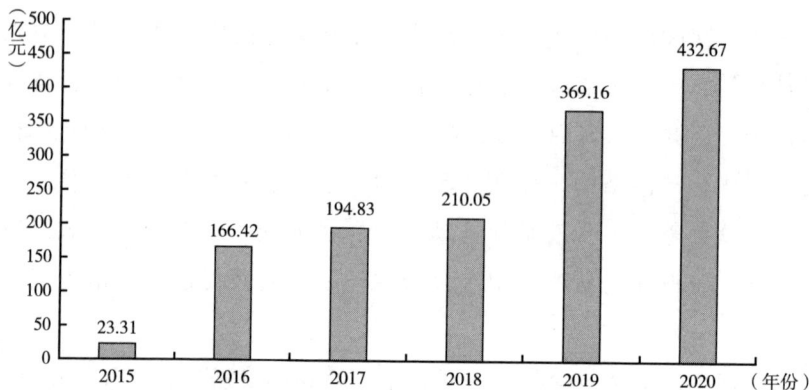

图 2　2015～2020 年珠海市金融业增加值

资料来源：Wind 金融终端 App。

（二）金融市场结构

目前珠海的金融市场结构优化体现为直接融资的占比提高，跟银行的间接融资比较起来，通过证券、债券等的直接融资方式更有利于降低珠海地区跨境贸易企业在跨境贸易中的持币风险。由此可见，金融机构的优化对珠海跨境结算有着较好的正向作用。由图3和图4可知，珠海市直接融资和间接融资的规模亦不断扩大。与间接融资规模稳健扩大不同，直接融资规模在2020年呈现急速增长的态势，这也说明了珠海直接融资的占比越来越高，资本市场改革成效显著。

（三）金融市场效率

储蓄转化率和资本配置率的提升降低了珠海跨境贸易企业的融资成本，提升了其科技创新能力，使珠海地区产品在境外市场的占比越来越大，从而优化了珠海的对外贸易商品结构，同时也提高了在跨境结算时人民币的使用率（见图5）。

（四）贸易规模

从跨境贸易规模上看（见图6），珠海市的出口额近五年来一直高于进

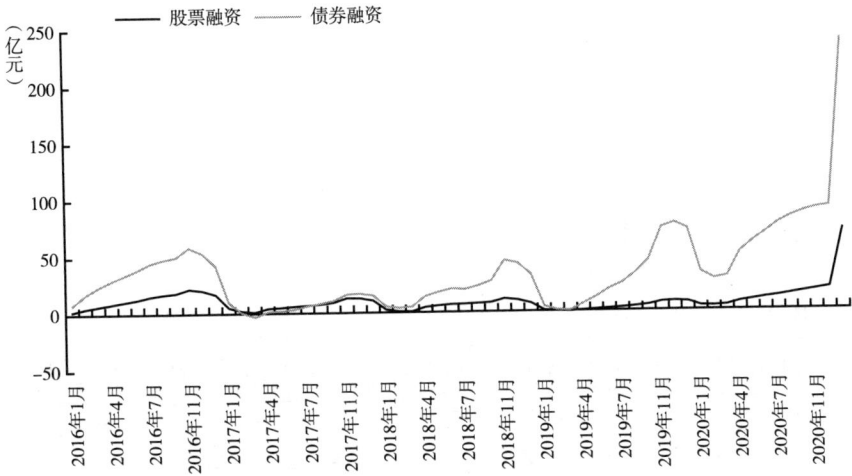

图 3 2016～2020 年珠海市直接融资规模

资料来源：Wind 金融终端 App。

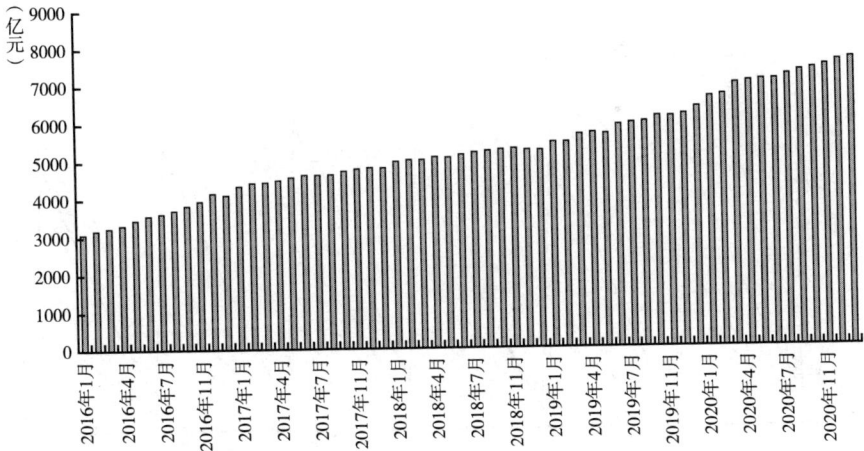

图 4 2016～2020 年珠海市间接融资规模

资料来源：Wind 金融终端 App。

口额，处于贸易顺差的状态下，证明了我国出口产品具备相应的竞争力。从贸易规模增长率上看，珠海的进出口额增速在 2018 年上旬达到了近五年的最高值，随后经历了增速减缓的情况，不过在 2020 年后一直处于回升的状态，这归功于国内疫情的控制得当。但总体来说，尽管珠海的跨境贸易

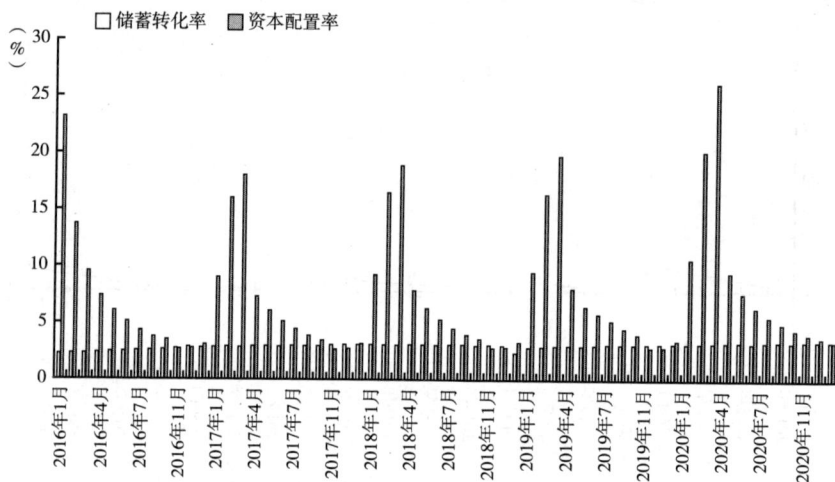

图 5　2016~2020 年珠海市储蓄转化率和资本配置率

资料来源：Wind 金融终端 App。

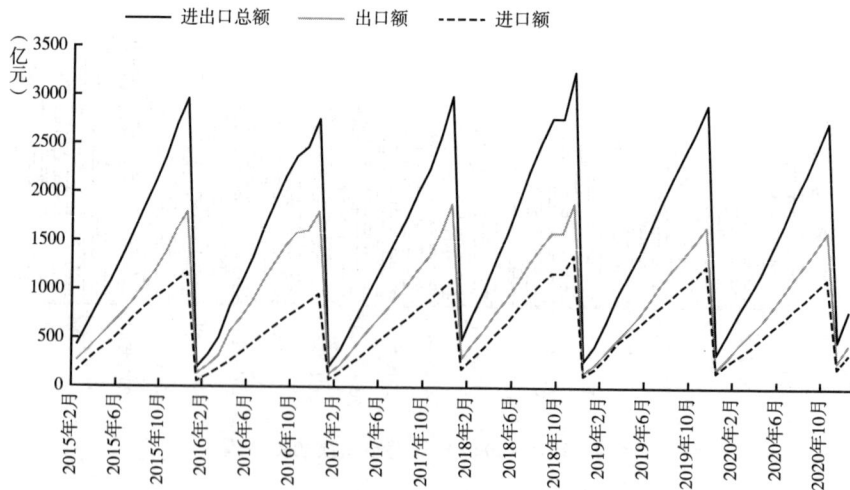

图 6　2015~2020 年珠海市跨境贸易规模

资料来源：Wind 金融终端 App。

规模和增长率都没有持续上升，但是在疫情中逐步恢复生产和生活的国际大背景下，未来对珠海跨境结算发展产生负面影响的可能性较低。从数据上看，贸易规模增长率正在从负增长返回正增长，正能说明贸易规模与跨境结算发展正相关。

（五）贸易竞争力

贸易竞争力指数，即 TCI（Trade Competitiveness Index），是衡量一国产品在国际市场上的贸易竞争力的重要指标。TCI 是相对数而不是绝对数，数值区间在 [-1，1]，由于是相对值，TCI 排除了宏观因素，如居民消费指数（CPI）所带来的影响。当 TCI 为 -1 时，表示该产业只存在进口贸易活动；当 TCI 接近 -1 时，说明该产业处于竞争劣势；当 TCI 等于 0 或接近 0 时，则说明该产业的竞争力处于平均水平或趋于平均水平；当 TCI 接近 1 时，则说明该产业的竞争优势较大；当 TCI 等于 1 时，表示该产业只存在出口贸易活动。TCI 公式如下：

$$TCI_i = \frac{E_{ix} - I_{ix}}{E_{ix} + I_{ix}} \tag{1}$$

TCI 表示贸易竞争力指数，E_{ix} 表示 i 国 x 产品的出口量，I_{ix} 表示 i 国 x 产品的进口量。由于珠海市主要出口机电产品和高新技术产品，本部分就以此两类产品代表珠海的进出口竞争力并分析其竞争力情况。具体数值见表 1。

表 1　2016~2020 年珠海机电产品和高新技术产品贸易竞争力指数

时间	机电产品			高新技术产品		
	进口额（亿元）	出口额（亿元）	TCI	进口额（亿元）	出口额（亿元）	TCI
2016.01	4.2856	14.7615	0.550000	2.7388	5.6374	0.346052
2016.02	7.8398	23.5194	0.500000	4.9926	9.2280	0.297836
2016.03	13.4291	36.7195	0.464428	8.5827	14.8373	0.267062
2016.04	18.5215	58.0259	0.516078	11.9272	21.2646	0.281316
2016.05	24.4262	73.4767	0.501012	16.0470	27.1550	0.257118
2016.06	32.7615	90.7355	0.469437	22.4989	33.6519	0.198626
2016.07	40.5786	111.5781	0.466621	28.4051	40.9201	0.180526

续表

时间	机电产品			高新技术产品		
	进口额（亿元）	出口额（亿元）	TCI	进口额（亿元）	出口额（亿元）	TCI
2016.08	40.5786	111.5781	0.466621	34.1039	48.0158	0.169410
2016.09	55.9724	151.3665	0.460088	39.8522	54.9572	0.15932
2016.10	62.1968	167.4116	0.458236	44.1980	60.8954	0.158882
2016.11	68.3064	176.3630	0.441643	48.1858	66.6783	0.160995
2016.12	75.0895	187.6070	0.428317	52.3786	72.7984	0.163127
2017.01	3.1145	14.7391	0.651107	1.4976	6.2832	0.615052
2017.02	6.2697	24.7201	0.595370	3.0153	10.7499	0.561895
2017.03	72.1236	269.6856	0.577989	34.4894	103.9907	0.501887
2017.04	143.5025	376.6502	0.448229	93.8287	145.5287	0.215995
2017.05	184.0413	481.0684	0.446584	120.4913	192.1021	0.229086
2017.07	275.7445	694.2048	0.431425	181.2204	298.4376	0.244377
2017.08	214.0115	798.0686	0.577086	211.1666	359.4541	0.259871
2017.09	374.6510	946.6987	0.432927	245.3376	445.3176	0.289551
2017.10	413.7047	1048.6970	0.434212	270.4703	491.3843	0.289969
2017.11	464.9252	1209.3160	0.444614	305.0545	550.3703	0.286777
2017.12	464.9252	1209.3160	0.444614	305.0545	550.3703	0.286777
2018.01	51.3678	129.9477	0.433388	33.8017	54.9665	0.238428
2018.02	84.5112	229.2705	0.461338	55.7723	105.2747	0.307379
2018.03	135.6784	356.6290	0.448806	90.3234	168.6869	0.302550
2018.04	198.0837	465.2467	0.402760	137.7406	217.8998	0.225394
2018.05	273.4007	591.5288	0.367808	195.8875	275.9292	0.169646
2018.06	330.6218	717.6639	0.369214	237.1031	337.5664	0.174819
2018.07	402.7803	848.9240	0.356429	293.2128	400.7769	0.154994
2018.08	468.5743	984.5413	0.355076	342.7280	460.4209	0.146539
2018.09	539.0824	1098.6730	0.341682	395.2889	511.9547	0.128594
2018.11	604.0578	1207.8360	0.333231	446.3315	562.1950	0.114884
2018.12	695.6790	1440.4450	0.348653	510.9725	662.3373	0.129007
2019.02	78.0691	177.8071	0.389790	56.0399	75.7642	0.149649
2019.03	120.2286	281.1904	0.400982	85.6673	119.1269	0.163382
2019.04	168.3993	384.8154	0.391197	119.3977	161.6122	0.150224
2019.05	213.5289	485.4302	0.389009	150.6543	201.7587	0.145013
2019.06	259.0573	588.9717	0.389037	181.9298	242.3499	0.142406
2019.07	312.5692	713.4761	0.390730	217.3745	286.2488	0.136758

时间	机电产品			高新技术产品		
	进口额(亿元)	出口额(亿元)	TCI	进口额(亿元)	出口额(亿元)	TCI
2019.08	364.2134	845.2189	0.397712	252.8423	331.8088	0.135066
2019.09	418.0008	961.5934	0.394024	289.8858	379.3492	0.13368
2019.10	467.9463	1068.9920	0.391067	324.3222	423.7722	0.132938
2019.11	515.2348	1182.7600	0.393126	355.6585	473.3039	0.141919
2019.12	576.4991	1299.2580	0.385316	399.557	522.5786	0.133409
2020.02	76.9734	149.9043	0.321455	52.6347	65.0550	0.105534
2020.03	132.6301	244.2460	0.296161	92.3779	105.9695	0.068524
2020.04	181.4859	357.9089	0.327076	126.3905	146.8364	0.074831
2020.05	225.8883	449.1872	0.330776	157.8372	185.9267	0.081712
2020.06	276.3727	545.4046	0.327378	194.0756	225.5384	0.07498
2020.07	338.2350	667.9879	0.327714	238.9322	280.6757	0.080337
2020.08	388.5688	793.1207	0.342350	274.6528	333.4294	0.096659
2020.09	567.8387	1236.4240	0.370559	401.2145	490.4778	0.100105
2020.1	775.5127	1717.8510	0.377939	533.4578	699.0058	0.134323
2020.11	687.137	1487.3250	0.367994	483.7248	598.8164	0.106316
2020.12	789.0957	1692.5880	0.364064	557.4356	684.2488	0.10213

资料来源：Wind 金融终端 App。

如表 1 所示，尽管高新技术产品的 TCI 呈下降的趋势，考虑到全球经济不景气的情况下，TCI 没有跌破 0 而是依然保持在 0 以上，充分说明了珠海高新技术产品具备一定的产品差异性。珠海的机电产品和高新技术产品的 TCI 都是 0 以上，说明此两类产品在国际贸易上具有一定竞争力。机电产品的出口额相对高新技术产品而言较大，珠海一直在调整贸易结构，并且高新技术产品在出口中的占比正逐年增加。高新技术产品拥有更高的附加值，因此本文选择高新技术产品出口额来衡量珠海进出口额的产品差异程度。

三　实证研究

上一节分析了金融层面、贸易层面对珠海跨境结算的影响，并据此得出了各因素对跨境结算发展的假设。为了更好地呈现珠海跨境结算的影响因素和影响程度，本节分别从金融和贸易的层面出发，通过实证构建模型来分析金融因素和贸易因素对珠海跨境结算的影响，最后结合两个因素分析其对珠海跨境结算的共同影响。本文选取的因素分别是珠海2016年到2020年的金融市场规模、金融市场结构、金融市场效率、经济发展水平、跨境贸易规模、贸易竞争力、居民消费指数、美元兑人民币中间价。

（一）变量选取与数据来源

1. 变量选取

被解释变量：珠海跨境人民币结算规模（RCTS），衡量指标是珠海市2016年1月到2020年12月的跨境人民币结算额。

解释变量：

（1）金融市场规模（FDSC）：一般而言，融资规模占国民生产总值（GDP）的比重是衡量金融市场规模的基本方法。但它具有一定的局限性，融资总额由直接融资和间接融资组成，如果只使用直接融资或间接融资来度量，则不能完整地反映金融市场规模。为了更全面地反映珠海市金融发展的规模，本文参考了杨帆（2020）的做法，使用珠海市金融机构年末存贷款余额（以下简称存贷款余额）、珠海市股票融资额（以下简称股票融资额）、珠海市债券融资额（以下简称债券融资额）和珠海市保费收入（以下简称保费收入）之和与珠海市国民生产总值（GDP）的比值来表示。其中，用存贷款余额与GDP之比来表示珠海银行业金融市场规模，股票融资额和债券融资额之和与GDP之比表示珠海证券业金融市场规模，保费收入与GDP之比表示珠海市保险业金融市场规模。公式如下：

$$珠海市金融市场规模 = \frac{存贷款余额 + 股票融资额 + 债券融资额 + 保费收入}{国民生产总值} \quad (2)$$

（2）金融市场结构（FDST）：衡量金融市场是否发达，融资方式丰富与否是重要的标准。股票融资和债券融资占全社会整体融资的比重越来越高，直接融资规模越大，交易成本会越低，抵御金融风险的能力越强。因此，为了使珠海市金融市场结构得到更全面的反映，衡量指标不仅考虑了直接融资在金融资产总额中的比重，还把珠海市存贷款余额之和占广东省存贷款余额之和的比重纳入其中，以表示间接融资情况。公式如下：

$$珠海市金融市场结构 = \frac{1}{2}(\frac{直接融资}{金融资产总额} + \frac{珠海市存贷款余额之和}{广东省存贷款余额之和}) \quad (3)$$

（3）金融市场效率（FDEF）：金融市场效率主要以储蓄转化率和资本配置率为主，其中储蓄转化率是用贷款余额与居民储蓄存款之比来表示，资本配置率是以非国有企业贷款与国民生产总值（GDP）之比来表示。公式如下：

$$珠海市金融市场效率 = \frac{1}{2}(\frac{贷款余额}{居民储蓄存款} + \frac{非国有企业贷款}{国民生产总值}) \quad (4)$$

（4）经济发展水平（IND）：跨境贸易中计价货币的选择一般与其货币发行国的经济实力密切相关。由于珠海市统计局没有公布相关的 GDP 月度数据，而工业增加值能有效衡量产出，是衡量 GDP 最重要的指标，因此使用工业增加值作为替代。为了使本实证研究更为严谨，本次数据采用的是珠海市的工业增加值而非全国的。

（5）跨境贸易规模（TS）：贸易规模体现了一国或地区的经济实力，贸易规模越大，本国货币的国际认可度会越高，对跨境结算会产生更有利的影响。本节使用珠海市加工贸易、一般贸易和其他贸易来衡量跨境贸易规模。公式如下：

$$珠海市跨境贸易规模 = 加工贸易 + 一般贸易 + 其他贸易 \quad (5)$$

（6）贸易竞争力（TCI）：产品是否具有差异性会影响到跨境结算的发展。如果产品具有较高的差异性则会使本国货币成为计价货币更具备优势。目前，尽管机电产品贸易出口规模较大，但高新技术产品的占比正逐年增大，未来高新技术产品也更难代表贸易竞争力。因此，本节使用珠海市高新技术产品的出口额与珠海市贸易出口额之比来衡量珠海市贸易竞争力。

$$珠海市贸易竞争力 = \frac{高新技术产品出口额}{贸易出口额} \quad (6)$$

（7）居民消费指数（CPI）：跨境贸易计价货币的居民消费指数会对跨境贸易主体的货币持有信心造成影响，一般会选用国内物价较为稳定国家的货币进行结算，而物价水平能反映出该国货币是否稳定。由于本文是对珠海市跨境结算进行分析，因此本节选取珠海市的居民消费指数而非全国居民消费指数。

（8）美元兑人民币中间价（EXR）：汇率在跨境结算中是一个重要的影响因素，因此本文选择美元兑人民币中间价作为衡量指标之一。

2. 数据来源

跨境人民币业务2009年在试点城市实施，2011年在全国正式开展，随着全国的跨境结算额快速增长，2016年前的数据可能已失去时效性，因此本节选择的是2016年至2020年珠海市的月度数据。珠海跨境人民币结算规模（RCTS）数据来源于珠海市统计局、中经网数据库和线下调研。

在金融因素中贷款余额、股票融资额、债券融资额、保费收入和金融机构存贷款取自珠海统计局和Wind数据库，居民储蓄存款、非国有企业贷款、GDP数据来源于Wind数据库。由于数据皆是时间序列月度数据，数据会随着季节变动而变化，为了更好地体现金融发展对珠海市跨境结算的影响，对有季节变动的数据进行季节性调整。

在贸易因素中跨境贸易规模（TS）数据来源于珠海市统计局。贸易竞争力（TCI）的高新技术产品进口额和出口总额数据来源于珠海市统计局。居民消费指数（CPI）和美元兑人民币中间价（EXR）数据来源于Wind数据库。上述数据都是时间序列月度数据，为了避免异方差，对金融市场规模、金融市场效率、金融市场结构、经济发展水平和跨境贸易规模采取自然对数处理。

本文所选取变量，通过数据折线图可以看出，经济发展水平随着季节性的变化而产生了比较明显的锯齿状。因此需要对经济发展水平LNIND进行季节性调整，调整后为LNIND_ SA。金融市场规模、金融市场效率和金融市场结构等其他变量受季节性影响不大，故不对其进行调整。本节使用Eviews10中的X_ 12季节性调整。调整后的所有数据的描述性统计如表2所示。

（二）描述性统计

由描述性统计结果可知，跨境结算规模LNRCTS的平均值为2.673，最大值为 3.084，最小值为 2.217，标准差为 0.220，说明各月份跨境结算规模差异不大。美元兑人民币中间价 EXR 的平均值为 6.762，最大值为7.100，最小值为 6.300，标准差为 0.213。居民消费指数 CPI 的平均值为100.140，最大值为 102.200，最小值为 98.100，标准差为 0.729。金融市场效率 LNFDEF 的平均值为 2.844，最大值为 3.887，最小值为 2.377，标准差为 0.293。金融市场规模 LNFDSC 的平均值为 4.971，最大值为 5.662，最小值为 4.199，标准差为 0.335。金融市场结构 LNFDST 的平均值为0.027，最大值为 0.039，最小值为 0.019，标准差为 0.005。经济发展水平LNIND_ SA 的平均值为 13.712，最大值为 14.057，最小值为 12.438，标准差为 0.197。跨境贸易规模 LNTS 的平均值为 15.849，最大值为 17.296，最小值为 12.628，标准差为 1.224。贸易竞争力 TCI 的平均值为 0.103，最大值为 1.009，最小值为 0.104，标准差为 4.171。

表 2　变量的描述性统计

变量	样本量	平均值	最大值	最小值	标准差
LNRCTS	60	2.673	3.084	2.217	0.220
EXR	60	6.762	7.100	6.300	0.213
CPI	60	100.140	102.200	98.100	0.729
LNFDEF	60	2.844	3.887	2.377	0.293
LNFDSC	60	4.971	5.662	4.199	0.335
LNFDST	60	0.027	0.039	0.019	0.005
LNIND_SA	60	13.712	14.057	12.438	0.197
LNTS	60	15.849	17.296	12.628	1.224
TCI	60	0.103	1.009	0.104	4.171

（三）单位根检验

根据表 3 单位根检验的结果可知，变量 LNRCTS、EXR、CPI、LNFDEF、LNTS 的 ADF 检验值均小于 1% 临界值，其他的变量亦小于 5%临界值，所有变量拒绝原假设，不存在单位根，为平稳序列。

表3　单位根检验

变量	ADF 检验值	1%临界值	5%临界值	10%临界值	p 值	结论
LNRCTS	−6.0600	−4.1213	−3.4878	−3.1723	0.0000	平稳
EXR	−2.6252	−3.5482	−2.9126	−2.5940	0.0000	平稳
CPI	−7.9733	−3.5461	−2.9117	−2.5936	0.0000	平稳
LNFDEF	−4.2175	−3.5461	−2.9117	−2.5936	0.0014	平稳
LNFDSC	−5.8216	−4.1305	−3.4921	−3.1748	0.0001	平稳
LNFDST	−3.7611	−3.5482	−2.9126	−2.5940	0.0055	平稳
LNIND_SA	−6.7863	−3.5461	−2.9117	−2.5936	0.0000	平稳
LNTS	−3.3479	−3.5461	−2.9117	−2.5936	0.0170	平稳
TCI	−3.0008	−3.5461	−2.9117	−2.5936	0.0406	平稳

（四）金融因素对珠海跨境结算影响的实证分析

为了确定金融因素对跨境结算规模的影响，本文建立如下回归模型进行验证，模型如下：

$$LNRCTS = X_1 LNFDEF + X_2 LNFDSC + X_3 LNFDST + X_4 LNIND\_SA + X_0 + \mu \quad (7)$$

以上模型，LNRCTS 代表珠海市跨境结算规模。LNFDEF 代表金融市场效率，LNFDSC 代表金融市场规模，LNFDST 代表金融市场结构，LNIND_ SA 代表经济发展水平。X_i 表示第 i 个变量对被解释变量的影响，μ 表示随机扰动项。

1. 相关性分析

由上一节可得 ADF 单位根检验表明选取的时间序列均平稳，因此不需要做协整检验，接下来本文采用相关性分析方法检验金融因素变量之间的相关性，结果如下。

由检验结果可知，所有变量之间不存在相关性，因此亦不存在多重线性关系（见表4）。

表4　对金融因素的相关性分析

变量	LNRCTS	FDEF	FDSC	FDST	LNIND_SA
LNRCTS	1.0000	0.3727	0.5912	0.4511	0.1280

变量	LNRCTS	FDEF	FDSC	FDST	LNIND_SA
LNFDEF	0.3727	1.0000	−0.0432	−0.0561	−0.4706
LNFDSC	0.5912	−0.0432	1.0000	0.4530	0.1659
LNFDST	0.4511	−0.0561	0.4530	1.0000	0.0621
LNIND_SA	0.1280	−0.4706	0.1659	0.0621	1.0000

2. White 检验

异方差的影响主要是对参数估计有效性的影响，为了使回归参数估计具有良好的统计性质，需要对金融因素变量进行异方差检验，这里选用White 检验（见表 5）。

表 5　White 检验

F-statistic	1.668564	Prob. F(14,45)	0.097324
Obs * R-squared	20.50316	Prob. Chi-Square(14)	0.115059

通过 White 检验，得出 F-statistic 为 1.668564，Obs * R-squared 为 20.50316，Prob. Chi-Square 为 0.115059，可知 p 值大于 0.05，因此不存在异方差。

3. 序列自相关检验

由 DW 检验值可知，DW 值为 1.2016，查表可知 DL 值为 1.444。DW< DL，故该模型存在自相关。由于模型存在自相关，因此需要对其进行修正。通过 LM 检验，可以确认模型存在二阶滞后项（见表 6）。

表 6　LM 检验

Variable	Coefficient	Std. Error	t-Statistic	Prob.
RESID(−1)	0.1627	0.1414	1.1503	0.2553
RESID(−2)	0.2853	0.1360	2.0987	0.0407
RESID(−3)	0.1795	0.1521	1.1800	0.2434

4. 回归分析

确认模型存在二阶滞后项后，对模型采用 GLS 进行修正。修正后 DW 值为 1.9403>1.727（DU 值），模型不存在自相关。回归结果如表 7 所示。

表 7 回归结果

Variable	Coefficient	Std. Error	t-Statistic	Prob.
C	4.4301	2.6936	1.6447	0.1059
LNFDEF	0.4089	0.0705	5.7969	0.0000
LNFDSC	0.2937	0.0617	4.7585	0.0000
LNFDST	11.3031	4.0346	2.8016	0.0070
LNIND_SA	−0.1691	0.1460	−1.1585	0.2519
AR(1)	0.3522	0.1177	2.9933	0.0042
AR(2)	0.5598	0.1200	4.6648	0.0000
R-squared	0.7298	F-statistic	23.8579	
DW 值	1.9403			

可以得到如下回归方程：

$$\text{LNRCTS} = 0.41\text{LNFDEF} + 0.29\text{LNFDSC} + 11.30\text{LNFDST} - 0.17\text{LNIND\_SA} - 4.43 \tag{8}$$

由结果可知，模型的 R-squared 为 0.7298，说明模型拟合度较好。模型整体较为显著。

LNFDEF 的系数为 0.41，在 1%的显著性水平上通过显著性检验，说明金融市场效率对跨境结算规模有显著的正向影响，金融市场效率增加 1%，跨境结算规模增加 0.41%。

LNFDSC 的系数为 0.29，在 1%的显著性水平上通过显著性检验，说明金融市场规模对跨境结算规模有显著的正向影响，金融市场规模增加 1%，跨境结算规模增加 0.29%。

LNFDST 的系数为 11.30，在 1%的显著性水平上通过显著性检验，说明金融市场结构对跨境结算规模有显著的正向影响，金融市场结构增加 1%，跨境结算规模增加 11.30%。

LNIND_ SA 的系数为-0.17，没有通过显著性检验，说明经济发展水平对跨境结算规模没有显著影响。

（五）贸易因素对珠海跨境结算影响的实证分析

为了确定贸易因素对跨境结算规模的影响，本文建立回归模型进行验证，模型如下：

$$LNRCTS = X_6CPI + X_7EXR + X_8LNIND\_SA + X_9LNTS + X_{10}TCI + X_{11} + \mu \quad (9)$$

式（9）中，LNRCTS 代表珠海市跨境结算规模，CPI 代表居民消费指数，EXR 代表美元兑人民币中间价，LNIND_ SA 代表经济发展水平，LNTS 代表跨境贸易规模，TCI 代表贸易竞争力。X_i 表示第 i 个变量对被解释变量的影响，μ 表示随机扰动项。

1. 相关性分析

由 ADF 单位根检验可知所有变量均平稳，因此不需要做协整检验，接下来本文采用相关性分析方法检验贸易因素变量之间的相关性，结果如表 8 所示。

表 8　对贸易因素的相关性分析

LNRCTS	CPI	EXR	LNIND_SA	LNTS	TCI
1.000	-0.197	0.469	0.128	-0.044	0.358
-0.197	1.000	-0.062	-0.105	0.080	-0.113
0.469	-0.062	1.000	0.178	0.039	0.089
0.128	-0.105	0.178	1.000	-0.459	0.466
0.427	-0.107	0.236	0.059	0.941	1.000
0.210	-0.052	0.041	0.035	1.000	0.941

由检验结果可知，所有变量之间不存在相关性，因此亦不存在多重线性关系。

2. White 检验

与上述金融因素变量异方差检验相同，为了使回归参数估计具有良好的统计性质，需要对贸易因素变量进行 White 检验，结果如 9 所示。

表9　White 检验

F-statistic	1.316775	Prob. F(20,39)	0.225831
Obs * R-squared	24.18486	Prob. Chi-Square(20)	0.234411

通过 White 检验，得出 F-statistic 为 1.316775，Obs * R-squared 为 24.18486，Prob. Chi-Square 为 0.234411，可知 p 值大于 0.05，因此不存在异方差。

3. 序列自相关检验

由 DW 检验值可知，DW 值为 1.2388，查表可知 DL 值为 1.408。DW< DL，故该模型存在自相关。由于模型存在自相关，因此需要对其进行修正。通过 LM 检验，可以确认模型存在二阶滞后项（见表10）。

表10　LM 检验

Variable	Coefficient	Std. Error	t-Statistic	Prob.
RESID(-1)	0.2602	0.1448	1.7975	0.0782
RESID(-2)	0.3861	0.1379	2.7992	0.0072
RESID(-3)	0.2071	0.1588	1.3038	0.1982

4. 回归分析

确认模型存在二阶滞后项后，对模型采用 GLS 进行修正。修正后 DW 值为 1.9516>1.767（DU 值），模型不存在自相关。回归结果如表11 所示。

表11　回归结果

Variable	Coefficient	Std. Error	t-Statistic	Prob.
C	8.6471	2.4059	3.5942	0.0007
EXR	0.1932	0.1566	1.2342	0.2227
CPI	-0.0216	0.0293	-0.7364	0.4647
LNIND_SA	-0.1272	0.0762	-1.6690	0.1011
LNTS	0.3196	0.0629	5.0817	0.0000
TCI	0.0437	0.0212	2.0585	0.0446

Variable	Coefficient	Std. Error	t-Statistic	Prob.
AR(1)	0.4792	0.1379	3.4751	0.0010
AR(2)	0.4159	0.1340	3.1043	0.0031
R-squared	0.7228	F-statistic	19.3713	
DW 值	1.9516			

可以得到如下回归方程：

$$LNRCTS = 0.2EXR - 0.02CPI - 0.13LNIND\_SA + 0.32LNTS + 0.04TCI + 8.64$$

(10)

由结果可知，模型的 R-squared 为 0.7228，说明模型拟合度较好。模型整体较为显著。

EXR 的系数为 0.2，没有通过显著性检验，说明美元兑人民币中间价对跨境结算规模没有显著影响。

CPI 的系数为 -0.02，没有通过显著性检验，说明居民消费指数对跨境结算规模没有显著的影响。

LNIND_ SA 的系数为 -0.13，没有通过显著性检验，说明经济发展水平对跨境结算规模没有显著的影响。

LNTS 的系数为 0.32，在 1% 的显著性水平上通过显著性检验，说明跨境贸易规模对跨境结算规模有显著的正面影响，跨境贸易规模增加 1%，跨境结算规模增加 0.32%。

TCI 的系数为 0.04，在 5% 的显著性水平上通过显著性检验，说明贸易竞争力对跨境结算规模有显著的反向影响，贸易竞争力增加 1%，跨境结算规模增加 0.04%。

四 结论

（一）金融层面

从金融层面来看，首先，通过理论分析部分我们可以发现珠海市的金融市场规模不断扩大。珠海市金融业增加值保持着平稳上升的趋势，在 2020 年达到历史新高。其次，对于珠海市的金融市场结构，通过理论分析部分可以看出，银行业的间接融资规模在不断扩大，直接融资的规模近几年虽稍有波动但总体保持上升趋势，且 2020 年出现了急速增长。最后，珠海市的金融市场效率也在不断提高，资本配置率高于储蓄转化率。

通过金融发展对珠海跨境结算影响的实证分析部分，可以看出金融市场规模、金融市场结构和金融市场效率都通过了显著性检验，都对珠海跨境结算产生了积极的推动作用。

第一，金融市场效率对于珠海跨境结算规模的推动力较强。在金融因素对珠海跨境结算规模发展的影响中，金融市场效率是推动珠海跨境结算规模发展的重要原因，这也说明了珠海地区的居民储蓄转化效率有所提高，资金流入实体经济的比例提升，使跨境贸易企业的融资更加便利，降低了其融资成本，对珠海跨境结算规模的增长起到了促进作用。

第二，金融市场结构对珠海跨境结算的贡献率最大，其发挥的正向作用更显著。融资结构的合理程度影响着跨境结算的发展，直接融资的比重越大，对金融风险的应对越从容。实证结果进一步证明珠海调整融资结构的方向是正确的，直接融资的比重越高对跨境结算发展的推动力越强。

第三，从实证结果来看，金融市场规模对珠海跨境结算规模呈正向影响，但其发挥的作用相对较小，说明目前珠海金融市场规模还有很多扩大空间，还不足以成为珠海跨境企业的有力支撑。珠海金融业规模还需要进一步扩大。

第四，经济发展水平对珠海跨境结算规模产生消极影响，但从实证结果来看，影响效果不显著，对珠海跨境的影响有限。

（二）贸易层面

由贸易因素对珠海跨境结算影响的实证结果可知，仅有跨境贸易规模和贸易竞争力通过了显著性影响，跨境贸易规模和贸易竞争力的扩大都对珠海跨境结算规模产生了积极的影响。其他变量都没有通过显著性检验，对跨境结算规模的作用有限。

第一，跨境贸易规模的扩大对跨境结算规模的影响是正向的，不仅通过了显著性检验，而且是贸易因素变量中对跨境结算影响最大的变量。珠海跨境企业与跨境贸易规模的关系是一荣俱荣、一损俱损，如果跨境贸易规模增长速度快，将极为有利于跨境企业的发展和壮大，这也反哺于贸易市场，相辅相成推动跨境结算的发展。

第二，由贸易竞争力的实证结果我们可知，在珠海出口贸易结构中，以机电产品为主，这也证明了未来想继续以加工贸易获得巨额利润是不可持续和不可得的，但珠海地区正对贸易结构进行深度调整，减少机电产品等低附加值产品的产出和出口，提高高新技术产品的贸易份额。高附加值产品不仅能增加跨境贸易利润，而且能对跨境结算规模的扩大产生积极影响。另外，贸易竞争力 TCI 的系数为 0.04，看似较小，但这是因为过去高新技术产品出口占比低于机电产品，而未来将超越机电产品，形成良性发展趋势。

第三，美元兑人民币中间价对推动珠海地区的跨境结算规模扩大的影响不大。居民消费指数和经济发展水平的影响亦不大。这也说明了珠海跨境结算的发展是需要由贸易规模、贸易结构等内驱动力推动的。诸如美元兑人民币中间价、居民消费指数等因素由国家和国际环境决定，地区性政府亦无法干预。

参考文献

杨帆：《金融发展对跨境贸易人民币结算影响的实证研究》，昆明理工大学硕士学位论文，2020，第28页。

和悦：《跨境人民币结算的影响因素研究》，昆明理工大学硕士学位论文，2018。

吴梓萌：《人民币跨境结算的发展进程及影响因素研究》，外交学院硕士学位论文，2020。

闫聪林：《新疆人民币跨境结算问题研究》，石河子大学硕士学位论文，2017。

Research on Influencing Factors of Finance and Trade in Zhuhai's Cross-border Settlement

Yang Jiajun

Abstract: Since the introduction of a series of policies such as the "Guangdong-Hong Kong-Macao Greater Bay Area Development Plan" and other policies, Zhuhai's cross-border settlement has developed rapidly, and driven by external factors, it still accounts for only one-tenth of that in Guangdong Province. Therefore, the factors that restrict the development of cross-border settlement in Zhuhai should be quickly identified. Based on the current situation analysis and empirical analysis, it is found that the unsatisfactory development of cross-border settlement in Zhuhai is mainly due to the two aspects of finance and trade in Zhuhai. The scale of finance and trade competitiveness restrict the development of cross-border settlement in Zhuhai. Through the analysis of the influencing factors, it provides a solution direction for the development of Zhuhai cross-border settlement to eliminate internal unfavorable factors.

Keywords: Zhuhai Cross-border Settlement; Financial Scale; Trade Competition; Guangdong-Hong Kong-Macao Greater Bay Area

粤澳深度融合背景下的珠海渔港
产业转型发展研究[*]

周子微^{**}

【摘要】 基于粤港澳大湾区大力发展海洋经济、构建现代海洋产业体系的背景，珠海洪湾渔港作为国家重点支持的中心渔港，也在探索一条推动海洋渔业转型升级的路径。洪湾渔港以现有基本港务服务为依托，进一步提升其旅游、教育等文化服务功能，结合相关产业协同发展，共同构建综合型数字化的现代渔业产业链服务平台。除了形成集现代渔业生产、滨海旅游和海洋生物科技等为一体的渔港经济区外，也将承担起粤澳深度融合发展的历史使命。

【关键词】 粤澳融合　洪湾渔港　海洋经济

近年来，珠海贯彻落实国务院、广东省政府关于促进海洋渔业持续健康发展、推动海洋渔业转型升级的有关意见精神，扎实推进现代渔港建设与渔港综合管理改革，已取得阶段性成果。因此，通过专业的管理运营引领珠海的海洋渔业走上协同发展的特色路径，洪湾渔港的发展恰逢其时。洪湾渔港作为珠海首个示范性渔港，在粤澳深度融合的背景及传统渔港服务的基础之上，通过运用5G、生物智能大数据等技术，智能监控、管理交易等系统，将打造成为智能化水平高、科技含量高、可示范可复制可推广的现代化渔港。

---

* 本文为广东省普通高校重点领域专项（数字经济）研究课题（项目编号：2021ZDZX3013）的阶段性成果。

** 周子微，珠海科技学院金融与贸易学院助教，金融专业硕士，主要研究方向为金融科技。

一　洪湾渔港的基本功能分析

珠海洪湾中心渔港按照国家中心渔港的标准建设，码头长727米，位于珠海西南部，东面与澳门仅一水之隔，该水域水路运输交通方便，避风条件好，是非常适宜的渔港良址。这里也是港珠澳大桥西延线、横琴二桥、洪鹤大桥、太澳高速等多个重点交通工程的交会点，鱼货可通过便捷的交通网迅速运往澳门、香港及全国各地。

渔港需具备的基本功能之一就是相关港口服务，洪湾渔港目标定位为智慧渔港，对此渔港规划将分为三期开发渔港全域智能视频监控系统、渔港渔船动态监控系统、渔港综合物业管理系统、渔港应急智慧系统、渔港海鲜交易平台、渔港公共信息服务系统等六套现代化管理系统，以全面提升渔港管理的信息化水平，满足捕捞养殖、装卸等相关作业要求。除此之外，还可以联合发展旅游业、搭建与澳门的合作发展平台，等等。具体来说其基本功能体现在以下四个方面。

（一）港务服务

根据现代化的国际渔业物流港的定位，洪湾中心渔港冷链系统的建设，将为近海捕捞及远洋进口海产品提供超低温仓储及保税仓库、中转、分切、加工、电子交易平台销售、冷链配送等服务。同时，结合港珠澳大桥、珠海公路口岸等项目，强强联动，让洪湾中心渔港的海鲜能在2小时内快速抵达广州、香港、澳门，满足珠三角市场需求，并进一步辐射华南及全国高端市场，打造世界名优海产品展示交易中心。

进一步完善泊位停靠规划，申请设立国家一类口岸，为开通洪湾至香港的陆路冷链运输专线，洪湾至澳门、洪湾至外岛、洪湾至蛇口等新的旅游客运航线创造各种保障条件。通过数字洪湾的系统建设，构建与广东沿海及北部湾的各大渔港的管理链接，依托数字资源共享提升渔船靠海及鱼获上岸的综合保障及价值提升能力。

（二）产业引领

依托洪湾渔港的区位、功能及产业链延伸优势，基于数字化运营管理机制的赋能，洪湾渔港将在未来的珠海发展极点上发挥出独特的产业引领功能。

第一，通过构建洪湾渔港的"休闲体验式渔业"服务体系，形成与长隆海洋王国的参观式旅游业态的融合互补。

第二，通过传统渔业服务数字化延伸让洪湾渔港作为珠海的特色产业龙头搭建起与粤港澳大湾区西岸及西江经济带的产业链互补机制。

第三，通过洪湾渔港预留岸线的综合开发，发挥珠海通用航空的资源与产业集群优势，搭建珠海与港澳、渔港与外岛的海陆空综合发展协同互补机制，强化粤澳深度融合发展的区域及产业引领效应。

（三）文化传承

通过渔政服务与海上救援服务体系的搭建，形成岭南渔农文化、现代海洋文化的科普教育及人才培养的生态互补，在把洪湾渔港建设成为珠海的城市标志的同时，通过大湾区海上救援体系及和谐优美海岸环境的烘托，使洪湾渔港成为珠海特色海洋文化的代表及海洋产业紧缺人才的培养基地。

（四）数字平台

发挥洪湾渔港的核心引领功能，通过打造中国海洋渔业独具特色的海陆空高效服务体系，实现捕捞与养殖体验、海洋渔业与淡水渔业、渔业冷藏加工与特色农产品销售及传统产业与数字服务互补，构建出大湾区远洋渔业展会平台、特色农产品交易平台、优质海洋产品交易平台、数字渔业服务的管理及技术研发平台。

二　洪湾渔港的整体战略定位

基于以上几点基本功能，洪湾渔港的整体战略定位应以珠海市及粤澳地区为依托，大致总结为以下五点。

（一）洪湾渔港是珠海城市文化的一张亮丽名片

文化是城市的灵魂，景观是文化的载体。坐落于大湾区西岸增长极的珠海城市核心区域的洪湾渔港将以湾区"海洋文化枢纽"的发展定位，诠释珠海在承担国家粤澳深度融合发展使命中传承绿色传统、延展数字链条的独特引领地位，将协同休闲渔业与海滨旅游的融合发展，依托渔港的渔业文化打造粤澳西江"渔人码头"文化旅游区，将珠海的渔猎文化、渔俗文化、渔船文化等一个个文化要素串珠成链，将渔港打造成为一站式的湾区海洋文化枢纽，以新型旅游业态促进珠海旅游产业链与澳门产业转型升级的深度融合，打造粤港澳大湾区的新地标，彰显珠海的海滨城市文化的新内涵。

（二）洪湾渔港是珠海城市发展的标志

洪湾中心渔港是珠海发挥城市影响力的品牌。作为大湾区海岛资源、海岸资源最为集中的城市，珠海在初期定位于"引领带动"的发展模式中并没有充分发挥出自身的环境资源优势，洪湾渔港的建设及未来服务功能的发挥，将成为珠海转型升级为大湾区西岸及西江经济带未来发展引领的重要标志性依托，发挥出独特的引领作用。

（三）洪湾渔港是珠海承担粤澳深度融合发展使命的载体

粤澳深度融合发展是国家赋予珠海的历史使命，以渔港的服务延伸为载体，未来洪湾与澳门、洪湾与外岛及澳门与外岛的海空链接，有助于澳门通过旅游餐饮消费的产业链条延伸，打造与内地经济融合发展的协同机制，助力澳门本地资源向产业金融资源的转化，赋能横琴借助于澳门的外向体制优势扩展湾区海洋经济的辐射能力。

（四）洪湾渔港是传统产业数字化转型的引擎

传统产业转型的关键是人才与市场需求的各种要素协同共享，洪湾中心渔港可以利用其服务功能的各种要素的延展，构建起珠海优势产业的发展协同体系、传统产业转型的人才培养体系、市场联动体系、信用管理体系，为珠海通过传统经济向数字经济的跨越引领转型搭建出实实在在的助力系统。

（五）洪湾渔港是珠海发展海洋经济的"产业金融服务港"

依托海洋资源发展海洋经济是珠海的独特优势，洪湾渔港作为国家级中心渔港在珠海的海洋经济链条中具有不可替代的引领作用，通过洪湾渔港产业龙头的牵引，强化珠海海洋产业信用体系的整体升级，凝聚湾区的产业基金及澳门的本土资源转化动能，洪湾将在提升传统渔业服务质量的同时，发展成为烘托横琴金融中心地位的"产业金融服务港"。

三　具体运营方式

（一）打造珠海特色渔港生产服务系统

洪湾渔港的建成，是珠海的传统渔业跃入新的发展层级、获得全面提升的产业化能力的重要标志，为注册渔船打造优于传统渔港的高效现代化渔农产业服务运营体系，既是珠海洪湾国家中心渔港未来发展的使命，也是渔港运营的目标追求。通过运营机制的重构，依托渔农协同，实现传统渔业服务与文化科普教育、旅游休闲体验、跨境跨海消费的融合发展，将传统的渔业集散地向数字化网络化的产品消费链条转化、延伸，探索出智慧渔港的建设及数字化运营模式，构建出洪湾渔港的全天候监控、海陆空协同的综合服务体系。

（二）围绕特色渔港建设的文化服务方式构建

1. 构建洪湾渔港的"休闲式体验式渔业"与长隆海洋王国的参观式旅游的融合互补机制

重视珠海香山文化特色，充分挖掘南屏洪湾小钓遗址传统文化内涵。随着洪湾旧村基础设施的改造，相应的生活场景将会越来越完备。洪湾渔港打造的文化场景和文化体验要充分彰显本地特色，构建差异化、新奇、接地气的文化休闲旅游模式，充分考虑渔港的商客、外地的游客及本地居民的需求差异，统筹兼顾，重点突出。从区位协同的视角，综合考虑洪湾渔港与珠海长隆海洋王国的主题旅游度假区实现良性联动，在体验式教育与消费方面进行虚拟与真实的互动，提高游客在海洋旅游文化消费中的体验感，注重参与式体验模式的打造，通过参与方式的吸引强化洪湾渔港的海洋文化影响力。在优化渔港传统的渔业服务经济功能的基础上，进一步向综合开放型渔港转型升级，强化旅游观光、海岛度假、渔业文化等元素的融合，打造集全景渔港、休闲渔港、人文渔港、活力渔港于一体的世界级特色渔港。将渔业细分服务与文化旅游及休闲体验紧密结合，推出娱乐渔业活动、体验渔业养殖捕捞等文化观光项目，发展渔村旅游，推动渔村传统产业的转型，优化资源配置，创造更大的社会效益和经济效益。

2. 搭建传统渔农产业服务与区域文化生态建设的互补平台，在海洋文化生态保护中秉承"因海而生，向海而兴"的价值观

注重在产业发展过程中文化生态的保护，合理利用海洋资源，保护海洋生态环境。在进行渔业生产过程中，尽力做到绿色环保，并在实际生产和旅游开发过程中，注重凭借生态环境的保护来反哺渔业的各种生产活动。注重打造海洋文化生态品牌，提高产业生态集约化生产水平。积极履行地方国有行业龙头的社会责任，建立相关海洋产业发展基金，用于海洋污染监测和防治，建立严格的海洋生态污染防治标准。利用先进的科技手段，提升渔港的综合污染处理能力，保护海洋渔业生态环境。

3. 打造传统渔农产业服务与教育科普互补平台

打造独具特色的珠海标志性教育科普品牌基地，"以渔为友"，强化珠海旅游的农业情节、海洋情节和渔业情节。加强面向学生等群体的海洋与渔业知识科普，开展多种以海洋生物学、渔业工程、水生动物营养与饲料等为主题的海洋和渔业科普教育活动。推动海洋生物展厅、海洋中心实验室等基础设施的建设，海洋教育科普文化基地要融合有关珠海本地的海洋渔业资源与生态、海洋技术、海洋生物与遗传育种等领域的系统知识，借助教育科普元素拓展洪湾渔港的综合社会影响力。此外，要特别注意营造本地特色海洋渔业发展氛围，深入挖掘本地传统渔业文化，树立独具特色的渔业文化品牌，设计充满艺术性的渔业文化产品或富有象征意义的渔业文化雕塑等实体建筑，选择恰当位置搭建风车及"洪湾船长"灯标，为珠海优美的海岸线的"情侣"文化注入新的标志性内涵，将洪湾渔港打造成为珠海旅游不可或缺的"网红打卡地"。

4. 依托集团的产业布局优势强化渔港海陆空特色服务体系

洪湾地理优势明显，紧邻澳门，并处在多个国家、省市重点交通工程的交会节点，距珠海机场 35 千米。渔港能协同利用多种交通服务部门，依托未来以 AG-600 水上飞机为代表的珠海通用航空服务体系的落地，联合中航通飞公司共同打造"珠海洪湾号"水上飞机租赁服务中心，构建起东南亚诸国 1000 千米海域内海鲜产品上岸直供的中国服务体系与品牌。通过海陆空优势联动互补，利用多种物流运输方式提高运输服务的集约化程度。优越的物流交通条件便于鱼货的运输，降低海产品物流服务的综合成本，拓展与强化洪湾中心渔港专业化数字化服务的地理辐射范围，满足省内外、国内外客户的产品需求。

（三）推动传统渔港建设与其他主体的协同发展

1. 构建传统渔港服务与珠海产业链数字化延伸的互补机制

在实现渔业的规模性增长的同时，深入剖析新商业业态，向其他相关产业提供多种文化附加值的文化商品形态。推动多种文化商品形态和上下游产业实现良性联动，强化与崖门水道的数字信息协同功能，与平沙游艇制造产业基地及江门台山的渔船修造产业基地建立协同合作；组建渔具维修协会，搭建关键维修零部件采购议价平台，集中接单就近维护，降低渔船维修的材料与配件成本；通过平台服务将渔船维修服务导出洪湾渔港，腾出更多的泊位，提升单位泊位的渔业产量，提升船东及渔港的经营效益。增加渔港服务各个环节附加值。继续加大创建本地渔业服务品牌的力度，打造数字渔业的服务精品，带动产业素质整体提升。

打造"渔港、渔村、渔街、渔市、渔场、渔业、渔堂、渔园"等多元素融合的岭南渔都。促进产业互补联动，实现珠海特色的渔农业、海洋牧场及岸基鱼塘与渔产品加工及冷链服务、休闲旅游服务业等融合协同的产业链体系，拓展以渔港服务为核心的产业链延伸，依托渔港的服务链接强化珠海现有的优势产业融合，以解决渔船出海作业的痛点为基点；联合北斗卫星、格力电器与小米集团合作开发"位置识别空调"和"洪湾牌卫星手机"，让"洪湾牌"成为实现中国海洋渔业数字化转型的技术支持中心，将洪湾渔港打造成为中国渔港数字化服务系统的核心中枢，让中国北斗系统尽快成为世界海洋渔业数字化发展的重要支持体系。构建出通过渔港的服务引领实现产业附加值跨越式协同增长的数字经济新模式。

2. 强化传统渔业捕捞与养殖协同互补发展机制

打造绿色养殖区域与品牌，树立水产养殖业的绿色发展示范典范。将本地优势渔业品种和市场需求与休闲旅游中的养殖捕捞体验相融合，依托渔港的集聚优势，打造极具吸引力的"养殖+捕捞"一体化的渔业休闲模式；利用专有技术，进行养殖的全过程体验，提高渔业休闲旅游的客户黏度，做好养殖和捕捞的规划化与标准化，强化休闲旅游客户的过程体验感；做好渔园的常规化运营，构建起传统渔业的捕捞与养殖的协同互补体系，进一步提升珠海渔农产业发展的环境友好能力。

3. 建设洪湾渔港与珠海外岛互补协同发展机制

将渔港的基础设施等资源与珠海近海外岛的诸多海洋资源进行优势互补，强化近海的海钓、捕捞及海水养殖和生态旅游观光等业态的融合；加大近海外岛资源的生态开发力度，促进高标准海水养殖基地的建设，结合"养殖+海钓+捕捞"的休闲旅游模式，强化旅游产业与渔农经济的有机融合，实现优势互补；同时，依托外岛上的特色旅游及渔业资源，结合珠海现有景点的区位，实现休闲观光旅游景点的多方联动，拓展旅游链条，打造多层次多线路的旅游观光点，培育渔业休闲旅游观光特色景点，提高渔业休闲旅游产业经济效益。

（四）通过数字化转型打造珠海特色的渔农产业服务平台

打造渔业渠道型平台，做大做强渔农产业，使洪湾渔港成为粤港澳大湾区乃至世界知名的综合型数字化现代渔业产业链服务平台。洪湾渔港的基础设施标准符合国家中心渔港的建设标准，未来的运营管理中必须注重提高渔港的信息化平台水平；促进渔业资源与其他农业资源的优势互补，扩展平台的规模化优势；通过数字化转型，重构传统渔业产业及相关产业的发展模式，追求渔业经济结构数字化价值的再生，在新的产业业态多层次发展的格局下，传统产业势必上数字化转型之路；通过与数字服务的结合，实现多种经营发展模式的共赢，借助物联网和大数据，推动水产养殖向智慧渔业转型，通过数字渔业和智能渔业的赋能实现传统渔业的顺畅转型与长久发展。未来洪湾渔港将开发渔港全域智能视频监控系统、渔港渔船动态监控系统、渔港综合物业管理系统、渔港应急智慧系统、渔港海鲜交易平台、渔港公共信息服务系统等六套现代化管理系统，以提升珠海渔港信息化管理水平。力争在全国形成极具竞争力和影响力的渔农产品平台，扩大辐射区域，提高渔业发展的综合效益。

南湾是珠海的心脏，洪湾是南湾的中心，是港珠澳大桥桥头堡重镇第一村，是展示珠海城市面貌的重要窗口。洪湾渔港作为横琴的重要产业支柱点之一，势必在琴澳双城产业联动中发挥重要的作用。在"双循环"背景下，注重发展洪湾渔港与澳门相关的产业服务，促进跨区域贸易合作，通过数字化、信息化平台打造独具琴澳特色的渔业品牌和渔业产业公司，对于珠海渔港产业转型、升级有重要的推广和示范作用。

参考文献

钟仕杨、李强、刘锦秀：《珠江口渔港经济区规划发展研究》，《珠江水运》2022年第 2 期。

王刚、于德双、陈丁、王远宏：《渔港经济区建设规划编制研究》，《中国水产》2021 年第 8 期。

《全国沿海渔港建设规划（2018—2025 年）》，《中国水产》2018 年第 6 期。

Research on the Industrial Transformation and Development of Zhuhai Fishing Port under the Background of Deep Integration of Guangdong and Macao

Zhou Ziwei

Abstract：Against the background of the Greater Bay Area's efforts to develop marine economy and build a modern marine industrial system, Zhuhai Hongwan Fishing Port, as a key fishing port supported by the state, is also exploring a path to promote the transformation and upgrading of marine fishery.

Based on the existing basic port services, Hongwan Fishing Port will further improve its tourism, education and other cultural service functions, and jointly build a comprehensive digital modern fishery industry chain service platform combining with the coordinated development of related industries. In addition to forming a fishing port economic zone featuring modern fishery production, coastal tourism and marine biotechnology, it will also undertake the historical mission of in-depth integrated development between Guangdong and Macao.

Keywords: Integration between Guangdong and Macao; Hongwan Fishing Port; Marine Economy

RCEP 背景下广东跨境电商的
发展瓶颈与对策探析

——以兰亭集势（深圳）为例

廖婉仪　吴晓静　叶洪涛　高俊晗[*]

【摘要】 本文在《区域全面经济伙伴关系协议》签署为跨境电商发展带来重大机遇的背景下，通过对广东省跨境电商的发展瓶颈进行研究，并结合兰亭集势在物流推进、人才培养、技术研发、供应链管理等方面的发展经验，针对广东跨境电商在发展上的瓶颈进行对策探析，旨在为跨境电商企业的未来发展和规划提供引导。

【关键词】 RCEP　跨境电商　兰亭集势

一　前言

由东盟倡导的《区域全面经济伙伴关系协议》（以下简称 RCEP）于2020 年 11 月正式签署，这是全球最多元、最有活力区域的自由贸易协定。RCEP 的落地不仅有助于各缔约国团结应对新冠肺炎疫情、走出经济困境，也有助于各国共同应对全球化挑战。RCEP 协议中有关电子商务的内容，将为我国跨境电商企业的发展提供更多便利、增添新动能、带来巨大的发展机遇。但在 RCEP 背景下，广东跨境电商发展依旧存在一些发展瓶颈，

---

* 廖婉仪、吴晓静、叶洪涛，珠海科技学院金融与贸易学院国际经济与贸易专业 2020 级本科生；高俊晗，珠海科技学院阿里云大数据应用学院助理研究员，主要研究方向为企业管理。

如跨境物流压力大、人才技术缺乏、相关法律法规不健全、供应端劳动力成本上升等。本文旨在研究 RCEP 给广东跨境电商带来的机遇以及广东跨境电商发展中的瓶颈，并以兰亭集势为例，研究分析其在物流配送、大数据技术和整合供应链等方面的发展经验，最终针对广东跨境电商发展瓶颈进行对策探析，旨在为广东跨境电商更好更快地发展提供理论支持与借鉴，使其能蓬勃发展。

二　研究背景和发展机遇

（一）研究背景

1. RCEP 的签署

2020 年国际经济形势严峻且面临着诸多挑战，受新冠肺炎疫情肆虐和中美贸易摩擦的影响，逆全球化、贸易保护主义和关税壁垒不断增强，各国的经济均在一定程度上受到影响。在疫情防控常态化背景下，各国都在不断探索实现经济复苏的新路径。《区域全面经济伙伴关系协议》（Regional Comprehensive Economic Partnership，简称 RCEP）是 2012 年由东盟发起，由东盟十国和中国、日本、韩国、澳大利亚、新西兰共 15 方成员国共同制定的经济协定。RCEP 涵盖人口超过 35 亿，占全球人口的 47.4%，各成员国国内生产总值之和占全球的 32.2%，外贸总额占全球的 29.1%，是全球涵盖人口最多、最具潜力的自由贸易区。①

RCEP 的签订将助推我国跨境电商行业的快速发展，有助于在疫情防控常态化背景下我国经济的恢复。从《中国电子商务报告（2020）》中可知，2020 年我国跨境电子商务进出口总额达 1.69 万亿元。其中，出口额 1.12 万亿元，增长 40.1%；进口额 0.57 万亿元，增长 16.5%。

同时，广东作为中国跨境电商行业的先锋，拥有先发优势和强劲的发展势头。2016 年至 2020 年第一季度的广东跨境电商进出口总值及增长速

---

① 王晓红：《以高水平对外开放促进开放型经济高质量发展——"十四五"时期推动高水平对外开放的主要思路》，《全球化》2020 年第 4 期。

度如图 1 所示：除去受疫情严重影响的 2020 年第一季度外，2016～2019 年广东跨境电商进出口总额持续高速增长，能够直观地体现出广东跨境电商发展空间很大、潜力很强。

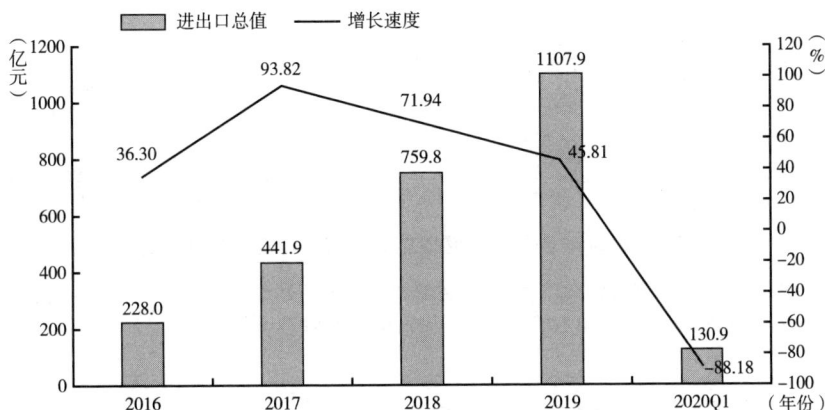

图 1　2016 年至 2020 年第一季度广东省跨境电商进出口总值及增长情况

资料来源：前瞻物流产业研究院网站，https://bg.qianzhan.com/wuliu/detail/616/210112-169d8e87.html，最后检索时间：2022 年 3 月 1 日。

2. 疫情影响下国内跨境电商迎来新机遇

图 2 为国内具有代表性的五家跨境电商上市公司 2020 年总营收情况，可知在疫情的影响下，国内跨境电商企业迎来发展的重要机遇，五家上市公司的 2020 年总营收均突破 25 亿元人民币，兰亭集势在 2020 年以总营收 25.88 亿元位列第五位，但是纵向分析兰亭集势 2018～2020 年的财务数据（见图 3）可以看出，其在 2018～2020 年实现了总营收、毛利润、毛利率的持续高速增长。

此外，根据亚马逊公布的《从新业态到新常态——2020 中国出口跨境电商趋势报告》中披露的相关数据可预测，未来中国的跨境电商市场规模将进一步扩大，跨境电商行业也将进一步发展。①

_____

① https://www.sohu.com/a/413148714_237556，搜狐网，最后检索时间：2022 年 3 月 1 日。

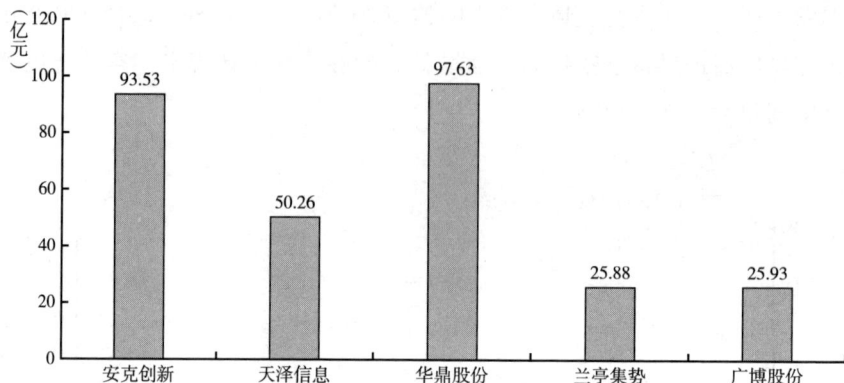

图 2　2020 年我国五家跨境电商上市公司营收数据对比

资料来源：《兰亭集势 2020 年年度财务报告》，同花顺财经网站，http：//news. 10jqka. com. cn/field/sn/20210421/29820377. shtml，最后检索时间：2022 年 3 月 1 日。

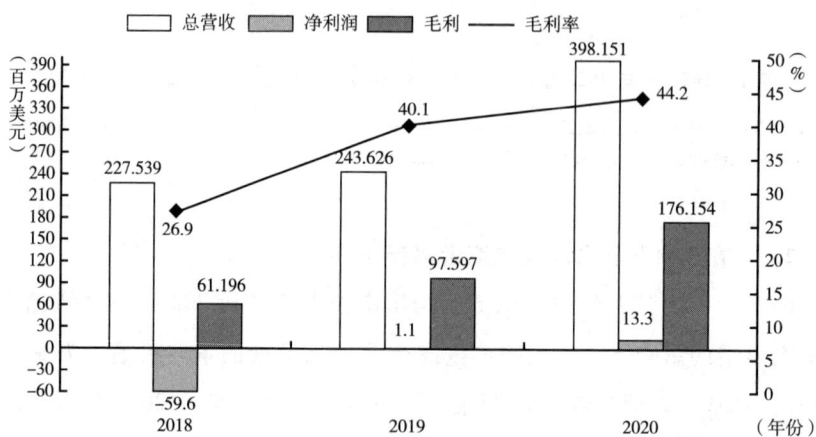

图 3　2018～2020 年兰亭集势总营收、净利润、毛利、毛利率变化

资料来源：《兰亭集势 2020 年年度财务报告》，同花顺财经网站，http：//news. 10jqka. com. cn/field/sn/20210421/29820377. shtml，最后检索时间：2022 年 3 月 1 日。

（二）RCEP 为广东跨境电商带来的发展机遇

1. 知识产权保护进一步加强

随着广东跨境电商的快速发展，知识产权保护的相关问题也日益凸显，广东跨境电商企业在贸易的过程中普遍存在知识产权意识相对淡薄的情况。对此，RCEP 用专门的章节来强调对知识产权的制度保护，包括著作权、商标权、专利权等广泛内容，以帮助企业强化知识产权的保护意识，同时减少由知识产权意识淡薄引起的经济纠纷和损失。此外，RCEP同时完善了保护知识产权的相关规则，设立相关知识产权纠纷解决机制，明确权责归属，加大产权保障力度，积极防范各类不正当竞争。

2. 提升物流时效，便捷海外布仓

当前广东跨境电商企业在发展过程中面临的主要挑战是跨境物流时效和质量问题。在逆全球化和新冠肺炎疫情的影响下，跨境电商物流受到一定冲击，全球的供应链和产业链仍存在很大的不确定性，[①] 物流的不确定性和风险性可能会对国内跨境电商企业的业务运行、质量和信誉积累造成一定程度的损害，给跨境电商企业后续发展规划的执行和发展目标的实现带来不利影响。

在 RCEP 签署后，广东跨境电商企业在仓储经营网络的建设、仓储管理系统的安装、仓储的扩容以及境外经销推广等方面都会得到技术支持，有利于创造价值和整合资源、提高物流时效，[②] 在一定程度上减少由疫情影响导致的物流问题；同时海外建仓也有利于实现从海外仓库到配送点的路途最短，缩短物流时效和减少物流矛盾。此外，优化 RCEP 区域内跨境电商企业供应链和价值资源，也有利于缓解各种不利的外部环境带来的负面影响，[③] 同时带动国内下游产业和物流行业的进一步发展，减少由疫情影响导致的缩产，实现以跨境电商企业为点带动其他相关产业的新发展。

3. 生产要素自由流动进一步增强

在 RCEP 签署的背景下，区域内成员国之间的资源人才流动、技术交流合作以及跨国投资等都变得更加便利，在一定程度上有助于弥补中国跨境电商企业专业化人才缺乏、部分领域技术落后的不足。RCEP 的主要宗旨是实现贸易便利化，RCEP 生效后，超过 90% 的货物贸易将实现零关税

---

① 黄晓凰：《RCEP 签署对我国跨境电商发展的影响分析》，《商业经济》2021 年第 4 期。
② 张百珍：《RCEP 对广东省跨境电商发展带来的机遇和挑战》，《对外经贸实务》2021 年第 7 期。
③ 黄晓凰：《RCEP 签署对我国跨境电商发展的影响分析》，《商业经济》2021 年第 4 期。

进出，区域内的资源流动、技术和人才交流合作以及跨国投资也更加便利。[1] 资源、技术和人才的流通可以带动跨境电商企业实现技术或产业线等方面的创新，实现创新驱动发展，带动企业利润的增加。

为此，RCEP鼓励区域内各方采取新技术来推动通关便利化，提高各缔约国间生产要素的流动性，便于借助他国的优势资源，提高本国生产效率和生产质量，促进中国部分产业实现创新。

三　广东跨境电商的发展瓶颈

（一）跨境物流问题

1. 出口环节繁多

由于国外企业进行跨境贸易的环节相对国内来说较少，因此其跨境物流成本相对较低。相对而言，国内跨境物流涉及的环节多且繁杂，例如交付单证、货物集港、货物搬运上船、进出口报关等，这些环节无形中增加了我国出口跨境电商物流的成本。[2] 出口跨境贸易双方往往距离较远，相对于国内贸易而言，在运输上需要更多的时间成本，货物损耗等风险系数也会相对提高，种种因素累加最后导致我国跨境电商物流成本升高、效率降低，进而可能提高跨境电商企业的产品和服务价格，降低国内产品和服务的竞争力。

2. 物流模式单一

我国大部分跨境电商企业选择使用第三方快递公司递送产品，国内的卖家仅仅负责采购产品以及对外销售产品，由第三方物流企业负责分拣、打包、运输、清关以及最终的配送等，这种模式优劣势十分明显，卖家可以更多专注于产品销售，降低成本，提高效率，把物流交给相对更专业的物流公司来管，但这样卖家便失去了对商品物流的掌控权，难以较全面地

---

① 袁明兰、张小玲：《RCEP签署带来的机遇、挑战及中国的策略选择》，《价格理论与实践》2021年第1期。

② 周文娟：《我国跨境网络零售出口的物流困境及对策》，《时代金融》2016年第11期。

掌握货物产品信息。① 如果第三方快递公司未能提供高质量的递送服务，或者未能及时调节物流公司和跨境电商企业间的经济问题等，都可能对企业的业务状况和运营过程产生一定的影响。

此外，如果出现第三方物流公司主动终止与跨境电商企业的稳定合作，或者现有的协议到期且跨境电商企业未能及时找到适合的第三方物流公司接替其业务，很可能会出现无法及时为客户提供商品的情况，导致出现违约的情况，面临经济上的损失。

（二）人才储备与技术研发问题

1. 复合型物流人才紧缺

随着跨境电商行业的高速发展，跨境电商企业对于人才的要求越来越高，对专业化综合性人才的需求越来越多。当前高校教育主要是以课本为基础来培养专业化人才，同时高校教师可能也存在较少机会和时间参加或从事跨境电商相关的实践活动的情况，这使得他们对学生的教学多数只停留于课本的纯理论教学上而缺乏与实践相结合。

如今随着信息技术的快速发展，尤其是在跨境电商行业，企业对人才的需求越来越多样化，同时也更偏向于选择实践与理论同步发展的学生，对人才的综合素质要求也越来越严格，这也使得跨境电商企业对人才的要求和学校对相关专业学生的传统教育模式之间的矛盾放大化。现今大部分跨境电商企业的类型较为复杂、形式多种多样，需要学生具有较强的综合实践能力和应变能力而不单单是理论知识的储备，因此纯理论教学培养出来的人才难以适应现实中复杂的跨境电商企业的实际需求，从而导致跨境电商行业的专业型综合性人才的稀缺。

2. 新技术研发投入不足

我国大部分的跨境电商公司可能无法成功采用先进新技术，或是跨境电商公司的网站、移动应用程序或系统难以适应客户要求或新兴行业标准，以至于在激烈的电商行业竞争中出现竞争能力不足的现象。重要的是，互联网和线上零售业的主要特点是技术飞速发展，因此用户和客户偏

---

① 胡佳男、许向阳：《出口视角下跨境电商物流模式分析》，《物流科技》2021 年第 8 期。

好的变化以及行业新标准和新要求的出现可能会使跨境电商企业现有的专有技术和系统过时，随着新平台和新设备不断更新，跨境电商公司需要花费一定的时间去解决问题以达到客户的标准。

（三）跨境电商法律法规不健全

RCEP 文件第十一章中对知识产权的严格规定，无疑对跨境电商企业在进行各项经济活动中避免侵犯知识产权提出更高的要求。近年来，我国陆续公布了多项对跨境电商进行扶持的政策，但各项法律制度政策对不断出现的新问题还是不能很好地解决。[①] 跨境电商快速发展对传统知识产权保护模式提出了更高的要求，由于中外的相关法律制度和司法环境不同，很多跨境电商企业可能会面临因为知识产权意识不强而引起的经济纠纷。以美国为例：2020 年第一季度，在北伊州法院提起的相关案件 180 件，其中 92 件和中国跨境电商相关；第二季度相关案件 100 件，其中 82 件和中国跨境电商相关；第三季度相关案件 120 件，其中 95 件和中国跨境电商相关。[②]

（四）供应端劳动力成本上升

跨境电商企业的产品主要来自中国第三方供应商，随着中国经济快速发展，劳动力成本上升，并可能持续上升，这将给各个产业的发展带来一定的冲击。

从图 4 的数据来看，我国制造业平均劳动力成本呈现逐年上升趋势，2008 年平均劳动力成本为 24404 元，截至 2017 年，10 年间平均劳动力成本增加了 40048 元，上涨了约 1.64 倍。[③] 将我国划分为东、西、中三个区域，并通过各个区域同全国平均劳动力成本的比较可以看出，三个区域的平均劳动力成本不断升高，且均高于全国平均劳动力成本，其中东部平均劳动力成本高于其他区域。如果跨境电商企业的供应端劳动力成本增加，

---

① 胡颖、熊湾：《我国跨境电商物流发展困境及对策建议》，《对外经贸》2016 年第 10 期。

② 张百珍：《RCEP 对广东省跨境电商发展带来的机遇和挑战》，《对外经贸实务》2021 年第 7 期。

③ 桑雅迪：《新常态下制造业企业劳动力成本上升及应对》，《财会学习》2020 年第 8 期。

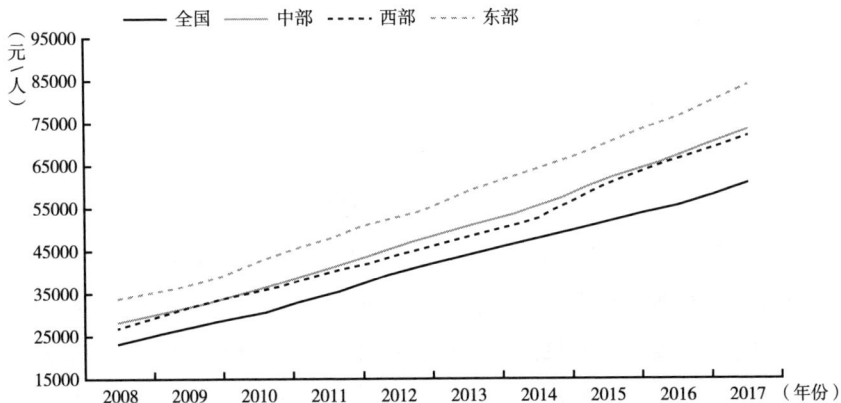

图 4　2008~2017 年中国三大经济区域及全国平均劳动力成本对比

资料来源：桑雅迪：《新常态下制造业企业劳动力成本上升及应对》，《财会学习》2020 年第 8 期。

跨境电商企业的生产成本也相应上升，产品的价格竞争力随之减弱，长此以往跨境电商企业的运营也会受到较大影响。传统理论表明，工人工资的上升就意味着制造业企业生产成本的上升，而这些成本势必要转嫁到产品上，因此商品价格随之升高，出口贸易出现价格劣势，严重影响出口竞争力，同时也对作为跨境贸易中介的跨境电商企业提出了新的挑战。

四　兰亭集势案例分析

（一）兰亭集势概况

兰亭集势（Light In The Box）于 2007 年注册成立，是一家全球性的网上零售公司，该公司主要通过一些高流量的电商平台比如移动 App 等，向海内外消费者销售种类丰富、优质且高性价比的商品。兰亭集势的客户来自上百个国家，注册客户数千万人，累计发货目的地国家多达 200 多个，主要目标市场是欧洲以及北美地区的发达国家。作为跨境电商行业主力军和电子商务平台领头羊的兰亭集势，以创新的商业模式、领先的精准网络营销技术、世界一流的供应链体系、拥有稳定的供应商以及长期的物流合作伙伴等优势，在一众竞争者中脱颖而出。

（二）兰亭集势的经验分析

1. 缩短流通环节，关注客户需求

一方面，兰亭集势自己采购货物，将其平台使用商转换为产品供应商，缩短流通环节，[①] 实现了"工厂→兰亭集势→消费者"的最短销售路径，自己掌握销售链的整个环节，便于根据自身情况及时进行调节和完善，提高销售效率，从而扩大盈利空间。此外在供应链上，兰亭集势依据消费者的需求，提供优越且具有吸引力的条件来吸引众多生产不同商品的优质供应商开展合作，通过不断扩充商品种类和筛选更优质的商品，提高网站吸引力和影响力，提升消费者购物满意度。另一方面，针对特殊定制产品，兰亭集势与供应商直接合作，同时参与生产管理和销售环节。[①]此举不但能够提高产品质量、提高生产效率，而且能够保证订单的完成率，有效降低产品成为滞销库存商品的风险。同时兰亭集势还根据顾客的喜好、需求选择不同款式和颜色来设计产品，[②] 为客户提供一对一的个性化服务，满足客户各项需求、扩展业务内容、增加销售方式、提升产品竞争力。

2. 重视人才培养，不断创新管理

人才培养是企业打造核心竞争力的关键。作为一家跨境电商公司，兰亭集势非常注重人才队伍的培养，提升自己员工的专业能力和综合素质，吸引更多高素质专业型优秀人才，防止现有优秀人才流失。从兰亭集势按职位划分的员工人数可看出（见表1），2020 年兰亭集势"技术、研究与开发"型员工共 221 人，占比达到 21.92%，但是其在 2020 年年度财报中依旧表示需要更多物流、财务管理、金融等不同专业的企业管理和投资人才。

表 1　2020 年兰亭集势按职位划分的员工人数

职位	员工人数（人）	所占比重（%）
履行	153	15.18

[①] 谭文婷：《跨境电商自营模式研究——以兰亭集势为例》，《江苏商论》2017 年第 1 期。

[②] 李颖：《中小外贸企业发展跨境电子商务的问题及对策研究——以兰亭集势为例》，《价格月刊》2017 年第 5 期。

续表

职位	员工人数（人）	所占比重（%）
销售和营销	547	54.27
技术、研究与开发	221	21.92
一般行政	87	8.63
共计	1008	100.00

资料来源：《兰亭集势 2020 年年度财务报告》，同花顺财经网站，http：//news. 10jqka. com. cn/field/sn/20210421/29820377. shtml，最后检索时间：2022 年 3 月 1 日。

同时，兰亭集势也非常注重管理团队的革新，不断提高管理团队的质量，这种革新给管理团队注入了新鲜血液，在保证了管理团队活力的同时，也激发了兰亭集势发展路上的创新能力，这也是兰亭集势长期发展过程中最核心的动力来源。

3. 重视研发投入，不断技术创新

在技术研发方面，兰亭集势不断创新开发专有技术平台、突破技术障碍，[①] 建立了一个具有很强数据处理能力、能够有效整合业务运营各方面的新平台，其覆盖范围包括网上购物、供应链管理、客户服务反馈等方面。这种专有技术平台可以收集并分析各方面业务数据、维护网上零售平台的正常运营、收集供应商和消费者的评价反馈，同时将共享数据用于所有在线销售平台，来方便决策者或经营者做出更好的经营或发展计划。

从 2018 年到 2019 年兰亭集势研发支出可以看出（见图 5），2019 年兰亭集势较 2018 年在研发支出上增加了 730 万美元，可见兰亭集势坚持技术驱动、开发新技术的决心。通过这些新技术的研究与应用，兰亭集势全面简化了业务，优化网上零售价值链，扩大了利润空间，提高了经济收益。

4. 优化仓储设置，实现高效配送

目前兰亭集势在欧洲、北美和南美都建立了仓储系统。[②] 设置仓储系统是跨境电商企业物流管理中的一种方式，能够在很大程度上提高物流效

---

① 李颖：《中小外贸企业发展跨境电子商务的问题及对策研究——以兰亭集势为例》，《价格月刊》2017 年第 5 期。

② 李颖：《中小外贸企业发展跨境电子商务的问题及对策研究——以兰亭集势为例》，《价格月刊》2017 年第 5 期。

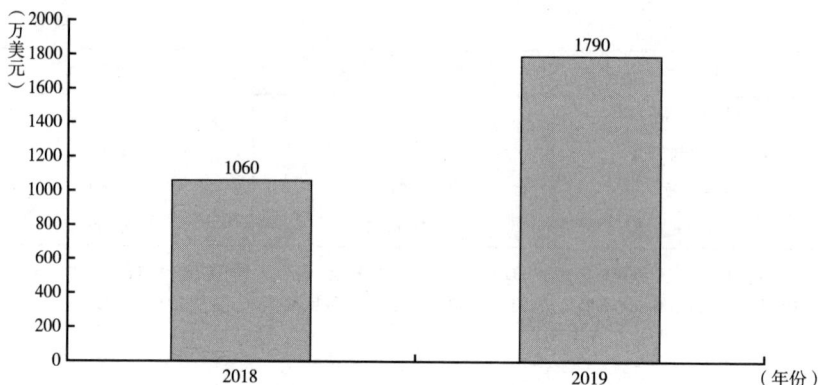

图5　2018～2019年兰亭集势研发支出数据

资料来源：《兰亭集势 2020 年年度财务报告》，同花顺财经网站 http://news. 10jqka. com. cn/field/sn/20210421/29820377. shtml，最后检索时间：2022 年 3 月 1 日。

率，同时仓储系统能根据具体物流和订单情况进行灵活调整，有效规避库存风险和物流风险。对于大批量的订单，兰亭集势基于供应商仓储制度进行仓储配置，依据历史订单情况进行分析，同时预估未来订单需求量，据此要求供应商提前备好一定数量的货，及时存放至兰亭集势的自建仓库中，为未来订单提前做好相应准备，使自身可以更合理、更有充裕时间安排货物调配。通过这一系列的仓储设置措施，兰亭集势大大提升了订单效率和客户对物流的满意程度，有效防止意外发生导致货物运转等出现问题，强效保证订单能按时按质按量顺利完成，提升产品竞争力。

五　广东跨境电商在 RCEP 背景下发展对策探析

通过对兰亭集势的案例分析，总结其发展成功的经验，为 RCEP 背景下的跨境电商企业发展提出一些解决发展瓶颈的对策，希望对其他跨境电商企业的发展带来一些启示，促进跨境电商企业的发展。

（一）加快海外建仓，推动跨境物流提速

以前跨境电商是通过客户海外下单，然后商家从国内调货运往国外，其间需要花费的时间成本较高同时费用也相对较高，因此，很多企业会选

择在海外建立自己的仓储系统，提前将货物储存于仓库中。若消费者下单，商家则可以直接从仓库发货，将商品运送至消费者手上。海外建立仓库极大程度上缩减了物流时间、降低了物流风险，为消费者带来了更好的消费体验，提高了消费者的满意程度。并且 RCEP 的签订使得海外建仓变得更加方便，企业在仓储经营网络的建设、仓储管理系统的安装和仓储的扩容等方面都将得到相关技术的帮持，这有利于创造价值和实现资源整合，实现从海外仓储到收货点的最短物流线路，从而提高物流时效。[①] 物流时效的缩短使得物流服务质量提高，优化了客户的消费体验，同时也为跨境电商企业未来业务的扩大和客户的积累打下一定的基础。

（二）多种物流模式结合，发挥组合优势

多种物流模式结合，对跨境电商企业提高自身服务质量和加强物流体系建设等方面有着十分重要的作用。目前，自营跨境电商平台物流配送方式主要包括三种：国际邮政快递服务、第三方物流企业、企业自建物流体系[②]。企业可采用自有物流体系和第三方物流相结合，或在 RCEP 背景下，借助其在海外建仓上的便利性，像兰亭集势一样在主要销售区域建立海外仓库，根据具体订单情况提前备货并提前将货物送至海外仓储中心来提高送货的效率，降低货运风险，同时也能够提供更快速的退换货服务。

（三）加强人才培养，提升自主研发能力

1. 优化培训体系，提升人员素质

RCEP 的签署，为跨境电商行业带来更多的发展契机，该领域人才引进、技术交流等的合作也会加强，但对高级管理人员和其他专业化人才的竞争依旧非常激烈，合适的候选人非常有限，同时也意味着人才更易流失。跨境电商企业需要继续加强人员培训和管理，有效激励员工队伍，为

---

① 张百珍：《RCEP 对广东省跨境电商发展带来的机遇和挑战》，《对外经贸实务》2021 年第 7 期。

② 费楚涵、刘家慧、李欣悦：《我国跨境电商发展研究综述》，《价值工程》2019 年第 24 期。

员工提供持续的培训，吸引更多优秀人才，同时防止现有人才流失。此外，跨境电商企业应当雇用和培训合格的员工，以跟上企业规模增长的步伐。

企业可以选择与高校合作进行跨境电商人才培养，缓解毕业生就业问题，同时也可提高员工综合素质和专业能力，使其了解行业的最新发展态势，提高跨境电商企业业务的专业性，同时针对市场变化提高反应的灵敏度。兰亭集势在科技、研发方面的人才占比超过20%的前提下，还持续从学校、社会各领域招收不同类型的人才，由此可以看出，企业的持续发展离不开人才的支撑，跨境电商企业应当在追求净利润、营收快速增长的同时主动培养一些优秀的员工，同时也要预防人才流失，不断为企业发展注入新动力，提高企业的创新性。

2. 坚持自主研发，掌握核心技术

跨境电商企业要聚焦研发方向、提高自主研发能力，从兰亭集势的研发支出数据可以看出，近几年兰亭集势十分注重科技研发投入、重视技术创新，自主开发了专有技术平台，提了了自己的竞争力，同时推动了其他跨境电商企业进行自主创新、提高技术水平。

RCEP 的签订为跨境电商技术创新和研发带来了新机遇，它专门设置了中小企业经济技术合作的专章，旨在缩小成员国间发展水平及能力上的差距，帮助各成员国更好地履行规定义务。相关跨境电商企业可以把握好机会，加大研发投入，在提高研发资金集中度的基础上，增加对关键领域的研发投入，并加强产业技术基础研究，增加研发项目科技含量，提升自我竞争力，防止被"出局"。

（四）尊重知识产权，防范法律风险

RCEP 的签署，促进了海关通关要求和知识产权保护等相关法律的完善，包括政府出台各类法律文件来明确消费者、企业等个体或单位的权利与义务，严格按照法律要求防止企业或个人侵害他人的知识产权等。同时RCEP 为促进跨境电商企业的发展出台了知识产权保护的相关规定，[①] 跨境

① 包锦林：《企业管理中的法律风险问题及应对策略分析》，《法制博览》2021 年第 4 期。

电商企业在经营过程中需要严格遵守法律规定，避免侵犯其他企业或个人的知识产权，避免因为法律意识淡薄而导致经济损失。

企业管理人员需要树立法律风险监控意识，同时企业要提升法律风险防控部门的专业性、完善法律风险防控制度。[①] 我国的跨境电商企业需要不断加强法律风险防控意识，不断审查企业是否存在法律风险相关问题，有则需要及时进行整改，避免出现经济纠纷和经济损失，促进企业正常稳定地发展。

（五）通过技术创新降低运营成本

劳动力成本上升对跨境电商企业来说是一大挑战同时也是机遇，企业需要理性客观地看待这一变化，努力脱离传统发展思维的限制，将目光放长远，努力通过积极创新和对自身技术的变革来带动企业长期发展。[②] 通过上面兰亭集势的案例分析可知，它通过开发专有的技术平台，研发新的技术，全面简化业务，优化网上零售供应链，在一定程度上降低了劳动力成本，降低的成本又可以再次推动技术的创新发展。

国内很多制造型企业或小型跨境电商企业缺乏明确的产品定位意识和品牌意识，通过更低的成本抢占市场份额，从而形成价格竞争优势，致使跨境电商市场上存在大量假冒品牌或劣质商品。跨境电商企业作为供应端企业和消费者之间的桥梁，应当主动推动供应端企业树立自己的品牌，无论是跨境电商企业还是供应端企业都应当积极投入资金用于研发和创新，找到属于自己的竞争力，同时研发的成果又可反哺企业发展、降低成本，从而形成企业内的良性循环，[③] 带动企业更长远地发展。

六　结语

东盟已经成为中国最大的贸易伙伴，RCEP 签署对我国来说意义非凡，"一带一路" +RCEP 意味着更高级别的开发开放。RCEP 带来共赢，特别

---

① 包锦林：《企业管理中的法律风险问题及应对策略分析》，《法制博览》2021 年第 4 期。
② 桑雅迪：《新常态下制造业企业劳动力成本上升及应对》，《财会学习》2020 年第 8 期。
③ 桑雅迪：《新常态下制造业企业劳动力成本上升及应对》，《财会学习》2020 年第 8 期。

是 RCEP 更加注重中小企业的贸易规则，专门针对中小企业、电子商务与贸易争端的解决制定规则，这将形成区域内统一的规则体系，降低经营成本，减少经营的不确定性风险。RCEP 让购物更便宜、旅游更方便、企业更安心、投资更高效，在此背景下广东省跨境电商应紧抓 RCEP 机遇，形成新发展格局，实现更高水平和更高层次发展。

参考文献

崔婷婷：《我国跨境电商发展环境优化研究》，广东省社会科学院硕士学位论文，2017。

Burke T. Ward, Janice C. Sipior, Linda Volonino, "Internet Jurisdiction for E-commerce," *Journal of Internet Commerce* 15（2016），pp. 1–17.

The Development Bottleneck and Countermeasures Analysis of Guangdong Cross-border E-commerce under the Background of RCEP

—*On the Case of Light In The Box*

Liao Wanyi, Wu Xiaojing, Ye Hongtao, Gao Junhan

Abstract：Under the background that the signing of Regional Comprehensive Economic Partnership（RCEP）brings great opportunities to the development of cross-border e-commerce, this paper studies the development bottlenecks of cross-border e-commerce in Guangdong Province and combined with Light In The Box in logistics promotion, talent training, technology research and development, supply chain management and other aspects of the development experience. This paper analyzes the development bottlenecks of Guangdong cross-border e-commerce in order to provide reference and guidance for the future development and planning of other cross-border e-commerce enterprises.

Keywords：RCEP；Cross-border E-commerce；Light In The Box

实证

证

EMPIRICAL RESEARCH

研究

国内旅游景区网红营销的实证研究

—— 以宁夏沙坡头旅游度假区为例

陈 江　徐 杰　刘静滢[*]

【摘要】 当下，越来越多的景区开始了网红营销，尽管耗费了大量人力、物力和财力，但是效果总不如人意。本文通过对宁夏沙坡头旅游度假区网红营销的实证研究，在景区网红营销策略、营销特点和营销方法三个方面做出探索和论证，确定了与景区网红营销相关联的 15 个关键要素。提出了景区营销并不排除热门网红的影响力，但更需立足自身，用敏锐的洞察力锁定目标市场，捕捉热点话题，提升网络热度，创新网红渠道、网红文案、网红方式，打造网红产品，提供优质服务，做出自己的网红营销特色，避免景区网红营销存在宣传与体验之间的落差，从而延长或赓续网红营销的生命周期。

【关键词】 网红营销　沙坡头旅游度假区　量化分析

一　景区网红营销研究的背景

目前，许多景区都在研究网红营销，打造自己的网红品牌。"网红"这两个字背后是互联网流量经济带来的可观的声誉与财富。2020 年初突袭而至的全球性新冠肺炎疫情，给国内外旅游市场带来了前所未有的冲击。

---

* 陈江，珠海科技学院旅游学院教授，主要研究方向为旅游发展战略、旅游酒店管理等；徐杰，沙坡头旅游度假区副总裁，主要研究方向为旅游业态、旅游景区管理等；刘静滢，珠海科技学院旅游学院酒店管理专业 2019 级本科生。

景区作为旅游目的地的核心要素与主要消费场所，起着满足人民群众消费的需求、带动当地产业发展、平衡区域社会经济的作用。目前，如何在低迷的旅游市场中逆势而起，是每一个景区面临的重大挑战，越来越多的景区在立志成为网红的道路上一路狂奔。

网红是网络红人的简称，意指在网络上因为某一事件或行为受到网友关注进而走红并收获大量粉丝的个人或群体。新时代网红不局限于人，而是演变为一种新型的消费符号，代表着爆款和受追捧，包含一切在互联网上走红的现象和物品。① 网红兴起是依托于网络环境，是网红者、网络资本、新媒体及受众需求等利益共同体综合作用下的产物。②

景区网红营销是网红的延伸，借助网络平台传播景区形象，提高景区知名度，达到人气爆棚，吸引网友前来旅游，将网红的个人魅力和影响力逐渐转化为商业价值。③④

现实中，许多景区往往耗费大量人力、物力和财力做网络营销，效果总不如人意，别说成为网红，想在互联网上留下一丝印记都很困难。

坐落于黄河与沙漠交会处的沙坡头旅游度假区，是一家国内知名的 5A 级景区。新冠肺炎疫情以来，该景区通过线上宣传（景区及酒店抖音等自媒体运营）、网红体验、品牌活动（兰博基尼、梵克雅宝、ABM 等）、综艺节目拍摄（《妻子的浪漫旅行》《奔跑吧兄弟》）等方式，在网红营销方面进行了大胆的尝试，取得了一些成效。本文通过对沙坡头旅游度假区网红营销的实证研究，力求在景区的网红营销策略、营销特点和营销方法等三个方面做出论证。

二 文献研究和假设的提出

2021 年 12 月 14 日，沙坡头旅游度假区迎来了罕见的双子座流星雨星

① 王琪：《社交媒体时代"网红旅游地打卡"现象研究》，《视听》2021 年第 7 期。
② 宋爽、韩芳：《网红发展的问题与对策研究》，《辽宁省社会主义学院学报》2021 年第 1 期。
③ 许曦：《短视频营销与网红景点的打造——以洪崖洞景区为例》，《中外企业家》2019 年第 33 期。
④ 王彦欢：《网红营销模式对消费者购买行为的影响探究》，《经济管理文摘》2021 年第 13 期。

空奇观，景区顺势推出了以"又见流星雨，在这与沙漠奇遇"为主题的网红营销活动，通过举办"星际许愿谷""荧光夜跑""星际星空口袋""DIY望远镜""最孤独的邮箱""星空系列下午茶"等活动，以多种在线形式，包括现场直播，紧扣流星雨的主题广泛宣传，在收视群中引起了强烈的反响，吸引了许多游客。那么，网红营销有哪些理论和实践经验可供景区作为成功案例进行研究呢？

（一）景区网红营销的策略

根据文献梳理及研究，发现景区网红营销的策略由以下六个要素构成。

策略要素一：景区网红营销的客源市场定位。在该研究中，李金凤指出：宁夏的沙漠旅游有很大的发展空间，宁夏本地是主要客源市场，宁夏周边省份是潜在客源市场，她强调应该定位在本地市场并向周边和外围辐射。[①] 然而，朱彤则持不同意见：网红之所以能够走红是因为他们拥有自己的粉丝群体，网红就是粉丝群体的市场定位，因此不必针对粉丝群体进行营销的客源市场定位。[②]

策略要素二：景区网红营销品牌策略。在该研究中，张玉婧、罗希和许利芳指出了品牌的重要性：由于品牌逐步走进民众生活，那些用户黏度高、投放精准、价值高的品牌极易被商家看好，"网红"品牌化是"网红"营销重要的发展趋势。[③][④][⑤]

策略要素三：景区网红营销信息需投放目标市场。在该研究中，许利芳认为：网红在销售产品的过程中具有不需要定义市场、不需要寻找受众群体、不需要直接针对粉丝的特点，但是景区需要不断地提供信息，有针对性地影响网红，通过网红去引导粉丝。[⑥]

策略要素四：景区网红营销产品需实现"外在颜值"向内在文化的转

---

① 李金凤：《分析宁夏沙漠旅游资源开发利用——以宁夏沙坡头景区为例》，《旅游纵览（下半月）》2015年第24期。

② 朱彤：《新媒体时代"网红"营销模式探析》，《商业经济研究》2017年第21期。

③ 张玉婧：《新媒体时代"网红"营销模式研究》，《广西质量监督导报》2021年第2期。

④ 罗希：《3.0时代网红经济营销渠道探索》，《商》2016年第20期。

⑤ 许利芳：《"网红"营销模式及特点研究》，《现代商业》2019年第18期。

⑥ 许利芳：《"网红"营销模式及特点研究》，《现代商业》2019年第18期。

化。在该研究中，于淑艳和江立维指出：传统意义上的观光游览活动，随着旅游的大众化和旅游者需求的不断变化和提升，逐渐转变为了对旅游目的地文化的深度探索。①

策略要素五：景区网红营销产品需运用网红影响力引发二次传播。在该研究中，周延风等和许利芳提到了运用网红引发新产品扩散的继发传播，其要点是精准地抓住粉丝的需求、把握市场的变化，通过定义时尚和体现粉丝的审美见解来表达，从而达到继发传播的目的。②③

策略要素六：景区网红营销需制造引发粉丝正向互动的话题。在该研究中，由于互联网新型传播方式的出现，人们开始从社交圈子获得信息来源，网络消费的交流常常影响人们的消费决策，这种趋势也在改变人们观光旅游产品选择的惯常思路。④

通过对景区网红营销六个策略要素的归纳，提出假设一：景区网红营销的策略与景区网红营销认可度具有相关性。

（二）景区网红营销的特点

景区网红营销的特点有以下六个。

特点一：景区网红营销需有权威性的社交媒体账号。在研究中，周延风等和许利芳指出权威性的社交媒体账号的重要性：社交媒体中有一类用户，如新浪微博中的"大 V"，他们拥有大量粉丝，所发表的言论影响广泛，在新产品的扩散和采用中发挥着重要作用。微信、微博都是"网红"直接营销的平台，淘宝也与"网红"营销有着直接联系，用户群体决定了"网红"营销的转化率。⑤⑥

① 于淑艳、江立维：《基于游客需求的旅游景区地域文化研究——以三亚〈宋城千古情〉景区为例》，《现代商业》2017年第12期。
② 周延风、张婷、陈少娜：《网红社交媒体传播及消费者情感倾向分析——以网红品牌"喜茶"为例》，《商业经济与管理》2018年第4期。
③ 许利芳：《"网红"营销模式及特点研究》，《现代商业》2019年第18期。
④ 《"网红"景区怎样引爆网络？秘密在这里……》，搜狐网，https://www.sohu.com/a/297926717_99921450，最后检索时间：2022年3月1日。
⑤ 周延风、张婷、陈少娜：《网红社交媒体传播及消费者情感倾向分析——以网红品牌"喜茶"为例》，《商业经济与管理》2018年第4期。
⑥ 许利芳：《"网红"营销模式及特点研究》，《现代商业》2019年第18期。

特点二：景区网红营销产品需满足游客求新求异的心理。在研究中，于淑艳、江立维和庞林源指出：根据旅游者求新求异的心理特征，当某个景区被赋予了网红的光环，成为著名打卡地，那么前来体验和打卡的游客就有可能迅速增加。①②

特点三：景区网红营销需与网民产生情绪共鸣。在研究中，兰朝栩明确指出：旅游的实质是一种体验和共鸣，具有故事性的情境，再加上目的地旅游体验的生动形象，这种具有显著识别特征的景区会给追求新异体验的网民带来共鸣。③

特点四：景区网红营销需契合年轻人的消费心理。在研究中，孙冰颖和郭师绪指出：网红景点能够在短时间内取得较好的营销效果，不仅因为网红景点满足了年轻人的消费心理和猎奇的旅游需求，还因为能够使他们在消费过程中宣泄情感或是产生情感的共鸣。④⑤

特点五：景区网红营销具有较短的生命周期。在研究中，耿倪帅和解学芳明确指出：传播速度快、信息量大是互联网信息的特点，但这也加快了网红迭代更新，出现了网红经济营销生命周期较短的问题。⑥

特点六：景区网红营销存在宣传与体验之间的落差。在研究中，虽然文献没有直接谈到宣传与体验之间的落差，但周文蕊等还是指出："网红"营销的最直接变现渠道是销售产品，许多"网红"营销项目还停留在吸引粉丝阶段，导致"网红"营销效果大打折扣。⑦

通过对景区网红营销六个特点的归纳，提出假设二：景区网红营销的特点与景区网红营销认可度具有相关性。

---

① 于淑艳、江立维：《基于游客需求的旅游景区地域文化研究——以三亚〈宋城千古情〉景区为例》，《现代商业》2017 年第 12 期。

② 庞林源：《打卡"网红旅游地"爆热背后的冷思考》，《北京邮电大学学报》（社会科学版）2020 年第 1 期。

③ 兰朝栩：《依托新媒体营销打造的"网红式"旅游景点——以重庆洪崖洞为例》，《现代营销（下旬刊）》2020 年第 12 期。

④ 孙冰颖：《中国沙漠型旅游景区发展现状及前景》，《中国沙漠》2021 年第 1 期。

⑤ 郭师绪：《"网红"景区的冷思考》，《新产经》2018 年第 8 期。

⑥ 耿倪帅、解学芳：《注意力经济时代网红营销模式的发展》，《青年记者》2020 年第 14 期。

⑦ 周文蕊、徐楚晗、孟甜、徐静宜、许俊杰：《互联网时代女性创业模式研究——以"网红"模式为例》，《湖北经济学院学报》（人文社会科学版）2017 年第 6 期。

（三）景区网红营销的方法

景区网红营销的方法由以下五个要素构成。

方法要素一：景区网红营销需对网红做出选择。在研究中，张玉婧认为：运用网红开展销售的关键是要注意到网红身份的多样化，需要依据网红的身份量体裁衣地编制对应广告文案，以便达到有效宣传和推广产品的效果。[1]

方法要素二：景区网红营销的产品需要多样化。在研究中，邸明慧和广新菊认为：沙坡头旅游度假区的地理景观、历史文化、民俗风情是最具潜力并且可以依赖的景区资源，该旅游景区特有的"大漠孤烟、长河落日、长城烽火、丝路古道"的苍茫雄浑景色，体现了独特的大自然的馈赠和漫长历史的沉淀，带给游客的完全是一种异域感受和全新的体验。[2]

方法要素三：景区网红营销产品需要以提高服务质量为核心。在研究中，许利芳提出：网红营销要受到广大消费群体的关注则需要保证质量和特点，能够通过口碑一传十、十传百，企业在提高自身产品营销力的同时还需要提高产品的知名度。[3] 这种产品是否以提高服务质量为核心，本文在结论和讨论中将予以阐述。

方法要素四：网红景区需具有较高的游客可进入性。在研究中，许曦认为：网红景区通常可进入性高，门票便宜甚至免票，活动具有一定的趣味性，且有独特的景观、娱乐项目。[4] 兰朝栩提到"网红式"旅游景点重庆洪崖洞时指出：景区的完善首先要改进基础设施，解决景区周边存在的交通混乱、指引不足、道路拥挤等问题。[5]

方法要素五：网红景区需与热点旅游线路相结合。李金凤在分析宁夏

---

① 张玉婧：《新媒体时代"网红"营销模式研究》，《广西质量监督导报》2021年第2期。

② 邸明慧、广新菊：《差异形成旅游产品吸引力研究——以宁夏沙坡头市场营销为例》，《地理与地理信息科学》2004年第6期。

③ 许利芳：《"网红"营销模式及特点研究》，《现代商业》2019年第18期。

④ 许曦：《短视频营销与网红景点的打造——以洪崖洞景区为例》，《中外企业家》2019年第33期。

⑤ 兰朝栩：《依托新媒体营销打造的"网红式"旅游景点——以重庆洪崖洞为例》，《现代营销》（下旬刊）2020年第12期。

沙漠旅游资源开发利用时指出：沙坡头旅游度假区已经成为游客沙漠旅游必选的景点之一，旅游形象深入人心，是宁夏多条精品沙漠旅游线路的核心景点并在主要旅游线路规划中起着重要的作用。[①]

通过对景区网红营销五个方法的归纳，提出假设三：景区网红营销方法与景区网红营销认可度具有相关性。

三　研究的方法

本文实证研究的对象是宁夏沙坡头旅游度假区营销人员和领班以上的管理人员。由于沙坡头旅游度假区是国内景区中的翘楚，而且近年来景区网红营销成效显著，其研究样本具有代表性。选取的样本特征除了代表性外还考虑到随机性、可靠性、同质性，这些体现在样本个人特征的描述上。

此次共收到调查问卷250份，其中有效问卷207份。按级别划分：经理以上6人、经理20人、经理以下管理人员181人。按性别划分：男性118人、女性89人。按部门划分：营销部门45人、非营销部门162人。按服务岗位划分：直接对客服务岗位163人、非直接对客服务岗位44人。

本文采用定性研究和定量研究两种研究方法。定性研究方法为：文献研究、实地观察、间接观察（网红直播、录像、宣传片及广告等）以及电话或微信个别访谈。定量研究的方法为：信度分析、均值分析、相关性分析和描述性统计。定量研究的工具采用调查问卷，在此基础上采用访谈的方式，进行深入研究。

定量研究采用配额抽样方式，即按景区高层、中层和基层管理人员划分为三类，在三类人员中根据配额随机抽选样本。

定量研究包括收集资料、提取因子、设计问卷、发放并回收问卷，进行统计和分析，最后得出结论。定性研究采用电话或微信访谈形式，通过设计访谈提纲、确定访谈人员、进行访谈记录、归纳记录内容，得出最终结论。

---

① 李金凤：《分析宁夏沙漠旅游资源开发利用——以宁夏沙坡头景区为例》，《旅游纵览》（下半月）2015年第24期。

定量统计方法是运用 SPSS 做信度分析、均值分析、相关性分析和描述性统计，定量研究的结论用于定性研究的深度挖掘，找出其原因，进一步加以分析，最后对本文中的三个假设做出结论，并提出供讨论的四个问题。

四 研究结果

（一）研究假设及影响要素

通过文献综述和实地观察，归纳出 3 个假设和 17 个相关影响要素。

假设一：景区网红营销的策略与景区网红营销认可度具有相关性

　　要素一：景区网红营销的客源市场定位；

　　要素二：景区网红营销品牌策略；

　　要素三：景区网红营销信息需投放目标市场；

　　要素四：景区网红营销的产品需实现"外在颜值"向内在文化转化；

　　要素五：景区网红营销的产品需运用网红影响力引发二次传播；

　　要素六：景区网红营销需制造引发粉丝正向互动的话题。

假设二：景区网红营销的特点与景区网红营销认可度具有相关性

　　要素一：景区网红营销需有权威性的社交媒体账号；

　　要素二：景区网红营销的产品需满足游客求新求异的心理；

　　要素三：景区网红营销需与网民产生情绪共鸣；

　　要素四：景区网红营销需契合年轻人的消费心理；

　　要素五：景区网红营销具有较短的生命周期；

　　要素六：景区网红营销存在宣传与体验之间的落差。

假设三：景区网红营销的方法与景区网红营销认可度具有相关性

　　要素一：景区网红营销需对网红做出选择；

　　要素二：景区网红营销的产品需要多样化；

　　要素三：景区网红营销的产品需要以提高服务质量为核心；

　　要素四：网红景区需具有较高的游客可进入性；

　　要素五：网红景区需与热点旅游线路相结合。

（二）假设论证的检测方法和解释

1. 信度检验

信度检验结果 Cronbach's Alpha 达到 0.902（见表 1）。ANOVA F 值的概率水平（Sig）为 0.000（见表 2），小于 0.050。问卷测量结果达到了稳定性程度或一致性程度，设计的调查问卷具有科学性，可作为测量的工具。

表 1　可靠性统计

Cronbach's Alpha	项数
0.902*	22

注："*"表示数值小于 0.05 时两个变量之间具有相关性。

表 2　ANOVA F 值概率水平

项目		平方和	df	均方	F	Sig
人员之间		694.806	206	3.373		
人员内部	项之间	5146.536	21	245.073	744.152	0.000
	残差	1424.691	4326	0.329		
	总计	6571.227	4347	1.512		
总计		7266.033	4553	1.596		

注：总均值 = 3.61。

2. 均值检测

沙坡头旅游度假区网红营销的整体认可度满分为 5。对 207 份有效问卷测量结果均值为 3.90（见表 3），说明样本对网红营销的整体认可度持水平较高的肯定态度。

表 3　网红营销的整体认可度评价

样本数（份）	有效	207
	缺失	0
	均值	3.90*
	标准差	0.825

注："*"表示数值小于 0.05 时两个变量之间具有相关性。

3. 相关性分析

（1）假设一：景区网红营销的策略与景区网红营销认可度具有相关性

运用多元线性回归的方法检测，景区网红营销策略与景区网红营销认可度具有相关性，本文给出了以下参与回归分析的 7 个变量（1 个认可度因变量和 6 个假设的要素的自变量）的相关系数及其检验（见表4），表明 6 个要素和认可度之间存在很大的相关性。

表 4　景区网红营销的策略与景区网红营销认可度相关性

		您对沙坡头旅游度假区网红营销的认可度	1.000
Pearson 相关性		您对沙坡头旅游度假区网红营销的认可度	1.000
	1	景区网红营销需具有明确的客源市场定位	0.261
	2	景区网红营销需打造具有高识别度的品牌故事	0.342
	3	景区网红营销需精准地将信息投放目标市场	0.348
	4	景区网红营销的产品需实现"外在颜值"向内在文化转化	0.294
	5	景区网红营销的产品需运用网红影响力引发二次传播	0.355
	6	景区网红营销需善于制造引发粉丝正向互动的话题	0.349
Sig.（单侧）		您对沙坡头旅游度假区网红营销的认可度	
	1	景区网红营销需具有明确的客源市场定位	0.000 *
	2	景区网红营销需打造具有高识别度的品牌故事	0.000 *
	3	景区网红营销需精准地将信息投放目标市场	0.000 *
	4	景区网红营销的产品需实现"外在颜值"向内在文化转化	0.000 *
	5	景区网红营销的产品需运用网红影响力引发二次传播	0.000 *
	6	景区网红营销需善于制造引发粉丝正向互动的话题	0.000 *

注："*"表示数值小于 0.05 时两个变量之间具有相关性。

（2）假设二：景区网红营销的特点与景区网红营销认可度具有相关性

运用多元线性回归的方法检测，景区网红营销的特点与景区网红营销认可度具有相关性，本文给出了以下参与回归分析的 7 个变量（1 个认可度因变量和 6 个假设的要素的自变量）的相关系数及其检验（见表5），表明只有前 4 个要素和认可度之间存在很大的相关性。

表 5　景区网红营销的特点与景区网红营销认可度相关性

Pearson 相关性		您对沙坡头旅游度假区网红营销的认可度	1.000
	1	景区网红营销需有权威性的社交媒体账号	0.231

		您对沙坡头旅游度假区网红营销的认可度	1.000
	2	景区网红营销的产品需满足游客求新求异的心理	0.327
Pearson 相关性	3	景区网红营销需与网民产生情绪共鸣	0.305
	4	景区网红营销需契合年轻人的消费心理	0.252
	5	景区网红营销具有较短的生命周期	−0.006
	6	景区网红营销存在宣传与体验之间的落差	0.112
		您对沙坡头旅游度假区网红营销的认可度	
	1	景区网红营销需有权威性的社交媒体账号	0.000 *
	2	景区网红营销的产品需满足游客求新求异的心理	0.000 *
Sig. （单侧）	3	景区网红营销需与网民产生情绪共鸣	0.000 *
	4	景区网红营销需契合年轻人的消费心理	0.000 *
	5	景区网红营销具有较短的生命周期	0.468
	6	景区网红营销存在宣传与体验之间的落差	0.054

注："＊"表示数值小于 0.05 时两个变量之间具有相关性。

（3）假设三：景区网红营销的方法与景区网红营销认可度具有相关性

运用多元线性回归的方法检测，网红营销的方法与网红景区的营销满意度相关性，给出了以下参与回归分析 6 个变量（1 个整体评价因变量和 5 个假设的要素的自变量）的相关系数及其检验（见表 6），表明 5 个要素和认可度之间存在很大的相关性。

表 6　景区网红营销的方法与景区网红营销认可度相关性

		您对沙坡头旅游度假区网红营销的认可度	1.000
	1	景区网红营销需对网红做出选择	0.277
Pearson 相关性	2	景区网红营销的产品需要多样化	0.328
	3	景区网红营销的产品需要以提高服务质量为核心	0.210
	4	网红景区需具有较高的游客可进入性	0.367
	5	网红景区需与热点旅游线路相结合	0.353
		您对沙坡头旅游度假区网红营销的认可度	
	1	景区网红营销需对网红做出选择	0.000 *
Sig. （单侧）	2	景区网红营销的产品需要多样化提高	0.000 *
	3	景区网红营销的产品需要以提高服务质量为核心	0.001 *
	4	网红景区需具有较高的游客可进入性	0.000 *
	5	网红景区需与热点旅游线路相结合	0.000 *

注："＊"表示数值小于 0.05 时两个变量之间具有相关性。

4. 描述性统计

（1）景区网红营销的策略

根据描述性统计，6项要素的均值都在4及以上（见表7），说明样本对这6项营销策略都给予赞同并在工作实践中对此表示认可。

表7　景区网红营销的策略描述性统计

序号	景区网红营销的策略	均值	标准偏差	样本量（份）
1	景区网红营销需具有明确的客源市场定位	4.00*	0.813	207
2	景区网红营销需打造具有高识别度的品牌故事	4.24*	0.668	207
3	景区网红营销需精准地将信息投放目标市场	4.23*	0.669	207
4	景区网红营销的产品需实现"外在颜值"向内在文化转化	4.22*	0.630	207
5	景区网红营销的产品需运用网红影响力引发二次传播	4.14*	0.693	207
6	景区网红营销需善于制造引发粉丝正向互动的话题	4.13*	0.702	207

注："＊"表示数值小于0.05时两个变量之间具有相关性。

（2）景区网红营销的特点

根据描述性统计，前4项要素的均值都在4以上（见表8），说明样本对要素1至要素4的营销特点给予认可，但是对要素5和要素6表示异议。

表8　景区网红营销的特点描述性统计

序号	景区网红营销的特点	均值	标准偏差	样本量（份）
1	景区网红营销需有权威性的社交媒体账号	4.24*	0.681	207
2	景区网红营销的产品需满足游客求新求异的心理	4.21*	0.671	207
3	景区网红营销需与网民产生情绪共鸣	4.12*	0.721	207
4	景区网红营销需契合年轻人的消费心理	4.21*	0.706	207
5	景区网红营销具有较短的生命周期	3.71	0.832	207
6	景区网红营销存在宣传与体验之间的落差	3.73	0.821	207

注："＊"表示数值小于0.05时两个变量之间具有相关性。

（3）景区网红营销的方法

根据景区网红营销的方法描述性统计，第2项至第5项要素的均值都在4以上（见表9），说明样本对这4项营销方法都给予赞同并在工作实践中给予认可。

表9　景区网红营销的方法描述性统计

序号	景区网红营销的方法	均值	标准偏差	样本量（份）
1	景区网红营销需对网红做出选择	3.89	0.802	207
2	景区网红营销的产品需要多样化	4.26*	0.755	207
3	景区网红营销的产品需要以提高服务质量为核心	4.28*	0.689	207
4	网红景区需具有较高的游客可进入性	4.16*	0.725	207
5	网红景区需与热点旅游线路相结合	4.24*	0.631	207

注："＊"表示数值小于0.05时两个变量之间具有相关性。

五　研究的结论和讨论

（一）结论

根据定性和定量的研究和分析可以得出结论，即三个假设成立：景区网红营销的策略与网红景区的营销认可度具有相关性；景区网红营销的特点与网红景区的营销认可度具有相关性；景区网红营销的方法与网红景区的营销认可度具有相关性。

从景区网红营销的策略来看，包括具有明确的客源市场定位，打造高识别度的品牌故事，信息需精准投放目标市场，产品的"外在颜值"向内在文化转化，网红影响力引发二次传播和引发粉丝正向互动的话题。

从景区网红营销的特点来看，包括有权威性的社交媒体账号，营销的产品需满足游客求新求异的心理，与网民产生情绪共鸣并契合年轻人的消费心理，等等。

从景区网红营销的方法来看，包括对网红做出选择，营销的产品需要多样化，营销的产品需要以提高服务质量为核心，网红景区需具有较高的游客可进入性，以及网红景区需与热点旅游线路相结合。

（二）讨论

1. 景区网红营销的热门网红

网红营销模式是通过一些网上的红人以互联网的社交平台和视频平台

为媒介，在线上和消费者互动的过程中，让消费者产生购买欲望，进而逐渐将网红的个人魅力和影响力转化为商业价值的营销方式。然而，在对样本的访谈中，他们提出了自己的观点。其一，不排除网红的影响力，但是网络热度是双刃剑，能带红一个景区，也能放大很多问题。其二，网红不一定是人，也可以是独具代表性的卡通形象或商品，如骆驼雪糕。其三，网红需要新颖的创意及专业的团队，才能真正打造具有高人气的网红景区。其四，景区网红营销需要制定合理有效的营销方案，从客人的视觉、求知、文化、感情等方面下功夫，把景区打造成网红旅游目的地。其五，培养景区自己的网络代言人以支持自媒体。其六，人人都是宣传景区的网红。

综上所述，网络景区营销并不排除热门网红的影响力，但更需立足于自身，用敏锐的洞察力捕捉热点话题，提升网络热度，创新网红渠道、网红文案、网红方式，打造网红项目，做出自己的网红营销特色，掌握网红营销的主动权。

2. 景区网红营销的目标市场

有学者认为，网红最突出的特点就是拥有一定的粉丝群体，因此，网红在实施营销时无须重新寻找、定位受众群体，直接针对粉丝群体进行营销就可以实现营销目的，这是对传统营销观念的一种颠覆。然而，通过对样本的访谈得知，他们认为：网红营销仍然需要精准定位人群去做宣传，并且针对客源地以及目标群体制定针对性的营销政策，利用新媒体进行引流。

综上所述，网红营销依托的是新型的网络社交平台，由于网络世界基本是年轻人的世界，网红营销可以理解为针对的是年轻人的"泛目标市场"。沙坡头景区网红营销把目标市场锁定在被称为"数字原住民"的中青年群体上，从消费者感知产品的行为方式，到消费者自主选择的消费态度，都契合了年轻人的消费心理，能够满足年轻人猎奇的需求，使年轻人能够进行情感宣泄或者实现情感共鸣。

3. 景区网红营销的宣传与体验落差

根据文献研究，许多网红营销项目目前还停留在吸引粉丝阶段，导致网红营销效果大打折扣。研究论文中也提到了景区网红营销存在宣传与体验之间的落差，但是没有更深层次地探讨落差的原因。通过对样本的访谈得知，他们认为必须保持宣传与体验之间的一致性。第一，提高产品质量、提升服务标准是关键，只有景区产品质量和服务质量过硬网红才能当之无愧。第二，景区的体验要实现温馨服务、贴身服务。第三，景区有高质量服务，才有高质量的发展。第四，景区要打造精品项目、主题酒店，而不是昙花一现的网红景区。第五，网红知名度加超值服务、独特体验才能增长景区寿命，使之成为经典而不仅仅是网红。

综上所述，景区网红营销确实存在宣传与体验之间的落差。"网红"追求的是满足现代人各种需求的产物，当消费者娱乐习惯、消遣方式和消费观念发生改变的时候，及时改变经营思路、打造高质量服务产品、提供优质服务、提高员工素质，就显得十分重要。沙坡头景区网红营销认同产品应以提高服务质量为核心，并给出了明确解决方案。

4. 景区网红营销的生命周期

有学者认为，网红是一种短期现象，生命力不可持续，因为"网红"是通过视频、音频、图片、游戏等形式不断创造、传播网络内容而引爆热度，同时又很容易失去热度。另外，众多景区产品过于集中的网红营销也会导致粉丝审美疲劳，使发展不能长久，这一点也是沙坡头景区所担心的。通过对样本的访谈得知，他们有信心把网红营销变成"长红"营销。第一，沙坡头景区具备"长红"的条件，景区未来三年在文化、新产品、国际化沙漠度假目的地的打造上都具备引领优势，所以要坚持突出网红效果的持续性、创新性及独特性。第二，利用景区故事、景区文创产品等延长网红景区的营销寿命，形成"长红"的产品。第三，积极开拓网红市场，创新景区网红项目。第四，增设适合现代年轻人的游乐项目。第五，打造稳定、长期、能引爆热销的宣传手段，让口碑效应持续升温。第六，打造个性鲜明的网红景区形象，深度挖掘景区文化，撰写符合景区特色的剧本。

综上所述，景区网红营销生命周期的长短取决于网红景区的内容和网红景区的产品。文字自媒体和视频自媒体均需要源源不断地提供给粉丝有价值的内容，以满足他们不断增长的消费需求，并且不断运用景区的新项目和新产品维护粉丝关系，适时互动，保持景区商业生态链广告、商演持续不断，从而延长或赓续其生命周期。

An Empirical Study on the Marketing of Internet Celebrities in Domestic Tourist Attractions

—On the Case of Ningxia Shapotou Tourist Resort

Chen Jiang, Xu Jie, Liu Jingying

Abstract：At present, more and more scenic spots have begun to market internet celebrities. Although it consumes a lot of manpower, material resources and financial resources, the effect is always unsatisfactory. Through the empirical study of the marketing of internet celebrities in Shapotou Tourist Resort in Ningxia, this paper explores and demonstrates the strategies, characteristics and methods of scenic spot celebrity marketing, and identifies 15 key elements related to it. It is proposed that the Internet marketing of scenic spots does not exclude the influence of popular Internet celebrities, but it is more necessary to base on itself, use keen insight to lock the target market, capture hot topics, enhance Internet popularity, innovate Internet celebrity channels, copywriting and methods, create Internet celebrity products, provide quality services, make their own internet celebrity marketing characteristics, and avoid the gap between publicity and experience in scenic spot Internet celebrity marketing, thereby extending or continuing the life cycle of Internet celebrity marketing.

Keywords：Internet Celebrity Marketing; Shapotou Tourist Resort; Quantitative Analysis

基于标准化影响力视角的
技术创新与企业绩效关系的实证研究[*]

李　钊[**]

【摘要】随着标准与创新的日益融合，未来竞争的优势越来越取决于标准方面的影响力。本文以沪深 A 股市场 2015~2018 年制造业的上市公司为样本，基于信息不对称理论和创新理论对标准化影响力、技术创新与企业绩效三者之间的关系进行实证研究，结果表明：技术创新与企业绩效正相关；标准化影响力在技术创新和企业绩效之间产生了部分中介效应；产业成熟度正向调节技术创新和标准化影响力之间的关系。进一步的拓展性分析表明，不同所有制和不同产业成熟度企业的标准化影响力的中介作用存在差异。本文的研究丰富了技术创新与标准化影响力之间的关系的研究成果，在企业如何参与标准制定竞争及政府推进标准化进程等方面具有借鉴作用。

【关键词】技术创新　标准化影响力　企业绩效　产业成熟度

一　引言

目前，中国工业经济的发展已经从数量增长转向质量增长和可持续发展。事实上，它包括利益格局的变化和产业参与者的博弈。要实现工业可

---

* 本文为国家社会科学基金项目（项目编号：19BMZ115）及广东省教育厅 2021 年重点建设学科科研能力提升项目（项目编号：2021DZJS137）的研究成果。

** 李钊，吉林大学商学与管理学院企业管理专业 2020 级硕士研究生，主要研究方向为企业创新管理。

持续发展，关键是依靠创新来调整发展模式。[①] Cancino 等人认为工业可持续发展的内在要求是建立资源节约型、环境友好型的发展模式。而技术创新不仅能促进产业的可持续发展，还能满足政府的环境政策要求。[②] Fernández等认为可持续经济发展是由创新驱动的。[③] 虽然中国经济已经取得了长足的发展，中国逐渐成为世界第一制造大国，但是中国制造业仍然面临大而不强的问题，在许多领域同世界领先水平相比仍有一定的差距。而提升中国制造业企业的技术创新能力，是助力中国经济发展的重要一环。从世界范围来看，新一轮的产业革命和技术革命就要到来，对于中国来说，这是争夺科技发展新高地的一次很好的契机。因此国家大力提倡创新、增强自主创新能力、提高产业竞争力和现代化水平，这对中国竞争力和国际影响力的提高具有重要意义。

另外，随着经济的发展，中国经济生产的社会化和集中化程度也在日益提高，对技术生产的协调和统一程度也提出了更高的要求，实施标准化进程已经成为中国实现创新驱动产业发展的重要支撑。[④] 习近平总书记指出："标准是生产中的法"，要推动"中国制造向中国创造转变，中国速度向中国质量转变，中国产品向中国品牌转变"。中国政府高度重视标准化建设，2021 年，中共中央、国务院印发《国家标准化发展纲要》，其中明确指出，标准作为经济活动和社会发展的技术支撑，是国家基础性制度的重要方面。[⑤] 于是在这样的背景下，中国的国家标准化体系迎来了突飞猛进的发展，从企业的角度来看，参与标准化进程也就成为必不可少的选项。侯俊军等认为，参与标准化进程在企业发展中的作用日益突出，这已

① B. Yuan, Y. Zhang, "Flexible Environmental Policy, Technological Innovation and Sustainable Development of China's Industry: The Moderating Effect of Environment Regulatory Enforcement," *Journal of Cleaner Production* (2020): p. 243.

② C. Cancino A., A. I. La Paz, A. Ramaprasad, et al., "Technological Innovation for Sustainable Growth: An Ontological Perspective," *Journal of Cleaner Production* 179 (APR. 1) (2018): pp. 31–41.

③ Y. F. Fernández, M. A. F. López, B. O. Blanco, "Innovation for Sustainability: The Impact of R&D Spending on CO2 Emissions," *Journal of Cleaner Production* 172 (2018): pp. 3459–3467.

④ 王博、刘则渊、丁堃等：《产业技术标准和产业技术发展关系研究——基于专利内容分析的视角》，《科学学研究》2016 年第 2 期。

⑤ 《中共中央 国务院印发〈国家标准化发展纲要〉》，https://www.ccps.gov.cn/xtt/202110/t20211011_150793.shtml，最后检索时间：2022 年 3 月 1 日。

成为促进企业产品服务升级和提升市场竞争力的重要途径。[①] Tohpk 等认为企业参与标准制定是标准化的重要过程。[②] 在参与标准化的过程中，企业可以结合自身技术优势，提高标准的要求，使其达到其他企业难以企及的水平，以构成技术壁垒，牵着竞争对手的鼻子走，使竞争对手疲于奔命。当下，随着竞争的国际化程度进一步提升，参与标准的制定对于企业来说是征服市场的关键。例如，越来越多的本土企业如海尔、华为都已加入参与国际标准的制定中。鉴于中国的制造业企业仍面临大而不强的问题，技术创新能力不足和标准化程度不高，因此，推动标准化建设、增强技术创新和标准化的协同效应，对于中国由制造业大国向制造业强国转变、实现优质高效协调发展具有重要意义。

本文可能的理论贡献在于以下几点。第一，现有的研究已经注意到技术创新对于企业绩效提升的重要作用，但在技术创新对于企业绩效的影响机制方面仍存争议。本文创新性地发现标准化影响力也可以作为技术创新影响企业绩效的一条路径，丰富了相关领域的研究内容。第二，将标准化影响力的赋能效应与技术创新和企业绩效置于同一个分析框架下，讨论技术创新对于企业绩效的影响和作用机理，拓展了新经济时代背景下技术创新影响企业绩效的研究范式，深化了对技术创新的理论考察。第三，将标准化影响力与产业发展的成熟度相结合，考察标准化建设对于企业绩效的影响变化，揭示了标准化影响力对于企业绩效的作用机理，进一步推动了技术创新、企业绩效和标准化影响力三个不同领域间的理论对话，为中国推进标准化进程提供一定的理论支持。

虽然关于技术创新对于企业绩效的影响的研究文献已经浩如烟海，但是关于技术创新对于企业绩效的影响机制问题学界仍未有定论。技术创新究竟通过何种机制影响企业绩效？这是值得关注的主要问题。本文结合上市制造业企业的技术创新情况和财务数据，探究制造业企业的专利申请量

[①] 侯俊军、侯亚、王谦：《政治纽带还是市场驱动？——上市公司参与国家标准制定与生产率》，《财经理论与实践》2020 年第 4 期。

[②] P. K. Toh, C. D. Miller, "Pawn to Save a Chariot, or Drawbridge into the Fort? Firms' Disclosure During Standard Setting and Complementary Technologies Within Ecosystems," *Strategic Management Journal* 38 (11) (2017): pp. 2213-2236.

对于企业绩效的影响，同时探索以标准化影响力为中间变量的影响机制，以期对中国制造业企业的可持续发展提出参考性建议。

二 理论分析与研究假设

（一）技术创新与企业绩效的回顾与再探索

自熊彼特的创新理论问世以来，创新就成为学者们孜孜不倦的研究领域，其中关于技术创新对于企业绩效的影响的研究层出不穷。我们通过梳理国内外专家学者关于技术创新对企业绩效的影响的研究发现，关于技术创新对于企业绩效的影响作用，学者们仍存争议。如研究者通过对欧洲企业的实证研究发现技术创新对于企业绩效，尤其是财务绩效没有显著的影响。[1] Abbas 和 Sagsan 认为创新能够降低企业单位产值的能源或资源消耗和污染物排放，从而提高企业的财务绩效和竞争力，进而促进企业实现可持续发展。[2] 杨百寅等通过对 1000 多家高新技术企业进行分析调研发现，企业的技术创新研发投入与企业的效益没有显著的关系。[3] 黄姝妍等通过对新能源企业的研究发现，技术创新对于企业财务可持续发展起到促进作用。[4]

我们发现就技术创新对于企业绩效的影响的研究来看，学界并没有一个完全统一的结果，本文认为主要是样本对象选择和选取的变量衡量标准不同，导致结果存在很大不同。例如，有的学者采用将企业的研发支出作为创新活动的衡量标准，但是这种测量方法可能存在一些弊端，创新投入的措施虽然与技术变革相关，但是它并不一定可以包括企业所有的创新努力。

本文认为，技术创新有利于提高企业绩效。主要原因如下。第一，技

---

① P. Koellinger, "The Relationship Between Technology, Innovation, and Firm Performance—Empirical Evidence from E-business in Europe," *Research Policy* 37 (8) (2008): pp. 1317-1328.

② J. Abbas, Sagsan M., "Impact of Knowledge Management Practices on Green Innovation and Corporate Sustainable Development: A Structural Analysis," *Journal of Cleaner Production* 229 (AUG. 20) (2019): pp. 611-620.

③ 杨百寅、高昂：《企业创新管理方式选择与创新绩效研究》，《科研管理》2013 年第 3 期。

④ 黄姝妍、叶涵影、张弘毅等：《技术创新对企业财务可持续发展的影响——以新能源行业为例》，《中国科技论坛》2021 年第 2 期。

术创新可以巩固企业在技术市场上的领先地位，企业可以依靠技术壁垒获得高额收益，尤其是体现在高科技产业当中，例如，在半导体行业中，欧美的一些企业依靠对光刻机的垄断来获取高额利润。Pett 等和 Walker 针对产品和工艺创新对企业绩效的影响进行了比较研究。他们指出，产品的创新改进与公司业绩的增长有着积极的联系。[1][2] 第二，创新可以使企业通过新产品、流程、成本或组织改进将自己与竞争对手区分开来。企业可以将技术创新应用于产品和服务之中，实行差异化战略，可以提升自己的品牌形象，赢得消费者的青睐，谋取较大的市场份额。事实上，Gunday 等认为公司可以根据其对创新的重视程度获得额外的竞争优势和市场份额，这是公司在市场上建立声誉以增加市场份额的重要因素。[3] 第三，通过技术创新，企业在某些技术方面取得较大突破后，可以显著降低企业的成本，企业可以获得较大的定价空间，获取更多利润。如 Hashi 等指出，新技术和人力资本的引入以及生产组织的改进提高了企业的效率，使其能够以比竞争对手更低的成本进行生产。[4]

综上所述，提出假设 H1：技术创新正向影响企业绩效。

（二）标准化影响力的中介作用

技术创新有利于企业参与标准化进程。一方面，企业通过技术创新活动获得的专利有助于企业参与标准的制定。从企业角度看，知识产权例如专利等可能是在某一特定的技术领域制定相关和成熟的标准时所不可或缺的一环。虽然标准本身并不能申请专利，但是它可能包括专利技术的规范，而基于标准的产品和服务一般涵盖大量的专利。标准的制定过程很大

---

[1]　T. L. Pett, J. A. Wolff, "SME Opportunity for Growth or Profit: What is the Role of Product and Process Improvement?" *International Journal of Entrepreneurial Venturing* 1（2009）: pp. 5-21.

[2]　R. M. Walker, "Innovation and Organizational Performance: Evidence and a Research Agenda," *Social Science Electronic Publishing*（002）（2004）.

[3]　G. Gunday, G. Ulusoy, K. Kilic, et al., "Effects of Innovation Types on Firm Performance," *International Journal of Production Economics* 133（2）（2011）: pp. 662-676.

[4]　I. Hashi, Stojčić N., "The Impact of Innovation Activities on Firm Performance Using a Multistage Model: Evidence from the Community Innovation Survey 4," *Research Policy* 42（2）（2013）: pp. 353-366.

程度上依赖于整合由更大更多样的企业组织产生和拥有的技术开发成果。① 另一方面，标准化过程对于企业的能力也是一个考验，技术综合实力不强的企业很容易在制定标准的竞争中落败。如林洲钰等指出，由于标准制定过程需要体现行业的领先水平，这便要求企业对整个行业的技术水平和相关的发展状况有充分的了解，只有在技术创新方面具有优势的企业，才能更胜任制定标准规范的角色。②

除此之外，标准对于企业绩效的作用也不容忽视，瞿羽扬等认为"得标准者得天下"，企业借助技术创新实施变革，提高企业自身在标准制定中的作用，进而增强竞争力以提高绩效水平。③ 本文认为标准对于企业绩效的主要影响包括以下几个方面。首先，依据信息不对称理论，参与标准制定的企业会比未参与标准制定的企业拥有更多的信息优势，在标准化参与的过程中，企业前期在标准化进程中投入越多，后期为了符合标准所做的努力就越少，即参与标准化的成本与采用给定标准化的成本呈现负相关关系。Bekkers 等的研究表明，在行业中，许多拥有领先技术的企业会利用其技术优势，提前为标准化过程进行专利申请，标准中所蕴含的技术专利数量进一步增加，从而增加了其他未参与标准化进程的企业实施新标准的成本。④ 其次，时间优势也是标准化过程所带来的一大优势，根据 Blind 的观点，标准化的参与者可能比未参与标准化的企业有优势，因为他们早期参与了标准的发展。⑤ 标准制定者可以利用标准来促进其创新产品或服务的传播，使参与标准化成为一种营销手段。另外，在标准发布之前，标准

① R. Bekkers, E. Iversen, K. Blind, "Emerging Ways to Address the Reemerging Conflict Between Patenting and Technological Standardization," *Industrial and Corporate Change* 21 (4) (2011): pp. 901-931.

② 林洲钰、林汉川、邓兴华：《什么决定国家标准制定的话语权：技术创新还是政治关系》，《世界经济》2014 年第 12 期。

③ 瞿羽扬、周立军、杨静等：《数字经济领域上市公司技术标准化能力对绩效的影响研究》，《科技管理研究》2021 年第 7 期。

④ R. Bekkers, J. West, "Managing Patents in Standardization: Lessons from ETSI's Handling of UMTS," *International Conference on Standardization & Innovation in Information Technology* (2007): pp. 155-170.

⑤ K. Blind, "Explanatory Factors for Participation in Formal Standardisation Processes: Empirical Evidence at Firm Level," *Economics of Innovation & New Technology* 15 (2) (2006): pp. 157-170.

制定者可以被视为标准的拥有者，标准化的参与者们可能受益于此标准，通过调整生产过程和服务以适应即将发布的标准的要求，领先于没有参与标准化过程的竞争对手。Antonelli 认为，标准有助于克服创新技术中体现的不确定性，减少新产品或服务的采用滞后。[①] 最后，标准化的参与可以被视为组织间的合作，而合作则有助于企业提升创新的效率。Wakke 等认为从理论上可以看出，企业通过制定标准不仅仅可以监督和重塑标准的发展，还可以从参与制定标准的过程中获取知识。[②] 参与者不仅能获得在标准制定过程中的显性知识，还可以获得其中蕴含的隐性知识。根据 Dyer 等的观点，合作企业可以以独特的方式通过资源的联合组合获得"组织间竞争优势"。[③] 参与制定国家标准的企业可以通过知识创造和与制定标准的其他利益相关者如竞争对手等的交流来提高绩效。因此，通过参与标准化进程可以提高企业的知识储备，进而提升企业的绩效。

综上所述，提出假设 H2：标准化影响力在技术创新和企业绩效之间起到中介作用。

（三）产业成熟度对技术创新与标准化影响力之间的关系的调节作用

产业发展的程度不同，标准化的程度也有所区别。根据改进后的 A-U 模型理论，产业的发展是通过产品的更新换代而推动的，是一代又一代产品生命发展周期的集合，而产品和服务的更新换代从客观上也促进了标准化进程。本文认为产业越成熟，标准化过程就会越趋于完善，原因如下。第一，在行业发展的初期，产品创新水平较高，企业主要着眼于产品的性能，创新的不确定性较大。企业也不知道何种产品会得到消费者的青睐，通常是处在不断试错和探索阶段，产品呈现多样性，故在行业发展的早

---

① C. Antonelli, "Localized Technological Change and the Evolution of Standards as Economic Institutions," *Information Economics and Policy* 6 (3-4) (1994): pp. 195-216.

② P. Wakke, K. Blind, F. Ramel, "The Impact of Participation Within Formal Standardization on Firm Performance," *Journal of Productivity Analysis* 45 (3) (2016): pp. 317-330.

③ J. H. Dyer, H. Singh, "The Relational View: Cooperative Strategy and Sources of Inter-Organizational Competitive Advantage," *Academy of Management Review* 23 (4) (1998): pp. 660-679.

期，很难有统一的标准出现。第二，随着行业不断发展，企业度过了不断试错和探索发展的创新时期，行业中会有一个将技术资源与市场需求联结起来的主导设计脱颖而出。① 而行业中占主导地位的设计的出现促使产品的生产程序与生产工艺日渐标准化。Teece 认为，标准可以成为一个渠道，通过在新产品中和创新生态系统中的参与者之间传播知识，实现从基础研究到商业化阶段的过渡。② 这时，产品基本定型，大规模生产成为主流。第三，随着下一代产品根本性创新的出现，新一代产品逐渐成为行业中主流的设计，继续延续上述产业发展的过程，标准也随之不断地补充和更新，推动了标准化体系的发展。

综上所述，提出假设 H3：产业成熟度正向调节技术创新与标准影响力之间的关系。

三　模型与变量

（一）数据来源

本文以沪深 A 股市场上 2015～2018 年制造业的上市公司为样本，根据研究目标做了以下筛选：剔除了已退市或者数据有缺失、数据不全的样本，以及 ST 和 * ST 的样本，同时对连续变量进行双侧 1% 的 Winsor 处理以避免极端值的影响，最终样本一共 3761 个。本文中所有上市公司数据均来自 CSMAR 数据库③，企业参与制定国家标准的数据来自全国标准信息公共服务平台④。

（二）变量定义及测量

参照孟庆玺等人的研究，本文在衡量技术创新水平时，采用发明专利

---

① 刘友金、黄鲁成：《技术创新与产业的跨越式发展——A-U 模型的改进及其应用》，《中国软科学》2001 年第 2 期。

② D. J. Teece, " Profiting from Innovation in the Digital Economy: Enabling Technologies, Standards, and Licensing Models in the Wireless World," *Research Policy* 47 (8) (2018): pp. 1367-1387.

③ 网址为 https://cn.gtadata.com/或 https://www.gtarsc.com/。

④ 网址为 http://std.samr.gov.cn/。

申请量来衡量。[①] 同时，为了避免反向因果关系所导致的内生性问题，我们将解释变量滞后一期处理，同时也对控制变量做了滞后处理。

在企业的绩效方面，我们采用企业的托宾 Q 值来衡量。托宾 Q 值是未来指向型和风险调整型的市场绩效指标，可以反映企业当前以及未来的预期收益状况。[②]

关于产业的成熟度，本文参照 Suarez 等的研究[③]，依靠《中国统计年鉴》找出各产业中企业年度最多的年份（Top），作为该行业的成熟期，通过每个年份对应的 Y（各个年度产业中的企业数量）以及 Top 计算产业的成熟度。当 Y ≥ Top，产业成熟度 $= \frac{1}{N} \times 100$，当 Y < Top，产业成熟度 $= \left(-1 \times \frac{1}{N} \right) \times 100$。

此外还控制了影响企业绩效的其他变量，如企业年龄、企业规模、股权性质、大股东持股、企业资产负债率等变量，具体的变量定义如表 1 所示。

表 1　研究变量操作化定义

变量	简写	操作化定义
技术创新	Innovation	企业当年发明专利申请数
企业绩效	TobinQ	企业市场价值/重置成本
标准化影响力	Standard	企业参与制定国家标准数量
产业成熟度	Maturity	当 Y ≥ Top，产业成熟度 $= \frac{1}{N} \times 100$
		当 Y < Top，产业成熟度 $= \left(-1 \times \frac{1}{N} \right) \times 100$
企业性质	Soe	如果企业的最终控股人为国营，则为 1
大股东持股	Top1	第一大股东持股比例

---

① 孟庆玺、白俊、施文：《客户集中度与企业技术创新：助力抑或阻碍——基于客户个体特征的研究》，《南开管理评论》2018 年第 4 期。

② 陈漫、张新国：《经济周期下的中国制造企业服务转型：嵌入还是混入》，《中国工业经济》2016 年第 8 期。

③ F. F. Suarez, M. A. Cusumano, S. J. Kahl, "Services and the Business Models of Product Firms: An Empirical Analysis of the Software Industry," *Management Science* 59 (2) (2013): pp. 420-435.

续表

变量	简写	操作化定义
企业年龄	Age	企业成立年限
企业规模	Size	ln（年末总资产）
企业资产负债率	Lev	企业当年的总负债/总资产
营业收入增长率	Growth	营业收入增长额/上年营业收入总额
流动性比率	Liquidity	流动资产/流动负债

（三）模型设计

参考之前的文献，我们发现先前的许多关于科技创新的面板数据研究大多只控制个体效应而未考虑不同时期不同个体之间的关系，这会对结果造成一定的偏差。本文在设定模型时充分考虑了这点，不仅考虑了个体效应，还控制了时间效应，构建双向固定效应模型。

直接效应检验。为了考察技术创新对于企业绩效的直接效应，本文构建以下模型：

$$TobinQ_{i,t} = \alpha_0 + \alpha_1 Innovation_{i,t} + \alpha_2 \sum control_{i,t} + \theta_t + \delta_i + \varepsilon_{i,t} \tag{1}$$

中介效应检验。为了研究技术创新通过标准化影响力对企业绩效的间接影响，本文借助中介效应模型来检验，构建以下多元回归模型：

$$TobinQ_{i,t} = \alpha_0 + \alpha_1 Innovation_{i,t} + \alpha_2 \sum control_{i,t} + \theta_t + \delta_i + \varepsilon_{i,t} \tag{2}$$

$$Standard_{i,t} = \beta_0 + \beta_1 Innovation_{i,t} + \beta_2 \sum control_{i,t} + \theta_t + \delta_i + \varepsilon_{i,t} \tag{3}$$

$$TobinQ_{i,t} = \gamma_0 + \gamma_1 Innovation_{i,t} + \gamma_2 standard_{i,t} + \gamma_3 \sum control_{i,t} + \theta_t + \delta_i + \varepsilon_{i,t} \tag{4}$$

调节效应检验。为了检验产业成熟度的调节作用，本文构建了以下调节模型：

$$Standard_{i,t} = \delta_0 + \delta_1 Innovation_{i,t} \times Maturity_{i,t} + \delta_2 Innovation_{i,t} + \delta_3 Maturity_{i,t} + \delta_4 \sum control_{i,t} + \theta_t + \delta_i + \varepsilon_{i,t} \tag{5}$$

其中，$TobinQ$ 表示企业绩效，$Innovation$ 表示技术创新，$Standard$ 代

表标准化影响力，*control* 代表模型的控制变量。δ_i 表示公司个体固定效应，根据李春涛等的研究，地区固定效应的作用会被企业个体固定效应所覆盖[①]，因此本质上来看，控制了个体固定效应也就说明控制了地区固定效应。θ_t 表示时间固定效应。$\varepsilon_{i,t}$ 表示随机误差项。

四 实证结果与分析

（一）描述性统计分析

从表 2 可以看出，标准化影响力（Standard）的标准差为 1.759，平均值为 0.447，呈现右偏分布特征，说明参与国家标准制定的中国企业数量较少，标准化进程较为缓慢。技术创新（Innovation）的标准差为 382.000，平均值为 101.400，呈现右偏分布特征，表明大多数中国企业的创新能力仍然存在不足。其他变量的描述这里不再赘述。

表 2 描述性统计结果

变量	（1）样本量（个）	（2）平均值	（3）标准差	（4）最小值	（5）最大值
产业成熟度	3761	0.140	0.225	-0.265	0.268
企业年龄	3761	11.280	6.715	2.000	27.000
标准化影响力	3761	0.447	1.759	0.000	40.000
企业规模	3761	22.080	1.107	19.560	27.310
企业资产负债率	3761	0.386	0.193	0.009	2.579
大股东持股	3761	33.140	13.880	3.390	89.990
企业性质	3761	0.268	0.443	0.000	1.000
企业绩效	3761	2.489	1.422	0.153	13.530
技术创新	3761	101.400	382.000	1.000	8039.000
流动性比率	3761	2.689	3.512	0.162	76.460
营业收入增长率	3761	0.578	14.230	-2.215	865.900

（二）相关性分析

各主要变量之间的简单相关系数矩阵如表 3 所示。

[①] 李春涛、闫续文、宋敏等：《金融科技与企业创新——新三板上市公司的证据》，《中国工业经济》2020 年第 1 期。

表 3　各主要变量之间的相关系数

变量	产业成熟度	企业年龄	标准化影响力	企业规模	企业资产负债率	大股东持股	企业性质	企业绩效	技术创新	流动性比率	营业收入增长率
产业成熟度	1										
企业年龄	0.005	1									
标准化影响力	0.089***	0.013	1								
企业规模	0.103***	0.057***	0.233***	1							
企业资产负债率	0.005	0.067***	0.104***	0.521***	1						
大股东持股	0.052***	0.032*	0.013	0.126***	0.032*	1					
企业性质	-0.021	0.113***	0.107***	0.346***	0.277***	0.136***	1				
企业绩效	0.134***	0.025	0.096***	0.456***	0.320***	-0.024	0.093***	1			
技术创新	0.022	0.052***	0.230***	0.380***	0.179***	0.010	0.097***	0.105***	1		
流动性比率	0.050***	0.030*	0.056***	0.266***	0.515***	-0.025	0.135***	0.194***	0.071***	1	
营业收入增长率	0.010	0.014	-0.006	-0.002	-0.007	-0.013	-0.009	-0.007	-0.006	0.003	1

注：*、** 和 *** 分别表示在 10%、5% 和 1% 的统计水平上显著，下同。

从表 3 中各变量之间的相关性来看，技术创新会影响企业绩效，两者的相关性在 1% 的水平上显著。其他变量间的关系参见表 3，此处不再赘述。

（三）实证检验与分析

我们对涉及交互项的变量进行了中心化处理，另外也对技术创新这个变量进行了标准化处理，相关的回归结果如表 4 所示。为了检验技术创新和企业绩效之间的关系，我们检测了模型 1。模型 1 的结果显示，技术创新的回归系数为 0.143 且在 1% 的水平上显著，表明技术创新对企业绩效存在显著的正面作用，H1 假设得到验证。

表 4　回归结果

变量	（1）企业绩效	（2）企业绩效	（3）标准化影响力	（4）企业绩效
产业成熟度 * 技术创新				1.793 ***
				(5.32)
产业成熟度 无标准化影响力				1.737 ***
				(8.11)
产业成熟度		0.040 **		
		(2.26)		
技术创新	0.143 ***	0.140 ***	0.532 *	−0.948 ***
	(3.37)	(3.40)	(1.96)	(−2.87)
流动性比率	−0.009	−0.009	0.010	0.010
	(−0.54)	(−0.54)	(1.15)	(1.57)
营业收入增长率	0.000 ***	0.000 ***	0.001 ***	0.001 ***
	(4.33)	(4.28)	(3.69)	(2.75)
企业年龄	−0.020	−0.018	0.233	0.124
	(−0.13)	(−0.12)	(0.69)	(0.69)
企业规模	−0.066	−0.063	−0.160	−0.116
	(−0.68)	(−0.65)	(−1.18)	(−1.36)
企业资产负债率	−0.327	−0.319	0.286	−0.228
	(−0.93)	(−0.91)	(0.30)	(−0.79)
大股东持股	0.012 *	0.012 *	0.006	−0.006
	(1.87)	(1.89)	(0.62)	(−0.67)
常数项	3.423	3.316	3.667	3.317
	(1.55)	(1.51)	(1.24)	(1.65)

续表

变量	（1）企业绩效	（2）企业绩效	（3）标准化影响力	（4）企业绩效
样本量	2553	2553	2553	3761
R-squared	0.263	0.264	0.060	0.113
Company FE	YES	YES	YES	YES
Year FE	YES	YES	YES	YES
F	50.330	46.340	7.559	9.228

为了检验制定国家标准对技术创新和企业绩效之间的中介关系。首先，通过模型 1 验证了自变量技术创新和因变量企业绩效之间存在显著的正向关系。其次，通过模型 2 验证了自变量技术创新和标准化影响力之间也存在显著的正向关系。最后，在模型 3 中做因变量企业绩效对中介变量标准化影响力和自变量技术创新的回归，发现加入标准化影响力后，影响仍然显著。这表明标准化影响力在技术创新和企业绩效之间具有部分中介效应，H2 假设得到验证。模型 4 结果表明，产业成熟度和技术创新的乘积项系数为 1.793 且在 1% 的水平上显著，表明了产业成熟度加强了技术创新和标准化影响力的正相关关系，H3 假设得到验证。

（四）稳健性检验

为了检验上述结论的稳健性，借鉴于茂荐和孙元欣的研究，[①] 我们采用滞后一年的企业三种专利（发明、实用新型和外观专利）申请数之和作为企业技术创新的替代指标进行稳健性检验，结果见表 5。各变量的符号和显著性都没有较大改变，证明了上述结论具有稳健性。

---

① 于茂荐、孙元欣：《供应商网络技术多元化如何影响企业创新绩效——中介效应与调节效应分析》，《南开管理评论》2020 年第 2 期。

表5　稳健性检验回归结果

变量	（1） 企业绩效	（2） 企业绩效	（3） 标准化影响力	（4） 企业绩效
产业成熟度＊技术创新				1.875 ***
				（8.90）
产业成熟度				1.706 ***
				（8.08）
标准化影响力		0.040 **		
		（2.30）		
技术创新	0.139 ***	0.139 ***	0.600 **	－0.924 ***
	（5.09）	（5.26）	（2.48）	（－4.05）
流动性比率	－0.009	－0.009	0.010	0.011 *
	（－0.53）	（－0.54）	（1.17）	（1.74）
营业收入增长率	0.000 ***	0.000 ***	0.001 ***	0.001 ***
	（4.35）	（4.30）	（3.66）	（2.67）
企业年龄	－0.020	－0.018	0.236	0.133
	（－0.13）	（－0.12）	（0.69）	（0.75）
企业规模	－0.060	－0.056	－0.142	－0.148 *
	（－0.62）	（－0.58）	（－1.06）	（－1.77）
企业资产负债率	－0.321	－0.312	0.316	－0.220
	（－0.91）	（－0.89）	（0.32）	（－0.76）
大股东持股	0.012 *	0.012 *	0.006	－0.007
	（1.89）	（1.92）	（0.66）	（－0.80）
常数项	3.284	3.180	3.238	4.007 **
	（1.49）	（1.44）	（1.10）	（2.01）
样本量	2553	2553	2553	3761
R-squared	0.263	0.264	0.064	0.117
Company FE	YES	YES	YES	YES
Year FE	YES	YES	YES	YES
F	56.010	50.950	8.556	13.760

五　异质性分析

为了探究标准化影响力在技术创新－企业绩效作用关系中的异质性，根据前文分析与研究设计进行分样本回归，得到两组分样本的回归结果。

（一）产业成熟度差异分析

按产业的成熟度进行分样本估计，我们参照前人的研究，将企业进一步划分为初创企业和成熟企业，将成立年限在 6 年及以内的企业算作初创企业，成立年限大于 6 年的企业作为成熟企业，然后进行回归分析，结果如表 6 所示，不同产业成熟度的企业中技术创新对于企业绩效的影响作用存在一定差异，标准化影响力在其中发挥的作用也存在一些差异。从表 6 中的（1）列和（4）列的估计系数来看，成熟企业相较于初创企业技术创新对于企业绩效的作用更为显著，相比于初创企业，成熟企业拥有更为雄厚的资源基础以及技术积累支撑其进行技术创新活动；从表 6 中的（3）列和（6）列的估计系数来看，成熟企业凭借自身的创新资源可以参与更多国家标准的制定，相较于初创企业，成熟企业在标准制定过程中拥有更多的话语权。

表 6 不同产业成熟度企业异质性检验

变量	成熟企业			初创企业		
	（1）	（2）	（3）	（4）	（5）	（6）
	企业绩效	企业绩效	标准化影响力	企业绩效	企业绩效	标准化影响力
标准化影响力		0.042**			0.046	
		(2.18)			(1.22)	
技术创新	0.167***	0.162***	0.798**	0.117	0.121	-0.214
	(3.32)	(3.34)	(2.44)	(1.15)	(1.19)	(-0.92)6
控制变量	YES	YES	YES	YES	YES	YES
常数项	3.272	3.151	2.819	3.901	3.697	4.351
	(1.01)	(0.98)	(0.74)	(1.14)	(1.08)	(0.66)
样本量	1629	1629	1629	890	890	890
R-squared	0.269	0.271	0.079	0.255	0.256	0.047
Company FE	YES	YES	YES	YES	YES	YES
Year FE	YES	YES	YES	YES	YES	YES
F	52.490	47.700	7.203	15.010	14.460	2.434

（二）股权性质差异分析

按企业股权性质进行分样本估计后发现，技术创新对于不同股权性质企业的企业绩效均具有显著正向影响，但是国有企业和非国有企业出于不同的行为动机，各自技术创新对于标准化影响力的影响作用具有显著差异。从表7的（3）列和（6）列的估计系数来看，国有企业技术创新对于国家标准制定的正效应相对于非国有企业更大。国有企业拥有更为雄厚的资源储备，且与政府机构关系密切，更容易通过国务院标准化行政主管部门的审核，相较于非国有企业，在参与国家标准制定过程中拥有更多的先发优势。

表7 不同股权性质异质性分析检验

变量	非国有企业			国有企业		
	（1）	（2）	（3）	（4）	（5）	（6）
	企业绩效	企业绩效	标准化影响力	企业绩效	企业绩效	标准化影响力
标准化影响力		0.013			0.068**	
		(0.62)			(2.30)	
技术创新	0.127**	0.127**	0.126	0.147***	0.135***	1.153***
	(1.98)	(2.00)	(0.42)	(2.95)	(2.65)	(3.34)
控制变量	YES	YES	YES	YES	YES	YES
常数项	−0.538	−0.549	−0.217	10.268*	9.918*	3.648
	(−0.21)	(−0.21)	(−0.09)	(1.89)	(1.82)	(0.32)
样本量	1852	1852	1852	688	688	688
R-squared	0.291	0.291	0.053	0.218	0.226	0.093
Company FE	YES	YES	YES	YES	YES	YES
Year FE	YES	YES	YES	YES	YES	YES
F	47.75	43.22	6.621	8.750	8.532	4.986

六 结语

（一）研究结论

基于标准化影响力在企业绩效提升方面的作用，本文探讨了技术创新、标准化影响力和企业绩效之间的关系，所得出的结论如下。

企业进行技术创新有助于提升企业绩效。技术创新可以帮助企业获得其他企业所不具备的技术能力或者优化生产过程，获取较大的成本优势，帮助企业构建核心竞争力，在激烈的市场竞争中占得先机。标准化影响力在技术创新和企业绩效之间发挥了部分中介作用。企业通过技术创新可以提升自身的技术实力，也就更容易参与到标准化进程中去参与标准的制定。而参与标准化建设为企业更好地把握外部环境提供了一个良好的契机，企业可以通过参与标准化建设来实现对未来风险的规避，提升企业的绩效。产业成熟度加强了技术创新和标准化影响力之间的正相关关系，产业越成熟，越会形成更多技术积累和储备，为标准制定打下技术基础。

（二）管理启示

其一，企业应积极参与标准化建设，响应国家促进标准体系建设的号召，与行业中优质企业建立更广泛的标准合作关系，提升企业的标准化影响力。同时，企业在进行创新研发时，应及时跟进国际先进技术标准发展趋势，并且对国内外技术标准进行文本分析，提取出对企业有用的知识。另外，企业也应该注重技术标准人才的培养，完善相关人才引进、培训、晋升机制，并对标准人才进行有效的激励。

其二，政府应注意政策导向等驱动要素对于企业参与标准化建设的影响作用，进一步完善标准制定流程，确保标准的权威性以及普适性；完善相关政策以及奖励机制，引导行业中的龙头企业参与到国家标准的制定过程中，同时也适当倾斜于一些中小企业，给予它们参与标准制定的机会，提高企业参与标准制定的积极性；加大国内创新成果在标准制定过程中的嵌入力度，增强国家标准的影响力，促使技术创新与标准化更高效地互动循环。

其三，未来应着力推进标准创新基地的建设，充分发挥创新基地在技术创新以及标准化创新方面的示范和引领效应，不断提升创新效率以及标准化效率。另外加大高技术附加值产品的引进力度，加大企业对于新型专利技术的模仿和延展创新力度。此外，进一步优化营商环境，减少企业进行技术创新时各种制度与非制度性交易成本，同时制定相关优惠政策，激发企业创新活力，鼓励企业创新。

An Empirical Study of the Relationship between Technological Innovation and Enterprise Performance based on the Perspective of Standardized Influence

Li Zhao

Abstract: As standards and innovation converge, the advantages of future competition depend more and more on the influence of standards. Based on the listed companies in the manufacturing industry in shanghai and Shenzhen A-share markets from 2015 to 2018, this paper makes an empirical study on the relationship between standardization influence technological innovation and enterprise performance, and the results show that: technological innovation is positively related to enterprise performance; Standardization influence has some intermediary effect between technological innovation and enterprise performance, and the relationship between technological innovation and standardization influence is regulated positively with industrial maturity. Further expansion analysis shows that there are differences in the intermediary role of standardized influence of different ownership and maturity enterprises of different industries. This paper enriches the research results of the relationship of technological innovation and standardization influence, and can learn from how enterprises can participate in the competition of standard formulation and the government to promote the standardization process.

Keywords: Technological Innovation; Standardized Influence; Enterprise Performance; Industrial Maturity

中国数字资产交易的风险问题
与应对策略[*]

孔乐怡[**]

【摘要】 目前，我国数字经济正在进入快速发展的新阶段，在数字化技术支撑下，科技与产业的融合更加紧密，金融服务领域在科技革命的影响下也有了重大变革。本文主要探讨中国数字资产交易中存在的风险问题及相关原因，在确保我国金融体系稳定的前提下，以科技为抓手、防范化解重大金融风险为前提，探讨应对数字资产交易风险的对策，促进我国数字交易健康发展，以提高金融市场的资金融通效率。

【关键词】 数字资产　区块链　风险防范

一　数字资产的相关概念

（一）货币与"数字货币"

"数字货币"的本质应是货币，数字是"数字货币"的表现形式。货币（currency）的定义是固定充当一般等价物的商品，能反映一定的生产关系。马克思认为货币应具备五种主要职能，五种职能具体为价值尺度、流通

---

* 本文为广东省教育厅 2021 年重点建设学科科研能力提升项目（项目编号：2021DZJS137）的阶段性研究成果。

** 孔乐怡，吉林大学金融专业硕士，广东财贸职业学院金融投资学院专任教师，主要研究方向为金融创新。

手段、储存手段、支付手段及世界货币，前两者是货币最基本的职能。

货币的价值尺度职能是指对所有商品的价值进行衡量，发挥尺度作用。货币能执行此职能是因为它也是商品。依据价值尺度要求，货币作为商品时，它的内在价值应处于一个稳定的基准。因为商品的价格会随商品的供求价格发生变化，货币的价值应当处于一个稳定的基准，才能反映出商品价格的变化。众所周知，比特币等主流的数字代币的内在价值极其不稳定，因此无论在虚拟世界还是在现实世界中，比特币都不能很好地履行货币的价值尺度职能。同时，在我国现行的信用货币制度下，货币是由中央当局负责控制与发行的。比特币、莱特币等代币，并非由货币当局发行，在法律地位上无法与货币比拟，不能在市场上广泛地流通使用。在我国，数字代币不具备与货币同等的法律地位，因此不能称其为货币。

参照货币的职能与内涵，比特币等工具代币，是应被归纳定义为数字代币（Digital Tokens），大多数人称之为"加密货币"或者"数字货币"，实际上是人们语言习惯所造成的用词不当，代币只能发挥货币的其中一种或几种职能，但不具有货币的基本职能。"数字代币"只是"数字产品"的一种。当"数字产品"引起投资者的关注之后，会形成一定的交易规模，也具备了投融资的功能，那就成为"数字资产"。

（二）资产与数字资产

同理，"数字资产"的本质在于资产，数字只是资产的一种表现形式；数字资产是资产的数字化，因此，数字资产（Digital Asset）是指依托信息技术而产生的、以数字化形态存在、由特定的企业或个人所控制的、预期可以为企业与个人带来经济利益或经济效用的数字资源。其中包括：其一，物理世界的资产或传统社会中的资产的数字化，即资产的信息与价值通过一定的技术手段实现它在数字世界里的映射；其二，在网络节点上通过计算机技术与特定的算法计算生成的，且具有一定投融资功能、发挥了投资工具作用的数字产品。

数字资产主要分为以下四类。

第一类，数字代币。是指由创业者所发行的、使用密码学原理来确保交易安全及控制交易单位创造的数字资产，用于资助与区块链相关的平台的启动成本的数字资产。在某些情况下这些代币会被开发出必要的功能，可以在特定场景内被当成一种支付手段使用，也可以发挥储存手段职能，因此可能具备了货币其中的一个或几个职能，但并不足以成为货币，也无法自行成为信用货币。

第二类，数字化物理资产。实物有形资产的数字化，是对其所有权的数字化，使其可以在数字网络里流转、分配和被管理。物理世界中的珠宝、画作等有形资产可用作基础资产，由受托保管人发行数字凭证。

第三类，数字化无形资产。无形资产指的是狭义上的无形资产，例如积分、专利、商标、信用评分，等等。无形资产经数字化后，具备较高的私密性，更方便交易对手对其进行验证与消费。

第四类，数字化金融资产。主要是金融资产，包括一切金融衍生品的数字化。金融资产是指一切代表未来收益或资产合法要求权的凭证，是指企业或个人拥有的以价值形态存在的资产，是一种索取实物资产的权利，可以是在实体公司中的所占份额，也可以是参与一个公司收益分成的权利等。具体包括债券、商业票据、股票、基金、期权、应收账款、ABS，等等。金融资产被数字化后可以被划分成为更小的单元，也会具有更高的流动性。

"数字货币"与"数字资产"的主要区别在于，"数字货币"可以履行货币职能，很有可能代替有形货币，在将来成为支付的工具，而数字资产只是世界经济体中的一部分。

二 中国数字资产交易的风险问题

（一）中国数字资产交易中的风险问题

ICO，即代币首次发行，作为一种新型的筹措资金的方式于2013年首次出现。由于其技术门槛独特，各国对其的监管是空白的，在国外开始野蛮生长起来，此后国内也涌现出众多的数字代币交易平台。国内的数字代币交易平台数量众多，如火币网、OKexcoin、币安等，这些平台在经营币种、交易手续费、经营许可等方面多有不同。无论哪种模式的交易平台，比特币都是重要的数字资产交易种类。但随着数字代币的发展，主流代币的价格水涨船高，带动了投资者对数字代币的炒作需求，各交易平台也开始陆续上线了一系列自身平台单独支持的小币种。国内很多刚进入数字代币行业的资金开始向不同的竞争币转移，在当时三大家只提供主流代币等十几个币种的情况下，支持更多小额币种交易的平台成为投资者的新焦点，进行首次代币发行的公司也就越来越多。

从公司角度来看，与 IPO、VC 等传统融资方式相比，ICO 的流程（见图 1）相对简单，准入门槛较低，没有烦琐的手续，大大降低了初创企业的融资成本，为许多不具备上市资格、没有银行贷款资质或者缺少风投资源的企业提供了新的融资渠道。

图 1　ICO 简要流程

各种数字代币层出不穷，这引发了诸多问题。首先，数字代币价格极容易受到影响，暴涨暴跌的特性使得整个数字资产交易市场有极强的投机性，引起数字代币价格涨跌的原因众多。其次，发生在数字代币交易所的安全事故从未停止。2013 年 10 月 26 日，中国香港数字资产交易所 GBL（期货交易所）突然宣布关闭，负责人跑路，成为"中国首例交易平台卷款跑路的虚拟代币诈骗案件"，涉及 GBL 诈骗事件的维权人数达 500 人以上，涉及损失资金超过 3000 万元人民币。最后，ICO 市场发展模式杂乱，鱼龙混杂的市场上出现了许多"旁氏骗局"与诈骗平台。其中，万福币就是一个广为人知的案例，它通过所谓的"招商项目"来吸引并一直发展下线，招揽更多的人以投资"获得价值"，将下一批投资者的资金支付给上一批投资者作为回报，其本质就是传销。

（二）中国数字资产交易中的风险原因分析

本文认为数字资产交易风险来源广泛，与平台、投资者、发行方都存在一定关系。

1. 人们对数字资产认知不足所引发的认知风险

认知风险是指人们在认知新事物时，由认知不足或认知过度所产生的风险。数字资产交易的认知风险主要是人们对数字资产没有清楚的认知所导致的风险，人们忽略数字资产的意义、技术价值与支付价值，使得数字资产中的数字代币沦为投机工具与诈骗工具。

首先，投资者对数字资产的认知不足，投资者的投资热情过度地集中在高回报率的数字代币中，但数字代币的内在价值又是极其不稳定的，不同类型的数字代币其价值源也不同。就当时的市场状况而言，存在一定数量的优质项目，投资者在一开始可能了解到数字代币中所应用的区块链技术是一种富有竞争力的技术，但随着市场情绪越发浮躁，投资者仅怀抱一种追求高回报的博傻心理进入市场，使得数字代币逐步沦为投机性工具。其次，利用数字代币融资的代币发行方亦没有正确地认识数字资产的效用，将其视为套利工具。由于其准入门槛低、筹资速度快，加上投资者的盲目追捧，ICO 被一些企业滥用，许多企业为快速筹集资金发行"空气币"，导致数字资产的质量参差不齐，数字资产进一步被异化。

2. 数字代币的固有属性引发的市场风险

市场风险很大一部分来源于数字代币自带的投机属性，其市场行情的巨幅波动与其"挖矿"技术难度、技术垄断及政府的监管强度等因素密切相关。对于比特币的投资者而言得到比特币的成本就是购买比特币的挖矿机与支付挖矿机所消耗的电费，低廉的获取成本相对于高额的挖矿报酬，致使更多的人跻身于代币的生产过程之中，因此数字代币自生产开始就具备了投机性。另外，各国正加强对反洗钱的监管力度，但由于比特币具有去中心化、匿名性、点对点等特征，比特币成为洗钱、逃避外汇管制的载体。数字代币本身价格的波动性极强，缺乏财务基本面，没有利息，也没有预期现金流，使得估值完全由预期和流动性确定，相较一般金融产品波动更大，因此整个数字资产的市场风险是相对较大的。

3. 平台技术不完善所引发的安全风险

安全风险指在用户进行交易时平台的技术不完善造成平台的经营与管理不善，用户的资金或信息得不到保护从而导致损失的风险，具体反映在用户钱包被盗窃、用户信息泄露以及平台被黑客攻击等方面。

首先，许多数字代币公司打着高科技的旗号，对外宣扬自身的数字资产交易平台安全可靠、风险防控机制完善，实际上各个国家与地区的数字代币交易平台的体系架构都有不完善的地方，都经历过被攻击与数字代币盗窃事件。其次，数字代币交易的过程中，代币在区块链上转移，而资金的流转与用户信息的登记等流程还是依赖于传统的互联网技术，并且资金的转移绕开了金融机构，这种"技术不对称"的矛盾使得数字代币在区块链上的转移十分便捷，其匿名特性使得代币溯源的难度加大。再次，数字代币交易信息安全基础不完善，隐藏的安全漏洞多，黑客攻击起来相对容易。最后，数字代币平台都是由私人设立的，其KYC（了解你的客户）审核的流程功能也不完善，部分小规模数字代币交易平台为了拉拢用户，让用户仅通过手机号即可注册账号，即用户不需要实名制注册，交易者就有可能在平台上利用虚假的身份信息进行交易。

由此可见，数字代币交易的运作虽然聚集了先进的技术，但平台整体的安全性并不会明显优于传统的金融机构。

4. 监管与法律规则的适用障碍引发的道德风险

道德风险指交易过程中部分参与者为谋求自身利益，不惜侵害对手方的利益，其做出的一些违法行为所引发的风险。引发道德风险的原因为现行监管手段与法律体系制度滞后于数字资产交易的监管需要，导致数字资产交易中违法犯罪成本极低。

现阶段中国金融监管体制不适用于数字代币交易。交易所作为数字资产交易的核心场所，担任了数字代币交易的信用中介与信息中介，监管机构却没有权力去审核交易所的经营资质或限制交易的业务开展范围，使得数字代币的发行与交易过程极其不透明，交易所十分容易利用自身的优势地位与信息差进行套利，侵犯用户的利益。

监管规则的适用障碍也给代币的发行方创造了便利。由于ICO项目本身的"去中心化"，在代币仅作为单纯的交易媒介的项目中，通过发行代币筹集数字资产的融资模式规避了现有监管体系，从而易使得ICO融资模式被滥用，一些虚假项目、非法传销活动的出现给投资者带来巨大风险。

现行的法律规制无法保护数字代币的投资者。数字代币的交易机制与证券比较相似，但是参与数字代币交易的投资者却得不到证券法的保护。比如，在许多数字代币交易平台中并没有设置投资者准入、禁止内幕交易等机制，任何背景的投资者都可以进入数字代币投资市场，但遭受风险事件时投资者只能自担损失，无法追溯平台的法律责任。另外，数字代币在全球范围内流通，因此交易过程中一旦发生争议，管辖权如何界定、应使用哪一国法律就成为难题。

（三）中国未来数字资产交易发展面临的挑战

数字资产的出现是科技进步和经济发展共同作用的结果，数字资产是数字经济发展的逻辑起点与载体；数字资产或数字通证的发行对解决中小企业融资难、融资贵的问题有一定的积极作用；数字资产相对较低的投资门槛与较高的投资回报率，也被普通投资者视作增加投资收入的重要来源。某种程度上，市场参与主体对数字资产交易的需求将会长期存在，资产数字化是不可逆转的趋势，数字证券、数字发票、数字票据等数字资产逐渐从概念演变为数字产品与工具。同时，任何资产的某一权益，即物权、股权、收益权、版权等都可能转化为数字资产，更多种类的数字资产正在衍生，伴随着云计算技术的算力提升与应用的深入，数字资产资源化速度不断加快，其投资渠道也不断拓宽。因此，避免数字资产再次沦为逃避监管的犯罪工具与投机工具，是规范数字经济未来发展过程中需要思考的重点。

根据上述的风险问题、风险成因，以及风险不可控的原因，本文认为我国若要继续发展与完善数字资产交易，避免数字资产再次沦为投机工具，需要应对以下挑战，或者说一个有效的风险防控策略应做到以下四个要点：第一，从数字资产的角度出发，要确保底层资产价值信息的真实性；第二，从开展业务的市场主体出发，要提高数字资产市场主体的规范性；第三，从交易用户的角度出发，要提升数字资产交易行为的安全性；第四，从监管的角度出发，注重数字资产交易监管规则的适配性。

三 基于区块链技术支持的数字资产交易风险防范

目前，我国的区块链技术已经从代币的炒作中脱离，慢慢向实际的应用转移，通过锚定可以用法定货币进行计量的真实资产，增强其流动性，可解决现有经济体系中资产流动性弱、资产价值评估难等问题。同时，区块链技术与数字资产进行深度融合，不仅赋予资产数字化的身份，还将区块链技术融入监管体系之中，有效地防范了数字资产交易中产生的各种风险问题，对中国将来发展与完善数字资产交易有一定的参考价值。

（一）应用案例分析

1. 区块链+数字资产证券化——招商银行区块链ABS平台

招商银行牵头完成ABS区块链平台，该平台的系统应用区块链技术显著改变ABS产品的设计、发行、流转、存储、风控、清算等模式。使用区块链技术后，平台将实现通证化ABS代替传统ABS债券。

招商银行ABS区块链平台系统架构的中间是区块链网络，其网络功能包括：对ABS券挂钩的底层资产包数据上链共享，对资产的真实情况与持有企业的真实情况进行详尽分析，并完成各类ABS券发行前的各类报告、文档等直至获得交易所的无异议函件。

ABS项目的每个参与方都会被引入该平台：资产方或计划管理人将资产包底层数据加密上传到区块链，对需要获取共享资产包的投资机构进行授权，则投资机构就能获取对应资产信息，并进行分析和了解资产质量。购买债券的投资机构可以了解到ABS相关立项信息，在平台上下单购买，代替以往线下手工签订认购协议；发行机构可以归集所有认购信息，募集结束后，进行中标处理，确定各机构的中标金额和中标利率，最后完成发行审批。

数字ABS分层券将具有发行份额总量受控、去中心化、P2P方式转移、防篡改等特性，使得与数字ABS券挂钩的底层资产更加真实、透明、可靠。ABS区块链平台增加了数字化证券产品的发行和交易渠道，提升了数字化证券产品的流动性。

2. 区块链+数字票据——央行数字票据交易平台

市面流通的票据还是以纸质银票为主，票据的信用环境不佳，票据伪造、票据诈骗等案例时有发生，引入区块链技术后对解决上述困境非常有利。数字票据交易平台实验性生产系统是由上海票据交易所和中国人民银行数字货币研究所合作，结合区块链技术打造的一个全新票据交易系统（见图2）。该项目系统包括四个子系统，具体为：票交所子系统、银行子系统、企业子系统、监控子系统。票交所子系统主要负责监测区块链开展的各项管理及数字票据业务；银行子系统具有数字票据的承兑签收、贴现签收、转贴现、托收清偿等业务功能；企业子系统则具有诸多业务功能，包括了数字票据的出票、承兑、背书、贴现、提示付款等；监控子系统则专门负责对区块链状态和业务开展情况进行实时监控。

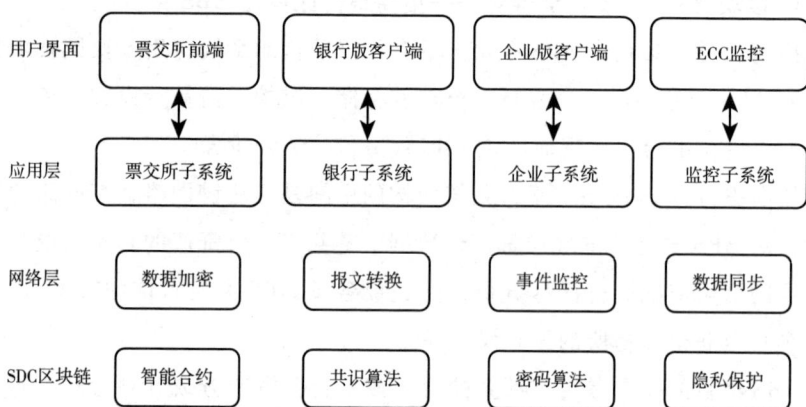

图2 数字票据交易平台实验性生产系统架构

在安全加密方面，根据票据交易量大与交易频率高的需求，央行数字票据系统对底层联盟链进行了大量安全方面的加固和创新。并且，创新性地提出且设计了区块链中间件，实现了底层联盟链与上层类中心式业务应用系统之间的消息传递机制，给出了中心式业务应用系统并发访问区块链节点、时间戳共识、交易确认时间通知等问题的解决方案，使得底层在基于区块链节点开发的同时，上层业务应用系统仍可保留类似传统中心式系统的开发架构，有效降低了开发门槛。此外，该系统还采用业务逻辑智能合约与数据智能合约相分离的新型设计模式，这就能有效解决传统区块链智能合约不易升级与升级后繁重的历史数据迁移等相应问题。数字票据交易平台实验性生产系统使用的是 SDC（Smart Draft Chain）区块链技术，借助同态加密、零知识证明等密码学算法予以隐私保护，同时还通过使用拜占庭容错协议（PBFT）创建共识及采用看穿机制提供数据监测。最后，该项目自主研发了一套符合数字票据和"数字货币"等金融业务场景特点的底层联盟链,依托于区块链技术带来业务方面创新,如引入数字人民币进行结算能实现 DVP 票款兑付结算。

3. 应用案例评价

上述两个案例的市场价值与研究意义可以通过四个维度进行评价,四个维度的选择是基于数字资产交易中的风险问题所带来的四个挑战,分别是能否保障数字资产底层信息的真实性、能否保障交易的安全性、能否保证资产交易市场(平台)主体的合规性与监管的适配性四个角度,进而分析评估该基于区块链技术支持的数字资产交易风险策略是否有效(见表1)。

表 1 应用案例的分析评价

评价维度	招商银行区块链 ABS 平台	央行数字票据交易平台
资产底层信息的真实性	ABS 平台把项目的申报文件材料、资产打包信息、资产状态等变更记录于区块链平台之上,各节点在确认信息且生效之后达成共识,不可篡改。之后,区块链账本会存储基础资产、证券化产品信息与存续期披露信息,增加信息透明度与公信力	票据平台通过建立分布式总账,实现数字票据价值数据的分布式记录,并将票据按照发生时间先后顺序记录,不可篡改,可以有效地保证链上票据的真实性和透明性。而且,当部分节点受到攻击而损坏时,也不会影响整个数据库的完整性和信息更新
市场(平台)主体的合规性	ABS 业务的主体包括发起人、证券中介与评级机构,各主体的责任明晰。处于核心地位的主体为证券中介,即招商银行,其在 2016 年获得银监会批准,获得开办 ABS 业务的资格。科技公司提供技术支持,不参与业务。招商银行通过与知名金融机构签署战略合作协议将其他机构引入联盟链,目前有德邦证券、云南信托	票据市场的主体众多,包含票据交易所、证券公司、评级公司、保理公司及各大企业等,只要参与到央行数字票据平台必须进行登记,会员登记需要经过严格审核,数据上链后不可篡改,将进入一个可信的交易流通环境,完成 KYC 环节,并且所有会员均可见,避免不同参与方之间重复 KYC 流程,因此原则上每个验证节点代表单位都是强信用企业,所有参与方在票据平台上的交易、查询等业务操作需要使用私钥进行认证与数据加密。同时,平台承担上下游企业参与方身份识别和管理等职能

续表

评价维度	招商银行区块链 ABS 平台	央行数字票据交易平台
交易的 安全性	区块链具有天然的免对账或高效率对账的优势,不需依赖第三方机构进行对账,避免了人工对账的失误,加强了交易的可信度,降低了中介方利用信息差套利的风险,同时,由于底层资产信息的透明,投资人可以随时查看资产的具体收益与风险情况,以及项目从启动到申报、申购、挂牌的全过程,提高交易者的安全性与交易信心	首先,区块链中的分布式具有高容错性特点,同时采取非对称加密算法,能有效控制人为操作风险问题,中介利用信息差撮合的职能也将被消除。其次,票据从发行到兑付的每个环节都是可视化的。最后,平台采用业务逻辑智能合约与数据智能合约相分离的新型设计模式,如果业务需求变化,系统可通过智能合约编程进行变更升级,无须进行大规模的数据迁移,保证交易与资产的安全
监管的 适配性	首先,其本质上为银行 ABS 业务,其业务流程需接受银保监会与证监会的监督。其次,借助区块链技术,平台把企业的底层资产以及项目的全流程信息都完整记录下来,监管将参与到技术之中,提升数据统计和监管审查的穿透力,更便于数据统计和监管审查	数字票据交易平台的业务流程与现行票据交易系统相同,管理规则保持一致。数字票据的交易会产生时间戳,能大幅度减少监管所需的调阅成本,同时为监管提供相应的可追溯渠道,在必要的条件下,监管机构可以作为独立的节点参与监控数字票据的发行和流通全过程,实现链上审计。另外,平台引入央行数字人民币,实现自动实时的 DVP 兑付、监控资金流向等功能,进一步提升监管效率

资料来源：1. 杭州趣链科技有限公司官方网站，https：//www.hyperchain.cn/，最后检索时间：2022 年 3 月 1 日。

2. 徐忠、姚前：《数字票据交易平台初步方案》,《中国金融》2016 年第 17 期。

通过上述分析可得知，面对上述四个维度的挑战，该策略都能有效应对，因此能在一定程度上规避以往数字资产交易中的风险问题。首先，上述数字资产最大的特征是每一项被数字化的资产都有真实的信息支撑其价值，使得数字资产成为代表未来收益合法要求权的凭证。区块链技术从源头保证了凭证价值信息的可靠性，该凭证并不能保证数字资产的价值与未来收益一定良好，而是凭证具备了真实的信息，投资者对数字资产的价格有了相对客观、可靠的判断依据，可以有效降低由于投资者认知不足而产生的认知风险。其次，得益于区块链技术的加密功能与防篡改的特性，交易的安全性得到了一定保障；并且平台还对区块链技术进行升级，进一步保护了用户的隐私，不容易发生资金的盗窃或信息的泄露，因此区块链技术的升级应用防范了安全风险。再次，数字资产的发行方、参与交易的投资者或者其他相关的评级机构，必须具备相应的牌照才能开展相关的业务，合格的数字资产管理公司、提供数字交易的平台均接受相关部门的监管，健康有序地发展。并且，区块链技术的应用极大地减少了人工操作的工作量，例如资产交易的撮合、资金对账、信息的同步、数据的迁移都将自动完成，系统的升级也通过编程智能合约来实现。区块链技术与现行的监管规则相结合，确保引进交易链中的各方都具备相应资质，开展的业务也接受监管机构的监管，使得数字资产交易的每一方进行违规操作的难度提升，违规行为的成本与代价提高，因此能够避免一定的道德风险。最后，市场风险也能得到减小，这基于两个方面的原因：第一，由于区块链技术的应用提升了监管的穿透性，平台可以实时监控流入该市场的资金，增强了数字资产交易中对资金信息的溯源能力，尽量减少了影响数字资产价格的非理性因素；第二，投资者的投资行为将会回归理性，投资者将会去发掘真正具有潜力的数字资产，资产的价格与收益也会根据投资者的需求发生正常的波动。

（二）应用案例总结

综上所述，基于区块链技术的数字资产交易风险防控策略能在一定程度上有效防范认知风险、安全风险、道德风险与市场风险，确保数字资产信息来源的真实性，保护了交易各方的安全性，规范了各市场主体的行为，同时提高了监管的穿透力。

从案例分析中区块链技术发挥的效用来看，对比以往中国数字资产交易出现过的种种无法规避的风险问题，我们认为，依托金融科技创新实现数字资产交易风险防控的探索价值与意义如下。

其一，区块链技术与资产交易流程的深度融合不仅解决了传统资产交易过程中的风险问题，还防范了用传统市场手段无法解决的数字资产交易的风险问题。因此数字化技术不能只应用于将资产数字化，还要贯穿于数字资产的信息登记、会员登记、交易撮合的各个阶段，才能有效控制风险事件的发生，并且能控制风险事件影响的范围。

其二，数字资产交易的监督管理手段要配合市场的需求，同步进行数字化升级，才能加强对数字资产交易的风险控制，利用传统的风险管理手段与监督规则去管理数字资产交易是无效的，直接通过立法限制微观个体的行为又比较容易扼杀市场的活力。因此必须在传统的金融监管维度外增加科技维度，利用区块链以及其他数字化技术进行风险防控的效果显著，同时避免了以往金融市场"一管则死"的尴尬局面，因为区块链技术从根本上解决了交易各方之间的信用问题，在提高交易效率的同时也降低了交易成本，使上述融资方式的优势得以体现，打造了一个强信用、高效率的金融市场，将进一步激发市场主体参与数字资产交易的积极性。

其三，数字资产的创新应该循序渐进，高度创新的数字代币脱离了当下大多数普通人的认知，也超越了当下的监管范围，以至于无法将其归纳进任何一个现有的资产名目中，企业发行数字代币的行为也不能被视为一种规范的融资模式。因此资产的数字化可以先从现有的资产开始，在配合监管的前提下同步创新，以保证数字资产市场稳定、有序地发展。

参考文献

陆岷峰、王婷婷：《数字化管理与要素市场化：数字资产基本理论与创新研究》，《南方金融》2020年第8期。

姚前：《法定数字货币的经济效应分析：理论与实证》，《国际金融研究》2019年第1期。

易宪容：《区块链技术、数字货币及金融风险——基于现代金融理论的一般性分析》，《南京社会科学》2018年第11期。

韩梦阳：《中国数字货币交易平台监管问题研究》，河南大学硕士学位论文，2017。

徐忠、姚前：《数字票据交易平台初步方案》，《中国金融》2016年第17期。

韩爽、蒲宝明、李顺喜、李相泽等：《区块链技术在数字资产安全交易中的应用》，《计算机系统应用》2018年第3期。

The Risk and Strategy of Digital Asset Trading in China

Kong Leyi

Abstract: At present, China's digital economy is entering a new stage of rapid development. With the support of digital technology, the integration of science and technology and industry is closer, and the field of financial services bears the brunt. This paper mainly discusses the risk problems and related reasons in China's digital asset transaction, and discusses the countermeasures to deal with the risk of digital asset transaction on the premise of ensuring the stability of China's financial system, taking science and technology as the starting point and preventing and resolving major financial risks, promote the healthy development of digital trading in China, so as to improve the financing efficiency of the financial market.

Keywords: Digital Asset; Blockchain; Risk Prevention

南粤
文化

珠海沙田民歌广东省"非遗"传承人陈社金访谈录*

何　平　　刘晶晶**

【摘要】 我国非物质文化遗产保护工作已成为国家的文化发展战略，在这一背景下，有关部门对"非遗"传承人也开始了有计划的口述访谈工作。本文是作者作为学术专员对珠海市的珠海沙田民歌省级"非遗"代表性传承人陈社金的访谈记录，真实记录了传承人的学唱经历、民歌演唱经历和对沙田民歌保护传承所发挥的作用，是一篇珍贵的沙田民歌口述原始文献。

【关键词】 沙田民歌　非物质文化遗产　陈社金

传承人简介： 陈社金，男，汉族，生于农历 1951 年四月二十一日，珠海市香洲区南屏镇人。20 世纪 60 年代末开始对疍家民歌进行搜集、改编、创作工作，至今已搜集整理、创作改编沙田民歌数百首，出版有《民间歌谣集成》（合作）一书。陈社金曾任南屏镇文化站站长、南屏曲艺社社长等，他积极参与创办了"沙田民歌艺术研究会"，成立了"沙田民歌队"，

* 本文为广东省非物质文化遗产代表性传承人口述记录工程、珠海市文化馆"2021 年珠海市非遗传承人抢救性工作"招标项目（项目编号：ZCCG-G21-0346FJ），珠海市金湾区文化广电体育局"珠海市金湾区建立传统音乐非遗传承基地合作协议"项目（项目编号：2019KYHX14015），教育部人文社科百所研究基地中山大学中国非物质文化遗产研究中心珠海站（珠海科技学院）的研究成果。

** 何平，音乐学博士，珠海科技学院音乐舞蹈学院院长，二级教授，华南理工大学博士生导师，主要研究方向为西方音乐与岭南音乐文化；刘晶晶，珠海科技学院音乐舞蹈学院讲师，主要研究方向为作曲技术理论。

并成为这支民歌队的主力。

陈社金曾多次在全国、省、市、区级的各类民歌大赛中获得殊荣，被人们亲切地誉为"珠海沙田民歌王"。2004年当选"2004年度珠海十大文化人物"；2007年，获广东省（中山·坦洲）首届水上民歌大赛金奖；2007年7月7日，《光明日报》刊登《"沙田民歌"传人吴金喜、陈社金》的报道，沙田民歌走向了全国；2009年，他与民歌手梁六妹联袂，获首届"金嗓子"杯全国山歌邀请赛最高奖"金嗓奖"；2009年2月，陈社金创作的沙田民歌作品获"珠海市第三届文学艺术渔女奖"二等奖。

沙田民歌2006年5月被列入广东省第一批非物质文化遗产名录（2007年3月被列入珠海市第一批非物质文化遗产代表作名录）。陈社金于2009年6月入选珠海市非物质文化遗产项目代表性传承人，2012年12月入选广东省第三批非物质文化遗产项目"沙田民歌"代表性传承人。

我们的采访从陈社金的自我介绍开始。①

一 学唱经历

何平（以下简称"何"）：陈先生，您好，请介绍一下您的基本情况。

陈社金（以下简称"陈"）：我出生在一个爱好民歌的家庭，父亲陈灶根，是一个唱通沙②的民歌手，母亲杨长好，是一个善良勤俭的妇道人家。我们兄弟姐妹8人，我排行老三，有大哥、大姐，大姐已75岁了，还有两个弟弟，三个妹妹。

我于1958~1963年，就读于珠海市香洲区南屏镇广昌村的一所公办小学——广昌小学；1964~1966年，就读于南屏中学；毕业后，1967~1974年，任教于广昌小学；1975~1980年，在广昌社区做电影放映员；1981~2004年，工作于南屏文化站；2005~2011年，在南平广播电视站工作。我工作了40多年，但伴随我的，也最让我醉心的还是唱沙田民歌。

---

① 访谈时间：2021年11月8~9日，地点：珠海市北山杨氏大宗祠。
② 疍家话，是指唱遍大街小巷，家喻户晓。

在我工作期间，我经常在学校、圆明新园①演唱和传播沙田民歌；给民歌队、学生辅导学唱沙田民歌；带着沙田民歌的节目下乡演出。就在前不久，还应珠海博物馆邀请，录制了大罾歌②《钓鱼仔》的视频在博物馆展播。

我收徒授艺，培养了徒弟梁六妹③，她又培养了李苏洪④，如今珠海博物馆也收录了他们两人演唱的咸水歌⑤《虾公虾婆》，进行公开展播。

在学校里，我针对学生的特点，创作了《校园花儿处处红》《八荣八耻记心中》《安全教育你我他》《垃圾不落地》《唱诵家风放喉咙》《青春热血永流芳》《四中全会新征程》《红船过险滩》等具有教育意义的新民歌。其中《青春热血永流芳》已成为学校红色教育的保留曲目。

何：您是如何学习沙田民歌的？请介绍一下您目前对沙田民歌掌握的情况。

陈：我父亲喜欢唱沙田民歌，我从小听他的歌，耳濡目染，七八岁时，我开始跟父亲学习沙田民歌。我学会的第一首歌是父亲教我的高堂歌⑥《大话歌》："我咁大个仔，未曾唱过大话歌，一个萝卜切开几大箩，

---

① 中国首批 AAAA 级景区之一，位于珠海九洲大道石林山下，占地面积为 1.39 平方千米，以北京圆明园为原稿，按 1：1 比例精选北京圆明园四十景中的十八景修建而成。

② 大罾歌，因多是在内河、外海装罾网的渔民所唱而得名，为七言句，称谓用"妹（哥）呀哩""阿姐呀好妹"，衬字有"呀""呀啰""咳"等。

③ 梁六妹，沙田民歌珠海市市级传承人。

④ 李苏洪，沙田民歌珠海市区级传承人。

⑤ 咸水歌，最初的起源、起名于自然环境，其意义是专指以捕鱼为生的疍民所唱的歌，又称疍歌、蜑歌、蛮歌、咸水叹、摸鱼歌、白话渔歌等。歌词大多依照方言押韵，情歌居多；技巧性的衬词很多，如"妹（哥）好呀哩""竹梳木梳""生葱熟葱""叮叮当当"等；二句体乐段是音乐的基本结构型。珠三角地区，不同地域内的民歌分类有所不同：中山市、东莞市、广州市、阳江市等地将古腔咸水歌、长句咸水歌、短句咸水歌、姑妹歌、大罾歌、高堂歌、担伞调等歌种，统归为"咸水歌"；而珠海市将咸水歌、高堂歌、大罾歌、姑妹歌、叹情歌、木鱼歌等歌种，统归为"沙田民歌"。

⑥ 高堂歌，因源于"坐高堂"的婚俗仪式而得名，是一种贺婚歌。《太平环宇记》记载："香山之民在婚丧嫁娶、庆典礼祀神时，均以歌唱以导情，曰歌堂。"沙田人结婚嫁娶时，聚集在堂屋拜见父母、亲戚、朋友，结婚时贺婚所唱的喜庆歌堂，就称为"坐高堂"，故又叫高堂歌。音乐以六声音阶徵调式为主，有固定尾腔。高堂歌又分为长句高堂歌和短句高堂歌。

老鼠拉猫跟我门口过，蟛蜞喃鸭锄田拖①。"歌词是疍家话，很有趣，听上几遍我就学会了。那个时候我也喜欢听广播，中山的广播电台经常播放咸水歌、高堂歌，我边听边跟着学。

听得比较多的是陈锦昌②的《竹树开根根连根》，后来我在广昌小学任教期间，还将这首歌传授给了学生。那个时候条件比较落后，学习民歌除了父亲对我的口传身授外，其余就是自学，如跟唱陈锦昌的《香稻颂》。那个时候年纪小，记忆力也好。

我学民歌时，给我以影响的还有当时南屏沙田民歌艺术团③的吴金喜④，其实他并没有直接教过我，但是他有一本歌本，我就是边读那个歌本边学的。因为过去不管是父亲还是陈锦昌，在我学习过程中，都没有用歌本，我的学习主要是靠听和自己的记忆。

我没有系统学过声乐，当时也没有那个条件，我最早是唱粤曲的，唱的小曲很多。当时家里有张光碟叫《广东小曲王》，里面收录了很多小曲，如黄俊英⑤、卢海潮⑥的，有一首《大排档小唱吧》我很喜欢，平时劳作、上山下坡，甚至连晚上冲凉时都练习演唱。

我也没有系统学习过基本乐理，对于沙田民歌的创作，刚开始就是纯粹靠记忆，由当时曲艺社演奏二胡的杜华生记谱，他识谱，我唱什么他都能同步记下来。以后实践多了，同时也向其他人请教，慢慢也可以简单看谱了，李苏洪也教了我一些。作词方面，读得多了、唱得多了，熟练了，自己就能创作了，熟能生巧。

---

① 蟛蜞是淡水产的小型蟹类，又称磨蜞、螃蜞，学名相手蟹，头胸甲略呈方形，体宽3～4厘米。

② 陈锦昌，男，1936年5月生，中山市三乡镇外埔村人。曾任中山县文化馆副馆长、中山市博物馆副馆长。潜心民间文艺研究和民歌、诗词创作，出版歌曲集《金斗湾放歌》（作词）、诗词集《水乡情》等。

③ 南屏镇文化站组织的业余演唱沙田民歌的表演社团。

④ 吴金喜，男，1944年生，珠海水上居民后代，自幼随父辈学唱沙田民歌，并突破清唱形式，发展出沙田民歌的说唱和表演演唱形式，搜集沙田民歌2000余首，整理出版了《珠海沙田民歌》。

⑤ 黄俊英，男，1936年生，祖籍广东省罗定，著名粤语相声表演艺术家、国家一级演员、广东省曲协副主席、广东音乐曲艺团艺术指导，相声方言化的拓荒者之一。

⑥ 卢海潮，男，1946年生，广州市人，粤剧演员，主要作品有《外来媳妇本地郎》《方谬神探》《广州人家》《山乡风云》。

我学唱比较快，有一个主要原因，就是我对沙田民歌的爱好，尤其是那些故事性的、传统的、在民间普遍流传的。比如传统沙田民歌《十二月采茶》，我的歌本里也收录了，它是古人拆字眼①的一种作词方式："正月采茶是年新，雪梅孝义守家贫，送仔读书金榜中，一举成名天下闻，闪至取门冇把凭，万古流传教义人。"这首歌很传统，不能改，要严格地传承下来。这种拆字眼的歌一般是六句。

沙田民歌的学习过程，更多还是个人的感悟过程，是自己的爱好使然。"沙田"是指在河流冲击成的滩涂上，通过围垦而形成的田，在这片土地上，孕育了我们当地人唱的当地的歌，它是亦渔亦民的疍民所传唱的口头文学，全国56个民族，都有自己的语言、自己的歌。目前我掌握的沙田民歌包括了高堂歌、咸水歌、大罾歌、姑妹歌②、叹情歌③。

二 沙田民歌的特点

何：请介绍一下沙田民歌的基本特点，与其他地方的民歌的不同之处，与中山的咸水歌有什么区别？

陈：沙田民歌与其他地方的民歌有许多共同点：浓烈的乡音，押韵、顺口、顺喉，总体讲就是声情并茂，朗朗上口。但最能体现沙田民歌特点的是"十里不同音，百里不同调"，比如高堂歌《清闲无事唱支歌》："清闲无事唱支歌，人人话我口多多，唱出歌仔亦有错，皆因文化唔系高。"歌曲最后的这个"高"字，珠海市的不同地方就唱得不同，南屏人将"高"唱作"沟"，斗门人将"高"唱作"鸽"，这就是"十里不同音"；而"百里不同调"指的是调高不同。

说到区别，如广州其他地方和番禺区的民歌在唱法上、节拍的快慢

---

① 拆字，又称"测字""破字""相字"，是中国古代的一种推测吉凶的方式，主要做法是以汉字加减笔画，拆开偏旁，打乱字体结构进行推断。广泛用于作诗、填词、撰联，或用于隐语、制谜、酒令等。

② 姑妹歌，又称"姑妹调""姑妹腔"，因在唱词中有"姑妹"的衬词而得名。多以爱情为题材，常在船岸对唱，分上、下两个七言句，其结构、韵辙和修辞手法均与咸水歌相同。

③ 叹情歌，在中山又叫"叹家姐"，是带着哭腔叹唱的，在广府妇女中广泛流传。广府姑娘出嫁有叹家姐的婚俗，可唱天文地理、唱古人、唱情景、唱对花、唱拆字，等等。

上，就有很大区别。比如 20 世纪 60 年代陈锦昌写的《竹树开根根连根》："竹树开根根连根，葵花结子子成群，万众一心跟党走，人民爱党党爱民。"就这四句，不同地区的曲调一样，但是节拍会有快慢的区别，我可以唱出三种样式：第一种原生态的，从头至尾一个速度；第二种，曲调有所变化，快的和慢的节奏有区分；第三种速度更快。

珠海和中山地域相邻，原来本就是一个地区，我们珠海的南屏和中山的坦洲就一河之隔，民歌在唱腔的拉腔①和曲调的旋法上基本是一致的，如中山的咸水歌《对花》，在我们这里也很流行。如果一定要说有什么区别，其实就是个别的吐字发音。

何：疍家话的韵是怎样一个情况？

陈：讲到疍家话，我认为它的特点就是一韵到底，使人好记忆。但是一韵到底也有搞不清读法的时候。比如"浮在水面"读作"蒲在水面"。有的字一字多音，尽量用最通俗、最接地气的语言来表达，这就是"浓烈的乡音"。

何：您自己唱歌有哪些特点，与他人有什么区别？您是在什么时候形成了自己的歌唱风格，有什么体会？

陈：我唱歌的特点可用八个字概括：字正腔圆、绕梁三日。字正腔圆讲的是疍家话的字正腔圆，如高堂歌《来到高堂失失慌》："来到高堂我就失失慌，半身淡汗抹都唔干，十件衣衫湿了九件半，多得日头出热晒得翻干。"② 一般的高堂歌都是七言四句③，不加什么称谓，也没有什么衬词，比如："沙田民歌唱起来，万顷沙田作歌台，历史悠久全唱来，沙田处处有歌才。"

余音绕梁，是指唱歌时的韵味。由于我的嗓音比较嘹亮、明朗，属于男高音，在唱歌时拉腔的感觉就不一样。比如这首唱旧社会的高堂歌："旧时阿儿真阴功，移民生活好艰难，灯盏无忧，家中冇米，金谷摆厅贵

---

① 是指润腔，将一句、一字、一个音节的旋律加以装饰，润腔的运用最能体现歌手的个人演唱风格。

② 这是一首经典的中山咸水歌，这也说明，珠海与中山在音乐文化上的联系是十分紧密的，"我中有你，你中有我"。

③ 一般为四句体单乐段，但第三句可以根据需要添加歌词，扩充成多个乐句，形成中间的"大肚子"。

地主，一天到晚饿天光。"

因为高堂歌旋律是固定的，我会在尾腔和拖腔的处理上，做一些鼻音的哼鸣（边讲边唱"高山顶上一青松……"），高堂歌原来没有这个拉腔，我现在唱的就是加入了拉腔，这就有了韵味。再比如《冻水泡茶慢慢浓》（唱）："韭菜开花细绒绒，真心阿妹唔怕穷，只要两家勤劳动，冻水泡茶慢慢浓。""一塘清水一塘莲，青青绿绿水上眠，阿妹生来真美善，撑艇摘莲抢在先。"我都加入了自己处理的拉腔，做了装饰。

疍家话和粤语不一样，字正腔圆强调的是疍家话的字正腔圆，所以唱的人要唱得清楚，让人听得懂，就不用再翻译了。用疍家话唱的民歌，也可以用粤语唱，因为疍家话"问字取腔"，有时候也"问腔取字"。如《水乡情》里"半边云水半边天，对岸河堤对岸天……"的"云"字：疍家话读第四声，用疍家话完成韵脚；粤语读第二声，用粤语去完成韵脚。原则是只要人家听得明白就可以。

我的演唱生涯一直坚持到现在，中间只在"文化大革命"时期和2006年因为身体原因中断过，我自己的演唱风格大概是从做曲艺社社长的时候慢慢形成的。2006年，我病好出院时，逢珠海花车巡游，当时我负责花车的装饰工作，同时在花车巡游过程中，我在移动的花车上唱沙田民歌，一路上众多人观看我的表演，那个年代这种边巡游边表演的形式让人耳目一新，我的表演也让人们津津乐道。

我唱沙田民歌意在将疍家文化发扬光大，传承下去；同时，通过演唱民歌，培养了自己的兴趣爱好，在练习民歌的过程中，吐气发声，对心肺组织很好，肺活量增大，对身体素质有增益。我希望通过沙田民歌的传唱，把优秀的疍家文化发扬光大。

何：您唱对歌以及运用衬词有没有什么讲究？

陈：唱民歌对歌时，不管是用疍家话，还是用粤语，在用韵上，都没有什么讲究，但是要在一个统一的基本内容中。

沙田民歌在衬词①上是有规定的，唱什么歌，就用什么样的衬词，歌

---

① 衬词，是在民歌的歌词中，除直接表现歌曲思想内容的正词外，为完整表现歌曲而穿插的一些由语气词、形声词、谐音词或称谓构成的衬托性词语。

种不同嘛。高堂歌有"咯、呵"这种拟声词；咸水歌有"妹、哥"的称谓；大罾歌是"妹呀咧、真心咧"的衬字；姑妹歌有"姑妹"的称谓，男性在衬词里被唱作"兄哥"，女性被唱作"阿妹"；叹情歌肯定就是姐叹弟、弟叹姐，一开口"哎，姐啊"。所以民歌手一开口唱歌，我们就知道他要唱什么歌。一般讲，衬词是民歌本身原有的，我们民歌手基本上不会去进行二次处理，衬词在沙田民歌中是发挥重要作用的。有专家讲，咸水歌里的衬词最多。

何：沙田民歌有没有对歌比赛？评分规则是怎样的？

陈：最近几年，基本上每年都有比赛，但是比赛的曲目都是事先准备好的，需要下功夫熟记歌词。即兴的对歌，我经历的沙田民歌演唱中是没有的，就是即兴编词也是提前准备好的。

三 关于民歌的传承

何：在沙田民歌的传承方面，您是如何选择自己的徒弟，用什么方法教授？

陈：在传承方面要分清传承和传唱的区别。我的父亲传授给我，我传授给我的徒弟，这是传承。我在学校教授，学生一起跟我唱，这是传唱，但有传承的含义在里面。

就传承来讲，我培养沙田民歌手，首先要看他能不能讲疍家话，其次看他的外形条件，而最重要的是看他是否具有天赋，能一唱就会，有创新意识。在传唱方面，作为最广泛的普及，我创作了广生小学的校歌《校园花儿处处红》，后来区教育局也十分肯定，学校还用它作为课间操音乐。

现在我教授徒弟，有时是在电话里一句一句教，徒弟跟着唱；有时是提前把要学习的歌曲录音发给他们，他们跟着录音练习。在这两种传授过程中，我都会严格要求他们，随时纠正他们的咬字、发音、音调的准确度等。我的徒弟梁六妹，在跟唱练习的同时，会根据自己的音高、音域，以及音色条件，形成自己的演唱风格。疍家人会唱歌似乎是天生的，是相互受影响的，虽然不一定都识谱，可很多人一看歌词就会唱。

现在的学生都识谱，所以每次我唱歌的时候，杜华生就会帮助记录下来，我就按照这个谱子教授学生。首先，我要求学生把歌词理解并读熟，因为沙田民歌里有很多疍家话，学生要字正腔圆，就要熟读歌词，倒背如流，区别疍家话和粤语的不同发音；其次，我要给他们讲解歌词大意，他们理解后，一教就会了。

沙田民歌有不同的歌种和唱法，在学校里教唱，旨在教授学生学习这些歌种和唱法，每次上课前我会提前准备好录音，学生跟唱几遍就会了。就像当年我跟着父亲学习那样，父亲唱，我跟着唱。

我曾在南屏中学、广昌小学和一个传承基地授课，其中我在广昌小学一待就是 8 年，有时也会应邀到其他地方去演唱。现在南屏还有沙田民歌队，由我的徒弟担任团长，创立之初我是队长，并且由我辅导队员表演节目、送戏下乡、做专场会演。最初的演出，一般都是清唱，现在演出条件越来越好，沙田民歌的表演融入了舞蹈、音乐伴奏，以及舞美灯光等，使整个节目更加饱满。

何：您的家人唱沙田民歌吗？这里有没有类似梅州等地，在固定的时间、固定的地点，有自发唱沙田民歌的社群活动？

陈：由于父亲的缘故，我们兄妹几个人都会唱沙田民歌。我夫人也会唱，她的声音很好，还可以自己创作歌词自己演唱。我也曾经教过她一些，现在，大疍歌、姑妹歌、咸水歌这些她基本上都能唱。

特定的自发的社群活动，斗门区就有。有时男婚女嫁，我受亲朋好友委托，会去助兴演唱。或者是别人唱歌，我就搭歌。如前段时间，金湾区进行水乡拍摄，我和梁荣好就去幸福桥①那里唱歌了。

何：演唱沙田民歌需要特定的场合吗？

陈：沙田民歌是想唱就唱，但是不同的场合会唱不同的、具有一定寓意或者应景的歌。嫁女要唱《贺婚歌》《叹家姐》；老人家去世唱悲哀的歌："老爷啊老爷啊，看你咁正，住上山头。"叹者伤心，闻者落泪。

男婚女嫁时唱的《叹家姐》，是有仪式感的。女方会挑选个好日子，邀请一群姐妹，铺上席子，大家席地而坐，从家姐出嫁开始叹，从祖宗叹到父母，依依不舍。而男方就不一样了，男的结婚就是坐高堂。

---

① 珠海市金湾区红旗镇三板村幸福广场边。

何： 在沙田民歌的传承演变中，您觉得清唱好还是有伴奏好呢？作为一位珠海的传承人，您在沙田民歌的改编方面有哪些体会？

陈： 这个要看民歌手个人的喜好。有一些比较保守的，就愿意遵循沙田民歌本来的样子，就会选择清唱；年轻一代的民歌手，觉得加上伴奏演出的形式更加立体，符合现代人的视听感受。

我个人也更喜欢有伴奏的表演形式，为了让更多的年轻一代认识和学习沙田民歌，不仅加入了伴奏，还会根据歌曲编排舞蹈，这种综合性的表演方式，学生们也更容易接受。

何： 根据您的了解，沙田民歌创作有没有借鉴其他传统曲艺或者是戏剧的因素，在哪些文艺作品里用了沙田民歌？

陈： 有根据戏剧内容进行歌曲创作的，如按照《梁山伯与祝英台》的故事情节创作的沙田民歌《十八相送》《化蝶》。

在流行音乐中，李海鹰写的歌曲《弯弯的月亮》，用了中山的咸水歌。音乐家冼星海是疍家人，他的经典《黄河大合唱》，融入了咸水歌《顶硬上》的元素。当下的流行歌曲《月光光》，也是根据沙田民歌改编的。①

何： 您也改编了很多沙田民歌，都用什么方法改编的？

陈： 在音乐上，改变曲调、节奏、速度，或者开始和结束部分都保留传统沙田民歌的曲调，中间部分稍加适当改编；在歌词改编上，与时俱进，增加新的内容元素，如以传承红色精神为主要内容的《四中全会新征程》《青春热血永流芳》等。

何： 沙田民歌的歌词内容都涉及哪些题材呢？您从什么时候开始自己填词记录的？

陈： 涉及的题材有民间文学故事如《陈世美》，古典文学如《武松打虎》。我曾经根据《今古奇观》创作了《蒋兴哥重会珍珠衫》《卖油郎独占花魁》。我开始填词大概是20世纪60年代，那时候大多都是口头讲、脑子记，写得很少也比较零散，真正写得比较多、比较规范的时候是十年内乱结束的时候，我写了整整一本。

---

① 陈钰、千红亮：《珠海传》，新星出版社，2018，第二章"丝路寻踪——岸边岁月，临水筑居"中有此记录："孙燕姿的《月光光》，也是根据沙田民歌改编而成。"

我也通过记录小本、录音机、U 盘来收录作品。在我的工作中，我会随时带个 U 盘，我会叫我的儿子把好听的歌曲录下来，储存到 U 盘里，当我听到别人唱得好的时候，就马上录音，整理到 U 盘里，再插在扩音器上播放非常方便。

在数字设备没有那么先进之前，我在广播站工作，广播站有录音机，我就用录音带录制，之后有了 CD、电脑，就更方便了。我相继收录了吴金喜以及我的表亲周北体的作品。

何：对沙田民歌，在采访搜集方面都做了哪些工作？

陈：我们省市大大小小的电视台、媒体都来采访过。2007 年，南方卫视针对沙田民歌进校园，还做了一个专题片。

广昌小学是沙田民歌的传承基地。为了规范传承工作，我们就把词谱梳理下来，变成读本，目前已经收录了 35 首沙田民歌。这个读本除了收录已有的沙田民歌外，还根据区教育局的要求，选择不同朝代的古诗词，结合沙田民歌的曲调，进行创作，让学生们用唱民歌这种轻松的方式学习古诗词。目前这本教材已经出版并在广昌小学推广。

何：您觉得您这一代唱民歌，与您之后的这一代唱民歌有什么不同吗？

陈：主要的应该是社会环境有很大不同。我们那个年代，经济发展处于基础阶段，文化建设不如现在；现如今我们国家鼓励挖掘和传承优秀的传统文化，我们的政府从各个方面支持我们演唱、创作以及传承民歌。

四 回顾与展望

何：请介绍一下沙田民歌的历史和发展历程。

陈：沙田民歌的历史应该有两三千年了，在整个珠三角地区，还有广西、福建沿海的水上疍民，都有咸水歌，只是有的地方叫法不同。那年坦洲举办广东省首届水上民歌大赛，有些人是唱"甜水歌"，一个咸一个甜。据说是因为时任总书记胡锦涛帮助他们挖了一口井，井水是甜的，就是我们说的淡水，生活在这里的人们就把自己唱的歌叫作甜水歌。

沙田民歌流传于疍民群体，在 20 世纪 50 年代是传承发展最辉煌的时候，那时人人都能唱，处处是歌。近几年，我们国家相继出台政策，鼓励各地政府部门保护传承非物质文化遗产，我们珠海也很重视基层的非遗保护工作。之前我通过非遗进校园、撰写课外读本，将传承工作与时俱进。

未来随着传承工作的更加规范系统，除了场地和经费上能够获得专项支持外，我更希望的是我们的传唱队伍可以有源源不断的新鲜血液。另外，我们需要专业的老师来指导我们，把我们的民歌作品，归纳整理。就像梁振兴①编撰的《民歌荟萃》那样。

何：当年举办过哪些与民歌有关的活动，如今呢？

陈：那时主要是送戏下乡，涵盖整个南屏镇，也去近邻的斗门。这些年，随着民歌队伍规模的扩大、组织制度的规范，我们民歌队也更名为民歌艺术团了，在政府和社会爱心人士的资助下，我们继续开展送戏下乡活动，只是活动范围更大了。我们的每次活动，都会聚集大量的居民观看，以上了岁数的疍家人为主，年轻人也有，但是不多。现在的沙田民歌，不仅疍家人在学，其他人也在学，疍家话、粤语、普通话，不同的语言都可以唱，为的是能向不同的观众传承传唱沙田民歌。

何：您第一次演出是在什么地方登台的？紧张不紧张，心情怎样？有哪些重大演出给您留下非常深刻的印象？

陈：2000 年，珠海市在南水的飞沙滩②举办民歌手大赛，这是我第一次参加比赛演出，那时我已将近 50 岁了，但最后还是拿到了金奖的好成绩，这是我第一次登台。如今"年纪大，机器坏"，记忆力差，所以有几次忘词，就被起哄说："你放下麦吧。"

何：您希望珠海的沙田民歌，应该走向怎样一个高度？

陈：我和梁容好，曾在北山音乐节③登台表演，现场还有尼泊尔的鼓手与我们共同即兴演绎，气氛热烈，我们一连表演了好几首曲目。所以我希望，沙田民歌可以采用更多的方式，以年轻人喜闻乐见的方式，走向世

---

① 梁振兴，曾任珠海市博物馆副馆长、珠海市政协文史资料委员会副调研员。
② 位于珠海西部高栏岛的东南部，是一个纯天然的海滩，被评为珠海十景。
③ 北山音乐节于 2010 年设立，是一个扎根于珠海的音乐品牌，主要分为：北山世界音乐节（每年 4 月底）、北山国际爵士音乐节（每年 9 月底），举办地点位于改造后的珠海南屏北山村的北山戏院（有百年历史的原北山民国戏院旧址）。该音乐节旨在保护历史建筑的同时，将艺术家和创意产业引入北山。

界，也希望我们的沙田民歌在以后的创作和表演过程中，能够有更多高质量的作品面世。

何：陈先生，对您的采访使我们收获很多，非常感谢您。

采访后记：

在两天的口述访谈中，我们看到了陈社金先生对沙田民歌的执着和痴迷，也看到了沙田民歌传承发展的美好未来。此次访谈得到珠海市非物质文化遗产保护中心的大力支持，我们相信，珠海市的非物质文化遗产保护工作将会有很好的发展，我们也希望，有更多的专家学者、老师、同学投入保护、传承、发展我们祖国丰富的优秀传统文化中来。

The Interview Record of Chen Shejin the Inheritor of Zhuhai Shatian Folk Songs and the Intangible Cultural Heritage in Guangdong Province

He Ping, *Liu Jingjing*

Abstract: The protection of China's intangible cultural heritage in China has become a national cultural development strategy. In this context, relevant departments have also started planned oral interviews with the inheritors of intangible cultural heritage. Recorded by the writer, an academic specialist, this article is an interview with Chen Shejin, the provincial inheritor of intangible cultural heritage of Shatin folk songs in Zhuhai, which truly reflects the inheritor's experience of singing folk songs, records his learning experience and his role in the protection and inheritance of Shatin folk songs. This is an academic manuscript derived from the review record.

Keywords: Shatin Folk Songs; Intangible Cultural Heritage; Chen Shejin

粤港澳大湾区文化视域下的粤剧
与武术共生发展分析

——以彭庆华戏剧中的咏春武打艺术为例*

杨毅鸿**

【摘要】本文梳理粤剧在发展过程中与岭南武术的融合共生的状况，一方面岭南武术成为促进粤剧繁荣发展的重要因素，另一方面粤剧艺人也传播了武术，这是一个共生的过程。以彭庆华的舞台武打艺术作为蓝本，分析彭庆华武打戏中咏春武术融入粤剧表演的三个艺术特色：一是二者的结合建立于粤剧的传统；二是既保留武术的外形又演出了粤剧的神韵；三是带有咏春元素的武戏既突出了彭庆华自身的武功门派和武术根基，又增强了舞台效果来吸引观众。最后指出粤剧与武术的共生发展中要注意遵循舞台艺术的规律，以及两者结合的形式可以更为灵活，同时粤港澳大湾区其他传统文化也可以参照这个方法，以求获得更好的传承发展。

【关键词】粤剧 武术 咏春 粤港澳文化

在中国众多地方戏剧中，粤剧的影响力非常大，粤剧凭借所处的独特地理位置和语言优势，立足于粤港澳大湾区，辐射全世界，它作为大湾区文化中的重要一环，在全球华人中都有着深远影响。同时广东又有丰富多彩的地方武术文化，武林名家辈出，明末的蔡九仪、清初的洪熙官、清中期的李文茂、近代的黄飞鸿和叶问以及现代的李小龙等，都是珠三角地区享有盛名的

---

　* 本文为 2020 年珠海市社科研究基地年度研究项目的研究成果，项目负责人为杨毅鸿。

** 杨毅鸿，暨南大学文学博士，珠海科技学院文化理论研究所研究员，讲师，主要研究方向为岭南文化、中国传统戏曲、中国古典诗学。

武术家，尤其是李小龙把中国武术传播到西方，使武术在英文中被按照粤语"功夫"的发音译为"Kungfu"。可以说，粤剧和武术两者都是广东的文化名片。武术是中国的传统技击术，在冷兵器时代，武术作为暴力杀伐之术，在国防和个人的安全防卫方面具有非常重要的现实作用。而武术进入表演范畴是从攻防演练发展而来的，逐渐就有一类武术走上了套路化、表演化的路子。戏剧艺术表演中有"唱、念、做、打"，其中的"打"就是融合了武术套路的表演。而所谓共生，是指不同的事物之间形成的紧密互利的关系。传统戏剧与中国武术是紧密结合的，而粤剧作为粤港澳大湾区影响最大的地方戏剧种，它和岭南武术文化也有着密不可分的共生关系。粤剧和武术在舞台上融合，实际上就是两种文化的共生发展。虽然粤剧与广东南派武术的结合一度式微，但近十多年来，广东粤剧院文武生彭庆华主演了一系列的粤剧，他有意识地加强南派武术的舞台表现，尤其是强化剧中的咏春元素，展现了相当高的地域文化特色，成为粤剧与武术共生发展的典范。

一 广东武术与早期粤剧的结合

古时广东僻处南疆，民风彪悍，民间习武之风素来兴盛，尤其在社会不稳定的古代，广东人练武的原因大多是自卫抗暴。比如洪拳就是在明末清初南明军队在广东四散奔逃之后从军队传入民间，百姓在这个易天改地之际为求自保练武成风，从而传播开来的。清代广东是反清势力的主要根据地，战乱频仍，在官府管辖不到的山区土匪横行，社会动荡不安，这是清代广东百姓练武的主要原因，尤其到了鸦片战争期间，本地人与洋人的矛盾激化，广东民间更掀起了练武热潮，民间传统武术获得了相当大的发展，使广东南拳的洪、刘、蔡、李、莫五大门派以及白眉、龙行、咏春、蔡李佛①等武术在广东城乡广泛流传，每家都有自己的特色，比如洪家重桥马、蔡家重快打、莫家重腿法，等等。

---

① 蔡李佛拳的"蔡"不同于蔡家拳的蔡：蔡家拳的"蔡"是番禺蔡展光，蔡李佛拳的"蔡"是罗浮山白鹤观蔡福。新会人陈享（字典英）自幼跟族叔陈远护学佛家拳，又拜在李家拳创始人李友山门下学武，后又跟随蔡福学拳，后来自己综合三家之长创出"蔡李佛"拳法。

广东人身材较矮，重心较低，又加上南方多雨潮湿，因此岭南的武术讲究扎稳马步，而手上动作十分丰富，几乎全凭双手御敌，即使起脚也多是踢对方膝盖以下部位，有时下肢不动，单凭上肢连续出手攻击。这与北方武术大开大合，偏重于用健壮有力的长腿进攻路数截然不同。同时南方多山地丛林，地形较为狭窄，因此广东武术又善于在方寸之间闪转腾挪，重在敏捷灵活。

岭南武术的这些特点正好符合粤剧舞台演出的要求。演员穿着戏服，比如武将穿的大靠，腿部动作多少受到影响，而且飞脚踢人等腿部攻击动作太多也会增加演员受伤的风险，所以台上表演往往以手部动作为主。而且旧时粤剧戏班乘坐红船在珠三角往来演出，戏台多为各地乡村临时搭建，空间较为狭小，甚至为了腾出更多空间给演员演出，早期粤剧舞台的布景道具十分简约，一块背景布、一桌两椅便是所有山水亭台。因此广东武术讲究身法灵活腾转周旋的特点也正和粤剧舞台的特性相适应。

在众多广东武术中，咏春拳与粤剧舞台渊源最深、关系最密切，这门武功与这个武术门派的形成都与粤剧密不可分。咏春大师叶问有一篇手稿《咏春拳源流》流传于世，其中记载：

> 先祖严咏春氏，原籍为广东，少而聪颖，行动矫捷，磊落有丈夫气，许字福建盐商梁博俦。未几母殁。父严二事被诬，几陷于狱，因是远徙川滇边区，居于大凉山下，以卖豆腐为活，此清代康熙年间事也。

> 时先师年已及笄。有当地土霸诞其姿色，恃势逼婚。父女二人日有忧色。为五枚法师洞悉其由。因怜其遇，许以传技保身……由是即随五枚返山日悉勤修苦练。……综合过去事迹，知咏春派拳术，实宗于五枚法师也。

> 先祖师既婚，首传技于夫婿梁博俦，其后梁博俦传梁兰桂，梁兰桂传黄华宝。黄华宝为红船中人，与梁二娣为伍。恰至善禅师混迹红船中为"煲头"，将绝技六点半棍传与梁二娣。而华宝与二娣以共事红船之故，因得日夕观摩，互相传习，补短截长，混成一体。从而咏春拳之有六点半棍者，盖有由也。遂至梁二娣传技于佛山名医梁赞先

生，梁赞深得其奥，达于化境。远近武士慕名来请与较者辄为败，由
是声名鹊起。后来梁赞传于陈华顺。而问与师兄吴小鲁、吴仲素、陈
汝棉、雷汝济等师事陈华顺迄今已数十年。①

按此说法，咏春拳的传承脉络如图 1 所示。

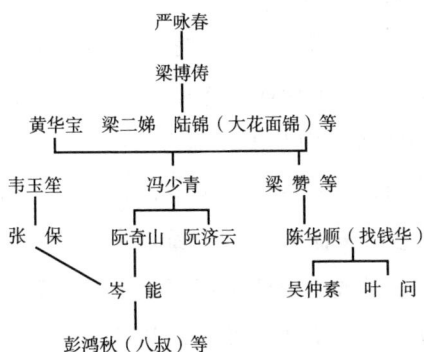

```
              严咏春
              梁博俦
  黄华宝  梁二娣  陆锦（大花面锦）等
  韦玉笙     冯少青      梁赞 等
  张 保   阮奇山 阮济云   陈华顺（找钱华）
         岑 能          吴仲素 叶 问
      彭鸿秋（八叔）等
```

图 1　咏春传承示意

资料来源：该传承图由广东粤剧院彭庆华提供。

根据叶问的说法，咏春拳的创始人严咏春是清代康熙年间的一位江湖
女子，她得到少林五枚法师传授，嫁给福建商人梁博俦，后来定居于佛
山，她把这门拳法也传给了丈夫。梁博俦热爱广府大戏，家中蓄养戏班，
为了提升戏班表演水平，他又把咏春拳教授给戏班艺人。当然，这个传承
的说法为咏春门派内口口相传，没有更多的史料佐证，有人也认为五枚法
师、严咏春均为虚构人物。本文对咏春拳的最早来历不做考证，但是最早
一批以咏春拳行走江湖闯出名头的武师如黄华宝、梁二娣、大花面锦等均
为粤剧戏班中人这当无异议。

当时的戏班乘坐红船游走于岭南各地演出，被称作"红船子弟"，因
此咏春拳又被称为"红船咏春"。咏春本非门规森严的门派，而粤剧戏班
中人大多相承修习咏春拳，不少江湖武师也慕名来学习，广东武风既盛，

---

① 《咏春拳源流》，百度文库，https://wenku.baidu.com/view/a8bdf856dc36a32d7375a417866fb84
ae45cc328.html，最后检索时间：2021 年 9 月 19 日。

这批红船子弟所到之处广收门徒，便把这门拳法传播开去，才逐渐形成一个咏春门派，故早期戏班艺人到处演出，极大地促进了咏春拳的传播。更重要的是，对粤剧来说，咏春拳锻炼了演员的拳术、刀枪靶子、高台功夫等舞台武打表演技巧，使粤剧舞台南派武功成为粤剧艺术的特色要素之一。这样，岭南武术文化和粤剧文化结合起来，具有很高的审美价值和文化价值，同时带有鲜明的岭南文化特质。

当然，早期粤剧舞台上除了咏春拳还有其他广东武术流派，如粤剧大老倌白驹荣说，20 世纪 20 年代前后粤剧的武打"是以少林派的硬桥、硬马（手脚硬而有力的武功）为基础，称为南派。与北派相比较，南派武功动作疏，而北派武功动作密；南派拳术精，北派腿功劲。我们常说'南拳北腿'，就是这个意思。南派武功的训练必须到家，否则容易看出破绽。近几十年，许多武打演员或主要演员都喜欢学习北派。如果学习北派的目的是丰富南派的武功，或者交流经验，取长补短，那是无可厚非的。倘若舍弃自己的传统，一味向外吸收，那就不妙了。现在粤剧界很多人都追求北派武功，渐渐把南派的武功丢掉了"。[①]

白驹荣该文最早载于 1962 年，也就是他看到 20 年代到 60 年代的几十年中，粤剧舞台上南派武功式微，演员多学北派武功。他认为这是脱离传统的基础，失去了宝贵的遗产。

这种担忧一直延续到如今。广东粤剧院前院长丁凡曾经担任全国各地的戏剧比赛的评委，他也发现粤剧武生在舞台上打的都是北派武功，受限于广东人的身体条件和武术传统，他们与北方戏班武生相比并无优势可言，对此他也十分焦虑。可喜的是，进入 21 世纪以来，粤剧又呈现与南派武术相结合的明显趋势，其中的代表人物是广东粤剧院的彭庆华。

二　彭庆华咏春武术的舞台应用

彭庆华是广东粤剧院文武生，国家一级演员，他出身于咏春拳世家，其祖父彭鸿秋先生是广州武术界一代宗师，也是全世界咏春门中硕果仅存

---

① 白驹荣：《四十年来粤剧武打的变化》，《南国红豆》2017 年第 5 期。

的辈分最高的咏春大师，曾奠定咏春拳在广州武术界的地位。彭庆华自小跟随其祖父学习咏春拳技法，他在粤剧表演中创新性地加入更多特色鲜明的咏春拳武术招式，致力于粤剧与咏春的进一步融合，以发展粤剧艺术，并开拓粤剧市场。他在自己主演的《武松大闹狮子楼》《刺客》《梦红船》《决战天策府》等一系列戏剧中，有意识地对传统南派武打戏做了重大突破，融入了更多的咏春元素。

如 2002 年重新排演的传统粤剧《武松大闹狮子楼》是一场精彩的对打戏，戏中武松与西门庆站在倒放桌子的桌脚上对打，这是 20 世纪 90 年代时著名小武卢启光根据少林梅花桩功夫而创造出来的排场，彭庆华在此基础上以咏春拳招式演化，二人近距离面对面，下盘扎稳双脚各站定一只桌脚，单凭双手紧守中线攻击，有咏春对打的痕迹。该剧最后武松与西门庆有一段快速激烈的对打，武松把西门庆打倒，根据广东粤剧院一套内部教学视频的演示，该处的表演也是运用咏春拳的对打套路演变而来。

随着武侠影视的发展，观众对武打场面的要求也日益提高。拳拳到肉的搏击、飞来飞去的轻功、变幻的招式、神奇的内力，各种影视作品的武打场面给予观众新鲜的感官刺激。粤剧人也在思考如何对粤剧"开打"进行创新。彭庆华受到张艺谋执导的武打电影《英雄》的启发，在 2003 年带着一帮年轻演职人员自编、自导、自演了新的粤剧《刺客》，该剧中彭庆华有意学习影视中武功的表现方式，在音乐节奏的烘托下，和搭档刘建科以南派武术为主的招式演出了从拳脚到兵器的对打。年轻观众看着两大高手在舞台上"真打"，符合了他们从影视艺术而来的审美标准，自然大为受用。

该剧的武打表演方式比传统粤剧写意为主的武戏显得更接近真实，但又不同于早期粤剧的"打真军"。早期的粤剧表演中有所谓"打真军"（用真武器打）、"打紫标"（把预先吞下去的红药水用气功催吐出来演成吐血，演完要洗胃）、"睡钉床"、"胸口碎大石"等，这些确实需要武功高手才能表演，不是普通艺人能做到的，还会给演员造成不可逆的身体伤害，严格来说这还是属于"卖武"，而不是"演戏"。《刺客》中的武打演出虽然运用了较为真实的武功招式，但依然有着艺术夸张，在音乐鼓点的衬托下表现出强烈的艺术张力，同时武戏并非为打而打，而是紧扣全剧主题，有助于推动情节、表现人物性格、塑造人物形象。同时，该剧武戏呈现出来的南派武术特色相当突出，拳脚对打中也加入了上述《武松大闹狮子楼》中武松打倒西门庆的那段激烈对打的动作套路，这也是较为明显的咏春特色。

彭庆华通过前两出粤剧的武戏编排积累了创作经验，在2015年排演的《梦·红船》中旗帜鲜明地展现咏春门派武功。

该剧演的是民国时一个粤剧戏班乘坐红船四处演出，途中遭遇到种种磨难，先是遇到乡镇恶霸，再是遇到地方军阀，最后红船被日军征用，戏班上下与日寇拼死奋战，点燃船上军火与日寇同归于尽。剧中安排了不少武打场面，特别是插入了戏班艺人日常练习打咏春木人桩的情节，把咏春拳中打木人桩的套路与舞蹈融合，在激动人心的鼓点中，武舞结合，令人热血沸腾。严格地说，这段打木人桩的武舞对戏剧情节的推动作用较弱，更似是为表演而表演，因此从戏剧连贯性考虑，导演并不同意加入。但该片段又确实十分精彩，大受观众欢迎。故该剧上演多次，并不是每次都会演出该片段。这也是现代戏剧行业中导演中心与传统戏曲的编剧中心这对矛盾的体现。

最后一场戏演的是戏班中人用咏春武术大战日寇，全体壮烈牺牲。在这场戏里，既有单打独斗，又有群战，观众欣赏到咏春拳、八斩刀、六点半棍等咏春门派的武术（见图2），这些武术技法与舞蹈、音乐相结合，保留咏春门派典型的技击风格，又注重舞台审美，形成一种以武为舞、似舞仍武的独特艺术魅力，深受观众欢迎。

2014～2015年，彭庆华领头排演了改编自网络游戏的《决战天策府》，在该剧中，彭庆华延续了其一贯以来的动作编排风格并再次有所发展，以南派武功为基础，既编出如《刺客》一样的比较真实的对打套路，又运用了高度抽象化的传统武戏"打脱手"，还结合了吊威亚技术，表演了使用"轻功"在半空中一边飞一边对打，运用了不少平时只在武侠影视中才出现过的武打动作。他还演出了该网络游戏中的武功招式，隔着一段距离伸手把敌人凌空吸过来。该游戏的玩家观看该剧自然明白招式的出处，没玩过这款网游的年轻观众也能从武侠小说中找到相应的武功，如金庸《天龙八部》中所描述的"擒龙功"就与该招数十分相像。因此该剧的武打动作，既以真实武功为基础，有较为真实的招式套路，也有传统虚拟性很强

图 2 《梦·红船》中彭庆华饰演的邝三华用咏春六点半棍法大战日寇

图片资料来源：广东粤剧院

的编排，还有来自游戏或小说虚构的武功，使武打场面虚实相生，激发年轻观众的欣赏兴趣，也符合年轻观众对武戏的现代审美标准。

从舞台艺术的角度来分析，彭庆华所编排的武打戏有以下几个特点。

（一）其武术功底应用在粤剧舞台是建立在粤剧传统的基础上的

粤剧中的南派武功运用有两种传统方式。

一种是在兄弟剧种的基础上进行动作改编，比如京剧及其他地方剧种中都有《武松打店》这个折子戏，演的是孙二娘误以为来客店投宿的武松是奸人，便乘黑偷袭，黑暗中展开一场混战。而传统粤剧折子戏《武松打店》在其他剧种的基础上，增加了两名解差相互对打，以及打真军等具有南派技击特色的武打套路，并将之相对固定下来，形成规范的表演套路。该粤剧折子戏要求演员武功高强，表演技艺娴熟，还要求五军虎（武打群角演员）也须有较高武功做配合，还要有长时间练习才能演出，表演难度极大，现在已经很少有剧团能按照传统规范演出。①

另一种是原创的南派武术动作编排。如传统粤剧《武十回》中有"醉

---

① 《粤剧大辞典》编纂委员会编《粤剧大辞典》，广州出版社，2008，第 394 页。

打金刚"的排场，演的是武松醉打寺庙前四大金刚塑像，展现其醉拳功夫，旧时戏班艺人演此折时就表演南拳，每打一个金刚为一个段落，拳脚招式各自不同。该折子戏中又有另一个武技排场"打和尚"，小武演的武松与二花面演的花和尚静玄及五军虎对打，以南派徒手搏击武技为主，借助舞台桌椅道具，表演各种高难度技巧动作，最后运用以南拳为基础的南派手桥对打，杀死花和尚与一众小和尚，该排场展现演员的武功技击真实水平，粤剧凡有和尚对打情节，必然套用该排场。① 这些武打编排传统都为彭庆华的改编提供了宝贵的经验。

（二）既得武术之形，又得粤剧之神

彭庆华编排演出的武打戏保留了南派武术的外在招式，尤其是《梦·红船》中演员所使的咏春门派武术，包括了拳法、刀法、棍法，当中咏春拳功架招式比较明显观众都比较熟悉；还有八斩刀招牌式的近身肉搏，所谓一寸短一寸险，舞台上演员双手反手持刀，刀身贴于小臂，表演出近距离的挡、刺、削、挑等险招；而彭庆华所使的棍法，面对敌人虚步斜持棍，右脚虚点地，身体重心落于左腿，左手握棍尾，右手握棍身，撑棍于腹前，将棍向侧前方撑起，棍尖斜指天空，目视棍尖，这是典型的六点半棍法起手式，此外还有格挡对方刺刀的"拦棍"，侧身进马攻击对方上盘的"点棍"，等。这些表演都保留了咏春武术的招式外形。

并且，其武打场面中的各种武术动作都是演技的组成部分，每个闪、转、腾、挪、踢、拉等武术身法、步法都融合了粤剧的身段姿势，加上与音乐配合，从现实的"武"演化成戏曲的"舞"，在美妙悦目的身段表演中体现武术的刚劲雄健，展现了粤剧戏曲艺术的神韵。

（三）其武戏编排带有咏春元素，既突出了自身的武功门派和根基，又增强了舞台效果，吸引观众

将咏春功夫演化为舞台武打表演并非彭庆华首创，但是在武术、粤剧两种传统文化都走向式微的现实中，他这种编排就有着更为重要的现实意

---

① 《粤剧大辞典》编纂委员会编《粤剧大辞典》，广州出版社，2008，第384页。

义。一方面，有利于宣传咏春这个武术门派。叶问被誉为咏春大师，门徒固然也众多，但是这门武术的影响毕竟只限于广东武术圈，咏春为全世界所熟知是因为武打巨星李小龙，因此影视等对武术所起的宣传作用不可小觑。另一方面，把武术融于戏剧的表演传统本来就是为了获得更好的舞台演出效果，吸引更多观众，而在此传统的基础上突出咏春元素，能加强这个作用。

三 粤剧与武术共生发展需注意的问题及意义所在

粤剧和武术共生发展是指这两种不同领域的文化形成紧密、互利的关系，互相提供促进传承发展的因素。其实传统戏剧与中国武术是紧密结合的，粤剧舞台的武打动作来源于岭南地方武术，两者之间这种共生关系古已有之。在当今的大湾区文化环境下，两者的共生关系可以进一步加强合作发展，这个过程中需要注意一些问题。

（一）对于粤剧来说，在舞台表演上融入武术，要遵循舞台艺术的规律

第一是"武舞结合"。把广东南派武术融入粤剧，要注意化技术为艺术。武术本身是一种以击倒对手为目标的技击方法，带有伤害性和破坏性。舞台上的武打固然不能真的伤害对方，但是如果演员动作松垮儿戏，又会严重影响观众的观感，于是演员的格斗动作仍然要讲求稳、狠、准，也就是追求真实性，要保留武术真实的动作形态，同时消除其中的伤害性。而如果演员一味表演这种外形好看的花拳绣腿，就算耍得再花团锦簇，其本质也就和武术比赛的套路演练一样，只是一种技术。演员必须在武打动作之中展现出戏曲的身段以及乐感和节奏感，武术和戏曲的传统表演程式结合在一起，才是一种艺术。对表演者来说，武功练得好已经不易，把武术招式化为艺术舞蹈更困难，这需要有坚实的武术与戏曲基础，要经过长期严格的训练。而对编排者来说，除此之外还要有艺术的灵感，还要培养对艺术的感悟力和创造力。

第二是舞台武打应该紧扣戏剧主题，有助于塑造人物。早期的粤剧多

在农村露天戏棚演出，观众文化水平也比较低下，所以粤剧需要有大锣大鼓热闹活泼的表演形式，甚至有时为了招徕观众而哗众取宠表演"胸口碎大石""咽喉顶缨枪"之类的卖武行为。但现在粤剧主要的演出阵地是城市剧场，观众的文化素质也大大提高，单纯的卖武式表演只是一时之快，武打场面应该符合情节逻辑，本身也是构成情节发展不可或缺的一个环节，比如《武松大闹狮子楼》是武松与西门庆矛盾冲突发展到高潮的结果，热闹的打斗场面是为了塑造武松角色的一身正气、勇武刚强的特点。武打场面不能脱离戏剧，招徕观众要献技更要献艺，重点在于表现粤剧的艺术价值。

（二）对于武术来说，粤剧和武术结合的形式可以十分灵活

粤剧和武术共生发展对武术来说主要起着提高知名度、促进传播的宣传作用。从现在的情况来看，主要的方式是在舞台上，通过武打场面让观众对武术产生兴趣，这也是到现在为止最主要的一种方式，前述很多此处不再赘述。彭庆华主演戏剧中更加突出咏春元素是艺术家主动的创新，这种创新的背景是传统戏剧日渐衰微、观众凋零；所以创新的根本目的就是招徕观众、吸引消费，这是传统戏剧回归市场、延续生命力的一种做法。而从广大观众反映来看，无论是老戏迷和较少接触传统戏剧的年轻人都表现出对这种创新的喜爱，特别是吸引了一批新的年轻戏迷，这是可喜的局面。另外，武术文化流传到现代，实战技击相对已经没落，民间练武者大多数流于花架子，少有实战功效。武术文化流传下来的更多的是强身健体的功能以及尚武自强、重视修养的精神。因此粤剧与武术的共生，从现实来看，武术对戏剧的影响确实更大一些。

但是武术借助戏曲来进行宣传还可以有更多灵活的方式。比如广东粤剧院从2014年开始在全省多地的高校与中学开展"粤剧进校园"活动，其中彭庆华进行了多场"粤剧与咏春"专题讲座，既讲述自己作为粤剧人如何编排粤剧舞台与咏春武术的融合，又讲述自己作为咏春门人对咏春拳的一些武学心得，并亲身示范打木人桩的招式技法，还请现场观众上台学习咏春入门动作。可以说彭庆华的这种讲座既宣传了粤剧，也宣传了咏春拳，可谓相得益彰。这样，其他的广东武术门派也可以从中获得一些启

发，弘扬武术文化不仅可以从武馆开班的途径进行宣传，和传统戏曲结合也可以是一个新的渠道。如果我们拥有更多适合展现各种门派武术的优秀粤剧剧本，由专业武师指导粤剧团体排练武打动作，以此为依托展开宣传，也许会收到意想不到的效果。

粤港澳大湾区文化是一个整体，广东武术和粤剧是这个文化区域的两张文化名片，它们在舞台上有机结合，形成具有岭南地域特色的独特表演艺术。粤剧借助融合武术的方式招徕观众、吸引消费，让传统戏剧回归市场、延续生命力；武术借助粤剧获得更多展示自己的机会。在这两门传统文化衰落的现实当中，它们的共生发展产生了"一加一大于二"的文化传播效果。这也有赖于粤剧是一门综合性很强的艺术，可以说是大湾区文化的重要载体。岭南武术文化与粤剧文化的共生发展，为我们发展大湾区文化提供了思路。大湾区多姿多彩的建筑、美术、音乐、武术、戏剧等传统文化既要传承、保护，也要传播、发展，在符合文化艺术规律的前提下，可以把不同门类的文化有机结合，进行点、线、面多角度的立体展示，这样更有利于继承并振兴传统文化，建立充分的文化自信。

参考文献

《粤剧大辞典》编纂委员会编《粤剧大辞典》，广州出版社，2008。

朱红星：《粤剧南派武打艺术与民间搏击武术的区别》，《神州民俗》（学术版）2013 年第 209 期。

Analysis on the Symbiotic Development of Cantonese Opera and Martial Arts under the Cultural Vision of the Guangdong-Hong Kong-Macao Greater Bay Area

—*On the Case of the Martial Arts Wing Chun in Peng Qinghua's Drama*

Yang Yihong

Abstract：To sort out the integration and coexistence of Cantonese opera and

Lingnan martial arts in the development process, on the one hand, Lingnan martial arts has become an important factor to promote the prosperity and development of Cantonese opera, and on the other hand, Cantonese opera artists have also spread martial arts, which is a process of symbiosis. Based on Peng Qinghua's stage martial arts, it analyzes the three artistic characteristics of Wing Chun martial arts into Cantonese opera in Peng Qinghua's martial opera: firstly the combination of the two is based on the tradition of Cantonese opera; secondly it not only retains the appearance of martial arts, but also performs the charm of Cantonese opera; thirdly the martial arts drama with Wing Chun elements not only highlights Peng Qinghua's own martial arts school and its foundation, but also enhances the stage effect to attract the audience. Finally, it is pointed out that the symbiotic development of Cantonese opera and martial arts should follow the law of stage art, and the combination of the two forms can be more flexible. At the same time, other traditional cultures in the Guangdong-Hong Kong Macao Greater Bay Area can also refer to this method, in order to achieve better inheritance and development.

Keywords: Cantonese Opera; Martial Arts; Wing Chun; Culture of Guangdong-Hong Kong Macao

教育

教学

EDUCATION AND TEACHING

郑观应的留学观

冯冬娜[*]

【摘要】本文从郑观应留学观的形成过程、心理变化、主要内容及影响三个方面进行了阐述。郑观应从科举失败后投身实业报国，其留学观可分为早、中、后三期，心理变化也经历了由夷学到西学再到新学的过程，并以郑观应选什么人、为什么学、去哪学、学什么、毕业后回国干什么为线索展开论述。

【关键词】郑观应　人才　留学观　晚清留学教育

郑观应（1842~1921）作为近代早期的启蒙思想家和教育家，以先进的思想探求晚清实业救国之路。其过人之处在于：他一只眼睛看中国，一只眼睛看西方；一只眼睛看历史，一只眼睛看现实。[①]

从知网抽样有关"晚清留学教育"的 116 篇文章，经研究分析得出：主题为留学教育思想的文章有 38 篇、留学教育政策 29 篇、清末新政 13 篇、留学生群体 6 篇、新式教育 3 篇，其余占比较少；有关留学教育思想的 38 篇中，关于张之洞的文章有 11 篇、容闳 4 篇、沈葆桢 3 篇、杨昌济 2 篇、傅斯年 1 篇，其余人物占 17 篇，关于郑观应留学观的研究甚少；在这 116 篇文章中，关于留学目的地的选择，研究赴日留学的文章有 79 篇、赴

---

* 　冯冬娜，澳门科技大学社会与文化研究所历史学专业在读博士研究生，现就职于珠海科技学院教务处，马克思主义学院"中国近代史纲要"课程兼课教师，助理研究员，主要研究方向为中国近现代史、中国近现代教育史。

① 　熊月之：《郑观应的精神气象》，载中共中山市委宣传部、中山市社会科学界联合会主编《郑观应研究的当代价值——纪念郑观应诞辰 175 周年学术研讨会论文集》，广东人民出版社，2019，第 1 页。

美留学的文章有 37 篇。由此可见，有关郑观应的教育思想研究中，罕有学者关注其留学观。郑观应留学观是发掘郑观应教育观心路历程形成的新视角，既可对郑观应教育思想观念的研究做补充，也是对晚清留学教育观念研究的完善。

"留学亦称游学，就其词义本身而言，是指远离乡邦留居异域他国入学求教。"① 就晚清时期的留学而言，远离乡邦带有浓浓的民族情怀，留居异域带有离家爱国之心，他国入学带有深深的选择轨迹，求教则是长长的求学过程，那么带着爱国的民族情怀选择去什么国家学什么，以及回国后怎么报效祖国，成为研究郑观应留学观的主要线索。本文围绕郑观应关于选择什么类型的人出国留学、为什么要学习别国、去哪学、学什么、毕业后回国干什么的主要思想脉络展开。

一　郑观应留学观形成的三阶段

郑观应生于广东香山，自小生活在早开风气之先的地方，耳濡目染之下眼界开阔。郑观应 17 岁时在香山参加童子试未中，走上了买办之路，其总体选择离不开生长环境的熏陶和其父郑文瑞的谆谆教导。郑观应自幼学习八股文，为应试做准备，亲身经历了科考失败，这些人生经历对其后期人才选拔和实业办学等观点的形成有很大的影响。

郑观应的留学观形成分为早期、中期和后期，后期思想逐渐成熟稳定，并受到容闳、徐润等人的影响。1898 年中日甲午战争后，中国和日本选择了不同的自救道路，日本明治维新后走上了资本主义道路，清王朝戊戌变法昙花一现，郑观应更加坚定了实业救国的信念，提出人才"走出去"和器物"引进来"的留学观。郑观应在《致伍秩庸先生书》中明确提出过："夫日本自明治维新后，国无游民，野无旷土，故数十年一跃而登入地球上之强国史。"②

内忧外患之下，科举制度选拔、新式人才匮乏和新式学堂教授之间的

---

① 章开沅、余子侠主编《中国人留学史（上册）》，社会科学文献出版社，2013，第 1 页。
② （清）郑观应：《致伍秩庸先生书》，载夏东元编《郑观应集（下册）》，上海人民出版社，1988，第 271 页。

矛盾显得愈加突出，郑观应留学观的形成与此紧密联系。清政府1902年废八股文，开辟新的取仕之道；1905年永久废除科举制度，使晚清教育制度突破屏障并得到了很大的发展，例如1905年学堂制度的建立，可以说是一个转折点；1906年慈禧颁布新教令，各地各阶级有钱人纷纷办学，私立学堂和教会学校等纷纷建立，例如利用庚子赔款建立的清华园。新教令的颁布让废除科举制度到新建学堂制度的过渡期平稳顺畅，让新式教育、学堂制度和刚废除的科举制度相互融合。解决新式人才的选拔和出路、新式学堂教授和学制等问题迫在眉睫，派遣学子出洋留学成为第一要途。

郑观应留学观是其从小到大耳濡目染并亲身经历科考后自然演变而成的，这当中有很多人的思想和行为都对其留学观的形成过程有影响，例如容闳、张之洞等人。从早期的"师夷长技以制夷"到中期甲午战争战败后学习日本，再到后期康梁的戊戌变法及清末新政的失败，每个阶段其留学观的观点和心理都不同，但有一个共同点，就是向西方学习："教育救国之议遂边及朝野，而留洋的呼声也此起彼落。"①

郑观应留学观的形成和发展过程较平稳，可以划分为早期、中期和后期。光绪二年（1876）郑观应35岁时在《易言·论游历》中说："闻泰西各国，其皇子与平民无异，往往轻车简从，游历各邦，故周知各处之风土人情，各国之政刑技艺，而格致。"② 最早的人才培养和选拔观点也出自《易言·论考试》："闻西国设有数科，量材取士，中国之士专尚制艺。"③《易言·论洋学》中称："夫设科选士，本有定程。而济世求才，难拘成例。是必推广中西之学，宏开登进之途，使世人知所指归，期于实用"，④他提出了新式人才的培养和拓宽选拔道路的观点，指出没有与新经济、新政治相适应的人才将一事无成。

郑观应中期的留学观体现在光绪十四年（1888）其47岁时集中精力

① 章开沅、余子侠主编《中国人留学史（上册）》，社会科学文献出版社，2013，第75页。
② （清）郑观应：《易言·论游历》，载夏东元编《郑观应集（上册）》，上海人民出版社，2009，第101页。
③ （清）郑观应：《易言·论考试》，载夏东元编《郑观应集（上册）》，上海人民出版社，2009，第104页。
④ （清）郑观应：《易言·论洋学》，载夏东元编《郑观应集（上册）》，上海人民出版社，2009，第106页。

于澳门编著的《盛世危言》上册卷二《礼政篇》中，其中集中体现了郑观应关于培养新式人才、创办新式学堂、考试等观点，例如《教养》《学校》《西学》《考试上》《考试下》等。这一时期也是郑观应留学观形成的重要时期。

郑观应留学观主要体现在光绪二十四年（1898）《盛世危言》下册卷二《学务》篇中。戊戌变法失败后，内困严重，郑观应在《致督办南洋公学》《上督办京师大学堂》《附录日本学校》《拟创设工艺书院机器长节略》《上孙燮臣师相论出洋肄业生书》等文章中，同时提出了借鉴日本的经验及向日本学习学制用于新式学堂办学的观点。1901年是郑观应留学观发生转变的重要年份，1月清廷发布实施新政的上谕，是年春"大学堂必须设专门学科，以育人才"，9月，清廷发上谕"改设大学堂"，是年秋，郑观应在清廷下诏变法及教育改革之机，及时而积极地行动起来。郑观应向礼部尚书孙家鼐送呈《时事急务管见二十五条》，附日本的《大学一览》《教育法规类钞》《文部省年报》各一本，其中将培养人才的教育放在首位。郑观应在《时事急务管见二十五条》中明确提出人才培养亟须改变方式，应去西方学习。他的人才留学观和器物留学观自此逐渐成熟起来。

郑观应留学观逐渐成熟起来之后，在实践过程中也有所运用，例如考试命题方面就很明显地体现了他选拔人才的观点，如癸巳年上海格致书院冬季课命题三道中的第二题①和甲午年上海格致书院冬季课命题四道中的第一题②；同时也运用到了实业学堂的办学中，在《招商局公学住校董事

---

① 第二题："外国之富在讲求技艺，日新月异，所以制造多、商务盛，藉养穷民无算。未悉泰西技艺书院分几门？学几年艺乃可成？我中土何以尚未设技艺书院？各省所设西学馆、制造局多且久矣，未悉有精通技艺机器之华人，能独出心裁自造一新奇之物否？必如何振兴其事？斯不借材异域。请剖析论之。"

② 第一题："三代以上，党庠学校以教以养，统隶于官，故人材之盛衰关国家之兴废。自秦始皇焚书坑儒以愚黔首，汉初崇尚黄、老，私家传习，各守专经，以迄唐、宋虽设学官，有同旒赘。朝廷以科目取士；士亦集毕生精力沉溺于诗、赋、时文、帖括之中。书院介乎官私之间，虽亦能作养人才，而其所传习亦不离乎三古遗风。其经费皆出于官欤！抑多由私家捐办欤！其章程之不同者安在？中国将统古今、合中外，使积习丕变，而民听不疑。设学将以何地为先；取法当于何国最善；科考与取士于学校之法孰优，可详悉言之欤？昔年资遣出洋学生，所费颇巨，中途而废。说者谓年岁太小，中学未通，故为人所诟病，不悉日本历派出洋肄业诸生有无成效。应如何变通尽利，使之事半功倍欤？其悉抒说论毋隐。"

公宴校长诸君颂辞》中提到了船政学堂培养航务人才的重要性。总体来说，郑观应留学观的产生过程中思想较多、实践较少，但存在思想到实践的转化过程。

二　郑观应留学观的心理变化

晚清各阶级在救亡图存的道路上都寻求着自身的出路，有的出路是只有思想没有实践的，有的出路是只有实践没有思想的，而郑观应是少有的存在转化过程的。郑观应构建的教育蓝图与现实具有密不可分的关系，他的教育思想体系构建是以当时所处的环境为背景、以现实为依托、以能否运作为实践与否的依据。虽然郑观应的很多教育思想没有被当时的清政府重视，但其整体是存在转化过程的，教育思想当中的留学观也是存在转化过程和心理变化的。林则徐、魏源、郑观应等先觉者认识到不能再用鄙视的眼光看待西方，要打破夷学、引进西学、变成新学，其中郑观应的留学观也经历了由夷学①到西学②再到新学③的心理变化，主要观念改变在为什么要向西方学习。

1840 年鸦片战争前后，郑观应受到魏源"师夷长技以制夷"的"夷学"观点影响，在对待西方的看法上是用鄙视的眼光，看西方为"奇技淫巧"。郑观应在《上孙燮臣师相论出洋肄业生书》中称："必要通西文而后肄业实学，是用夷变夏，贻笑外人，亦全国之耻。"④ 这是郑观应用"夷学"的心理看待为什么要向西方学习。

第二次鸦片战争以后，郑观应受到冯桂芬"中体西用"思想的影响，

① 夷学带有贬义说法，鸦片战争前后使用较多，此外还有夷商、夷船、夷炮、夷技、夷语、夷言、夷情、夷事等。
② 西学较中性，第二次鸦片战争后使用较多，有关条约明文禁止称西洋为夷，时人广泛称之为西学。
③ 顾炎武《天下郡国利病书》中改称西学为新学，既可泯中外之别，又可免用夷变夏之讥；张之洞《劝学篇》中也使用"新学"一词，他解释"中体西用"说新旧兼学、四书五经、中国史事、政书、地图为旧学，西政、西艺、西史为新学；庚子年（1900）之后越来越多人使用"新学"一词。
④ （清）郑观应：《上孙燮臣师相论出洋肄业生书》，载夏东元编《郑观应集（下册）》，上海人民出版社，2009，第 191 页。

在对待西方的看法上由"夷学"转变为西学，学会和倡导用平等的眼光看待西方、学习西方，也主张"中体西用"。19世纪80年代与90年代之交，"西学"一词在中国知识界已有接受的基础，这是在"西器""西艺"之后，在更广泛的意义上关于西方文化的称谓。① 郑观应在《答潘兰史征君论读经书》中说："学西学必能弃其所短，取其所长矣。"② 这是郑观应将"夷学"转化为西学的心理看待为什么要向西方学习。

戊戌变法之后，郑观应受到康有为《新学伪经考》的影响，在对待西方的看法上由西学转化为新学，学会用接受的眼光去感受和学习，学习的具体内容也向人才和器物层面过渡，其《道器》一文中最早体现了"道器合一"思想："今之读书者不知穷理，又不能专习一艺，虽好新学，而不得新学之益，粗通中、西文字……未得西人实学，已自以为熟悉洋务，足为新学中人矣。"③ 可见，从郑观应《训子侄》一文中可以看出其对少年读书和今之读书的对比，人才的出仕之道不止一条，若想专习一艺，该去西方学习开阔眼界，把好东西引进来，这才是当前紧要之道，也是郑观应用新学的心理看待为什么要向西方学习。

通过郑观应看待西方的心理变化的历程，可见其留学观经历了由"夷学"到西学再到新学的心理变化，也充分展现了他要向西方学习的原因。

三 郑观应留学观的主要内容及影响

郑观应的留学观主要内容可从"选拔什么人、去学什么"两方面进行阐述，即人才留学观和器物留学观，也就是人才"走出去"和器物"引进来"的留学观。对于留学与人才的关系、留学与器物的关系，郑观应在其文章中都有所阐述，从中可以看出其选拔人才的标准和去学习器物的观点。

---

① 易惠莉：《郑观应评传》，南京大学出版社，2013，第394页。
② （清）郑观应：《答潘兰史征君论读经书》，载夏东元编《郑观应集（下册）》，上海人民出版社，2009，第250页。
③ （清）郑观应：《训子侄》，载夏东元编《郑观应集（上册）》，上海人民出版社，2009，第106页。

郑观应的人才留学观是西学东引的人才留学观，主要强调人才要"走出去"，内忧外患的困局之下士①子入仕、出仕要拓宽新出路、寻找新思路。郑观应认为："方今强邻环视，若无人材，势难自立。"② 人才的出仕之道，不仅仅是通过学习八股文科考一条出路，实业专艺的人才也可条条大路通罗马，路可以由窄走向宽，但不能由宽走向窄。对于留学与人才的关系，诚如张之洞在《劝学篇·外篇》中所言："出洋一年胜读西书五年，此赵营平百闻不如一见之说也；入外国学堂以一年胜于中国学堂三年，此孟子置之庄岳之说也。"③ 梁启超也在《戊戌政变记》中说："以教育论之，但教方言以供翻译，不授政治之科，不修学艺之术，能养人材乎？科举不变，荣途不出，士夫之家，聪颖子弟皆以入学为耻，能得高才乎？如是则有学堂如无学堂。"④ 自古以来，教育往往伴随着人才的选拔制度，传统士的选拔途径决定了人才入仕的出路，"仕而优则学，学而优则仕"⑤ 是从官府到私人办学的主导思想。自春秋战国时期私学兴起，传统士子入学的主要目的就是取得入仕的资格，从秦统一中国开始设立太学到隋唐兴盛的科举制度，再到宋代的书院和明清的国子监，最后到京师大学堂等，都是为了给传统士子入仕拓宽途径。⑥ 1901 年清政府废除八股文，改考四书五经作为取士的标准，给予学堂毕业生和留学归国生以相当科举中举人、进士资格的待遇；1912 年，北洋政府教育部参照日本学制，制定了民国学制，故称壬子学制。⑦ 清末以后，洋学堂出身与以前的科举出身同等重要，成为入仕做官的一种资格。⑧ 可见，以上种种，均为人才选拔提供了制度上的新思路。

从古代政治制度治人的视角看，人才的选拔途径非常重要。不需要有固定

---

① 士，即传统士子（学子、读书人），本文特指通过科举考试出道入仕之人，具有一定时期阶段教育特征，通过传统科举制度选拔考取官员为国家所用的传统学生群体。
② （清）郑观应：《覆朝鲜李祖渊侍郎书》，载夏东元编《郑观应集（下册）》，上海人民出版社，2009，第 218 页。
③ 张之洞：《劝学篇·外篇》，三月西湖书院刊本，1898（光绪戊戌），第 6 页。
④ 梁启超：《戊戌政变记》，广西师范大学出版社，2010，第 127 页。
⑤ 出自《论语·子张》："子夏曰：仕而优则学，学而优则仕。"
⑥ 朱永新：《中国近现代教育思想史》，中国人民大学出版社，2011，第 39 页。
⑦ 柏桦：《中国政治制度史》（第 3 版），中国人民大学出版社，2011，第 336 页。
⑧ 房兆楹：《清末民初洋学生题名录初辑》，台湾中研院近代史研究所，2015，第 8 页。

的道路作为限制，比如说科举考试，也不需要有固定的方法作为限制，比如说八股取士，要多发挥人才的主观能动性和创新性，入仕不能拘泥于科考之途。考试制度事关人才选拔、人才流动和人才入仕，大量人才犹如千军万马过独木桥，若通过科举考试，一级一级冲出来，最后入仕的一步登天，失利的则陷入窘境，这就是科举选拔制度的最大弊端。可见，郑观应认为各式的学堂应该培养不同的实业人才，选拔人才科考不是唯一的道路，适时地适当地量材取士观，可拓宽人才入仕之道，这两者就是郑观应的人才留学观。

郑观应的器物留学观是西器东引的器物观，主张去西方学习各种技艺，强调器物"引进来"。《易·系辞》曰："形而上者谓之道，形而下者谓之器。"[①] 郑观应《道器》篇中曰："道为本，器为末，器可变，道不可变，庶知所变者富强之权术，非孔孟之常经也。"[②] 郑观应在《拟创设工艺书院机器厂节略》中提到"兹据奏称，国家造就人材，不拘一格，设科取士，原为遴选实学起见，即讲求艺学，兼收并取，不必别立科目，致涉纷歧。如有精于西法之人，在京者保送同文馆考试，在外省者送入机器局当差。所请特开艺学实学之处，均着毋庸置议"。[③] 可见，郑观应认为出国留洋、学习技艺应进行具体的学习，回国后投入实业，各行各业的技艺学习观恰恰也是郑观应"引进来"的器物留学观。

郑观应留学观的影响主要体现在去哪学，他鼓励赴日留学。晚清留学的进程以中日甲午战争为分界点，中日甲午战争之前的留学多是赴美、赴欧，而之后的清末15年（1895~1911）是留学热潮初期的15年，赴日留学和赴美留学受到庚子赔款事件的影响，正如火如荼地进行，东方航路和西方旅途并驾齐驱，其中赴日留学人数较多。赴日留学和赴美留学具有近利者与远图者的区别。例如美国即近利者，主张武力掠夺，日本即远图者，注意对华文化的研究。"近代国家向外发展，以武力夺人土地者为下

---

① （清）郑观应：《道器》，载夏东元编《郑观应集（上册）》，上海人民出版社，2009，第1页。

② （清）郑观应：《道器》，载夏东元编《郑观应集（上册）》，上海人民出版社，2009，第244页。

③ （清）郑观应：《拟创设工艺书院机器厂节略》，载夏东元编《郑观应集（下册）》，上海人民出版社，2009，第174页。

策，以文化的浸润、民族感情的培养为上策，日本即如此。"① 郑观应主张学习日本派遣留学生和广设学校的举措，抓到了去日本学什么的精髓，鼓励赴日留学观点明确。张之洞在《劝学篇·外篇》中也说过："至游学之国，西洋不如东洋，路近省费，可多遣；去华近，易考察；东文近于中文，易通晓；西学甚繁，凡西学不切要者东人已删节而酌改之，中、东情势风俗相近，易仿行，事半功倍，无过于此。"② 郑观应的赴日留学观也受到了张之洞的影响，可见，郑观应考虑多方因素力荐赴日留学。郑观应在赴美留学上也曾帮助容闳选派留学生。

另外，郑观应的留学观也影响了其家族人员的选择。郑观应对长子郑润林③最为看重，在其学业上的培养也最费心力，让其自费赴日留学，并训润林："有一艺之长方可自立。"④ 郑观应在《寄示长男润林肄业日本》中说道："欲作人间大丈夫，必须立志勿糊涂；专门望习农工矿，先哲辛劳记得无。"⑤ 可见其对郑润林去日本学成归国的厚望。郑观应对其四弟郑月岩儿子郑云炽自费赴美留学多次费心嘱咐："昨接五弟来书，云炽侄已赴美国学农业专科，今忻悉坚侄亦赴英国肄业。惟嘱其立志坚定，学成一艺返国，毋负此行。"⑥ 郑观应对于出国留学学成归国后如何进行实业救国也有自己的看法。

四 结语

中西交锋的十字路口，郑观应在从买办转向近代民族资产阶级自救的道路上不断选择，在其亦士亦商身份不断转换中形成了独特的留学观。面

---

① 王树槐：《庚子赔款》，台湾中研院近代史研究所，1974，第481页。
② 张之洞：《劝学篇·外篇》，三月西湖书院刊本，1898（光绪戊戌），第6页。
③ 郑润林（1884~1916），字日鎏，号雨生，郑观应长子，郑氏家谱则记为润霖，赵妾所出，留学日本，法政高等警察学校毕业。
④ （清）郑观应：《寄示长男润林肄业日本》，载夏东元编《郑观应集（下册）》，上海人民出版社，2009，第1201页。
⑤ （清）郑观应：《寄示长男润林肄业日本》，载夏东元编《郑观应集（下册）》，上海人民出版社，2009，第1201页。
⑥ （清）郑观应：《与月岩四弟书》，载夏东元编《郑观应集（下册）》，上海人民出版社，2009，第241页。

对西方列强的突然闯入，中日考卷都一样，却答案不同、道路不同。同样是学习西方，日本明治维新取得长足发展，晚清政府也在努力自救，慈禧颁布新政在政治、经济、文化、教育等方面进行革新，郑观应在废除科举制度和培养新式人才上形成了出国留日师长技的留学观。传统士子入仕之道无外乎通过科举考试，苦学成才，郑观应则提出新式育才取士之道，广大学子可以通过去日本留学学习西方先进技艺，回国后也可进入各行各业，实业报国，这就是郑观应"走出去"的人才留学观和"引进来"的器物留学观。

郑观应的留学观既对当时晚清大变局下的士子入仕、出仕提供了新思路、新出路，也对晚清实业人才的培养与输出做出了很大的贡献，总体上看郑观应的留学观思想较成熟，但实践较少，对郑氏后代子孙的出国留学也有一定的影响，[①] 具有一定的现实意义。

On Zheng Guanyin's Thoughts of Overseas Study

Feng Dongna

Abstract：This paper elaborates on three aspects：the formation process, psychological changes, main contents and influence of Zheng Guanying's view of studying abroad. Zheng Guanying's view of studying abroad can be divided into early, middle and late stages after he failed in the imperial examinations, and his psychological changes also went through the process of learning from barbaric studies, western studies to new studies. The discussion in this paper is based on Zheng Guanying's clues about who to choose, why, where and what he studied, and what to do returned to China after graduation.

Keywords：Zheng Guanyin；Talent；Thoughts of Overseas Study；Study Abroad Education in the Late Qing Dynasty

---

① （清）郑观应：《训子侄之肄业日本者》，载夏东元编《郑观应集（下册）》，上海人民出版社，2009，第1880页。

新时代背景下提升民办高校党史学习
教育针对性与实效性研究[*]

王奕衡　赖育健　孔斯丁　金梦暄^{**}

【摘要】 民办高校扎实开展党史学习教育，对全面准确把握习近平新时代中国特色社会主义思想丰富内涵、精神实质、实践要求有着非常重要的现实意义，也是落实高等教育立德树人之根本任务的必要举措。民办高校在扎实开展党史学习教育方面，呈现出组织领导有了"底气"、理论学习显了"朝气"、为民办事聚了"人气"三个方面的特点，但部分民办高校也存在针对性不强、实效性不高的问题。本文探讨在新时代背景下民办高校提升党史学习教育针对性和实效性的对策，聚焦在"严""活""实"三点上下功夫，进一步巩固拓展党史学习教育成果，推动党史学习教育常态化、长效化。

【关键词】 民办高校　党史学习教育　特色育人

一　引言

为庆祝中国共产党百年华诞这一重大历史时刻，2021年全国上下掀起

---

* 本文为广东省2021年度教育科学规划课题项目（党史学习教育研究专项）（项目编号：DSYJ084）、珠海市2021~2022年度哲学社会科学规划课题项目（珠社科规划办通〔2021〕205号）（项目编号：2021YBC096）的研究成果。

** 王奕衡，珠海科技学院党委办公室主任，在读博士，助理研究员，主要研究方向为党建与思想政治教育；赖育健、孔斯丁、金梦暄，就职于珠海科技学院党委办公室，主要研究方向为党建与思想政治教育。

了党史学习教育的热潮。在全党开展党史学习教育，是以习近平同志为核心的党中央做出的一项重大决策。党史学习教育要遵循其自身的特征和规律，要坚持分层、分类指导，要明确学习要求与任务，要注重内容、形式和方法上的创新，要不断增强针对性和实效性。

一代人有一代人的使命，当代青年所处的世界正在经历着百年未有之大变局，机遇与挑战并存，先机和危机同在。大学时代是青年成长的关键阶段，情感心智的培养、知识体系的构建、"三观"的塑造都在这一时期，而大学生对党史的认识不仅影响着大学生对党的感情，同时也影响着他们对中国特色社会主义道路的信心，更是会直接地影响到党和国家的前途与命运。通过学习党史，让青年筑牢信仰、坚定信念、增强信心，更有底气，勇担使命，为推进党的伟大事业蓬勃发展做出贡献。

根据教育部 2021 年 8 月 27 日公布的《2020 年全国教育事业发展统计公报》，目前，民办普通高校的数量高达 771 所。《中华人民共和国民办教育促进法实施条例（修订版）》（以下简称《条例》）于 2021 年 9 月 1 日起实施，见证了中国教育从"法制"向"法治"的转变。民办高校茁壮成长的事实证明：党的全面领导和国家的支持是民办高等教育能够不断向前发展的坚实基础。民办高校已然成为中国高等教育体系中至关重要的组成部分，同时也成为教育事业发展的重要增长点以及促进中国教育改革的重要力量。

当前，民办高校普遍实行的是董（理）事会领导下的校长负责制，而公办高校实行的则是党委领导下的校长负责制，两种制度在体制、产权关系上都存在很大的区别，管理体制的不同使得党组织在民办高等学校的地位、具体设置、活动内容与形式等方面也有不同。因此，民办高校在开展党史学习教育的过程中呈现了新的特点。

虽然民办高校和公办高校的办学体制不尽相同，但办学根本任务和目标是一致的，民办高校和公办高校共同承担着人才培养、科学研究、社会服务以及文化传承和创新的职能，共同为培养社会主义的建设者和接班人提供平台。

二　民办高校开展党史学习教育的重大意义

开展党史学习教育是一项重大政治任务，意义重大，影响深远，对于民办高校而言，扎实开展好党史学习教育，是深入学习贯彻习近平新时代中国特色社会主义思想的题中应有之义，是落实立德树人根本任务的必然要求，是推动民办高等教育持续健康发展的必由之路。

（一）是深入学习贯彻习近平新时代中国特色社会主义思想的题中应有之义

党的十八大以来，习近平总书记对于党史学习表现出高度重视，他围绕学习党的历史发表了一系列重要讲话，做出一系列重要指示批示。民办高校要通过深入开展党史学习教育，不断巩固马克思主义指导地位，教育引导广大师生坚持从党的历史深处吸收养分，从党的理论实践中凝聚力量，学深悟透习近平新时代中国特色社会主义思想，准确理解，深刻领悟，并做到知行合一，坚决把思想和行动切实统一到以习近平同志为核心的党中央的决策部署上来，不断增强奋斗新时代、奋进新征程的理论自觉和道路自信。引领党员干部把不忘初心的标尺立起来，把牢记使命的责任扛起来，切实发挥党组织的政治核心作用。

（二）是落实立德树人根本任务的必然要求

民办高校和公办高校一样，都在党的领导下，都要回答好"培养什么人、怎样培养人、为谁培养人""办什么样的大学、怎样办好大学"等教育新时代之问。历史是最好的教科书，党史是最好的营养剂，开展党史学习教育是落实立德树人根本任务的必然要求。因此，民办高校各级党组织和党员干部要坚持以"四个意识"导航、以"四个自信"强基、以"两个维护"立根、以"两个确立"铸魂，通过开展党史学习教育，不断提高政治"三力"，切实做到学党史、悟思想、办实事、开新局，把党史学习教育的成果转化成落实立德树人根本任务的精神动力和实际行动，坚守为党育人、为国育才，把培根铸魂、启智润心的理念融入教育的方方面面。

（三）是推动民办高等教育持续健康发展的必由之路

进入新时代，民办高校要书写践行初心使命的历史新篇章，就要坚持以人民为中心，办好人民满意的教育。能看到多远的过去，方可看到多远的未来，通过开展党史学习教育，民办高校不断加强党的建设，改进和加强党的领导，做到对"国之大者"心中有数，领悟到位，做到知行合一，要学以致用、用以促学。真正把学到的知识和掌握的规律，转变为应对风险挑战的能力，转变为勇于担当、实干笃行的精气神，以推动中国民办高等教育事业持续健康发展。

三 民办高校在党史学习教育过程中呈现的特点和存在的不足

开展党史学习教育是牢记初心使命、推进中华民族伟大复兴历史伟业的必然要求。《条例》的修订是促进民办教育持续健康高质量发展的关键之举，贯彻落实好《条例》是当前民办教育工作的重中之重。因此，民办高校普遍将开展党史学习教育与学习贯彻《条例》相结合，进一步凸显党对民办教育的领导作用，也使民办高校在党史学习教育过程中呈现出组织领导有了"底气"、理论学习显了"朝气"、为民办事聚了"人气"这三个新特点，但是部分民办高校也存在针对性不强、实效性不高的问题。

（一）呈现的特点

1. 组织领导有了"底气"

根据中共中央办公厅在 2016 年印发的《关于加强民办学校党的建设工作的意见（试行）》精神："民办学校党组织是党在民办学校中的战斗堡垒，发挥政治核心作用。"新修订的《条例》强调，民办教育领域应始终坚持和加强党的领导。民办高校普遍实行"书记进董事会、党政交叉任职"的制度，由此加强党对民办高校工作的领导，确保党委政治核心作用与监督保障职能"落地生根"。由于党组织定位不同，民办高校在开展党史学习教育的过程中能够进一步强化党建引领，充分发挥党委理论学习中心组的示范引领作用，加强制度建设，强化政治把关，以开展党史学习教育为契机，使党组织在参与民办高校管理、工作上有了"底气"。

2. 理论学习显了"朝气"

按照工作部署，民办高校充分联系实际，在党史学习教育中将"四史"有机融入思想政治理论课，发挥思政课的主渠道作用。充分考虑到民办高校学生特点，创新理论学习的形式，2021年6月和12月，中国民办教育协会、广东省民办教育协会先后举办全国民办高校党史学习教育知识竞赛和广东省民办高校党史知识竞赛，以赛促学，反响热烈。民办高校结合自身优势，利用好互联网，结合"粤学党史·粤爱党——打卡广东红"小程序、"学习强国"App等平台举办相关学习活动，线上线下共推进，通过丰富新颖的形式，真正让党史学习教育在师生中"活"了起来，让理论学习显出"朝气"。

3. 为民办事聚了"人气"

在内外部因素的影响下，人才流失等问题一直是民办高校办学的痛点之所在，制约着民办高校的可持续发展。加强人才培养，留住精英骨干，是民办高校迫切想解决的问题。因此，在"我为群众办实事"实践活动中，民办高校更注重倾听师生心声，学校领导下基层调研，聚焦学校发展、师生利益保障、社会服务等方面，收集师生意见，通过切实可行的措施，用力办好实事，解决师生"急难愁盼"的问题，增强教师的归属感、学生的获得感，真正赢得人心"聚人气"。

（二）存在的不足

1. 党史学习教育的针对性有待进一步增强

开展党史学习教育，应该坚持集中与自主学习共同推进，坚持规定与自选动作充分结合，扎实开展内容更丰富、形式更新颖的党史学习教育。不过，少数民办高校在开展党史学习教育过程中，针对性还有待增强，"规定动作"和"自选动作"的结合还不够到位，开展党史学习教育的方式相对单一，在挖掘弘扬红色资源方面有待进一步深入。面对不同的受教育对象，如何结合学科和专业特点等有针对性地开展党史学习教育，有效方法还相对匮乏。

2. 党史学习教育的实效性有待进一步提高

开展党史学习教育应把办实事作为学习的着眼点和落脚点，既要总结经验，又要对照现实，切实将党史学习教育和推动业务工作有机结合，努力把党史学习教育成果转化为业务工作的动力和成效。不过，少数民办高校开展党史学习教育的实效性有待提高，还一定程度地存在学习和工作

"两张皮"情况，未能很好地把"我为群众办实事"实践活动作为推进党史学习教育的重要抓手，切实解决师生的具体问题。

四　提升民办高校党史学习教育针对性与实效性的对策研究

结合前文的探讨研究，笔者认为，民办高校开展党史学习教育应在准确把握党中央决策部署和上级党组织部署要求的基础上，注重在"严""活""实"三点下功夫，强化责任落实，扎实开展好党史学习教育，不断增强党史学习教育的针对性与实效性，努力巩固和拓展党史学习教育的成果，不断推动党史学习教育常态化、长效化。

（一）坚持"严"字当头，夯实主体责任

领导干部是党和国家事业发展的"关键少数"，党史学习教育必须把握好领导干部这个"关键少数"，突出领导干部这个重点。因此，开展党史学习教育首先应加强组织领导，压实各级党组织主体责任，按要求成立领导机构，切实把党中央的部署和要求落到实处，主要领导同志亲自抓、率先垂范，带头深入分管领域，走进师生群众，掌握真实情况，剖析具体原因，提出解决措施，促进党史学习教育更好地走进校园，走入民心。民办高校党组织应严格落实主体责任，"严"字当头，发挥好政治核心作用，把握好政治方向，引领董（理）事会、行政同心同行，充分认识到党中央开展党史学习教育的重大意义，以此次开展党史学习教育为契机，把党的领导贯穿于办学治校、立德树人和教书育人全过程党史学习教育中。

民办高校领导班子提高政治站位，坚决把党的政治建设摆在首位，通过党史学习教育引导党员干部不断提高政治"三力"，推动党史学习教育往深里走、往实里走，切实把"两个维护"落实到办学治校的全过程各方面。发挥领导班子的带头作用，率先做到学史明理、学史增信、学史崇德、学史力行。坚持"高点定位、系统谋划、突出重点、强化执行、注重实效"，要对各单位开展党史学习教育的领导责任、工作落实、学风情况等开展监督检查。

（二）坚持"活"字为功，推动入脑入心

首先，精准把握党史学习教育对象特征，分层分类，让党史学习教育开展得更有针对性。民办高校各级党组织都应按照分层分类的原则分别制订学习计划，根据实际学好用好指定学习材料和重要参考资料。在组织好党员干部、师生群众潜心自学的基础上，以多种形式开展党史学习教育。领导干部充分发挥"关键少数"作用，要先学一步、学深一层，坚持原原本本学、深入思考学、联系实际学、全面系统学，深入学习，细照笃行，凝聚力量。基层党支部充分利用"三会一课"和主题党日活动等，结合实际开展形式多样、特色鲜明的党史学习教育。

其次，切实用好红色资源，传承红色基因，弘扬党的光辉历史。民办高校要组织广大师生尤其是党员干部到红色教育基地开展现场教学，让广大师生"沉浸式"地体会中国共产党的光辉历史，汲取精神营养，赓续精神血脉，汇聚奋进力量。组织师生党员学好革命事迹，讲好革命故事，发挥先进典型的教育引导作用，满足教师专业发展和学生成长成才需要。聚焦红色教育思政元素，推动党史学习教育融入思政课教学，综合运用影视、戏曲、音乐等技术手段，打造一大批鲜活的新媒体产品，最大限度地调动师生们参与党史学习的热情。充分发挥"学习强国"学习平台等线上资源优势，充分利用"粤学党史·粤爱党——打卡广东红"等线上红色资源，推动党史学习教育实现随时随地、想学就学。

（三）坚持"实"字发力，提升实际成效

民办高校应扎实开展"我为群众办实事"实践活动，紧密联系群众、回应师生关切，努力把好事实事办到师生心坎上。江山就是人民，人民就是江山。中国共产党的一百年是为人民奋斗、为人民奉献、为人民谋幸福的一百年，是与人民休戚与共、生死相依的一百年。因此，党史学习教育归根结底要落实在学史的身体力行上，要落脚在为人民群众排忧解难上。应该以党史学习教育为契机，用心用情为群众办实事。既要关注眼前事，努力解决好群众"急难愁盼"的现实问题，又要站高往前看，不断完善解决民生问题的体制机制，不能只是简单帮钱帮物、搞花架子"堆几个盆

景"，要增强人民群众的获得感、幸福感、安全感。实践证明，只有始终坚持以人民为中心的发展思想，坚持从师生群众最关心的问题入手，把历史重任担在肩上，胸怀祖国，服务人民，坚持伟大理想，永葆教育初心，努力把教育事业融入现代化国家建设的伟大事业中，才能凝聚起建设教育强国的磅礴力量。

因此，"实"正是检验党史学习教育实效性的重要标准。民办高校应将"民办"与"为民"有机结合起来，在党史学习教育中坚持推动"我为群众办实事"实践活动落地见效，持续推动党员志愿服务常态化，引导师生党员发挥先锋引领作用，努力做到从最困难的师生着手，从最棘手的问题抓起，从最广大师生的利益出发，一件件地解决师生的烦心事。按照上级党组织安排部署，民办高校各级党组织要通过调查研究，聚焦群众"急难愁盼"问题，针对不同师生群体情况，结合实际提出"我为群众办实事"实践活动的具体方案，列出"我为群众办实事"事项清单，逐条抓好落实，健全完善解决问题的长效机制，切实把学习教育成效转化为工作动力和成效，充分展示新时代共产党人的良好精神风貌，以优异的成绩迎接党的二十大的胜利召开。

建设教育强国，是中华民族伟大复兴的基础工程之一。民办高校作为我国高等教育体系中的重要组成部分，担负着与公办高校同样的"立德树人"使命。在新时代必须加强党对民办高校的领导，才能推动民办高校沿着正确的政治方向继续发展，落实好高等教育肩负的历史责任，应进一步建立学习教育成果转化机制，全面总结党史学习教育取得的成效和经验，不断巩固和拓展党史学习教育成果，切实推动党史学习教育和业务工作双融双促，进而把学习成效转化为工作动力，汇聚高质量发展强大动力，推动高等教育事业健康发展。

参考文献

刘亮军：《高质量发展是新时代民办高校办学治校的引擎》，《河南教育（高等教育）》2021年第8期。

刘亮军、李宇：《民办高校基层党建工作与业务工作融合发展探析》，《河南教育

（高等教育）》2019 年第 5 期。

余微微：《新时代廊坊民办高校党史主题教育创新性研究》，《大学》2021 年第 28 期。

陈志远：《增强大学生党史学习教育实效性的策略——以课程和宣讲形式为例的分析》，《社会科学家》2021 年第 8 期。

钱平、赵秦青：《加快构建"党史学习教育"长效机制的思考》，《齐鲁师范学院学报》2021 年第 5 期。

习近平：《在庆祝中国共产党成立 100 周年大会上的讲话》，《中国产经》2021 年第 13 期。

习近平：《在党史学习教育动员大会上的讲话》，《求是》2021 年第 7 期。

《学党史 悟思想 办实事 开新局》，《人民日报》2021 年 2 月 23 日。

《在全党集中开展党史学习教育正当其时十分必要——论学习贯彻习近平总书记在党史学习教育动员大会上重要讲话》，《人民日报》2021 年 2 月 22 日，第 1 版。

中国历史研究院：《以大历史观把握历史发展规律和大势》，《人民日报》2021 年 4 月 27 日，第 9 版。

辛向阳：《党史学习教育的遵循》，《红旗文稿》2021 年第 6 期。

黄玉琳：《习近平关于党史、国史的重要论述研究》，《决策探索（下）》2021 年第 3 期。

《高标准高质量完成学习教育各项任务》，《人民日报》2021 年 2 月 24 日，第 1 版。

王佳音、王茹：《"微时代"高校学生党史学习教育的创新路径探究》，《公关世界》2021 年第 12 期。

王奕衡：《"三个坚持"推动民办高校党史学习教育走深走实》，《珠海特区报》2021 年 11 月 8 日，第 6 版。

Research on Improving the Pertinacity and Effectiveness of Party History Learning and Education in Private Colleges under the Background of the New Era

Wang Yiheng, *Lai Yujian*, *Kong Siding*, *Jin Mengxuan*

Abstract：The learning and education of Party history in private colleges has a very important and practical significance to comprehensively and accurately grasp the rich connotation, spiritual essence and practical requirements of Xi Jinping's Thought on Socialism with Chinese Characteristics for a New Era, and is also an inevitable requirement to implement the fundamental task of virtue and moral education. In the process of carrying out the learning and education of Party history in private colleges, it presents three aspects of the characteristics: organization and leadership is "confident", theoretical learning is "vigorous", and service for the people is "popular". However, some private colleges also have the problems of weak pertinence and low effectiveness. This paper discusses and researches in the private colleges how to improve the pertinence and effective countermeasures of learning and education of the Party history in the new era, focus on strictness, flexibility, and fulfillment, further consolidate the achievements of learning and education of the Party history, make it regular and long-term.

Keywords: Private College; Learning and Education of Party History; Characteristic Education

谈立德树人视域下体育专业
课程思政教学设计

——以中学体育教材教法课程为例[*]

王石峰^{**}

【摘要】 体育专业课程思政教学是高等学校课程思政建设的主要内容之一，也是高校落实立德树人根本任务的重要途径。本文以中学体育教材教法课程为例，运用文献资料、逻辑分析等研究方法论述了体育课程思政的基本内涵，从专业课程思政顶层设计的思路出发，挖掘融入专业课程的思政元素，构建了中学体育教材教法课程思政的教学设计，并从教师、教材内容、学生和体育教学媒介等四个维度提出专业课程实施的优化策略。

【关键词】 立德树人 体育课程思政 教学设计

教育部印发的《高等学校课程思政建设指导纲要》（以下简称《纲要》）要求：专业课程是课程思政建设的基本载体，各高校要结合自身专业特点分类推进课程思政建设，要深入梳理专业课教学内容，结合不同课程特点、思维方法和价值理念，深入挖掘课程思政元素，有机融入课程教学，达到"润物细无声"的育人效果。其中，体育类课程要树立健康第一的教育理念，注重爱国主义教育和传统文化教育，培养学生顽

---

* 本文为珠海科技学院 2020 年创新能力培育工程项目（项目编号：2020XJCQ033）及珠海科技学院 2020 年教学质量工程基金项目（项目编号：ZLGC20201013）的研究成果。

** 王石峰，珠海科技学院体育科学学院讲师，主要从事体育社会学与网球教学。

强拼搏、奋斗有我的信念，激发学生提升全民族身体素质的责任感。[①] 中学体育教材教法作为体育院校和高等师范院校体育教育专业的必修课程，是一门理论与实践高度结合的课程，贯彻于教育实习、教师资格面试及其日后的教学实践，对于体育专业学生而言，具有非常重要的作用与意义。实施体育专业课程思政建设是发展学生身心健康的必然要求，是培养学生体育核心素养的重要载体，更是实现教育强国的时代需求。为此，本文以中学体育教材教法专业课程为例，将思政教育融入专业课程教学，以充分发挥专业课程与思政教育的协同育人效应。

一　体育课程思政的内涵

（一）体育课程思政的本质

体育课程思政建设是指体育课程与教学领域将思想政治教育贯穿于学校人才培养体系的理念、任务、方法和过程的总和。[②] 体育课程思政的本质就是"立德树人"，具体来说，它以体育课程作为主要实施载体，与思政教育元素有机融合、渗透式发展，将价值引领贯穿于体育课程教学的全过程和各环节，实现知识与技能、过程与方法、情感态度与价值观的有效整合，落实"立德树人"的根本任务。[③] 2018 年，习近平总书记强调，"培养什么样的人是教育的首要问题"，而教育的根本任务是立德树人，体育学科与其他学科一样，体育教师通过专业课程教学与思想政治教育的有机融合，传递体育知识与技能，以价值引领积极培育和践行社会主义核心价值观来培养社会主义建设者和接班人。

[①] 《教育部关于印发〈高等学校课程思政建设指导纲要〉的通知》（教高〔2020〕3 号），教育部官网，http://www.moe.gov.cn/srcsite/A08/s7056/202006/t20200603_462437.html，最后检索时间：2022 年 3 月 1 日。

[②] 赵富学、陈蔚、王杰、陈慧芳：《"立德树人"视域下体育课程思政建设的五重维度及实践路向研究》，《武汉体育学院学报》2020 年第 4 期。

[③] 夏贵霞、舒宗礼：《课程思政视角下高校体育课程育人质量提升体系的构建——以华中师范大学为例》，《体育学刊》2020 年第 4 期。

（二）体育课程思政的特点

1. 价值引领

大学阶段是人生发展的重要时期，是人生世界观、人生观、价值观形成，道德意识形成、发展和成熟的一个关键阶段，在这个时期形成的社会价值观对人的一生影响尤为重要。体育专业课程思政的首要任务是以大学生核心价值观教育为抓手，通过专业课程教学与思政教育的有机融合，强化价值引领是体育课程思政的核心特点[①]。一是课程目标与价值引领的有机统一，课程目标的制定以社会主义核心价值观为引领；二是传递体育知识、技能与价值引领的有机渗透，不管是体育理论学科课程还是技术学科课程的学习，掌握知识的过程中学习者会领悟某些人生哲理，并得到启发。

2. 全面育人

体育专业课程思政建设以协同育人理念为基础，倡导大学生的身心全面发展。首先，体育课程思政将"以体育德"的教育理念贯穿整个育人过程，形成了体育教学–运动训练–课外体育锻炼–体育竞赛"四位一体"的全过程育人机制；其次，体育课程思政具有教学环境的开放性、人际关系的多边性、身心负荷的多重性、教学效果的综合性等特点，形成了学校–家庭–社会–同龄群体的全员育人机制；最后，在育人空间和范围上，注重大学生体育品德、健康行为和运动技能等核心素养的培育，形成了大学生德–智–体–美–劳全面发展的全方位育人目标。

3. 价值迁移

清华大学马约翰先生提出著名的"体育价值迁移理论"，他基于一个人的综合素质，认为其他方面发展是可以相互影响和转化的。他认为"体育运动对青少年的性格、品格和智力等方面具有正迁移的作用"[②]。体育专业课程与思政教育的融合发展与体育价值迁移理论同源同向。从人的社会化角度看，大学是专门的社会化组织机构，承担着大学生掌握生活和劳动

---

① 刘纯献、刘盼盼：《体育课程思政的内容、特点、难点与价值引领》，《体育学刊》2021年第1期。

② 韩冰：《普通高等院校"体育课程思政"建设思考》，《哈尔滨体育学院学报》2020年第3期。

技能、道德规范和角色扮演三个重要的任务，对于体育专业的学生而言，体育专业课程是实现价值迁移的媒介，他们在学习过程中养成的团结合作、顽强拼搏的体育精神可迁移到日后的工作当中，体育赛场中的规则、角色、团队合作、伦理、拼搏等意识对其将来的社会行为规范起到指导作用。

二 中学体育教材教法课程中融入思政元素

中学体育教材教法是以中学体育教材为研究对象的分科教学法，从其内容来看，既有一定的理论性，又有生动的实践性；它来自教学实践，又用于指导实践，并在实践中反复接受检验，同时不断总结、丰富和完善其理论研究。该课程教学注重实践性，注重观摩教学和教学反思，注重学生中学体育课时教学设计与中学体育课堂教学实践的训练，将课程的教学与教学技能集训、实习等教学实践环节相结合。专业教师通过对教学内容的钻研，梳理挖掘教材中隐含的德育资源，从不同的切入视角将思政元素融入中学体育教材教法课程当中（见表1），以充分发挥体育专业课程的协同育人功能。

表1 中学体育教材教法课程中融入思政的元素一览

《中学体育教材教法》章节内容	教学要点	思政元素融入点
绪论	教材教法研究对象、内容与任务	从课程历史演进的视角,将教学内容与教育强国的发展结合,融入爱国爱教育思想
体育教学规律和原则	体育教学规律和原则	从体育教学过程的视角,将体育教学规律和原则与优秀案例视频结合,融入体育教师职业素养
中学体育课程及体育课	体育课的概念及特点、课程标准	从体育教学现象的视角,分析体育课存在的问题,找出原因,融入体育教师的社会责任
体育课教案的编写	体育课教案的基本术语及编写	从体育课堂教学设计视角,分析教案的研制过程,融入体育教师的基本岗位能力
体育教学方法	概念、分类、特征及应用范围	从归纳总结的视角,将体育教学方法与学生的个性心理特征结合,融入教师教学艺术理念
体育教学模式	概念、构成、构建步骤及运用	从体育教学热点视角,将体育教学模式与学生的创新能力结合,融入学生的创新意识与思维
体育教师职业技能训练	模拟教学和说课	从成为一名优秀教师的视角,将模拟教学和说课与教学能力结合,融入体育教师的职业晋升发展

续表

《中学体育教材教法》章节内容	教学要点	思政元素融入点
中学体育教材：田径类	田径知识、教学方法及手段的运用	从奥林匹克运动起源的视角，将田径知识与竞技运动结合，融入体育价值观与精神教育
中学体育教材：球类	球类知识、教学方法及手段的运用	从职业体育赛事的视角，将球类知识与技战术拆解结合，融入角色分配、团结合作精神
中学体育教材：体操类	体操类知识、教学方法及手段的运用	从人物典范的视角，将体操知识与李宁的职业辉煌结合，融入体育顽强拼搏的精神
中学体育教材：游泳	游泳类知识、教学方法及手段的运用	从生存能力的视角，将游泳知识与日常溺水现象结合，融入体育价值与功能教育

三 中学体育教材教法课程思政教学设计

（一）目标设计

体育类课程思政目标是实现立德树人的出发点，也是归宿。[①] 根据《纲要》对体育类课程思政建设的指导，中学体育教材教法课程思政的性质是中学体育教材教法课程＋思政课，其核心是精益求精、工匠精神，总目标是以"健康第一"为指导思想，要求学生掌握体育教材内容、教学方法，用系统论和方法论探讨体育教学与创新，从而不断提高体育教学质量和水平，培养爱岗敬业、技能扎实、理论与实践融会贯通的体育人才。以下从理论认知、知识建构和实践能力三个维度来分析具体课程目标，其中包含大量显性和隐性目标。

1. 从理论认知维度

学生主要学习与中学体育教材教法课程相关的知识，了解中小学体育课程改革的动向和中学体育与健康课课程标准，掌握中学体育教学方法及熟知前沿的体育教学模式；培养一些体育教学中的技巧和艺术，帮助学生深刻领悟该课程在国民教育中的重要地位与作用，激起为教育强国而奋斗

---

① 武冬：《体育类课程思政设计的理论与实践——以〈太极拳概述〉为例》，《体育研究与教育》2021年第1期。

的理想信念，树立起强烈的爱国主义精神。

2. 从知识建构维度

在教育信息化2.0背景下，体育教师不再是传统的知识与技能的传授者、课程的执行者，而是更多地扮演专业知识学习的引导者、运动技能学习的引领者的角色。[①] 学习者以中学体育教材为基础，对中学体育教材动作方法、重点、教学方法、保护与帮助及纠正方法和教学指导等重要内容进行学习，通过直接经验建构将上述知识内化为自身的专业能力，以达到理论深厚、技能扎实的专业能力目标，努力达到"以教促研""以训促研""教训结合"的教学思维，发展成为新时代全面发展的综合型体育教师，以充分适应信息化时代的教育。

3. 从实践能力维度

为了让学生真实地感受体育教师的角色，教学中以工匠精神引领学生实践能力的培养。教师以教案的编写及教学设计为基础，以试讲、模拟教学、说课等教学内容为重点，同时结合教师教学演示、现场观摩、学生模拟上课等多种方式让学生清楚中学体育教学活动的内容与形式，使学生对体育教学有更加全面、深刻的认知，有助于培养学生的职业道德和责任感。通过理论教学和教育实践，总结经验、反思不足，为体育教学改革和创新奠定重要的经验基础。

（二）内容设计

如何将思政元素融入课程教学的全过程成为体育专业课程思政的关键点，也是难点。课程内容的设计关系到专业课程思政融合的效果，于是，在内容设计时要体现逻辑性、层次性和情境性：首先，课程内容安排上要符合逻辑原则，知识点之间的连接性强；其次，教师语言讲授符合层次原则，通俗易懂，具有启发性；最后，课程内容与教学方法符合情境原则，将固定知识点与课程思政教育观融入情景化教学，专业教师通过构建体育专业课程思政内容体系，选择合理恰当的融合方式，将课程内容与思政教

---

① 王石峰、徐明：《教育信息化2.0背景下高校体育教师角色重塑及实现路径》，《体育研究与教育》2021年第1期。

育进行深度融合，以体育价值观统领整个育人过程。根据教材《中学体育教材教法》中关于课程特点和课程标准的要求，共设置 32 个学时，课程的前半段偏向理论知识的讲授，后半段偏向实践知识的运用，不同的教学内容有着各自的特点。因此，针对教学内容的差异性，有效地选择融入式、案例式、情境式、挖掘式等体育课程思政嵌入形式。如关于体育教学规律和原则的授课，可采用案例式融合，选择全国中小学优秀体育公开课视频进行点对点解析，以加强对体育教学原理的认知；再如，对田径教材中长跑知识的讲授，可运用挖掘式融入，将奥林匹克运动起源、赛事的经典画面、人物事迹与竞技运动与课程相结合，进行体育价值观与精神教育的融合，从而将思政教育观内化为自己的行动指南。

（三）评价设计

根据《纲要》要求，"全面推进课程思政建设，就是要寓价值观引导于知识传授和能力培养之中，帮助学生塑造正确的世界观、人生观、价值观，这是人才培养的题中应有之义，更是必备内容"。体育类课程要树立健康第一的教育理念，注重爱国主义教育和传统文化教育，培养学生顽强拼搏、奋斗有我的信念，激发学生提升全民族身体素质的责任感，以上述指导思想来制定中学体育教材教法专业课程思政教学评价体系。成绩评定按出勤、学习态度、课堂表现、课堂讨论、平时作业和理论考试综合评定，其中出勤、学习态度、课堂表现、课堂讨论和平时作业占 40%，理论考试占 60%。专业课程思政评价主要从学生认知和学生发展两大指标来确定其思想政治素养、情感与认知、知识与技能、健康行为等四个二级评价指标，评价过程中将定性评价、定量评价、过程性评价与形成性评价相结合（见表 2）。

表 2　中学体育教材教法专业课程思政学生教学评价

一级指标	二级指标	观测点	评价类型
学生认知	思想政治素养	1. 强烈的爱国主义精神 2. 顽强拼搏、自强不息的民族责任感 3. 社会主义核心价值观的培养	定性评价与过程性评价
	情感与认知	1. 健康第一、终身体育的教育理念 2. 高尚的体育教师职业道德情操 3. 对中华传统体育文化的认同	定性评价与过程性评价

续表

一级指标	二级指标	观测点	评价类型
学生发展	知识与技能	1. 熟练掌握中学体育的基础知识、技能和技术 2. 掌握体育教师职业技能（说课、模拟教学） 3. 体育实践、科学研究、思维创新能力	定量评价、过程性评价、形成性评价
	健康行为	1. 团结合作、互相帮助、共同进步的意识 2. 师生关系、生生关系融洽，情绪控制，社会适应能力 3. 体育锻炼的意识与习惯、健康知识掌握与运用	定性评价与过程性评价

四 中学体育教材教法课程思政的优化策略

（一）教师：德高为师，身正为范

第一，理念先行，强化育人意识。教师的职责不仅仅是向学生"传授技能、答疑解惑"，更是一种心灵上的唤醒，体育专业课程思政是引领学生精神教育的载体，是实现立德树人根本任务的途径。因此，于师者，首先要从理念出发，树立高尚的道德情操，以道德来感化学生的心灵。第二，以身作则，传播正能量。体育课程思政建设离不开体育教师队伍，体育专业课程教师的思想政治涵养、职业道德修养和专业能力素养是影响体育课程思政实施的关键因素，[①] 为此，要想上好中学体育教材教法课程思政课，专业教师必须提升政治涵养、提高职业道德修为和专业技能与理论水平，以身示范，引导学生树立正确的世界观、人生观。

（二）教材内容：量体裁衣，有机嵌入

中学体育教材教法是一门思政资源相当丰富的课程，有形和无形资源兼具。授课教师要钻研教材，深入挖掘思政元素，掌握教学内容的本质特点，采用恰当的实施方式有机嵌入。如体育教师师德师风的教学内容，可采用案例的形式列举2021年"七一勋章"获得者张桂梅老师的发言视频，

---

① 赵利：《专业课"课程思政"教学实践思考——以体育教学论课程为例》，《绵阳师范学院学报》2020年第8期。

用身边真人事迹来感动并激发学生的学习热情与职业情怀。针对体育模拟教学的内容，可通过构建模拟教学情境的形式来提高教育教学能力，让学生感悟到体育教师的责任感和使命感。

（三）学生：注重差异，因材施教

体育教学是师生双边互动的过程，要遵循以教师为主导、学生为主体的教学逻辑，建立和谐的师生关系。在实施体育课程思政过程中，体育教学环境呈现出开放性、身心负荷多重性、人际关系多边性等特点，因此，授课教师须从学生的心理个性入手，熟知学生的兴趣爱好与个性特点，将其分门别类，采用恰当的教学手段将教学内容与思政元素有机地融合起来，因材施教，最后"润物细无声"地实现专业课程思政目标，从而达到立德树人的目的。

（四）体育教学媒介：能力导向，提升硬件

体育教育专业学生要求具备扎实的师范技术技能，而中学体育教材教法课程与学生的职业岗位能力要求十分吻合，学生师范技能的培养除了在课堂外，校内各类实训平台的实践是教学能力提升的重要途径。因此，该课程要配有体育微格教学实验室、体育教师综合技能实验室等教学实训平台，通过实训平台系统地提高学生的语言表达能力、教学组织能力、动作示范能力、结构化面试、无领导小组面试、试讲能力等，以进一步提高教师的教育教学能力。

On the Construction of Teaching Designation of Ideological & Political Curriculum of PE Major under the Perspective of Moral & Virtue Education

—On the Case of the Curriculum of Teaching Material & Method of Middle School PE

Wang Shifeng

Abstract：Ideological and political course of PE major is one of the main contents of ideological and political curriculum construction of universities, and also an important way for universities to implement the fundamental task of moral & virtue education. On the case of teaching materials & methods curriculum of middle school PE, this paper discusses the basic connotation of ideological and political curriculum of PE by using references, logical analysis and other research methods, from the top designation of ideological & political courses of major, digging into the ideological and political elements of major curriculum, building the teaching design of ideological and political course of teaching material & method of middle school PE, and introducing the optimization strategy for the implementation of major courses from four dimensions of teachers, teaching material content, students and teaching media of PE.

Keywords: Moral & Virtue Education; Ideological and Political Curriculum of PE; Education Design

产教深度融合背景下跨境
电商人才培养模式探究[*]

熊　霞[**]

【摘要】 近年来，随着互联网和电子商务的迅速发展，社会对跨境电商人才的需求激增，高校对跨境电商人才的培养模式成为社会各界关注的热点。本文以三螺旋理论为基础，在分析跨境电商人才培养存在的问题和影响因素的基础上，提出产教深度融合背景下政府、企业和学校三方协同培养跨境电商复合型人才的模式和实践方案，以期能够更好地满足电商时代外贸企业对跨境电商人才的需求，助力我国跨境电商的可持续发展。

【关键词】 三螺旋理论　跨境电商　人才培养模式

一　前言

近年来随着网络技术和电子商务的快速发展，跨境电商逐步成为一类新型产业模式，社会对跨境电商人才的需求剧增。然而当前我国跨境电商人才却极为缺乏，尤其是具有较强综合能力的复合型人才更是稀少，导致国内相关产业发展受阻。从现状来看：一方面我国高校普遍没有将跨境电商人才培养与企业岗位实际需求密切结合，为行业输送所需人才；另一方

* 本文为2017年珠海科技学院教学质量工程建设项目（项目编号：ZLGC20170715）的研究成果，项目类别为高等教育教学改革。
** 熊霞，珠海科技学院物流管理与工程学院讲师，澳门科技大学博士，主要研究方向为技术接纳模型和电子商务模式。

面跨境电商企业无法在毕业生中招聘到较合适的人才，在毕业生正式上岗录用前必须对他们开展针对性岗前培训，从而导致用人成本非常高，人才适应期也很长。结合社会发展对跨境电商人才的实际需求，针对目前行业的现状，需要优化跨境电商人才培养模式，全面提高教学内容的实践性，实现人才职业素养和综合能力的提升，推动开展政府、企业和学校协同培养。而建立校、政、企三方协同培养的教学模式，对提高跨境电商人才的专业素养和实践能力，培育符合社会发展需求的跨境电商复合型人才显得尤其重要。其中政府提供政策和资源支持，企业为大学生提供实习实践场所，高校进行人才培养和输送，三方合力弥补行业人才缺口，推动整个跨境电商行业健康有序发展。

二　基于三螺旋理论的跨境电商人才协同培养模式

（一）三螺旋理论

三螺旋概念最早在生物学领域出现，解释了自然界基因、生物体以及环境之间的辩证关系。20 世纪 90 年代在分析政府、高校和企业三方之间的动态交互关系时引用了三螺旋模型，从而形成受到学术界广泛关注的三螺旋理论。该理论认为政府、企业和高校三方应积极联合并协同推动知识的生产、应用、转化和产业升级。目前需要积极推动构建"校、政、企"三方协同机制以解决跨境电商人才培养中存在的现实难题并提高人才的专业素养和实践能力。

在三螺旋模型中，作为管理组织的政府、作为研发组织的高校和作为产业组织的企业，三者各自独立承担角色内职责的同时，又相互交叉融合，三大主体在行政、知识和生产领域之间形成相互影响，表现为螺旋上升的互动关系，共同推动经济社会各领域的发展和进步。

三螺旋模型主要由三个主体构成，即政府、企业和高校。三者之间有交叉融合的部分。其中政府和企业之间交叉的部分为产业集群，高校和政府之间交叉的部分为科研机构，企业和高校之间交叉的部分为科研转化；三者交叉重叠之处在于协同创新。

（二）三螺旋模型在跨境电商人才协同培养中的应用实践

在人才协同培养实践中，政府为高校提供政策和资金支持，以鼓励大学积极设立科研机构，组建研究行业人才需求的专业团队。政府和企业联合形成产业集群，为人才培养提供创新实践基地。企业可以为高校提供适当的资金支持和行业相关资讯（例如最新发展动态和人才需求信息）以及实习实践岗位；高校提供人才培育和输出，通过校企合作共同培养切实符合企业实际需要的跨境电商人才。高校作为人才的提供方，是人才协同培养的主要执行者，可在政府政策支持下，整合自身的教育资源并推动校企合作，与企业建立长效合作机制，实现教学资源共享，为跨境电商专业人才培养提供基础与条件。企业作为人才的需求方，需要践行政府政策，同时落实人才联合培养模式。在推进校企合作过程中，企业可以积极参与到高校的跨境电商实践教学，为其提供充分的指导和帮助，同时为应届毕业生提供实训平台和实习基地。

在跨境电商人才培养的三螺旋模式中，政府通过制定政策并合理分配资源，在高校和企业之间进行利益协调以加强双方的合作，促进行业的稳步发展。作为跨境电商人才供给方的高校，需要政府给予相应的资金和政策支持，从而提升教学设施、研究平台建设以及师资力量培育水平；通过与企业深化合作，如引入企业导师，建立实习以及人才合作培养基地等为学生提供实训机会和实习就业岗位，以提高人才培养质量。企业通过参与高校人才培养过程，可与高校联合培养出更切合企业岗位需求的高水平跨境电商人才，以提升企业绩效[1]。

在跨境电商人才协同培养的具体实践中，需要协调好校、政、企三方之间的目标期望与利益冲突。企业以创造利润为目标，经营活动直接面向市场；而高校以育人为本，注重教育公平，急需政府提供政策制度支持等以调配资源，强化产学合作，协调校企之间的利益，建立起互利共赢的发展共同体。目前要解决跨境电商人才培养中关键的实际问题，就急需校、政、企在人才培养的关键节点上协同发力，三者需协同完善人才培养方案，建设专业核心课程体系，

---

[1] 付传明：《三螺旋理论下跨境电商人才协同培养研究》，《成才》2021年第15期。

培育专业过硬的师资力量，建立"双师型"教师队伍，在教学中强化学生的实操技能训练和实习实训环节，以提高跨境电商人才联合培养的成效。

三 跨境电商人才培养中实践教学存在的问题分析

为满足电商行业对国际型、复合型、应用型跨境电商人才的需求，高校普遍在电子商务、外语、国际贸易等专业中开设跨境电商课程或方向，部分高校甚至相继新增设了跨境电商专业。实践教学作为跨境电商人才培养的重要组成部分，当前存在实践教学内容需深化、实战演练不可行和模拟软件的功能存在局限性三个方面的问题。

（一）实践教学内容需深化

跨境电商的新平台和新模式不断涌现，同时各平台的入驻开店规则和功能不断更新，在跨境电商实践教学中对个别典型平台的规则和功能操作的学习比较快速便捷，但对于跨境电商平台的知识和操作技能的相关内容学习是非常有限的，存在不全面、周期短、易失去时效性等特点。作为跨境电商的本科教育不能仅局限于个别典型的跨境电商平台实训，更多的还是需要让学生全面掌握平台背后的运营逻辑和共性知识，学习领悟跨境电商的运营思维，熟悉包括店铺建设、选品、产品发布、物流、支付、营销、客服、法律等基本流程在内的所有环节相关知识，使学生具备店铺运营管理、跨境文化沟通、品牌管理、团队协作等综合能力。外贸企业不仅需要跨境电商方面的技能型人才，而且更加重视引进复合型人才。新技术发展背景下复合型、应用型跨境电商人才培养的原则是"厚基础，强实践，重能力，促创新"，校、企、政三方需要联合营造良好的专业实践教学发展环境。

（二）实战演练不可行

目前主流的跨境电商平台都设置了商家入驻门槛，大多数平台对入驻的商家，要求其资质为企业或个体户，虽然部分平台门槛较低，允许以个人身份开设店铺，但是学生在平台上开通真实个人账号、开展网店经营经常会碰到一系列问题，例如资金、货源、物流、账号关联、风险控制等。在跨境电商实践教学中，很难开通大量真实的跨境电商平台账号，实操教学结束后，账号的后续运营处理面临困难。随着跨境电商精细化运营以及经营主体之间以品牌、产品、研发和服务为核心竞争力，跨境电商平台的商家入驻门槛进一步提高，平台会对拥有品牌和稳定供应链的商家进行资源倾斜。对于大部分高校而言，通过"真实平台、真实货源、真实物流"的实战演练模式来支撑跨境电商的实践教学的想法在实际教学中难以实现①。

（三）模拟软件的功能存在局限性

目前大部分院校采用模拟软件方式来开展跨境电商实践教学，即通过模拟跨境电商平台的功能和运营环境来训练学生，使其具备在平台上开设和运营店铺的实操能力。模拟软件为实践教学提供了很大帮助，同时也带来了相应的问题。首先，实际的跨境电商平台运营环境是一个生态圈，它会随着平台的规则、功能、竞争对手及所处外部环境等的变化而改变，模拟软件很难快速适应外部环境的不断变化。其次，模拟软件的功能设计和更新升级存在太多限制，致使其与真实平台之间存在很大差异性，学生在实习就业过程中会产生由"学校学"和"企业用"之间的差异而导致的困惑。所学实践内容不能很好地支持实际工作，进入企业后要重新进行二次学习。因此在产教融合不断深化的背景之下，高校的实践教学需要从"模拟实训"向"生产性实践"转变。

跨境电商实践教学按照其主要特征可分为四个阶段：实践教学以平台模拟训练为主的第一阶段、以综合训练为主的第二阶段、以数据化运营为主的第三阶段以及以数据化的全面融入为主的第四阶段。当前各院校的跨境电商实践教学总体上处于第三阶段，在不久的将来会进入第四阶段，即数据将和专业课程实践教学全面融合，并重构跨境电商知识体系，对各院校的人才培养产生更为深远的影响。

---

① 邹益民、〔俄罗斯〕Gerasimo v Ruslan：《跨境电商实践教学存在的问题及未来发展趋势》，《对外经贸》2021 年第 2 期。

四 跨境电商人才培养的影响因素分析

通过对已发表的关于跨境电商人才培养的文献资料（主要来自中国知网、万方数据库和百度学术）进行阅读、筛选和分析，并对一些高校教师、学生以及跨境电商行业从业人员进行访谈，从教师、学生、企业人员多角度分析影响高校选择不同跨境电商人才培养模式的关键因素，可归纳概括为四个方面：高校类型、教师教学能力、学生层次和能力、校企合作情况①。

（一）高校类型影响人才培养方向的选择

高校类型按照办学层次可分为教学科研型本科院校、应用型本科院校和高职院校三类，也可按照学科侧重分为理工科类院校、文科经管类院校。通过关键影响因素——学校类型来定位学校的办学层次和性质，进而将跨境电商的专业设置和课程设置划分为不同的方向，即学校类型影响人才培养目标和课程设置，进而影响对人才培养方向的不同选择。

从对跨境电商人才培养的实际情况来看，理工科类院校侧重于开设更多技术类课程，而文科经管类院校侧重于开设更多网络营销类、运营管理类课程；高职类院校则侧重于开设更多服务类和实训课程；课程体系的设计直接影响到后期的人才培养方向和就业定位。根据人才培养定位不同，跨境电商的专业方向目前主要包括技术、运营管理和营销、服务三个方向。

（二）教师教学能力影响教学基础的支持

教师的教学能力分为理论教学能力和实践教学能力，直接影响各大院校专业教学基础。而院校师资队伍的结构和能力构成直接影响教学体系及课程设置，进而影响到人才培养。师资团队需要同时具备较高理论素养和

---

① 周军：《高校跨境电商人才培养模式影响因素研究及模型构建》，《科教文汇》（中旬刊）2021年第9期。

较强实践技能。

教师教学能力作为实施人才培养的基础支持影响因素，对学校具体教学实施和学生管控起到关键作用，通过对该影响因素的分析得知，对于整体理论教学能力较强的师资团队需要补充一些具有较强实践技能教学能力的教师，同时对于整体实践教学能力较强的师资团队需要补充具有较高理论素养和教学能力的教师。

（三）学生层次和能力是核心主体因素

学生层次分为教学科研型、应用型和技术型；学生能力包括专业知识、动手实践能力、自身综合素养等。学生所处的层次和专业不同，其专业课程的设置存在一定差异，能力也会有所区别。例如理工类学生接受电商相关技术类课程会比较容易，而文科类学生接受技术类课程能力较差，接受运营管理、网络营销、客户服务类课程相对容易。而电商专业的学生相对于商务英语和国际贸易专业的学生来说接受跨境电商课程会更加容易。

各高校根据学生在培养层次、专业、素质、学习能力等方面的区别，可选择技术、运营管理和营销、服务等不同方向进行人才培养。因此学生的培养层次、专业、能力、素质在所有影响因素中占比较大，属于核心主体因素。

（四）校企合作是促进力量

校企合作的形式包括引入企业导师，通过建立实训实习基地为学生提供实践机会等。企业合作影响因素具体包括企业经营方向、提供实践实训机会、企业导师影响等。通过校企合作可以检验学校教师的教学效果，但校企合作一般属于非紧密型合作，企业会具体结合学生能力来提供实践实习机会等。

与学校开展合作的企业主营业务方向会直接影响对学生跨境电商实践能力的培养，所以选择与开展相关业务的企业进行对接合作尤为重要。需要注意的是由于担心泄密与避免犯错，具有相关业务的企业不一定愿意提供相应的实践实训机会。因此与企业建立长期合作，由企业为院校提供校外导师以及学生实习机会直接影响校企合作人才培养模式的落地。校外导师的素质和责任心会直接影响学生是否能顺利完成实践学习。

因此，企业主营方向、企业提供的实践机会、企业导师均为校企合作的影响因素，关系到提升学生能力，使其最终成长为企业真正所需要的网络营销、技术、电商服务等人才，即校企合作最终作为促进力量影响跨境电商人才培养模式。

五　跨境电商人才校政企协同培养模式分析

（一）培养模式分析

随着跨境电商的迅猛发展，高校的跨境电商人才培养模式出现分化，主要可分为以下四种模式。

第一，教学科研型高校以教学科研为主，所安排的实践教学课程学时和相应师资不足；对于这种情况，需要设立具备特色的跨境电商人才培养专业课程结构，改善已有师资实践能力状况，并补充调整实践课程及其课时时长，探索由校内专业教师与企业人员共同承担跨境电子商务实践课程教学的联合授课模式。

第二，应用型本科高校与教学科研型高校和高职院校相比，无准确培养定位，需要进一步明确应用型人才培养目标，开展校企合作，变革教学模式，构建适应跨境电商发展需求的新课程体系，在强化本专业教学特色的同时，积极建立校企合作实习基地和实训平台，组建专业能力过硬的"双师双能"型师资队伍。

第三，高职院校对跨境电商人才的培养结合了自身的办学特点和学生层次，其人才培养模式以实践教学为主，重点培养能够快速适应工作岗位的技能型人才。具体模式包括校企合作双导师模式、跨境电商实战或平台实操培养模式、OBE模式，等等。

第四，其他跨境电商人才培养，具体包括按照电商专业所在院系不同，分为理工科类院校和文科经管类院校不同模式；按照跨境电商所涉及的专业不同，可分为电子商务专业运营管理人才培养模式，商务英语专业人才培养模式，国际贸易应用型人才培养模式，互联网+外贸、创新创业人才培养模式等。

总之，各院校可根据自身的具体条件、校企合作情况、开设的相关专业及方向、教师教学情况、学生学习情况等正确选择适合的跨境电商人才培养模式，并根据所选择的人才培养模式在教学条件完善、师资队伍培养、课程体系设置以及学生综合能力素质评价等方面实施相应的教学改革和建设。

（二）实践方案分析

大数据、人工智能、5G 等信息技术的发展和应用，将推动传统教学模式在教学理念、教学手段、教学方法、教学内容和教学评价等方面进行变革。更好地融合新技术开展数字化教育，并重构传统的人才培养体系已迫在眉睫。对于跨境电商人才培养存在的问题应着眼于课程体系建设、实训实验、校企合作、师资队伍建设等方面进行深入剖析并进行教学改革。

目前，国内各大院校正在推行的跨境电商教学改革实践方案涵盖目标导向制、工作室制、"1+X"证书制、校企精准对接（包括企业导师制和现代学徒制）。

1. 目标导向制

从校企共建实践基地的视角出发，基于目标导向，针对切实提高学生实践实习能力、满足跨境电商企业人才需求这一目标，探索跨境电商人才培养的新模式。

2. 工作室制

与校外实训基地不同，工作室制会建立校内工作室，并开展实际项目，将跨境电商的课程、理论教学与实践教学活动、创新创业、项目竞赛等真正融为一体，将传统封闭式教育转变为生产实践教育，实训教学时间较长。学生在经过了充足时间的系统训练后，即可进入相应岗位、胜任相应工作，切实解决企业用人需求与院校人才供给之间的矛盾问题。

3. "1+X"证书制

跨境电商技术技能人才缺口巨大。"1+X"证书制度是技术技能人才培养模式和评价模式的重大创新，为产教融合、校企合作提供了制度支撑。

4. 校企精准对接

校企精准对接包括企业导师制和现代学徒制。来自企业的导师，具有双重身份。企业导师需要参与高校包括学生指导在内的一些工作，这就需要依照实际建立一套适宜的企业导师选聘、开展工作、工作评价等制度。在实施企业导师制模式的高校，企业导师通过上课、举办讲座和座谈会、个性化指导、与学生结对帮扶等形式，在课堂授课、实习实训、创业就业、毕业论文设计等过程中提升学生的知识与技能，参与人才培养。企业导师制有助于提升高校教师队伍的教学能力和间接促进学生成长。

现代学徒制是当前我国教育部主推的校企合作人才培养方式。在该培育方式下，学生具有在校学生和企业员工的双重身份，它是一种能充分体现校企双元制、校企深度合作的人才培养方式。校企共同制定人才培养方案，共建教学资源，实现校企双导师指导。

六 结论

目前跨境电子商务作为我国外贸的重要组成部分，已成为推动外贸转型升级的重要手段，同时跨境电子商务作为中国企业角逐国际市场的重要途径，它促进了全球资源的优化配置，并推动世界经济贸易的变革。在跨境电商人才培养过程中，需要构建政府、企业和高校三方既相互独立，又相互融合的三螺旋模式，通过借鉴珠三角各地的经验形成跨境电商人才培养过程中的"校政企"三方有机互动，通过相互间优势资源整合，合力共同解决跨境电商教学中存在的现实难题，协同推进跨境电商人才培养。

Research on the Training Mode of Cross-border E-commerce Talents under the Background of Deep Integration of Industry and Education

Xiong Xia

Abstract：In recent years, with the rapid development of Internet and E-commerce, the demand for cross-border E-commerce talents is increasing rapidly. Based on the Triple Helix theory, this paper analyzes the problems and influencing factors of cross-border E-commerce talents training, in order to better meet the demand of foreign trade enterprises for cross-border E-commerce talents in the era of E-commerce, this paper puts forward the mode and practical scheme of cultivating cross-border E-commerce talents by the three sides of government, enterprises and schools under the background of the deep integration of production and education, promoting the sustainable development of cross-border E-commerce in China.

Keywords: Triple Helix Theory; Cross-border E-commerce; Talent Training Model

文艺
研究

LITERATURE AND ART RESEARCH

"六经皆诗"的理论观念
与"六经"文学研究的新突破

李洲良*

【摘要】当代学术背景下的"六经"研究大多是政治的、伦理的、历史的、文献的研究，还没有从文学上对"六经"开展整体性综合研究。《"六经"文学论》的出版则打破了这一瓶颈，形成了新的突破。作者从"六经皆史"到"六经皆文"的思想嬗变中提炼出"六经皆诗"的理论观念，并以文学的目光审视"六经"，打通经学与史学、史学与文学的阻隔。《"六经"文学论》不仅将我们带到经典文本的历史现场，领略中国文学创立时期的精神气象，而且对于考察当时的文学生成、审美趣味、艺术追求、文体风格等具有重大的学术价值。

【关键词】《"六经"文学论》 "六经皆诗" 整体突破

改革开放40多年来中国古代文学研究取得了巨大的成就，从改革伊始由美学引领的正本清源、拨乱方正到20世纪80年代中后期的以反思为主题的"文化热"，从20世纪90年代古籍整理到21世初中国文化走出去，每一时段伴随着改革开放不断深化而呈现鲜明的时代特色。今天，在进入全面建成小康社会的新时代，如何实现中华文明创造性转化和创新性发展是时代赋予我们的重大课题，也是一项具有战略意义的文化工程。要在未来多极化的世界格局中讲好中国故事、传播中国声音、彰显中国智慧，这

---

* 李洲良，北京语言大学教授、博士生导师，珠海科技学院兼职教授，主要从事中国古代文学、国学研究。

给古代文学研究带来了新的机遇和挑战。以"六经"研究为例，现代学术背景下的"六经"研究十之八九都是政治的、伦理的、历史的、文献的研究，还没有从文学的角度对"六经"开展整体的综合性研究。傅道彬先生的新著《"六经"文学论》①则打破了这一瓶颈，是对"六经"深耕细作后在文学研究上的整体突破，给先秦文学研究带来了新气象。

一 "六经皆诗"的理论纲领

"六经"最早出自《庄子·天运》："孔子谓老聃曰：'丘治《诗》、《书》、《礼》、《乐》、《易》、《春秋》六经，自以为久矣，孰其故矣'。"②自汉代"六经"被尊为儒家经典后，两千多年来有关"六经"研究在中国经学史上影响巨大而深远，有关"六经"的著述早已是汗牛充栋。除《乐经》存缺与否尚存较大争议外，形成了诗经学、尚书学、礼学、易学、春秋学等多个研究分支，且自成系统。仅以春秋学著述为例，自汉至清就有四五百种之多。面对卷帙浩繁的"六经"研究文献与著作，怎样实现"六经"研究上的突破？这是一个难题，也是一个瓶颈。因为以往的研究通常是分门别类式的，缺乏整体的观照。《礼记·经解》云："孔子曰：'入其国，其教可知也。其为人也温柔敦厚，《诗》教也；疏通知远，《书》教也；广博易良，《乐》教也；洁静精微，《易》教也；恭俭庄敬，《礼》教也；属辞比事，《春秋》教也。'"③基于教化功能的不同而采用分门别类式研究是经学史的主要传统，但是到了清代，章学诚在前人研究的基础上提出"六经皆史"的主张，开辟了一条由经学向史学拓展的新路，"六经"从至高无上的政治殿堂走向日常的社会生活，"六经"研究为之一变。清代诗人袁枚认为"六经者，亦圣人之文章耳"④，在"六经"的经学、史学属性之外，提出"六经"的文章属性，"六经"研究观念又为之一变。

---

① 傅道彬：《"六经"文学论》，北京大学出版社，2021。
② 陈鼓应：《庄子今注今译》，中华书局，1983，第389页。
③ 《礼记正义》，见阮元校刻《十三经注疏》，中华书局，1980年影印本，第1609页。
④ 袁枚：《答惠定宇书》，参见《小仓山房诗文集》三，周本淳标校，上海古籍出版社，1988，第1528页。

刘师培则承继袁枚的主张，以"文"释"经"，指出"六经无一非文之书"① 则改变了刘勰以来文从属于经的理论框架，"六经皆文"的观念初步形成，但此时的"文"只是倾向于讲求对偶、声韵、藻饰的骈文，不免过于狭窄。

真正开启认"经"为"文"的是钱锺书先生。他从文学本位出发在《谈艺录》《管锥编》中一改"古诗即史"的老生常谈，旗帜鲜明地提出了"古史即诗"的理论主张，从而完成了从"六经皆史"到"六经皆诗"的理论跨越。

> 盖修辞机趣，是处皆有，说者见经、子古籍，便端肃庄敬，鞠躬屏息，浑不省其亦文字游戏三昧耳。②

这里所说的"文字游戏"包含了文字技巧、文辞润饰等"修辞机趣"在内，也就道出了经、子古籍具有文学性。在论及史与诗关系时钱锺书在《谈艺录》中说："史必征实，诗可凿空。古代史与诗混，良因先民史识犹浅，不知存疑传信，显真别幻。号曰实录，事多虚构；想当然耳，莫须有也。述古而强以就今，传人而借以寓己。史云乎哉，直诗（Poiisês）而已。……由此观之，古人有诗心而缺史德。与其曰：'古诗即史'，毋宁曰：'古史即诗'。"③"古史即诗"是一个富有创见的诗学命题。钱锺书在《管锥编》又说："老生常谈曰'六经皆史'，曰'诗史'，盖以诗当史，安知刘氏直视史如诗，求诗于史乎？惜其跬步即止，未能致远入深。刘氏举《左传》宋万裹犀革，楚军如挟纩二则，为叙事用晦之例。顾此仅字句含蓄之工，左氏于文学中策勋树绩，尚有大于是者，尤足为史有诗心，文心之证。"④ 钱锺书以《左传》为例，指出《左传》有诗心、文心之证，实为大胆新颖的创见。他又进一步指出："史家追叙真人真事，每须遥体人情，悬想事势，设身局中，潜心腔内，忖之度之，以揣以摩，庶几入情

---

① 刘师培：《刘申叔遗书》，江苏古籍出版社，1997，第 2075 页。
② 钱锺书：《管锥编》，中华书局，1986，第 461 页。
③ 钱锺书：《谈艺录》，中华书局，1984，第 38~39 页。
④ 钱锺书：《管锥编》，中华书局，1986，第 164 页。

合理。盖与小说、院本之臆造人物、虚构境地，不尽同而可相通。"① 这些言之凿凿的论述确立了"史蕴诗心"理论观念。葛兆光先生在《中国思想史》中结合西方后现代史学的理论主张，在"六经皆史"的基础上，也主张"史皆文也。"②

《"六经"文学论》在阐述钱锺书"古史即诗"、"史蕴诗心"、"史有诗笔"的理论主张后，拈出"六经皆诗"作为《"六经"文学论》的理论总纲，指出"六经"的诗性特征，提出书中的核心思想："从'六经皆史'到'六经皆文'再到'六经皆诗'的理论转变，体现着经典经学、历史学和文学的多重解读的历史过程。'六经皆诗'的理论要求我们以文学的目光审视经典，打通经学与史学、史学与文学的阻隔，回到经典文本的历史现场，领略早期中国文学的艺术风貌，体味中国文学创立时期精神气象。'六经'是一种历史书写，也是一种文学书写。'六经'的意义不仅是经学的思想的，也是文学的审美的；'六经'的出现代表着'轴心时代'的思想突破，也反映着这一时期中国文学的精神转折和艺术跨越。"③ 相较于"六经皆史""六经皆文"，"六经皆诗"是一种更能解读"六经"文学的新理论、新观念。之所以称之为"新"，因它摆脱了以往"六经"文学研究自说自话无法融通的局限，将"六经"还原为统一的"六经文学"。换句话说，将"六经皆诗"的观念贯穿于"六经"中，使之成为一个文学整体。这对于考察中国文学创立时期的文学生成、审美趣味、艺术追求、文体风格等具有重大的学术价值。

二　"六经文学"研究的整体突破

《"六经"文学论》有关"六经皆诗"理论的创新带动了"六经"文学研究的整体突破，并形成了对"六经文学"的系统认识。这主要表现在以下几个方面。

一是礼仪之盛决定了中国文学的艺术之盛。我们知道，中国早期文学

---

① 钱锺书：《管锥编》，中华书局，1986，第166页。
② 葛兆光：《中国思想史》（第二卷），复旦大学出版社，2000，第51页。
③ 傅道彬：《"六经"文学论》，北京大学出版社，2021，第20页。

是在礼乐文化的土壤上生长的，但对礼乐文化怎样孕育出文学艺术，现有著作大多语焉不详。《"六经"文学论》认为，礼典仪式开启了中国文学的恢弘篇章，也决定了早期中国文学的文体形式，并借《文心雕龙》的话，指出礼体决定文体。① 此话一出，早期中国文学的一些令人困惑的问题，或许能找到一些合理的答案。比如，早期中国文学起源问题，通常意义上说，有关文学起源的几种说法如模仿说、巫术说、劳动说、游戏说、心灵表现说等，在学理上都有一定的道理，但用来解释中国文学的起源问题总觉得隔靴搔痒、不接地气，未能道破中国文学的起源与生成的根本原因。然而，《"六经"文学论》从先秦礼乐文化的历史语境出发，指出祭坛就是文坛就是诗坛，"'六经'是中国文化的思想武库，也是中国文学的艺术土壤"。可以说是一语道破。再如早期中国文体生成问题，也是结合礼乐文化一语参透的："在中国古代礼乐文化背景下，文体因礼产生，文之体源于礼之体，文之体的本质是礼之体，无论言之体还是事之体，都是适应礼乐文化的需要而产生的。《尚书》典、谟、训、诰、誓、命六种文体，从根本上说是礼体，'六体'是礼典仪式的文学性书写。"②

二是历史叙事由英雄人物的宏大叙事转向君子形象的日常生活描写。早期文学书写以《尚书》为代表，是以"半人半神"式的英雄人物为主体，写的是带有传说色彩的历史人物尧、舜、禹、汤这些圣人形象，他们总是在民族生死存亡的关键时刻挺身而出、力挽狂澜，担当起扭转乾坤的历史责任，带领一个民族走出困境、走向辉煌；春秋时代，英雄的身影渐渐隐退，文学的主角变成大量的普通的君子形象，以《左传》为代表，写的最多的是那些以贵族为主体、在世俗生活中展现丰富人性的君子形象。或叙宫廷政变、诸侯争霸、宗族厮杀，起伏跌宕，惊心动魄；或写生活琐事、男女私情、朝野趣闻，形神毕肖，耐人寻味，形成了恢弘与精细、宏大与细小、庄严与趣味、紧张与悠闲的艺术融合。③ 由圣人形象的宏大叙事转向君子形象日常书写是早期中国文学叙事的重大转折，此前几乎无人触及，《"六经"文学论》弥补了这一缺憾。

---

① 傅道彬：《"六经"文学论》，北京大学出版社，2021，第 21 页。
② 傅道彬：《"六经"文学论》，北京大学出版社，2021，第 73～74 页
③ 傅道彬：《"六经"文学论》，北京大学出版社，2021，第 22～23 页。

三是与上述相关联，反映西周贵族祭祀与生活雅颂之诗——雍容华贵、典雅中正的盛世长歌，转向春秋"我心忧伤"的"变风变雅"情感模式。这在《诗经》中表现得尤为突出。与"变风变雅"相对的概念是"正风正雅"。正风正雅突出以赞美歌颂为中心的思想主题，承担着礼乐教化的政治使命，代表着中正平和的传统美学精神，是孔子等思想家称赞的"乐而不淫，哀而不伤"的艺术品格。而西周末至春秋时期的"变风变雅"挑战了周代宫廷的传统艺术精神，形成了走向世俗的审美品格。"摆脱了西周强大政治统治和思想控制的诗人们，带着怀疑和自信的复杂心理走上历史舞台，以新的眼光审视世界，一种自然的而不是骄矜的、个人的而不是集体的、忧伤的而不是和乐的、写实的而不是夸饰的新的文学不断发展成熟"。① 风雅之变的实质是"美刺"之变，相关的研究著作和文学史也提到过，但没有《"六经"文学论》阐述得如此清晰、生动和透彻。"变风变雅"是《诗经》自然写实主义风格走向成熟的标志。

四是从《礼记·月令》出发，沿着四时观念形成的历史线索，分析中国文学审美情感世界蕴含的时间意识，认为季节与气候的变化牵动着中国人敏感的艺术神经。月令模式也是文学和艺术的模式，成为中国文学的一种原型结构，古典文学的思维方式、人生情感、表现方法、结构特征以及古典文人在时间流逝中的匆迫意识和历史循环中的逍遥情怀，都反映出月令模式对中国文学的深刻影响。②《月令》的四时结构从时间意义到思想意义到诗人四时情感模式到中国文学起承转合，在一连串看似眼花缭乱而又严谨有序的逻辑延展中徐徐道来，不禁令人脑洞大开。

五是《乐经》存亡问题一直是学界争论不休的问题，书中通过对《乐经》文献的梳理和理论辨识，认为《乐经》是存在的，而且是独立的，不能简单地把《诗》《礼》与《乐》混为一谈；《乐经》又是综合的，不能将《乐经》简单地理解为一种文献，或者仅仅将其解释为某种技能，其中包含着文本、实践、制度、操作、教育、理论等广泛的内容，是综合的体系性构成。③ 应该说这种文献梳理和理论辨识相结合的方法不失为破解

① 傅道彬：《"六经"文学论》，北京大学出版社，2021，第55页。
② 傅道彬：《"六经"文学论》，北京大学出版社，2021，第145页。
③ 傅道彬：《"六经"文学论》，北京大学出版社，2021，第208页。

《乐经》存亡问题行之有效的方法。

六是"《易》文似诗"与《周易》的诗体结构形式。《"六经"文学论》认为《周易》本身就是诗体的，貌似散体《周易》爻辞背后潜藏着、存在着诗体的结构形式。① 从《周易》的《乾》《坤》等卦爻辞中可以看出，上古人类以对天空与大地的诗意观察和丰富的想象力，构建了象征的诗意的世界。天空与大地是哲学的、思想的，也是诗性的、艺术的，只是思想家们从苍龙七星和秋天大地中引发的是哲学的阐释，而我们这里做的是拂去历史的烟尘和哲学的重压，还原《周易》艺术世界的生动与空灵。② 《文学论》抓住取象、立象、释象这一象征系统，将思想的、哲学的、卜筮的《周易》解释为文学、艺术的、诗意的《周易》，让我们真正辨识到文学意义上的《周易》。

七是《春秋》与《左传》的比较研究。《文学论》集中笔墨论述《左传》对孔子"《春秋》笔法"的超越。认为"《春秋》笔法"是一种维系周代礼乐秩序的政治笔法，也是一种"属辞比事"的修辞手法，是体现中和审美精神的传统笔法。《左传》则以直笔实录的历史叙述、世俗生活全景式描述、"君子曰"的历史感伤情怀以及"闲笔""曲笔"历史叙述趣味，突破了"《春秋》笔法"，《左传》所达到的艺术高度是整个"轴心时代"思想突破的结果，也是春秋时代文学进步的集中表现。③ 这些论述发前人所未发，令人耳目一新。

最后，"六经"表现出中国文学创立期的理论高度和美学风范。《"六经"文学论》认为以《乐记》为代表的中国文学理论已不是零散的、个别概念的提出，而是体系化、整体化的全面建构，既包括对文体的理论总结，也包括对文学总的整体认识。"六经"代表着"中和"美学思想风格的形成。④

通过以上梳理，不难看出，基于"六经皆诗"理论观念的引领，《"六经"文学论》突破了以往各经分门别类的分散研究的瓶颈，进而带动"六

---

① 傅道彬：《"六经"文学论》，北京大学出版社，2021，第 231 页。
② 傅道彬：《"六经"文学论》，北京大学出版社，2021，第 242 页。
③ 傅道彬：《"六经"文学论》，北京大学出版社，2021，第 297 页。
④ 傅道彬：《"六经"文学论》，北京大学出版社，2021，第 23 页。

经"文学研究的整体突破，形成了系统的认识。其学术价值我认为已超出"六经"研究本身，不仅对于重新认识和评价先秦文学有重要的学术意义，而且在学术研究的现代理念和方法上也给我们带来了诸多启发。①

参考文献

《十三经注疏》，阮元校刻，中华书局，1980年，影印本。

陈鼓应：《庄子今注今译》，中华书局，1983。

傅道彬：《"六经"文学论》，北京大学出版社，2021。

傅道彬：《诗可以观》，中华书局，2010。

钱锺书：《谈艺录》，中华书局，1984。

钱锺书：《管锥编》，中华书局，1988。

刘师培：《刘申叔遗书》，江苏古籍出版社，1997。

葛兆光：《中国思想史》，复旦大学出版社，2000。

Theoretical Concept of "All the Six Classics are Poetry" and the New Breakthrough in the Study of the Literariness of the "Six Classics"

Li Zhouliang

Abstract：Under the contemporary academic background，most of the studies on the "Six Classics" are political，ethical，historical and documentary，and there were no comprehensive studies on the "Six Classics" in literature until the public of *On Literariness of the "Six Classics"* which broke this bottleneck and formed a new breakthrough. The author refines the theoretical concept of "Six Classics are all poetry" from the ideological evolution of "Six Classics are all history" to "Six Classics are all literature"，and examines the "Six Classics" from the literary perspective，breaking through the barriers between the study of Confucian classics and historical science，historical science and literature. *On*

---

① 李洲良：《"六经文学"研究的当代启示》，《中华读书报》2022年4月20日。

Literariness of the "Six Classics" not only brings us back to the historical scene of classical texts, and appreciates the spirit of the Chinese literature in the founding period, but also has great academic value in investigating the literary generation, aesthetic taste, artistic pursuit and stylistic styles of that time.

Keywords: *On Literariness of the "Six Classics"*; "Six Classics are All Poetry"; Overall Breakthrough

从"三礼"看"乐感文化"的
审美实践性

张鹏举*

【摘要】"乐感文化"是对中国人生存智慧的总结，有着鲜明的审美实践特征。伴随着周公"制礼作乐"，"乐感文化"开始逐渐以"礼""乐"的形式深刻融入人们的日常生活，原本主要用于"歌舞娱神"的"乐"和"供物奉神"的"礼"开始逐渐典章化、制度化，并对先民们的日常行为产生巨大的范导作用。随着这种范导作用的不断深入，先民们的日常生活也不断地出现审美化的倾向。《周礼》、《仪礼》和《礼记》中的相关记载分别在礼制、礼仪和礼器等多个层面鲜活地体现了先秦时期人们的审美实践，是先秦"乐感文化"精神的集中反映。同样，《乐记》中的相关记载也是时人相关审美实践活动的总结。透过"三礼"对"乐感文化"之审美实践性的分析不仅有利于我们增进对古人诗意化生活的了解，更有助于我们认真总结相关实践经验，构建具有中国特色的美学研究范式和本土化的话语体系。

【关键词】"三礼" "乐感文化" 审美实践 美学话语

通常而言，"三礼"指的是《周礼》、《仪礼》和《礼记》。"礼"是"经国家，定社稷，序人民"的工具，可以说，"三礼"文献从各个不同的层面体现着周公"制礼作乐"这一国家意志。伴随着周公"制礼作乐"，

---

* 张鹏举，大连理工大学哲学博士，辽宁师范大学马克思主义学院讲师，主要研究方向为中国古典美学。

"乐感文化"开始逐渐以"礼""乐"的形式不断地融入人们的生活，原本主要用于"歌舞娱神"的"乐"和"供物奉神"的"礼"开始逐渐典章化、制度化。因此，作为这种典章化、制度化的"三礼"文献，不论是《周礼》中关于天官冢宰、地官司徒、春官宗伯等国家管理体制的记载，还是《仪礼》中关于士冠礼、士昏礼、士相见礼、乡饮酒礼、乡射礼等人们日常生活规范的记载，抑或作为后世关于"礼""乐"等进一步理论总结的《礼记》，它们无疑都与先秦时期尤其是宗周贵族的日常行为密切相关。这些我们今人看起来干瘪的、毫无生气的"三礼"文献，却是那时人们的行为准则和日常规范，时人正是在这些种类繁多、要求苛刻的"礼"的范导之下（包括事实范导和精神范导），以日用而不自知的形式，默默地实践着"乐感文化"精神。同样，也正是在礼和乐的影响下，先秦时期人们的日常生活，尤其是那些以士大夫为代表的贵族阶级的日常生活也逐渐开始呈现富有"乐感"色彩的审美化倾向。

"乐感文化"是李泽厚最早提出的，是对中国人生存智慧的提炼总结，有着十分鲜明的审美实践特征，可以说是从"文化心理"的高度对中国传统文化的诗意性的集中概括。"乐感文化"主要包含"乐生"的生命精神、"乐群"的生存智慧、"乐观"的生活态度和"乐感"的人性追寻等四个层面的内容。①"乐感文化"精神的形成离不开历代中国人民的辛勤实践，离不开中国礼乐文化的滋养。作为中国礼乐文化集中体现的"三礼"文献，其中有不少内容从礼制、仪礼和礼器等多个角度反映着中国先民"乐感文化"的审美实践性。因此，本文就从"三礼"文献入手，去管窥"乐感文化"背后所蕴含的审美实践特征。

一　"三礼"从礼制层面实践着"乐感文化"精神

周礼是周初经周公制礼作乐所逐步确定的一套典章、制度、礼仪。它的形成与中国上古时期的"巫史文化"传统有很大的关系，是巫术仪式的

---

① 张鹏举：《从〈论语〉看"乐感文化"的四重内涵》，《光明日报》2020年8月1日，第11版。

规范化和系统化。这个由巫术向礼仪嬗变的过程，也即中国"乐感文化"精神萌发的过程。在这个过程中周公"制礼作乐"可以说是一个标志性的事件。众所周知，周国以一个偏居于西北一隅的"小邦周"战胜了曾经强大不可一世的"大邦殷"。因此，于周初的统治者而言，他们面临的首要任务便是巩固和维护自身的统治地位。周公"制礼作乐"的主要目的显然是维护宗周的统治，而其维护自身统治地位的一个重要形式就是将那些从上古社会继承下来的礼仪规范化和制度化，通过规定上下等级、长幼尊卑等严格的秩序来管理整个国家和社会。这突出表现为西周初年一系列礼仪制度的制定。这在《周礼》等文献中有非常翔实的记载。正如《周礼·天官·叙官》所云："惟王建国，辨方正位，体国经野。设官分职，以为民极。乃立天官冢宰，使帅其属，而掌邦治，以佐王均邦国。"[①] 王分官设职，让他们作为民众的榜样，并带领手下掌管天下的治理，辅佐自己，使天下的老百姓都能恪守本分。仅是管理官员的属官就有大宰一人，小宰二人，宰夫四人，上士八人，中士十六人，众下士三十二人，府六人，胥十二人以及徒一百二十人。可见，宗周建立了自公卿大夫到府史胥徒完备的上下等级体制。

另外，周初的统治者还根据血缘宗亲关系，"内分五服"，建立了尊卑有序的宗法制度。如《周礼·天官·大宰》所云："以八则治都鄙。一曰祭祀，以驭其神。……以八统诏王驭万民。一曰亲亲。……"[②] 大宰用八种制度来治理王畿内的采邑，第一种便是祭祀，用八项原则来辅助王统领天下的民众，第一项原则便是亲亲。可见，西周初建立了完备的礼仪制度。这些制度的建立不仅是"礼"的政治化和伦理化的表现，而且也从客观上使周公"制礼作乐"的各项主张得到了贯彻。上述礼仪制度在西周社会的推广，一方面使周的统治秩序得到了巩固，另一方面也以政府主导的形式自上而下地向全国推广了周公"制礼作乐"所倡导的礼乐精神。正如《左传·宣公十二年》所载随武子士会之言：

① 《周礼注疏·卷一》，见（清）阮元校刻《十三经注疏》，中华书局，2009年影印本，第1373~1375页。
② 《周礼注疏·卷一》，见（清）阮元校刻《十三经注疏》，中华书局，2009年影印本，第1390~1392页。

其君之举也，内姓选于亲，外姓选于旧。举不失德，赏不失劳。老有加惠，旅有施舍。君子小人，物有服章。贵有常尊，贱有等威，礼不逆矣。德立、刑行、政成、事时、典从、礼顺，若之何敌之？①

士会认为国君在选拔人才的时候，同姓之中选择自己最亲近的，异姓之中要选择世宦之家的贵族子弟，这其实强调的是血缘宗亲关系在官员选拔过程中的重要性。同时，士会还强调不能遗忘有德行的人和有功劳的人，要通过规定衣服颜色来区分君子和小人，要用一定的礼仪区分尊卑，使高贵的人有所尊重，卑贱的人有所畏服，这其实是在强调上下尊卑在国家管理中的重要性。这里可以看出严格的礼仪制度在国家管理中的重要价值，只有礼制与德行、刑罚、政令等共同作用、相互配合才能使一国战无不胜，没人敢跟它作对。

应该指出的是，与德行、刑罚、政令等形式不同，礼制其实是以美学的形式在国家治理中发挥作用。之所以说礼制是以美学的形式在国家治理中发挥作用，是因为它使"中国传统政治显现出鲜明的'美治主义'色彩"。② 于民教授也认为，礼是一种美化了的言行，他说："统治者根据一定的政治伦理的要求，制定了许多言行的具体规范，即礼。相对它所表现的内容来讲，'礼自外作'，属于形式，是一种美化了的言语动作，所以也叫它为礼文。"③ 刘成纪教授认为，"在中国历史中，以尚文为特色的周制之所以重要，原因就在于它为残酷的现实注入了诗意的本质，并提供了理想方向"。④ 由此可见，早在周公一代"制礼作乐"，尝试着建立一整套对国家、社会和个人都行之有效的管理制度和管理体系之初，就已经意识到极富审美色彩的"礼"和"乐"在国家治理中能够发挥不可替代的作用。他们在礼制设计之初，就有意识地将那些温暖的、富有诗意的美学元素融入严苛的、一丝不苟的礼制之中。因此，《周礼》之中才有庞大冗杂的音

---

① 《春秋左传正义·卷二十三》，见（清）阮元校刻《十三经注疏》，中华书局，2009 年影印本，第 4079~4080 页。

② 刘成纪：《礼乐与中国传统政治的审美属性》，《中国社会科学报》2017 年 9 月 1 日，第 4 版。

③ 于民：《中国美学思想史》，复旦大学出版社，2010，第 116 页。

④ 刘成纪：《礼乐与中国传统政治的审美属性》，《中国社会科学报》2017 年 9 月 1 日，第 4 版。

乐管理教育机构和数量惊人的宫廷乐师等服务人员的相关记载。这些庞大的音乐教育机构和人数众多、职责明晰的宫廷乐师本身就属于国家管理机构的一部分，他们不仅在严苛的、一丝不苟的国家管理之中起着润滑剂的作用，更是吉、凶、军、宾、嘉等礼制的有机组成部分，以富有"美治主义"色彩的礼制形式发挥着国家和社会管理的功用。

总之，周公"制礼作乐"后，以"礼""乐"为核心的礼仪制度在国家治理过程中发挥了重要作用，礼制本身的审美化特征使中国传统政治制度显示出鲜明的"美治主义"色彩，这可以说是一种以国家和社会的形式对"乐感文化"精神的实践。《周礼》等"三礼"文献中的相关文献便是这种实践的表现。

二 "三礼"从礼仪层面实践着"乐感文化"精神

如果说，《周礼》中关于天官冢宰、地官司徒、春官宗伯等国家管理体制的记载是以礼制的形式体现着国家、社会等集体层面对"乐感文化"的实践，那么，《仪礼》等文献中记载的士冠礼、士昏礼、士相见礼、乡饮酒礼、乡射礼等礼仪则是从个体层面体现对"乐感文化"精神的实践。相较于上述礼制层面的实践，这种从个人层面的实践与人们的日常生活关系更为密切，可以说关系到人们日常生活的方方面面。之所以说礼仪能够从个人层面体现对"乐感文化"精神的实践，是基于以下两个方面。

一方面，礼仪活动本身就离不开乐的配合，正所谓："达于礼而不达于乐，谓之素；达于乐而不达于礼，谓之偏。"[①] 在礼仪活动之中，礼乐相须为用可以说是一种普遍的现象，而这种"礼"与"乐"之间的相互配合其实体现着对"乐感文化"精神的实践。"乐者为同，礼者为异；同则相亲，异则相敬；乐胜则流，礼胜则离"。[②] 其实只要粗略地翻检一下《仪礼》就会发现，许多礼仪活动都离不开乐的配合。例如，在乡饮酒礼之

---

① 《孔子家语·论礼》，（三国魏）王肃注，〔日〕太宰纯增注，宋立林点校，上海古籍出版社，2009，第228页。

② 《礼记正义·卷三十七》，见（清）阮元校刻《十三经注疏》，中华书局，2009年影印本，第3315页。

中，经过谋宾、介宾、速宾等宴会前的准备工作和宴会中的献宾等环节之后，便开始了复杂而又隆重的奏乐活动，"设席于堂廉，东上。工四人，二瑟，瑟先。相者二人，皆左何瑟，后首，挎越，内弦。右手相。乐正先升，立于西阶东。……笙入堂下，磬南北面立。乐《南陔》、《白华》、《华黍》。……乃间歌《鱼丽》，笙《由庚》；歌《南有嘉鱼》，笙《崇丘》；歌《南山有台》，笙《由仪》。乃合乐：《周南》、《关雎》、《葛覃》、《卷耳》；……宾出，奏《陔》。主人送于门外，再拜。……乐正命奏《陔》，宾出至于阶，《陔》作"。① 由上述引文可以看出，在乡饮酒礼之中有的作乐不仅包含升歌、笙奏、间歌、合乐等正式的礼乐演奏活动，在不断举杯酬饮之后还有为喝酒助兴的"无算乐"，甚至在酒会结束之后的送宾阶段还要奏《陔》乐。再如，在射礼中，在经过请射、纳射器、比三耦、张侯倚旌、迁乐、俟射和诱射等环节之后也有一系列复杂的奏乐活动。尤其是在第三番射的时候，要求射者不仅命中靶心，还要求再射的时候要听从鼓音的节奏来进行射箭活动，"歌《驺虞》若《采蘋》，皆五终"。② 可见，乐在礼仪活动中起到了重要作用，这在《仪礼》一书中多有体现。《仪礼》一书可以说是当时人们从礼仪层面对"乐感文化"精神进行践履的鲜活实录。正是在《仪礼》所记载的这些程序烦琐、流程复杂的礼仪影响之下，西周时期的人们，尤其是那些贵族统治者以自己的切身行动践行着礼乐精神。随着这种对礼乐精神践行的不断深入，"乐感文化"精神也逐渐融入他们的"生活世界"之中，影响着他们对于生命、对于他者、对于生活，甚至是对于人性的看法，成为他们日常生活密不可分的组成部分，形成了蔚为大观的西周"尚文"之风。

另一方面，礼仪活动本身就是一种富有审美意义的活动。《礼记·少仪》在讲到"礼"之美时曾说："言语之美，穆穆皇皇。朝廷之美，济济翔翔。祭祀之美，齐齐皇皇。车马之美，匪匪翼翼。鸾和之美，肃肃雍雍。"③ 如果说，

---

① 《仪礼注疏·卷九》，见（清）阮元校刻《十三经注疏》，中华书局，2009年影印本，第2126~2140页。

② 《仪礼注疏·卷十三》，见（清）阮元校刻《十三经注疏》，中华书局，2009年影印本，第2186页。

③ 《礼记正义·卷三十五》，见（清）阮元校刻《十三经注疏》，中华书局，2009年影印本，第3279页。

中国传统政治制度显示出的"美治主义"色彩是《礼记·少仪》所说的那种"济济翔翔"的朝廷之美和"齐齐皇皇"的祭祀之美，那么，礼仪活动所显示的则应该是那种"穆穆皇皇"的言语之美、"匪匪翼翼"的车马之美和"肃肃雍雍"的鸾和之美。礼仪活动是一种审美化的活动，按照王燚博士的见解，是因为礼仪活动的举行是以身体的在场为前提的。在他看来，这种以身体的在场为前提的礼仪活动本身会形成一种高于日常生活的场域，从而进入一种审美化的境遇。① 王燚利用西方身体美学理论对礼仪活动的审美性原因的上述分析有一定的说服力。其实，有不少学者对礼仪的审美化特征都有过论述。例如，朱光潜先生就曾说，对礼仪规范重视的主要目的是维护生活秩序。因此，从"内具和谐外具秩序"的角度看是善的，而从美学的角度看显然也是最美的。② 日本学者今道友信教授在《东方的美学》一书中更是明确地认为，礼本身就是一种"举止文雅崇高的艺术"。③ 总之，"三礼"从礼仪的层面体现着对"乐感文化"精神的实践，这在《仪礼》等典籍中有颇多的记载。

三 "三礼"从礼器层面实践着"乐感文化"精神

《礼记·礼器》谓："礼器，是故大备。大备，盛德也。"④《礼器》认为，礼能使人修养成器，使人完备，具有完美的德行。在礼器的使用上，《礼器》认为，有以多为贵的，有以少为贵的，有以大为贵的，有以小为贵的，有以高为贵的，有以下为贵的，有以"文"为贵的，还有以素为贵者。可见，先秦时期礼器众多，不同情况下礼器的大小、多少、文素等代表着不同的身份等级，不容有丝毫的差池。在现行的《周礼》文本之中的《考工记》也有许多涉及礼器方面的内容。当然，学者们普遍认为《考工记》不属于《周礼》的内容，《考工记》是战国时期的文献，《周礼》的

---

① 王燚：《西周礼乐美学考论》，中国社会科学出版社，2019，第 13 页。
② 朱光潜：《无言之美》，北京大学出版社，2013，第 176 页。
③ 〔日〕今道友信：《东方的美学》，蒋寅等译，生活·读书·新知三联书店，1991，第 103 页。
④ 《礼记正义·卷二十三》，见（清）阮元校刻《十三经注疏》，中华书局，2009 年影印本，第 3098 页。

编者为了补《周礼·冬官》之缺，硬将《考工记》纳入了《周礼》文本之中。笔者认为，《考工记》虽然只是一篇工艺方面的文献，但刘德等人将其纳入《周礼》之中也有其合理性。因为，正如《考工记·总序》所云："知者创物，巧者述之，守之世，谓之工。百工之事，皆圣人之作也。"①《考工记》中所记载的器物都是圣人创造的，都是圣人智慧的结晶，这些器物要满足人们现实生活、工作中的使用需求，而且对各种器物的尺度、要求和制作要领都有严格的规定，认为"天有时，地有气，材有美，工有巧，合此四者，然后可以为良"。②《周礼·考工记》不仅认为要综合天之温寒、地之刚柔、材之优良及工之精巧才能制作出精良的物品，而且认为"殷人上梓"，非常崇尚制作礼乐器具的工人，要求"百工"在各种器物的制作过程中在尽量满足实用和审美等需要的同时，还必须严格遵守上下尊卑等礼仪的要求，符合人伦之美的规范。如《考工记·梓人》所云："凡试梓饮器，乡衡而实不尽，梓师罪之。"③ 在检验梓人制作的饮器之时，如果爵上的两柱向眉而酒还没能饮完，那么梓师就要向制作这个爵的梓人兴师问罪了。之所以对梓人要求如此之苛刻，一方面是由于古人精益求精的工匠精神，另一方面更是由于制作的是"养生送死，以事鬼神上帝"的礼器，梓人在制作的过程中不容有一丝一毫的闪失。

在这些种类众多的礼器之中，最具代表性的当属九鼎。殷周时期发达的青铜冶炼技术使得青铜器成为那个时代具有"纪念碑性"的象征物，这种象征物便是用于礼仪活动之中的礼器。巫鸿认为每一个时代都有自己的纪念碑性质的东西，"三代"象征性的东西是九鼎。原因有以下几点。其一，九鼎是用当时最贵重的材料，运用当时最先进的金属冶炼技术冶炼而成的，"夏商周三代只有统治阶层才能拥有和使用青铜。……当来自不同地域的青铜原料被融化在一起而铸造成一套礼器时，这个过程也象征了不

---

① 《周礼正义·卷三十九》，见（清）阮元校刻《十三经注疏》，中华书局，2009年影印本，第1958页。

② 《周礼正义·卷三十九》，见（清）阮元校刻《十三经注疏》，中华书局，2009年影印本，第1958页。

③ 《周礼正义·卷四十一》，见（清）阮元校刻《十三经注疏》，中华书局，2009年影印本，第2001~2002页。

同地区的贡金者融合于同一个政治集合体当中"。① 其二，正所谓"藏礼于器"，九鼎在当时体现着严格的尊卑等级观念。正如《公羊传·桓公十二年》何休注云："礼祭，天子九鼎，诸侯七，卿大夫五，元士三也。"② 这种以鼎的多少与大小来区分尊卑等级的做法在《仪礼》和《周礼》之中有很多相关的记载。其三，按照巫鸿等人的看法，九鼎并非一种日常生活中的实用性的器物，而是被当作一种运动的、带有生命的"神物"，具有沟通人与神的功能，等等。总之，在夏商周时期九鼎被当作一种纪念碑性的东西，这种东西之所以体现着当时人们对"乐感文化"精神的实践是因为这种作为礼器的象征物已经不同于人们日常生活中的器具了。一方面在其设计制作的过程中人们有一定的艺术化追求，人们将对于美的向往和自身对于生命的理解融入其中去了。另一方面这些以九鼎为代表的青铜礼器本身就属于先秦礼制的重要组成部分，可以说也是中国传统政治制度"美治主义"色彩的重要体现，因此从礼器的层面体现着对"乐感文化"精神的实践。

除了以九鼎为代表的青铜器之外，服装、配饰等物品从某种意义上讲也具有礼器的功能。《仪礼》中的《士冠礼》、《士昏礼》、《燕礼》、《觐礼》和《丧服》等篇中有许多的记载。只要我们细翻一下《仪礼》，便可发现那时的礼仪制度对在不同的场合穿什么样的服装、戴什么样的配饰要求之严苛。《礼记·礼器》有云："礼有以文为贵者。天子龙衮，诸侯黼，大夫黻，士玄衣纁裳；天子之冕，朱绿藻十有二旒，诸侯九，上大夫七，下大夫五，士三：此以文为贵也。"③ 先王在制定礼仪的时候能够做到既有根本，又有文饰。这种文饰既包括忠信等人内在的德性，也包括容貌举止的端庄优雅。按照礼的规定，天子穿龙衮，诸侯穿黼服，大夫穿黻服，士上身穿黑衣下身穿黄中带赤色的裳，这些当然是为了区分"尊尊、亲亲"，维护贵贱等级的不同。然而，这些绣有龙的衮袍，绣有斧头状花纹的礼服

---

① 〔美〕巫鸿：《礼仪中的美术：巫鸿中国古代美术史文编》，郑岩等译，生活·读书·新知三联书店，2016，第52~53页。
② 《春秋公羊传注疏·卷四》，见（清）阮元校刻《十三经注疏》，中华书局，2009年影印本，第4806页。
③ 《礼记正义·卷二十三》，见（清）阮元校刻《十三经注疏》，中华书局，2009年影印本，第3104页。

不也具有十分重要的审美、装饰功能吗？或许这便是孔夫子所强调的"质胜文则野，文胜质则史。文质彬彬，然后君子"。当然，作为美学意义上的礼仪，其审美意蕴和艺术价值是维护"尊尊、亲亲"的封建等级秩序的附加品，是在对"国子"等贵族公子的天长日久的教化过程中逐渐形成的，可以说是西周尚文之风和春秋赋诗风尚浸润的必然结果。"王者功成作乐，治定制礼"，① 帝王功业告成了才开始作乐，社会治理稳定了才能顾及制定礼仪。因此，《左传·桓公二年》中对于周代服制，臧哀伯谓："衮、冕、黻、珽，带、裳、幅、舄，衡、紞、纮、綖，昭其度也。藻率、鞞、鞛、鞶、厉、游、缨，昭其数也。火、龙、黼、黻，昭其文也。"② 虽然按照臧哀伯的看法，"昭其度"、"昭其数"和"昭其文"都是服装配饰的功用，但"昭其度"又明显排在"昭其数"和"昭其文"的前面，可见西周时期通过严格的服制将人们框在一个严格的等级制度当中，"它一方面把外部世界由天象、自然构成的秩序挪移到了人事制度，同时也以自然的华彩衬托人伦秩序之美"。③ 总之，无论是上述那些造型端庄、肃穆狞厉的青铜器，还是那些工艺精美、雍容华丽的服装配饰，都在体现着礼的上下尊卑、等级森严的同时，也在客观上实践着那个时代的审美精神，体现着那个时代人们的审美实践。

四 《乐记》对"乐感文化"审美实践的理论总结

作为周公"制礼作乐"的理论总结，"三礼"文献之中有大量对于儒家美学精神实践的记载，那时的人们从礼制、礼仪和礼器等多个层面实践着儒家的这种美学精神。同时，作为"三礼"文献之一的《礼记》中的《乐记》篇可以说代表着从理论上对这种美学精神的深化和总结。

有关《乐记》的成书年代及作者历来就争议不断，莫衷一是。其中较

---

① 《礼记正义·卷三十七》，见（清）阮元校刻《十三经注疏》，中华书局，2009 年影印本，第 3318 页。
② 《春秋左传正义·卷五》，见（清）阮元校刻《十三经注疏》，中华书局，2009 年影印本，第 3781~3783 页。
③ 刘成纪：《西周礼仪美学的物体系》，《文艺研究》2013 年第 1 期。

有代表性的观点是，认为该书成书于战国中期，是由公孙尼子所作。从最早的南朝沈约到唐人张守节再到近人郭沫若、杨公骥和杨荫浏等先生都持上述观点。当然，也有学者对此表达不同的观点。例如，蔡仲德先生就认为，"《乐记》，西汉武帝时河间献王刘德作"。① 叶朗教授在《中国美学史大纲》之中也较倾向于认为是汉代人的作品，但叶朗教授也说《乐记》虽然成书于汉代，"也反映了汉代人的一些思想，但它的主要内容，应该是战国末期以前的思想。……基本上还是属于先秦美学的范围"。② 本文认为，在没有明确证据的情况之下，不宜贸然推翻前人的结论，正如蒋孔阳先生说的那样，"在我们没有确凿的证据以前，固然不必肯定一定是某人之作，但也不必否定不是某人之作"。③ 因此，还是倾向于将之判断为战国中期的作品。

如果《乐记》为战国中期公孙尼子所作的观点成立的话，那么将其看作西周春秋时期儒家礼乐思想的集大成之作应该是问题不大的。"乐者，音之所由生也"④，"乐者，通伦理者也"⑤，"乐者，天地之和也"⑥，"乐也者，情之不可变者也"⑦ ……这些可以说确实是对周公"制礼作乐"以来的礼乐思想，即对儒家审美意识的系统总结，同时这些总结也进一步深化了先秦儒家的"乐感文化"精神。

首先，《乐记》强调"乐者，天地之和也"，认为好的"乐"能够体现天地化生万物的和谐。"地气上齐，天气下降，阴阳相摩，天地相荡。鼓之以雷霆，奋之以风雨，动之以四时，暖之以日月，而百化兴焉。"⑧ 这

---

① 蔡仲德注释《中国音乐美学史资料注译》，人民音乐出版社，2007，第 267 页。
② 叶朗：《中国美学史大纲》，上海人民出版社，2007，第 149 页。
③ 蒋孔阳：《先秦音乐美学思想论稿》，人民文学出版社，1986，第 207 页。
④ 《礼记正义·卷三十七》，见（清）阮元校刻《十三经注疏》，中华书局，2009 年影印本，第 3311 页。
⑤ 《礼记正义·卷三十七》，见（清）阮元校刻《十三经注疏》，中华书局，2009 年影印本，第 3313 页。
⑥ 《礼记正义·卷三十七》，见（清）阮元校刻《十三经注疏》，中华书局，2009 年影印本，第 3317 页。
⑦ 《礼记正义·卷三十八》，见（清）阮元校刻《十三经注疏》，中华书局，2009 年影印本，第 3332 页。
⑧ 《礼记正义·卷三十七》，见（清）阮元校刻《十三经注疏》，中华书局，2009 年影印本，第 3320 页。

是《礼记·乐记》为我们描绘的天地万物化生的画面。天地激荡，阴阳摩擦，雷霆震荡，再加之，和风细雨，四季代序，暖阳照耀，正是在这样一种和谐的自然环境之下，万物便化生而兴起了。而"乐"在《乐记》的作者看来是"天地之和也"，正是为了用来体现这种天地化生万物的和谐场景的。"是故大人举礼乐，则天地将为昭焉，天地䜣合，阴阳相得，煦妪覆育万物，然后草木茂，区萌达，……则乐之道归焉耳"。① 圣人施行了礼乐之后，天地都跟着光明起来，与此同时，天地之气也因之而相互融合，阴、阳二气也因之而相辅相成，以抚育万物的生长。然后就是草木生长茂盛，各种种子开始发芽，禽类奋翅，兽类繁生……这些可以说都是圣人作乐之功效。

与之相反则是"土敝则草木不长，水烦则鱼鳖不大，气衰则生物不遂，世乱则礼慝而乐淫"。② 地力如果衰竭，则草木都不能够生长；不按照季节而频繁地去水中捕捞鱼鳖，鱼鳖就不能长大；大自然的生气如果衰竭的话，各种各样的生物就不能得到发育成长；社会动乱的话，就会礼废乐淫。在这样的环境之下，音乐就会显得悲哀而不庄重，快乐却不安定，散漫多变且节奏紊乱。可见《乐记》认为，这种音乐会扰乱人们的情绪，甚至毁坏人们的德性，"是以君子贱之也"，君子们深以为耻。

其次，《乐记》强调"声音之道，与政通矣"，认为好的"乐"是国家政通民和的表现。《乐记》认为音乐的道理是和政治相通的。"是故治世之音安以乐，其政和；乱世之音怨以怒，其政乖；亡国之音哀以思，其民困。声音之道，与政通矣"。③《乐记》认为：在人民安居乐业的和平时代连音乐都显得十分平和，显示出对太平社会下人们富裕生活的欢欣愉悦；与之相反，在人民动荡不安的乱世，音乐也会充斥着对社会秩序混乱的哀怨和愤恨之情；更有甚者，亡国时期的音乐则显得十分悲凉，这是人们在用歌声诉说自己的亡国之恨和对人民困苦生活的忧思。可见，在《乐记》

---

① 《礼记正义·卷三十八》，见（清）阮元校刻《十三经注疏》，中华书局，2009 年影印本，第 3332~3333 页。
② 《礼记正义·卷三十八》，见（清）阮元校刻《十三经注疏》，中华书局，2009 年影印本，第 3329 页。
③ 《礼记正义·卷三十七》，见（清）阮元校刻《十三经注疏》，中华书局，2009 年影印本，第 3311 页。

的作者看来真可谓"声与政通"，音乐的道理是和政治相通的，好的音乐能够表现一国政治的兴盛。

再次，《乐记》强调"乐者，通伦理者也"，认为好的"乐"代表着人伦秩序的和谐。《乐记》认为，音乐是和伦理相通的。音乐的宫、商、角、徵、羽"五音"分别代表着不同的人伦角色，"宫为君，商为臣，角为民，徵为事，羽为物"，① 宫声代表着君王，商声代表着臣子，角声代表着广大的人民大众，徵声代表着各种各样的事情，羽声代表着世间万物，只要宫、商、角、徵、羽这"五声"各安其位、各守其序，不发生混乱，就没有敝败不和谐的歌曲了，同样也就没有了人与他人之间、人与社会之间关系的不和谐了。《乐记》强调，先王制定礼乐并非为了满足人们的口腹耳目之欲，而是为了教导人们懂得做人的道理，共同建构一个君令臣恭、父慈子孝、兄友弟顺、夫和妇顺的和谐社会。因此，《乐记》强调："天尊地卑，君臣定矣；卑高已陈，贵贱位矣。"② 君臣之间的关系就像天和地一样，由于天尊而地卑，所以君臣之间的关系也由此而得到确定。同样，人与人之间的名位也正如地势那样，因为地势的高低不同而得到了确认。可见，《乐记》认为，人与人之间的尊卑秩序就像天地的尊卑和地势的高低那样，要各安其位，丝毫都不能有所差错，而好的音乐正是能够体现这种"天尊地卑""高低定位"的音乐。因此，《乐记》告诉我们要"律小大之称，比终始之序，以象事行。使亲疏贵贱、长幼男女之理，皆形见于乐"。③ 也就是说，《乐记》告诉我们要调整音乐声调的高低以使它们和谐相称，排列好乐章首尾的顺序，使它们能够很好地表现人世的功劳和德性，从而使关于亲疏贵贱、长幼男女的道理都能通过音乐表现出来，这样就可以通过音乐很好地体察社会了。

最后，《乐记》还强调"乐也者，动于内者也"，认为好的"乐"代表着人内在自我的和谐。《乐记》认为，"乐"是由人的声音产生的，音乐

---

① 《礼记正义·卷三十七》，见（清）阮元校刻《十三经注疏》，中华书局，2009年影印本，第3312页。
② 《礼记正义·卷三十七》，见（清）阮元校刻《十三经注疏》，中华书局，2009年影印本，第3319页。
③ 《礼记正义·卷三十八》，见（清）阮元校刻《十三经注疏》，中华书局，2009年影印本，第3328页。

的根源本于人心对外在事物的感受。因此，它能表现出人的内心世界是否和谐。"其哀心感者，其声噍以杀。其乐心感者，其声啴以缓。其喜心感者，其声发以散。其怒心感者，其声粗以厉。其敬心感者，其声直以廉。其爱心感者，其声和以柔"。①《乐记》作者认为：当内心有感于悲哀之时，人所发出来的声音就会显得非常急促而又低沉；当内心有感于快乐之时，人所发出来的声音就会显得特别宽舒而又徐缓；当内心有感于外在的喜悦之物而产生喜悦之心时，人们发出的声音就会显得非常爽朗而又有昂扬高涨的情绪；当人的内心感到愤怒的时候，人们发出的声音就会不由自主地显得粗狂而又十分凝厉；同样，当人的内心产生崇敬之感的时候，人的声音就会表现得亢直而又十分廉正；当人产生爱恋之心的时候，人的声音就会显得十分和悦而又异常温柔。

同时，《乐记》还强调"凡奸声感人，而逆气应之，逆气成象，而淫乐兴焉。正声感人，而顺气应之，顺气成象，而和乐兴焉。倡和有应，回邪曲直各归其分，而万物之理，各以类相动也"。② 类似于"郑卫之音"那样的邪音影响人们的话，人们受到影响就会产生逆乱的情绪。当纯正的"雅乐"影响人们的时候，人们受到感染就会产生和顺的情绪。《乐记》认为，就像唱的与和的相互呼应那样，邪和正也各归其类，世界上万事万物都是同类相应而动的，因此，它强调君子应当"反情以和其志"。可见，《乐记》认为音乐是人内在情感的表现，人们在处于不同心情的时候，发出的声音或低沉，或舒缓，或凝厉，或和悦，非常不同，只有内心处于平和喜悦的状态，才能奏出美妙的乐曲。同时，人们受到不同音乐的影响也会产生或淫乱或和顺的感受，世间万物都是同类相感而动的，君子应当复返人的内在本性来安和自己的内在心志。

总之，《乐记》强调"乐"是人内心的表现，它代表着确定的情感，礼乐贯通世间万物，好的音乐不仅能够体现天地化生万物的和谐，还是国家政通人和、人伦秩序和谐及人内在自我和谐的表现。应当说，《乐记》

---

① 《礼记正义·卷三十七》，见（清）阮元校刻《十三经注疏》，中华书局，2009 年影印本，第 3311 页。
② 《礼记正义·卷三十八》，见（清）阮元校刻《十三经注疏》，中华书局，2009 年影印本，第 3329 页。

中所表现出来的这些"微言大义"不仅从理论方面深刻系统地总结了先秦时期人们对"乐感文化"精神的实践，是那一时期人们审美实践的理论结晶，而且《乐记》作者富有理论深度的相关论述还深化了儒家审美意识"致中和"的精神追求，使儒家的美学意识逐渐系统化和理论化。

五　结语

虽然长期以来关于"三礼"文献的真伪问题一直争议不断，但基本可以肯定的是其主体部分关于先秦时期礼乐制度的记载是真实可靠的，"三礼绝对不是伪作，因为做不出来"。① "三礼"文献不仅反映了那个时代人们对于人伦秩序的践履，而且也在客观上反映了那个时期人们的审美追寻，体现着那个时期人们的审美实践。总之，可以说"三礼"文献从礼制、礼仪和礼器等多个层面实践着"乐感文化"精神，"郁郁乎文哉，吾从周"不仅是孔子对西周礼乐文明的向往，也是孔夫子对宗周时代人们"尚文"之风的向往，体现着夫子对那个时代人们对"乐感文化"精神实践的肯定。同时，《乐记》中的相关记载可以说是对先秦时期人们对"乐感文化"精神的相关实践的系统总结和理论升华。"三礼"文献中所记载的先秦时期人们对"乐感文化"精神的相关实践和以《乐记》为代表的相关理论总结对生活在 21 世纪今天的我们仍具有不容忽视的理论价值和现实指导意义。例如，"三礼"文献中所记载的先秦时期人们对"乐感文化"精神的相关实践，他们富有审美化倾向的礼仪生活中所体现出来的诗性智慧，他们身上流露出来的"文质彬彬"的君子气象，宗周时期的"尚文"之风，等等，所有这些对于面临异质文化的冲突、理性形式泛滥的当代人来说都具有一定的启示意义。除此之外，先秦时期人们对"乐感文化"精神的相关实践和《乐记》等的理论总结，更有助于我们认真总结相关实践经验，构建具有中国特色的美学研究范式和本土化的话语体系。

---

① 李泽厚：《李泽厚对话集·浮生论学》，中华书局，2014，第 237 页。

On the Aesthetic Practice of "Musical and Aesthetic Culture" from the Perspective of "Three Rites"

Zhang Pengju

Abstract: "Musical and Aesthetic Culture" is a summary of the wisdom of Chinese life, which has a distinctive aesthetic practice. With the Duke of Zhou's "making rites and making music", "Musical and Aesthetic Culture" began to gradually integrate into people's daily life in the form of "rites" and "music". The "music" originally used for "singing and dancing to entertain gods" and the "rites" originally used for "offering things to serve gods" began to gradually become institutionalized and institutionalized, and had a huge role in guiding the ancestors' daily behavior. The relevant records in Zhouli, Yili and Liji vividly reflect people's aesthetic practice in the pre-Qin period from the aspects of ritual system, ritual and ritual utensils, and are the concentrated reaction of the spirit of "Musical and Aesthetic Culture" in the pre-Qin period. Similarly, the relevant records in Yue Ji are also the theoretical summary of people's relevant aesthetic practice activities at that time. The analysis of the aesthetic practice of "Musical and Aesthetic Culture" through the "three rites" is not only helpful for us to improve our understanding of the poetic life of the ancients, but also helpful for us to seriously summarize the relevant practical experience and build an aesthetic research paradigm and localized discourse system with Chinese characteristics.

Keywords: "Three Rites"; "Musical and Aesthetic Culture"; Aesthetic Practice; Aesthetic Discourse

大连图书馆藏稀见抄本
《珍珠舶》谫论[*]

张庆利　王　琦[**]

【摘要】《珍珠舶》是一部清代短篇话本小说集，是大连图书馆收藏的仅存抄本，具有重要的版本学价值。小说题为"鸳湖烟水散人著"，研究表明，烟水散人即由明入清的徐震。小说通过战争、神鬼、讼狱、婚姻等题材，反映了当时普通市井百姓的生活，表现了明显的劝诫讽喻之意。作品鲜明的"话本小说"叙事模式与结构特征、刻画人物的生动立体，以及其典雅优美的诗词，等等，都使得小说具有较高的艺术价值。

【关键词】《珍珠舶》　徐震　叙事结构　人物刻画　明清小说

一　《珍珠舶》的发现与传播

大连图书馆藏《珍珠舶》一书，凡六卷，每卷三回，无卷名，但有回目。该书为抄本，半页八行，行二十字，无边栏，无格，无绣像，行间有朱、墨两色批注。首有序，末署"鸳湖烟水散人自题于虎丘精舍"。每卷正文首题"新镌绣像珍珠舶卷几"，其后两行均署有"鸳湖烟水散人著""东里幻庵居士批"，其后为回目。第五卷、第六卷后有缺页，正文内时有

* 本文为国家社科基金重大项目"大连图书馆藏明清小说整理与研究"（项目编号：17ZDA261）的阶段性研究成果。

** 张庆利，文学博士，博士生导师，珠海科技学院特聘教授，主要研究方向为先秦两汉文学与文化；王琦，辽宁师范大学文学院 2020 级硕士研究生，主要研究方向为中国典文献学。

空缺，或因原书漫漶缺蚀，所缺字数可以根据空缺的距离判断，疑本书据原本抄写时，保持了原书行款。第四卷第一回、第五卷第三回、第六卷第三回后有缺页，可据文意判断所缺字数不多。

每卷内封页左侧有单边黑框题"珍珠舶几"，封页后空一页，其后两页均有印章，首一页钤一方"大谷光瑞藏记"朱文方印。大谷光瑞是日本著名汉学家，西本愿寺第二十二代住持。次一页钤三方印章，上方为蓝色椭圆形的英文印章，分内、外两圈：内圈有两行刻记，第一行为钞本编号，第一册到第六册分别为"565570""565571""565572""565573""565574""565575"，第二行为"昭.5.7.18"即日本昭和五年，公元1930年7月18日；外圈为英文字母"S. M. R.·LIBRARY·S. M. R."。该页正中间钤"南满洲铁道株式会社图书印"朱文方印，右下角为"写字台之藏书"朱文椭圆印，"写字台"即日本西本愿寺藏书室。第一卷卷端右下角仅有"大连图书馆藏"朱文方印。其余五卷卷端右下方均钤有"旅大市图书馆藏书印"朱文方印，及"大连图书馆藏"朱文方印。部分回目页有"大连图书馆藏"朱文方印。

大连图书馆藏抄本《珍珠舶》为目前仅存的抄本。孙楷第《中国通俗小说书目》记载："《珍珠舶》六卷，存，大连图书馆藏日本抄本。刊本未见。"① 江苏省社会科学院明清小说研究中心编《中国通俗小说总目提要》中记载："《珍珠舶》六卷十八回，存。日本抄本……卷端题'新镌绣像珍珠舶'，因系抄本，亦无绣像。藏大连图书馆，刊本未见。"② 石昌渝主编《中国古代小说总目》记载："《珍珠舶》六卷十八回，今仅存抄本，藏大连图书馆。"③ 20世纪八九十年代，大连图书馆藏珍稀小说的文物价值与文献价值被学界所重视，有学者对《珍珠舶》一书进行研究和整理。

上海古籍出版社1994年出版的《古本小说集成》第一辑中所收录的《珍珠舶》一书据大连图书馆藏抄本影印，自序言页开始影印，前无钤有"大谷光瑞藏记"印章页，及次页。其前言中记载："《珍珠舶》刻本未

---

① 孙楷第：《中国通俗小说书目》，人民文学出版社，1982，第116页。

② 江苏省社会科学院明清小说研究中心、江苏省社会科学院文学研究所编《中国通俗小说总目提要》，中国文联出版公司，1990，第387~388页。

③ 石昌渝主编《中国古代小说总目》（白话卷），山西教育出版社，2004，第524页。

见。大连图书馆藏日本抄本……孙楷第《中国通俗小说书目》、大冢秀高《增补中国通俗小说书目》，均祇著录此一部抄本，见得为传世孤本，今据影印。"江苏古籍出版社于1993年出版的《中国话本大系》中所收录《珍珠舶》为丁炳麟据大连图书馆藏日本抄本整理后排印出版。春风文艺出版社于1994年出版的《中国古代珍稀本小说》中所收录《珍珠舶》，系段扬华根据大连图书馆藏钞本校点后排印出版。其"前言"说："《珍珠舶》六卷十八回，每三回为一卷，每卷演一个故事，是仅存于大连图书馆的抄本。"① 21世纪以来，大连出版社于2000年出版的《大连图书馆藏孤稀本明清小说丛刊》中影印《珍珠舶》抄本，采用线装形式，以朱、墨两色影印，保持了抄本原貌。其前言中亦有"另如《珍珠舶》《后水浒传》都是该版的仅存者"。另大众文艺出版社、太白文艺出版社、时代文艺出版社、内蒙古出版社、黑龙江美术出版社、吉林摄影出版社等均有排印本，不一一赘述。

从以上文献的分析可见，大连图书馆藏抄本《珍珠舶》具有重要的文物价值与文献价值。但20世纪以来的该书整理与研究，并不尽如人意。

二 《珍珠舶》作者研究述略

《珍珠舶》一书于每卷正文卷首题"鸳湖烟水散人著""东里幻庵居士批"。据孙楷第《中国通俗小说书目》："《珍珠舶》清徐震撰，首自序，署'烟水散人'。"谭正璧编《中国文学家大辞典》②、胡士莹《话本小说概论》③、戴不凡《小说见闻录》④ 以及上文所述《中国古代小说总目》⑤《中国通俗小说总目提要》⑥ 等，均认为"烟水散人"即徐震。

"烟水散人"是否为徐震？20世纪80年代对此进行过深入探讨。孙楷

---

① 《中国古代珍稀本小说》（第七册），董文成等校点，春风文艺出版社，1994，第413页。
② 谭正璧编《中国文学家大辞典》，上海书店，1981，第1471页。
③ 胡士莹：《话本小说概论》，商务印书馆，2011，第806页。
④ 戴不凡：《小说见闻录》，浙江人民出版社，1980，第231页。
⑤ 石昌渝主编《中国古代小说总目》（白话卷），山西教育出版社，2004，第524页。
⑥ 江苏省社会科学院明清小说研究中心、江苏省社会科学院文学研究所编《中国通俗小说总目提要》，中国文联出版公司，1990，第387页。

第、谭正璧、胡士莹、戴不凡、杨立生先生持肯定态度，其依据有二。一为《女才子书》首有序，序后"烟水散人漫题于泖上之蜃阁"的题署之下，分别有"徐震之印"朱文方印、"烟水散人"白文方印。次有华亭通家弟钟斐题序，序云："余笑曰：'此地有徐子秋涛者，余莫逆友也，彼此冲烟冒雨而至，奚患无客。'俄闻歌咏之声出自芦荻中，则徐子果以扁舟荷笠而来，袖中出一编示余曰：'此余所作名媛集也，惟子有以序之。'"二为《赛花铃》序后的题词，在"康熙壬寅岁仲秋前一日檇李烟水散人漫书于问奇堂中"的题署后边，亦有"徐震"朱文方印、"烟水散人"白文方印。由此，他们确定"烟水散人"为徐震的印章。

对此林辰先生持不同态度，他认为据以上材料只能证明"烟水散人"为"徐秋涛"，不能确定为徐震，原因是印章的真伪问题。第一，《女才子书》中"徐震之印"与《赛花铃》中"徐震"朱文方印行款不同，字形亦有区别，两书中"烟水散人"之印字形亦略有区别；第二，《女才子书》目次之后，正文之前有八幅绣像，半页绘像，半页题赞。这些题赞分别署名为圣昭（季麒光，字圣昭）、冯梦龙、徐渭、徐震、李待问、其昌、屠隆、汤显祖，其署名后钤有印章，其中徐震名下钤有"徐震"朱文方印，此印与前文序后所钤"徐震"朱文方印字形差异较大。《女才子书》成书于清初。徐渭生于正德十六年，卒于万历二十一年；汤显祖生于嘉庆二十九年，卒于万历四十七年；董其昌生于嘉靖三十四年，卒于崇祯九年；屠隆生于嘉靖年间，系万历年间进士，卒于万历三十二年。《女才子书》晚出，以上名家题赞系伪造，自然难以根据印章确定"烟水散人"为"徐震"。

1985 年，王青平发表《关于徐震及其〈女才子书〉的史料》[1]，提出了新的证明史料。第一，清王晫（丹麓）辑、张潮（山来）校《檀几丛书》卷三十有《美人谱》，原题"秀水徐震秋涛著"。观《美人谱》内容，即《女才子书》中《女才子首卷》之节录。第二，清沈懋德重编《昭代丛书别集》第六册有《牡丹亭骰谱》，原题"秀水徐震秋涛录"。首有鸳湖烟水散人的识语，其云："往余曾辑《女才子书》，首列《小青》，只句

---

① 王青平：《关于徐震及其〈女才子书〉的史料》，《文学遗产》1985 年第 2 期。

单辞不具载，枣梨二十余年矣。"由此，作者确定《女才子书》成书于顺治十六年，北京图书馆藏《女才子书》为初刻原版本。对新材料的挖掘解决了"烟水散人"是否为徐震的争论，这样一来，徐震之籍贯为浙江秀水，即浙江嘉兴无疑，其生于明末清初等问题焕然冰释。关于署名"鸳湖""南湖""檇李""古吴"的"烟水散人"似能得到确定，《女才子书》卷十《谢彩》文中有："……秀州……郡城附郭，有一巨浸，名曰南湖。因以两湖相并，亦名鸳鸯湖。湖心有一烟雨楼，为一郡之胜。"《中国古今地名大辞典》也有"鸳湖在浙江嘉兴县南三里，湖中有烟雨楼、钓鳌几、鱼乐国"和"嘉兴县南醉李城"的记载。① 从以上文献中可知"鸳湖""南湖""檇李"均与嘉兴有关，"鸳湖烟水散人"又曾自述说："生于吴，长于吴，足迹不越于吴。"所以署名"鸳湖""南湖""檇李""古吴"的"烟水散人"似为一人。林辰后发文认同了《女才子书》为徐震所作之观点，但对署名"鸳湖""檇李""古吴"的"烟水散人"究竟是否为同一人尚持不同看法。经学界讨论，《女才子书》确为题"鸳湖烟水散人"的秀水徐震字秋涛所作。关于《珍珠舶》题"鸳湖烟水散人著"，究竟是否亦为徐震所作，学界还有争议，但确定《女才子书》的作者为徐震，对于研究《珍珠舶》的作者问题具有重要作用。

21 世纪前后，学界对"烟水散人"的研究更加充分，对"烟水散人"的生平经历和著述情况做了进一步探讨。1997 年，郭浩帆发表《烟水散人析议》一文，认为署"鸳湖""南湖""檇李"的烟水散人为一人，烟水散人生于 1609 年。② 2005 年，杨昕发表《烟水散人考辩》，认为四种不同题署的烟水散人都是嘉兴徐震，其生年为 1605 年前后。③ 2009 年，杨琳在《烟水散人生平著作考述》中亦认为，檇李、古吴、南湖、鸳湖四个烟水散人为同一人。④《珍珠舶》与《合浦珠》中有对李自成起义的历史描写，两者对于这一历史的叙述口吻几乎一致，可作为确定著名为"鸳湖""檇

① 参考杨立生《关于烟水散人天花葬主人及其他》，见《明清小说论丛》，春风文艺出版社，1985，第 321~335 页。

② 郭浩帆：《"烟水散人"析议》，《明清小说研究》1997 年第 2 期。

③ 杨昕：《烟水散人考辩》，《沧州师范专科学校学报》2005 年第 1 期。

④ 杨琳：《烟水散人生平著作考述》，《明清小说研究》2009 年第 2 期。

李"的"烟水散人"的旁证。

从以上的文献分析可知,《女才子书》确为题名"烟水散人"的徐震所作。而《女才子书》序后题"烟水散人",内封题"鸳湖烟水散人",由此可以推知"鸳湖烟水散人"亦为徐震无疑,在署名"烟水散人"的十一篇作品当中,只有《女才子书》与《珍珠舶》署名"鸳湖烟水散人"。次之,徐震是由明入清之人,从《珍珠舶》第四卷与第五卷描写了明末动乱的局势,涉及李自成攻陷北京、崇祯皇帝缢死在煤山的历史。第五卷第三回中描写道:"那一时,正值流贼攻陷了湖广地方,山东州郡无不闻风瓦解。一路草寇窃发,十分难走。故自正月望后起程,直至三月初,始抵淮安。将欲买舟过江,忽闻彰义门已破。大行皇帝缢死煤山。"这些涉及历史的侧面描写亦与徐震为明末清初人是契合的。另外,《女才子书》与《珍珠舶》在内容、形式与艺术风格上有相似之处。目前,学界对"烟水散人"的研究还不够充分,其生平与作品尚有许多模糊之处。上文梳理了《珍珠舶》作者问题研究的争议与成果,并罗列了笔者在整理过程中的发现,相信随着学界研究的深入,这一问题会得到确定的回答。

三 《珍珠舶》的艺术价值

《珍珠舶》是一部短篇话本小说集,其内容广博,包含战争、神鬼、讼狱、婚姻等题材,反映了当时普通市井百姓的生活。小说共六卷,分别讲述了六个故事。第一卷讲的是"慎交友"的故事,第二卷讲的是善得福报的故事,第三卷叙述神鬼异事,讲恶有恶报,第四卷、第五卷是才子佳人故事,第六卷讲的是出家人色心终遭惩处。作者在"序"中表达了创作的初衷:"斯编实有针世砭俗之意""夫余之所传,实堪警世",希望能达到"野史者,述一时民风之盛衰"。可见作者对《珍珠舶》有很高的期许,表现出明显的劝诫讽喻之意。小说的艺术价值也值得探究。

《珍珠舶》中具有明显的"话本小说"的叙事模式与结构特征。作品具有鲜明的"说话"的表达方式,作者在故事与读者之间,以"第三人称全知视角"讲述故事,并借"说话人"的口吻道出事件的原委,推动故事情节发展。作者借"说话人"的表达方式,或引出情节,或制造悬念,或道出原委，或诠释名物，主观性强，而对于短篇小说来说却具有特殊的价值，并且增强了小说的趣味性。小说往往以议论"入话"，阐述正话的主题，并将作者所要表达的劝讽之意阐释清楚，然后在"正话"部分将故事娓娓道来。例如第二卷第一回入话便极其具有深意。

> 尝谓人生在世，富贵贫穷，无不关乎命运。那富贵的，必至骄奢，骄奢已极，势必流于贫贱。那贫贱之家，必然勤苦，勤苦之后，自生富贵。总之循环流转，都有一定之数。所以古语说得好，朱门生饿殍，白屋出公卿。然以愚意看来，则又不然。无论富贵贫贱，总要修德为主。若富贵而能修德，自应泽及子孙。所以古人曾有九世同居，三世皆为宰相。然则富贵原可以长享，若贫贱而不修德，一味怨天尤人，愤愤不足，或觊觎非分之福，或强求意外之财，岂知富贵未来，而祸已旋踵而至。那时节即欲求为贫贱，而不可得。然则居乎贫贱者，不以勤苦为难，而以不滥为贵。看官，你道为何说此一番议论？只因有一秀才，十年坎坷，偏能乐道安贫，竟得擢第春宫，联姻宦族，直到了七十岁，更有一番好运。且待敷演出来，以供那未得时的展眉一笑。

作者欲扬先抑，开篇强调"命运"，然而话锋一转强调个人的主体能动性，强调德行对个人的重要意义。并借故事来宣扬自己的观点，该卷讲述的故事是金宣一生历经坎坷起伏，然而保持正直善良，宠辱不惊，终得善报。这种类型的入话与正话紧密结合，结构紧凑，独具艺术价值。

《珍珠舶》对人物形象的刻画非常成功，体现在两方面。一方面是完整地描述了主要人物形象的变化过程，符合真实的人性变化。另一方面是对小人物刻画得生动立体，突出其重点特征，着重表现小人物最真实的一面，这在明末清初的小说中是难能可贵的。《珍珠舶》的主要人物处于变化的过程中，其性格是复杂多变的，作者避免了给读者留下出场时单一的印象，这样描写更符合真实的人性变化，也更合情合理。这种方式往往会打破读者的阅读期待，产生独特的阅读体验。例如第一卷对赵相之妻冯氏的刻画，小说中冯氏从贞慎走向堕落有一个完整的过程，蒋云每天在赵家献殷勤，先是勾搭赵相母亲王氏通奸，赵相母亲王氏暗中推波助澜，冯氏最终在蒋云的步步紧逼之下失身。冯氏被蒋云诱奸后，便走向堕落之路。赵相归家之后，冯氏与赵相发生争执，意欲求死之际，被蒋云欺骗至李庄，又被蒋云毒打逼迫卖身。经历一番遭遇后冯氏与赵相和好，追悔前事，勤苦帮助赵相持家。当赵相碰到蒋云之妻巧姑因蒋云被杖毙后亦流落至风尘之所后，冯氏力劝赵相赎取巧姑为妾。从作者对冯氏形象的描绘中可以发现，冯氏的形象有一个变化的完整过程，人物形象细腻丰满。

《珍珠舶》对小人物的刻画，往往赋予小人物鲜明的性格特点，突出小人物最鲜明的特征，因而能够给读者留下深刻的印象。作者在此赋予每个小人物或姓氏或名字，而不是简单地以其身份来代替，小人物的性格对推动故事情节的发展具有非常重要的作用。例如第一卷中对董近泉的描写，着重体现了他爱贪图小便宜的市井性格。小说中写道："那做裁缝的董近泉，常把微词取笑，思欲起发蒋云的酒吃。蒋云若是一个知事的，就请他吃了一杯，也免日后多少是非。只因自恃衙门走动，结识绅衿，眼里那有董裁，怎肯费着东道。近泉见不招揽，心下愤愤不悦，只等赵相回来，指点捉奸。"作者对董近泉的刻画，十分生动具体，不拖泥带水，干脆利落，将一个市井小人物贪图利益的形象刻画了出来。作者正是从对人物刻画的小细节中反映了广泛的社会生活，对小人物突出的特征描写组合起来就是对明末清初真实人物的群像刻画。商人久居在外，游贩走街串巷，当官的、包揽诉讼的、乡绅、进士、落魄书生、千金小姐、书童、丫鬟、和尚、尼姑、道士等，一一刻画，都给人留下深刻印象。

《珍珠舶》中表现出的真挚感情能深深地打动读者。第二卷写尽人生荣辱，描绘出了人生感慨，壮阔深邃。金宣一生历经坎坷，荣辱交织，得意与落魄共存，颇像人生的真实写照，其间所体现的情感无异于作者情感的真实写照。

光阴荏苒，不觉三十余年。金生已交七十，谁料年纪渐老，则生徒渐幼，馆资渐轻，金生居恒怏怏。一日，对着夫人秀玉道："我以廿年落魄，始获一第，将谓入玉堂登金马，足以显名当世。岂意官仅七品，倏遭家难，虽脱岭南之徙，意作湖上之囚。只今年交耳顺，犹然伯道无儿，埋骨倩谁，还乡何日，羞杀进士两字，徒作春风一梦。然幸夫人相慰晨夕，不然似此穷居愤懑，我已成疾，弃世久矣。"秀玉听说，亦相顾欷歔，泫然泪下。

作者寥寥数笔写尽金宣一生的坎坷，将"人生失意倍多，如意少"的真谛道出，作者在小说中写尽人生的"欢声与泪影"，将人生的厚重呈现给读者，其作品中厚重的情感表达使得《珍珠舶》独具艺术价值。亦如第四卷中谢宾又家业飘零，婚事蹉跎，后与杜小姐相识，两情相悦，他考中举人，却未考中进士，两人自此相隔，这种情节的离奇与人生的无奈结合在一起，其中所体现出的真挚情感往往令读者沉醉其中。

《珍珠舶》作为话本小说，其中的诗词颇为可观。话本小说在讲述正文之前，往往以诗词开头。《珍珠舶》中每回均配以一首诗或词，多为自作，诗词中往往包含了对该回合的概括与评说，反映本回发展线索，值得细细品读。同时在第二卷、第四卷以及第五卷这三篇才子佳人小说中，作者借才子之口写了很多诗词，这些诗词往往在表现才子佳人的才华之余，涉及对南方的地域描写与景色描写，例如第四卷中谢宾又遥望那七十二峰，黛色连天，浩浩茫茫，碧波万顷，不觉诗兴陡发，吟绝句二首。

日落长沙水拍天，来时曾此泊矶边。
宁知归路凄凉甚，木叶萧萧起暮烟。

白云何处是湘娥，渺渺愁余向碧波。
泪湿青衫肠已断，隔船休唱竹枝歌。

这两首绝句将暮色中作者的愁苦表现出来，归途的失望与苍茫的暮色融为一体。作者沉浸在碧波荡漾的江上，将无限的感慨寄托于诗中。

《珍珠舶》的总体艺术价值应该得到充分的肯定，但其六卷作品的价值并不是平分秋色，而是参差不齐，第二卷、第四卷、第五卷这三篇才子佳人模式的小说艺术价值最高。这其中又有对"才子佳人小说"的继承与新变：第二卷写尽人生荣辱，将"才子佳人小说"与人生感慨结合在一起，壮阔深邃；第四卷是才子佳人的传统模式；第五卷加入想象与虚拟的成分，想象力丰富，情节新奇，并借用"花神"这一虚拟的形象，对于小说的创作具有积极的尝试。而第一卷、第三卷与第六卷中包含着少量直露的色情描写、荒诞离奇的鬼神刻画，这也是不容忽视的缺点。

On the Survey of Rare Manuscript *Zhen Zhu Bo* in Dalian Library

Zhang Qingli, *Wang Qi*

Abstract：*Zhen Zhu Bo* is a collection of short stories in the Qing Dynasty. It is the only copy in the collection of Dalian Library and has important typological value. The novel is entitled "Yuanhu Yanshui Sanren", and the research shows that the Yanshui Sanren is Xu Zhen who lived in the late Ming and early Qing dynasties. Through the themes of war, gods and ghosts, lawsuit and prison, marriage and so on, the novel reflects the life of ordinary people at that time, and shows an obvious meaning of exhortation and allegory. The distinctive narrative mode and structural characteristics of "vernacular novel", the vivid three-dimensional depiction of characters, and its elegant and beautiful poetry all make the novel of high artistic value.

Keywords：*Zhen Zhu Bo*；Xu Zhen；Narrative Structure；Characterization；Ming and Qing Novels

大连图书馆藏《金瓶梅》整理弁言[*]

郑晓峰^{**}

【摘要】金学研究四百年来，《金瓶梅》的"逸典"世界，既是晚明时代日常生活的社会图景的拟像，也是"日常生活形而上化"的思想史镜像。张竹坡批评的第一奇书本以其深刻的"情理"观揭示了这一图景，以文间评的解释性评注方式，重构了一个交叉视阈下的新文本系统。这一系统引导读者开始关注自身阅读的体验，进而与作者、评点者共同参与，从而完成了一个全新的身份转变。

【关键词】大连图书馆 《金瓶梅》 明清小说

"稗官之上乘"的《金瓶梅》可谓"最有名"之"世情书"，"同时说部，无以上之"（鲁迅《中国小说史略》）。作者炉锤妙手，针工匠斧，构造了"云霞满纸"、芳香自吐的"逸典"世界，这既是晚明时代日常生活的社会图景的拟像，也是"日常生活形而上化"的思想史镜像。作者塑造的艺术世界，形神毕肖的人物群像，奢靡华侈时尚的世风，插叙消闲、草灰蛇线、伏脉千里等小说技法，妍媸毕现的审美追求，等等，在我国小说史，乃至世界文学史、文化史上都是有重要地位的。

金学研究四百年来，张竹坡批评的第一奇书本更是地位显赫，影响深远。张评本的"情理"观，以文间评的解释性评注方式，有机地融入文本

———————————

* 本文系国家社科基金重大项目"大连图书馆藏明清小说整理与研究"（项目编号：17ZDA261）的阶段性研究成果。

** 郑晓峰，哈尔滨师范大学文学院副教授，硕士研究生导师，主要研究方向为中国古代文学。

中，重构了一个交叉视阈下的新文本系统。相应的，读者也实现了由从情节出发到关注自身阅读体验，甚至是与作者、评点者共同参与建构文本的新读者的身份转变。

一 张竹坡与兰陵笑笑生

张竹坡（1670~1698），名道深，字自得，号竹坡。皋鹤堂是张竹坡的堂号。康熙三十四年（1695）他以崇祯本为底本，批点刊刻《金瓶梅》。

《彭城张竹坡批评〈金瓶梅〉第一奇书》卷首谢颐序最早提及张竹坡批点事。从而考索张竹坡的生平成为金学研究的一大课题。检索史料，在刘廷玑《在园杂志》、张潮《幽梦影》《尺牍友声集》《东游记》、桂中行《徐州诗征》、民国《铜山县志》、张伯英《徐州续诗征》、马廉《隅卿杂抄》等中，皆有张竹坡的生平事迹。孙楷第《中国通俗小说书目》概述为"竹坡名未详。刘廷玑《在园杂志》称彭城张竹坡，盖徐州府人。曾见张山来《幽梦影》有张竹坡评，则顺康时人也"。[①] 张竹坡何名何地皆语焉不详，颇有争议。美国戴维·特·罗伊（David Tod Roy，中文名芮效卫，1933~2016）据杨复吉所编《昭代丛书别集》中收有张潮的《幽梦影》，该书收录张竹坡评语，通过考查评语，得出张竹坡原籍安徽歙县，约于1650年生于彭城的推论。[②] 英国阿瑟·戴维·韦利（Arthur David Waley，1889-1966）认为名系伪托，根本不存在张竹坡其人。[③] 这一悬案，直至吴敢先生发现了乾隆四十二年刊刻的《张氏族谱》，才使这一问题重新进入研究视野。其中收录张竹坡胞弟张道渊所写《仲兄竹坡传》，成为破解这一悬案的重要线索。

《仲兄竹坡传》云："兄名道深，字自得，号曰竹坡。余兄弟九人，而殇者五。兄虽居仲，而实行四。"[④] 这证明实有其人。最直接的证据是张竹坡向胞弟张道渊的数句感喟，"曾向余曰：'《金瓶》针线缜密，圣叹既殁，

① 孙楷第：《中国通俗小说书目》，中华书局，2012，第88页。

② 王丽娜、杜维沫：《美国学人对于中国叙事体文学的研究》，《艺谭》1983年第3期。

③ 〔英〕阿瑟·戴维·韦利、顾希春：《〈金瓶梅〉引言》，顾希春译，《河北大学学报》（哲学社会科学版）1981年第1期。

④ 侯忠义、王汝梅编《〈金瓶梅〉资料汇编》，北京大学出版社，1985，第211页。

世鲜知者，吾将拈而出之.'遂键户旬有余日而批成"。① 这恰恰与大连图书馆藏"本衙藏板 翻刻必究"本《寓意说》多出的 227 字相印证。现移录其文，便于比对。

> 作者之意，曲如文螺，细如头发，不谓后古，有一竹坡，为之细
> 匕点出。作者于九泉下当滴泪以谢竹坡。竹坡又当酹酒以白天下锦绣
> 才子，如我所说，岂非使作者之意，彰明较著也乎？
>
> 竹坡，彭城人。十五而孤，于今十载，流离风尘，诸苦备历，游
> 倦归来，向日所为密迩知交，今日皆成陌路。细思床头金尽之语，忽
> 匕不乐，偶睹金并（瓶）起手云，亲朋白眼，面目寒酸，便是凌云志
> 气，分外消磨，不禁为之泪落如豆。乃拍案曰：有是哉，冷热真假，
> 不我欺也，乃发心于乙亥正月人日批起，至本月廿七日告成，其中颇
> 多草草，然予亦自信其眼照古人用意处，为传其金针之大意云尔。缘
> 作《寓意说》，以弁于前。

由此可以看出，竹坡籍贯、身世、感情记述相吻合。"十五而孤"可与《仲兄竹坡传》"十五赴棘围，点额而回，旋丁父艰，哀毁致病"相印证。需要指出的是评点所用时间，竹坡自谓"乙亥正月人日批起，至本月廿七日告成"，据此看十余日批点完成。这与《仲兄竹坡传》"遂键户旬有余日而批成"，《凡例》"此书非有意刊行，偶因一时文兴，借此一试目力，且成于十数天内"，观点一致，皆为闭门十余日批成，极言文思之速。这也与整篇传记风格一致，"兄终朝嬉戏，及塾师考课，始为开卷。一寓目，即朗朗背出，如熟读者然。……读竟复诵，只字不讹"。道渊眼中的竹坡一目十行，背书既速且准，竹坡才子也。王汝梅先生则认为约经三个月评点完成这部大书，主要依据在于"秦中觉天者谢颐题署《第一奇书序》为'时康熙岁次乙亥清明中浣'，即康熙三十四年（1695）三月中旬，大约在评点接近完稿时写序"。② 评点完成后，再请人作序，也未尝不可。况且，以竹坡之文思，用功之勤，"能数十昼夜

---

① 侯忠义、王汝梅编《〈金瓶梅〉资料汇编》，北京大学出版社，1985，第 211 页。
② 王汝梅：《王汝梅解读〈金瓶梅〉》，时代文艺出版社，2015，第 178 页。

目不交睫"，十余日完成评点也在情理之中。

从道渊的传记和张竹坡的相关评点及诗集《十一草》存诗看，他才思敏捷，易于在评点领域骋才扬己，从评点中可以看出，他对经、子之学关注度不够，"读书一目能十数行下，偶见其翻阅稗史，如《水浒》《金瓶》等传，快若败叶翻风，暮影方移，而览辄无遗矣"。而经部文献的征引、化用似乎有限，这可能是其"五困棘围，而不能博一等"的一个原因。另外，还应看到竹坡的遗物，"兄既殁，检点行橱，惟有四子书一部、文稿一束、古砚一枚而已"。"四子书"，即"四书"，科举用书，制策之论。有趣的是，"惟有四子书一部"这句话，却在道光五年《彭城张氏族谱·家传》刊本中《仲兄竹坡传》一篇中被删去，似乎传递了这样一种认识，《张氏族谱》的删减似标示着竹坡评点此"淫书"有辱圣人门楣，《金瓶梅》由奇书到淫书的地位变化。

科举之路不通，张竹坡去永定河"河干效力"，希图通过治河获得晋身之阶。"昼则督理插图，夜仍秉烛读书达旦。兄虽立有赢形，而精神独异乎众，能数十昼夜目不交睫，不以为疲"，加之原本身体不好，"兄体癯弱，青气恒形于面"。二十九岁，张竹坡溘然长逝。

值得注意的是，张道渊的《仲兄竹坡传》有乾隆四十二年（1778）《张氏族谱·传述》刊本与道光五年《彭城张氏族谱·家传》刊本，比较可见，后者删除了有关张竹坡批点《金瓶梅》的全部材料，这当然与清政府的书禁愈来愈严，① 张氏惧罪远祸之心有关。而这些内容，恰恰对《金瓶梅》的评点原因和传播，提示了重要的信息。

---

① 据《元明清三代禁毁小说戏曲史料》，康熙四十年（1701），淫词小说等永行严禁。雍正二年（1724）禁市卖淫词小说，"雍正二年又奏准，凡坊肆市卖一应淫词小说，在内交与都察院等衙门，转行所属官弁严禁，务搜版书，尽营销毁；有仍行造作刻印者，系官革职，军民杖一百，流三千里；市卖者杖一百，徒三年，买看者杖一百"。乾隆三年（1738）禁淫词小说，"言行查禁，务将书板尽营销毁，有仍行造作刻印者，系官革职，军民杖一百，流三千里，市卖者杖一百，徒三年，……盖淫词秽说，最为风俗人心之害，例禁綦严"。甚至出了"乾隆朝禁毁小说戏曲书目"。嘉庆七年（1802）十月禁毁小说。等等，直至清季未绝。详见王利器辑录《元明清三代禁毁小说戏曲史料》（上海古籍出版社，1981，第16、32、41页），（清）素尔讷等纂修，霍有明、郭海文校注《钦定学政全书校注》（武汉大学出版社，2009，第32页），其中"卷七书坊禁例"，清政府"顺治九年（1653）题准：坊间书贾，止许刊行理学、政治有益文业诸书。其他琐语淫词，及一切滥刻窗艺、社稿，通行严禁。违者从重究治"。康熙二年（1662）、二十六年（1687）、五十三年（1714），乾隆三年（1738）、十九年（1754）等先后发布禁毁令。

　　或曰："此稿货之坊间，可获重价。"兄曰："吾岂谋利而为之耶？吾将梓以问世，使天下人共赏文字之美，不亦可乎？"逐付剞劂，载之金陵。于是远近购求，才名益振。四方名士之来白下者，日访兄以数十计。兄性好交游，虽居邸舍，而座上常满。日之所入，仅足以供挥霍。一朝大呼曰："大丈夫宁事此以羁吾身耶！"遂将所刊梨枣，弃置于逆旅主人，罄身北上。①

　　评点《金瓶梅》非为谋利，而是挖掘作者深意，"使天下人共赏文字之美"，"偶为当世同笔墨者闲中解颐"（《凡例》），"虽作秽言以丑其詈，而吾所谓悲愤呜唈者，未尝便慊然于心，解颐而自快也"，"展转以思，惟此不律可以少泄吾愤，是用借西门氏以发之"（《竹坡闲话》）。欣赏文字之美，解颐自快，泄愤而作。

　　"冷热真假，不我欺也"（《寓意说》），"我且将他人炎凉之书，其所以前后经营者，细细算出，一者可以消我闷怀，二者算出古人之书，亦可算我今又经营一书。我虽未有所作，而我所以持往作书之法，不尽备于是乎！然则我自做我之《金瓶梅》，我何暇与人批《金瓶梅》也哉"！（《竹坡闲话》）冷热真假、世态炎凉，是其评点时的价值倾向。以自做一部世情书的热情投入《金瓶梅》的评点中来，以太史公发愤著书比之。"注得一部古书，允为万世宏功。"（《幽梦影》张竹坡评语）

　　康熙三十四年乙亥（1695），26岁的张竹坡批完《金瓶梅》，付梓。第二年，载之金陵，远近求购，济济一堂，才名大振。卖书所得，仅够日常开销。不愿再做此事，将刊板弃置给逆旅主人，独身北上，移居苏州。刘廷玑《在园杂志》谓："惜其年不永，殁后将刊板抵偿凤逋于汪苍孚。"② 逆旅主人是否为汪苍孚，在时间上看，还无法统一。

　　《金瓶梅》作者研究相对于有《张氏族谱》确证的张竹坡其人研究，仍然是一团迷雾。兰陵笑笑生的可能人选有：贾三近、屠隆、冯惟敏、沈自邠、沈德符、袁中郎、冯梦龙、陶望龄兄弟、丁耀亢、丘志充、丘石

① 侯忠义、王汝梅编《〈金瓶梅〉资料汇编》，北京大学出版社，1985，第212页。
② 黄霖编《〈金瓶梅〉资料汇编》，中华书局，1987，第253页。

常、刘九、汤显祖、王稚登、李先芳、谢臻、郑若庸、田艺蘅、臧晋叔、金圣叹、丁惟宁、贾梦龙、王宷、唐寅、屠大年、李攀龙、萧鸣凤、胡忠等有具体姓名与无具体姓名的不得志老名士，浙江、兰溪一带吴侬，梅国桢门客，李开先的崇信者，中下层文人或书会才人，生活在嘉靖、隆庆、万历时期在山东官场中混迹过的下层官吏和一般文人，熟悉鲁方言的"市井气"的说话人，南人北宦者，东鲁落落平生，罗汝芳周围的落魄文士，淮间人或生活于淮间之人，长期生活于北京之人以及刘巽达、冯沛龄在《金瓶梅外传》中提到的刘承禧门客，河北某公子，清河县某人等近40人。旧说重提的有王世贞、李开先、徐渭等。① 吴敢梳理为55人。② 面对庞大的"《金瓶梅》作者群"，在没有发现新的资料前，采取审慎的态度为宜。与其陷入无休止的猜想中，不如采取西方汉学家的处理方法，探索作者所属的文人阶层，较为合宜。司马涛依据夏志清《中国古典小说导论》的观点，"猜测作者也许是位富家私塾的教师，此人有机会通过自己的教书生涯窥见那个时代的社会风情。作者要真是这样一个人，倒是与小说提供的视角比较一致。富商阶层林林总总的生活总是摆在叙事的中心位置。"③ 吕立亭认为："学术界认为小说乃某位精英成员所作，他在这些社交圈中游历，于1596年前不久才开始提笔创作。如果可以确认此人的身份，一定能够发掘出他的不少生平信息。"④ 李惠仪认为："作者用的是兰陵笑笑生这个笔名，真实身份至今未有定论。"⑤ 西方汉学界文学史家较有代表性的意见，可以概括起来说，关注点在于精英知识分子如何书写《金瓶梅》的。如：韩南对《金瓶梅》素材来源的研究；商伟则运用"复调小说"的理论研究《金瓶梅》与其他作品之间的文本关系，强调"编织"手法在复式小说建构中的作用。

---

① 张进德：《〈金瓶梅〉新视阈》，中国社会科学出版社，2014，第40页。
② 吴敢：《20世纪〈金瓶梅〉研究的回顾与思考》，载王平、李志刚、张廷兴主编《金瓶梅文化研究》（第四辑），中国戏剧出版社，2003，第23~30页。
③ 〔德〕司马涛：《中国皇朝末期的长篇小说》，顾士渊等译，华东师范大学出版社，2012，第327页。
④ 〔美〕孙康宜、〔美〕宇文所安主编《剑桥中国文学史（下卷）》，刘倩等译，生活·读书·新知三联书店，2013，第127页。
⑤ 〔美〕梅维恒主编《哥伦比亚中国文学史（上卷）》，马小悟等译，新星出版社，2016，第701页。

要之，写实说、索隐论、寓言说、象喻说，等等，构成了国内外《金瓶梅》作者研究的价值多元而璀璨多姿的世界。

二 《金瓶梅》"张评本"版本系统

《金瓶梅》自1592年起，一直在晚明文人（王世贞、袁氏兄弟、董其昌、文在兹等进士）[①] 手上以抄本形式流传，至1617年付梓。[②] 学界一般将《金瓶梅》的版本分为两个系统、三个版本。两个系统即词话本与崇祯本。在崇祯本的基础上，增加评点，为第一奇书本。三个版本即词话本（万历本）、崇祯本（绣像本）、第一奇书本（张评本）。

1931年山西介休县发现《金瓶梅词话》，[③] 被北平图书馆购藏之前，张评本一直是通行的版本。大概有以下三种情况。一是有回前评系统，包括"本衙藏板 翻刻必究"、影松轩本、四大奇书第四种本、本衙藏板本、崇经堂本、张青松藏甲本、玩花书屋藏板本、吉林大学藏张评本等。二是无回前评系统，包括苹华堂本、在兹堂本、无牌记本、康熙乙亥本、皋鹤草堂本、韩国梨花女子大学图书馆本、首都图书馆藏本等。三是回前评有无本，张青松藏乙本，1~76回无回前评，77~100回有回前评。回前评页码单独排列，与正文不连续。

本书整理底本选用大连图书馆大谷光瑞所藏影松轩本，辅以大连图书馆所藏"本衙藏板 翻刻必究"本。"本衙藏板 翻刻必究"本有些地方漫漶不清，而影松轩本较为清晰，但存在挖改、补版、漏批等情况。二者互补，始成完璧。参校版本为日本内阁文库藏本、北京大学藏崇祯本、在兹堂本、吴晓铃藏乾隆抄本，早稻田藏影松轩本、韩国梨花女子大学藏本、吉林大学藏张评本等。同时，也参考了一些整理本，如梦梅馆校本《金瓶梅词话》（台北里仁书局，2019）、《全本详注金瓶梅词话》（人民文学出

---

① 胡文彬编著《金瓶梅书录》，辽宁人民出版社，1986，第3~8页。
② 〔美〕韩南：《韩南中国小说论集》，王秋桂等译，北京大学出版社，2008，第161页。
③ 介休本：也称万历本。1931年书商张修德在山西收购，翌年转卖北京琉璃厂文友堂书店，同年由北平图书馆以950银圆购藏。在1933年3月由马廉、胡适、徐森玉等约20人倡导集资，以"北平古佚小说刊行会"名义，缩小影印104部。2021年10月台北里仁书局仿真彩印《新刻金瓶梅词话》出版。

版社，2020）、《新刻绣像批评金瓶梅》（香港三联书店，2018）、刘本栋校注《金瓶梅》（台北三民书局，2012）等。

大连图书馆藏影松轩刻本《皋鹤堂批评第一奇书金瓶梅》，是康熙三十四年（1695）刊印的张竹坡评点本。扉页中间大字为"第一奇书"，右上方署"彭城张竹坡批评金瓶梅"，左下方镌"影松轩藏板"。6函36册。每半页10行，每行22字。每回前有插图2幅，共200幅。开篇有谢颐序，依次为《竹坡闲话》《寓意说》《趣谈》《杂录小引》《苦孝说》《西门庆家人名数》《西门庆家人媳妇》《西门庆淫过妇女》《潘金莲淫过人目》《西门庆房屋》《读法》，每回前有回评，正文内有旁批、夹批，无眉批。正文缺页较多，均以手抄补齐。此本为日人大谷光瑞藏书。大连出版社2000年4月影印出版，前言中王汝梅先生介绍提到"是极为罕见的张评初刻本，较其他刻本多出的二百七十个字，乃迄今所知其他张刻本所无者，具有十分重要的史料价值"。① 这段介绍说的恰恰是大连图书馆另藏的"本衙藏板 翻刻必究"本《皋鹤堂批评第一奇书金瓶梅》。该书左下方镌"本衙藏板 翻刻必究"，卷首钤有恭亲王藏书章，每回前有回评，正文内有眉批、旁批、夹批，总评不缺《第一奇书非淫书论》《凡例》《冷热金针》三篇。50页100幅插图，单独编成一册。"本衙藏板 翻刻必究"本《寓意说》尾"悲哉悲哉"后多出227字，涉及竹坡身世和评点背景，文献价值重大。该本有些字迹漫漶不清，不如影松轩刻本清晰。

大连图书馆"本衙藏板 翻刻必究"本于2017年3月由南洋出版社影印出版，为整理研究提供了方便。大连图书馆"本衙藏板 翻刻必究"本似为最接近张评第一奇书初刻本的翻刻本。具体理由，另文申述。

三 《金瓶梅》的结构形态及思想内容

笔者曾在《〈金瓶梅〉中的互文性叙事》中说过：《金瓶梅》是历史演义、英雄传奇、神魔幻怪向人情写实转换的第一奇书。从宏大叙事到生活琐细的题材变换，从关注英雄到市井小民的人物转换，从遮蔽的日常到

---

① （明）兰陵笑笑生：《金瓶梅》，大连出版社，2000，第2页。

细节再现，《金瓶梅》表现出了独特的叙事特质与美学意蕴。①

《金瓶梅》开篇截取《水浒传》第23~26回，即以武松为主角的"武十回"的起笔部分，将《水浒传》"武松斗杀西门庆"改为失手错杀李外传，"义士充配孟州道"，为《金瓶梅》独立成书赢得了宝贵的契机，也为西门庆与潘金莲起死复生，敷衍了宋徽宗政和三年（1113）至宣和元年（1119）这6年多的故事。

张锦池先生指出："以'金'兴，以'瓶'盛，以'梅'衰，谱写西门氏这一恶霸、商人、官僚、地主家族的兴衰史，从而体现他对晚明世态人情的观照。这就形成了此作品'着此一家，即骂尽诸色'的社会层面。不过，小说的一号主人公且起情节结构主线作用的，却既不是潘金莲，也不是李瓶儿，更不是庞春梅，而先是西门庆，后是陈经济。所谓以'金'兴，以'瓶'盛，以'梅'衰，是就潘金莲、李瓶儿、庞春梅与西门庆、陈经济的关系变化构成了西门氏兴衰史的三个横断面而言的。"② 以人物为中心的结构形态体现了《金瓶梅》的构思特点，"金"兴、"瓶"盛、"梅"衰高度概括了情节的发展主线。这也颇符合张竹坡的《读法》之旨。《读法》三十四说："《金瓶梅》是一部《史记》。然而《史记》有独传，有合传，却是分开做的。《金瓶梅》却是一百回共成一传，而千百人总合一传，内却又断断续续，各人自有一传，固知作《金瓶》者必能作《史记》也。"《金瓶梅》脱胎于《水浒传》，用传记的笔法，用前三十回交代人物，重点写人物出场。八十回后，重点交代西门庆死后，相关人物的命运及结局。史传色彩较重，模仿《水浒》结构的痕迹极为明显。但是，《金瓶梅》的结构形态又不同于"群山万壑赴荆门"的《水浒》结构，而是重穿插的网状结构。《第一奇书凡例》说："《水浒》是现成大段毕具的文字，如一百八人，各有一传，虽有穿插，实次第分明，故圣叹止批其字句也。若《金瓶》，乃隐大段精彩于琐碎之中，止分别字句，细心者皆可为，而反失其大段精彩也。然我后数十回内，亦随手补入小批，是故欲知文字纲领者看上半部，欲随目成趣知文字细密者看下半部，亦何不可！"

---

① 郑晓峰：《〈金瓶梅〉中的互文性叙事》，《光明日报》2019年8月24日第11版。
② 张锦池：《中国六大古典小说识要》，人民文学出版社，2013，第277页。

因穿插而形成的"琐碎",恰是梳理结构的一大关锁。第一至第十回,西门庆通奸偷娶潘金莲,其间穿插"说娶孟三儿";第十一至第十二回,西门庆梳笼李桂姐;第十三至第十九回,西门庆迎娶李瓶儿,其间穿插"李瓶儿许嫁蒋竹山"等事;第二十至第二十一回,西门庆与吴月娘重温旧好;第二十二至第二十六回,西门庆收用宋蕙莲。这些情节上设置的穿插,看似"琐碎",实则使行文富于变化,摇曳生姿。

浦安迪则从奇书文体的"百回"定型结构入手,以十回为一个单元解读《金瓶梅》的结构形态,在第六个十回末,写道:"每一个十回末,都有明伏后文业果的'种因'之笔。然后,小说便急转直下地进入'证果'的阶段。"①浦安迪敏锐地发现含有预示意义的故事情节总是穿插在每个"十回"的第九回与第十回之间。这在张竹坡的回评中也有提及。如第二十九回回前评:"此回乃一部大关键也。上文二十八回一一写出来之人,至此回方一一为之遥断结果。盖作者恐后文顺手写去,或致错乱,故一一定其规模,下文皆照此结果此数人也。此数人之结果完,而书亦完矣。直谓此书至此结亦可。"第八十回回前评:"夫文章有起有结。看他开手写十弟兄,今于西门一死,即将十弟兄之案,紧紧接手结完,如伯爵等上祭是也。"这里隐含着因果联系,草蛇灰线,伏脉千里。

以上是从纪传、记事本末为参照进行的以人物和情节为中心的结构分析,若从编年体的角度,还可以对小说的结构做出新的认识。《读法》三十七说:"《史记》中有年表,《金瓶》中亦有时日也。开口云西门庆二十七岁,吴神仙相面则二十九,至临死则三十三岁。而官哥则生于政和四年丙申,卒于政和五年丁酉。夫西门庆二十九岁生子,则丙申年;至三十三岁,该云庚子,而西门乃卒于'戊戌'。夫李瓶儿亦该云卒于政和五年,乃云'七年',此皆作者故为参差之处。何则?此书独与他小说不同。看其三四年间,却是一日一时推着数去,无论春秋冷热,即某人生日,某人某日来请酒,某月某日请某人,某日是某节令,齐齐整整捱去。若再将三五年间甲子次序,排得一丝不乱,是真个与西门计帐簿,有如世之无目者所云者也。故特特错乱其年谱,大约三五年间,其繁华如此。则内云某日

---

① 〔美〕浦安迪:《中国叙事学》,北京大学出版社,2018,第79页。

某节，皆历历生动，不是死板一串铃，可以排头数去。而偏又能使看者五色迷目，真有如捱着一日日过去也。此为神妙之笔。嘻，技至此亦化矣哉！真千古至文，吾不敢以小说目之也。"从第三十回西门庆二十九岁生子加官，发迹变泰，到第七十九回西门庆三十三岁贪欲丧命，作者对时间的强化、编排近乎史表的地步。高度密集的时间排序，恰恰是"热"的世俗生活的表演，更是"冷"的人际关系的缩影。"热结""冷遇"构成了《金瓶梅》的表与里的文本结构点。张竹坡评语概括得好："一部《金瓶梅》，总是冷热二字，而厌说韶华，无奈穷愁。"说尽繁华，密集的时间意象背后更多的是无尽穷愁。《金瓶梅》真是"一部炎凉书"。

魏子云对干支纪日做了详细推论，得出《金瓶梅》以宋朝为时代背景的内容"全是假设"，诚如张竹坡所言"总是寓言也"。若"从全书故事情节的演进时间上看，凡是作者写上了干支生属的人物，都能与嘉靖万历两代的干支相配，有时只是错叠了一年而已"。[①] 这样《金瓶梅词话》的刊刻时间延后可以将明朝万历、泰昌、天启之梃击、红丸、移宫等案的相关史实在文本中考证出来，"借宋喻明""借蔡讽严"等，凸显了政治讽喻性。

《金瓶梅》作为一部以一个家庭的兴衰来写尽世情的社会写实小说，其运用白描、细节刻画的笔法，"曲如文螺，细如头发"，反映了明代商人资本的增长以及对政治的干预，表现了官商勾结的官场堕落腐朽的现实以及社会的病态。

鲁迅指出："故就文辞与意象以观《金瓶梅》，则不外描写世情，尽其情伪，又缘衰世，万事不纲，爱发苦言，每极峻急，然亦时涉隐曲，猥黩者多。后或略其他文，专注此点，因予恶谥，谓之'淫书'；而在当时，实亦时尚。成化时，方士李孜僧继晓已以献房中术骤贵，至嘉靖间而陶仲文以进红铅得幸于世宗，官至特进光禄大夫柱国少师少傅少保礼部尚书恭诚伯。于是颓风渐及士流，都御史盛端明、布政使参议顾可学皆以进士起家，而俱借'秋石方'致大位。瞬息显荣，世俗所企羡，侥幸者多竭智力以求奇方，世间乃渐不以纵谈闺帏方药之事为耻。风气既变，并及文林，

---

① 魏子云：《金瓶梅探原》，台北巨流图书公司，1979，第39~41页。

故自方士进用以来，方药盛，妖心兴，而小说亦多神魔之谈，且每叙床笫之事也。"①

鲁迅为《金瓶梅》非淫书论的论述颇合时际，床笫之事"而在当时，实亦时尚"，明中后期，在陆王心学的影响下，理学中"存天理，灭人欲"的社会思潮被颠覆，"好货""好色"的思想观念"渐及士流"，逐渐使整个明代社会文化心理结构发生了巨大的变化，促使了人性的全面释放。

《金瓶梅》是末世的挽歌，性爱反映了末世的景象。张竹坡"回评"点出，"作孽于酒色财气中，而天自处高听卑，报应不爽也"。《金瓶梅》由污言秽语、香艳场面、偷香窃玉事件构造的情色话语符号皆指向"悲财色"主旨。"情色"意象本身承载的深层隐喻、修辞原则及阐释意义在此聚焦。袁宏道说："《金瓶梅》从何得来？伏枕略观，云霞满纸，胜于枚生《七发》多矣。"② 袁宏道揄扬《金瓶梅》"云霞满纸"，其意不在诲淫宣欲，而是诫世劝世，以铺张扬厉、豪奢华美、劝百讽一、曲终奏雅的汉赋《七发》，来喻指《金瓶梅》的声色之娱，恰切之至。情色只是皮相，床笫不过是社会腐化堕落的温床，蝇营狗苟，射利为务，情色书写成为家国同构的深层隐喻，是色空观念的结构能指，亦是"众声喧哗"的修辞所在。

《金瓶梅》的主题还有"苦孝说""寓意说"。吴晗撰文细致比对了《寒花盦随笔》、《在园杂志》、《野获编补逸》卷二《伪画致祸》、《消夏闲记摘抄》、《浪迹丛谈》、《明史·王忬传》等文献的记载，辨识《清明上河图》的流传，得出王世贞毒害严世蕃，或者毒害唐顺之，显系附会伪造，皆不可信。"苦孝说"则为无稽之谈。《寓意说》云："是作者穷途有泪无可洒处，乃于爱河中捣此一篇鬼话。明亦无可如何之中，作书以自遣也。至其以孝哥结入一百回，用普净幻化，言惟孝可以消除万恶，惟孝可以永锡尔类。"尽管张竹坡对此推崇备至，但是非著者本意。

《水浒全传》后序云："盖正史不能摄下流，而稗说可以醒通国。化血

---

① 鲁迅：《中国小说史略》，人民文学出版社，1954，第182～183页。
② 黄霖编《〈金瓶梅〉资料汇编》，中华书局，1987，第227页。

气为德性，转鄙俚为菁华，其于人文之治，未必无小补云。"① 小道、稗说有补于世用，常发"百姓日用而不知"之理，值得斟酌回味。

Preface to Sorting of *Jin Ping Mei* Collected in Dalian Library

Zheng Xiaofeng

Abstract：In the research of *Jin Ping Mei* in nearly four hundred years, the "art world" of *Jin Ping Mei* is the image of social graphics of the daily life in the late Ming Dynasty, and the ideological history of "metaphysical daily life". *Jin Ping Mei* as the first odd book criticized by Zhang Zhupo, he revealed this social picture with a profound "reason" concept in the book. The author reconstructed a new text system under cross-visual fields with the interpretive commentary method in text. This system leads the reader to start caring the experience of their own reading, and then complete a brand new identity transformation.

Keywords：Dalian Library；*Jin Ping Mei*；Ming and Qing Novels

---

① 施耐庵、罗贯中：《水浒全传》，人民文学出版社，1954，第830页。

大连图书馆藏《连城璧》的版本价值[*]

赖劲昊^{**}

【摘要】 日本尊经阁文库藏《无声戏》是李渔小说《无声戏》（《连城璧》）存世六版本之最早。大连图书馆藏《连城璧》是研究李渔由杭州至南京改刻情况的较好版本。学界讨论的萧震对张缙彦"编刊无声戏二集"的弹劾乃是特指《无声戏》的第二集，李渔在《连城璧》午集中保留了《无声戏》二集中的情节。南京改刻本的回目调整体现了刊行者对经济效益与文化政策的矛盾调和。同时，大连图书馆藏《连城璧》也是研究李渔在日本早期传播、戏曲理论影响的重要资料之一，这一版本具有其独特的版本价值。

【关键词】 李渔　《连城璧》　版本价值　改刻　明清小说

《连城璧》是李渔存世的两部拟话本小说之一，其中分子、丑、寅、卯、辰、巳、午、未、申、酉、戌、亥十二篇，另有外编六篇。当前国内通行本《连城璧》以大连图书馆藏日本抄本《连城璧》为底本，以日本佐伯市立图书馆藏《连城璧》为校本，共收录小说十八篇。通行本《无声戏》则以日本尊经阁文库藏《无声戏》作为底本。在康熙初年改刻为《连城璧》之前，此书名为《无声戏》。《连城璧》的面世经由杭州、南京两地，顺治、康熙两朝，如今国内存北京大学图书馆藏《无声戏合集》残

＊ 本文为国家社科基金重大项目"大连图书馆藏明清小说整理与研究"（项目编号：17ZDA261）的阶段性研究成果。

＊＊ 赖劲昊，北京语言大学中华文化研究院中国古代文学专业 2021 级研究生，主要研究方向为中国古代文学。

本、开封孔宪易藏《无声戏合选》、大连图书馆藏日本抄本《连城璧》三个版本。李渔将《无声戏》改刻为《连城璧》这一行为与曾协助他编刊"无声戏二集"的张缙彦因此获罪有关。本文亦根据萧震的弹劾之言与大连图书馆藏《连城璧》午集《妒妻守有妇之寡，懦夫还不死之魂》，对学界讨论的"无声戏二集"的标点方式提出一些看法，并论证午集与《无声戏》二集之关系，同时也可以此作为《无声戏》与《连城璧》版本前后关系的又一例证。而改刻后的回目变化以及大连图书馆藏《连城璧》的版本价值还有进一步探讨的空间。

一　国内《无声戏》《连城璧》版本研究情况与版本系统鸟瞰

最早且完整地介绍《连城璧》的版本情况的学者是孙楷第先生，他在《大连图书馆所见小说目录》中介绍了"连城璧全集十二集外编四卷"的版本情况，[①] 并概要介绍了尊经阁本《无声戏》与国内马隅卿藏本（北大图书馆藏）的版本情况。谭正璧先生则认为《无声戏》与《十二楼》存在源与流上的关系。[②] 其依据之一是《十二楼》之《萃雅楼》一回中有"初集之尤瑞郎"字眼，而尤瑞郎的情节见于《无声戏》的第六回以及《连城璧》的外编卷之五。此说被学界认可，但源与流的关系中，次序先后是问题的一个方面；另一方面则在于艺术上的延续，笔者认为后者则更具讨论价值。萧欣桥先生在此基础上就《无声戏》《连城璧》的版本问题做了全面的梳理，[③] 并认为日本尊经阁本《无声戏》是存世六版本之先，但笔者认为例证尚不充分，对此将在下文进行讨论。黄强则基于古代汉语的语法特点指出"无声戏二集"所指为前后二集，并讨论了日本尊经阁本《无声戏》的评点者的问题。[④] 朱萍则认为《十二楼》之《奉先楼》中为舒娘子"失节"的回护是在阿奥"编刊无声戏二集"的张缙彦，为研究张

---

① 孙楷第：《中国通俗小说目录》，中华书局，2018，第364页。
② 谭正璧：《话本与古剧》，上海古籍出版社，1985，第163页。
③ 萧欣桥：《李渔〈无声戏〉、〈连城璧〉版本嬗变考索》，《文献》1987年第1期。
④ 黄强：《李渔〈无声戏〉研究中的几个问题》，《扬州师院学报》（社会科学版）1990年第2期。

与《无声戏》的关系提供了一个新的思路。但笔者认为此说尚可商榷。编刊《十二楼》时张缙彦已经获罪，李渔明知张因小说而获罪，还要再在文中加以回护和阿谀显然是不合逻辑的。但朱以日本尊经阁本《无声戏》作为主要查证，并未找到"……有'吊死在朝房、为隔壁人救活'云云。冀以假死涂饰其献城之罪，又以不死神奇其未死之身"对应的情节。笔者仔细阅读大连图书馆藏《连城璧》，认为萧震弹劾张缙彦所指与《连城璧》午集《妒妻守有妇之寡，懦夫还不死之魂》在情节内核上存在重合的可能。朱萍在《李渔小说〈奉先楼〉与〈无声戏二集〉辑佚》① 中从意蕴相关的角度认为《妒妻守有妇之寡，懦夫还不死之魂》为《无声戏》二集中的内容，本文亦将从文本提出例证。

以下先对《无声戏》与《连城璧》的版本系统进行回溯与鸟瞰。下面先将存世六种《无声戏》（含别本《连城璧》）的版本情况列出②。

版本一，《无声戏》十二回。存日本尊经阁文库。清初刊本，插图精，仿洪老莲笔意。清李渔撰。首伪斋主人序。

版本二，《无声戏小说》四卷。存日本伊藤漱平。清李渔（觉世稗官）撰。清杜濬（睡乡祭酒）评。清中叶刊本。每页八行，每行二十三字，白口、单边、无界。

版本三，《连城璧》十二集外编六卷。存日本佐伯市立图书馆。八册十八回，康熙写刻本。每页八行，每行二十字，白口，单边、无界。板框高约十八点六厘米，宽约十一点五厘米。封面题"觉世名言连城璧"。书首有睡乡祭酒杜濬序。正文卷首署"觉世稗官编次""睡乡祭酒批评"。

版本四，《无声戏合集》。马隅卿藏原刊本，今归北京大学图书馆。图存十二页。记刻工画工姓名，曰"萧山蔡思璜镌"，曰"胡念翌画"。正文写刻，半页八行，每行二十字。目录缺。书仅存二篇。以见存两篇及图十二页考之，知其篇目次第与《连城璧》全集之十二集全同。全书若干篇，今无从考之。清李渔撰。杜濬评。题"觉世稗官编次""睡乡祭酒批评"。

---

① 朱萍：《李渔小说〈奉先楼〉与〈无声戏二集〉辑佚》，《郑州大学学报》（哲学社会科学版）2015 年第 4 期。

② 除大连图书馆藏《连城璧》的版本信息为笔者目验所得，其他五种版本信息均转引自萧欣桥先生 1987 年在《文献》第 1 期上发表的《李渔〈无声戏〉〈连城璧〉版本嬗变考索》。

首杜濬序，署"睡乡祭酒漫题"。

版本五，《无声戏合选》。存开封孔宪易。六册十二回，存四册九回。顺治写刻本，三近堂梓行。巾箱本，半叶七行，每行十六字。板框高10.67厘米，宽7.34厘米。

版本六，《连城璧》全集十二集外编四卷。存大连图书馆。日本抄本，每页均有日文训读符号，偶有日文眉训（书写于页眉的词语训读）。全集十二集全，外编四卷。清李渔撰，杜濬评。首杜濬序。半叶九行，每行二十字。每一卷书写风格统一，但卷与卷之间书写风格有差异。大连图书馆网上图书馆已将馆藏明清稀见小说数字化，现由大连出版社将抄本《连城璧》影印出版。①

萧欣桥先生认为日本尊经阁本《无声戏》为以上六种之最先。其依据是尊经阁本《无声戏》第三、第四回在内容上符合"前面那一回讲的是'命'了，这一回却说'相'字"的安排，而北大图书馆藏《无声戏合集》与大连图书馆藏《连城璧》均将尊经阁本第三回放于丑集即第二回的位置，第四回"失千金福因祸至"在大连本中的回目位置位于巳集即第六回的位置。

同样持此观点的还有朱萍先生，通过研读日本尊经阁本《无声戏》的目录，她指出了在回目上存在两两上下对仗以及内容上的对照，从而体现了李渔早期的编辑思想。②

萧欣桥先生与朱萍先生均未对大连图书馆藏《连城璧》的目录做总体的考察，笔者经过研读《连城璧》的目录，总体赞同两位学者的观点，同时也以新的例证补充之。

笔者发现日本尊经阁本《无声戏》中第十二回《妻妾抱琵琶梅香守节》在大连图书馆藏《连城璧》中回目位置提前了，位于未集（第八回）的位置，与午集（第七回）《妒妻守有夫之寡，懦夫还不死之魂》、申集（第九回）《寡妇设计赘新郎，众美齐心夺才子》均为敷衍一个寡妇之事，

---

① 本文所研究的《连城璧》主要参考 2000 年大连出版社影印出版的《连城璧》抄本，同时参考 1992 年上海古籍出版社出版的《连城璧》，该本以大连图书馆藏《连城璧》为底本，以日本佐伯市立图书馆为校本，无校记。

② 朱萍：《张缙彦与〈无声戏〉版本的关系之我见》，《江淮论坛》2004 年第 1 期。

具有内在统一性。而日本尊经阁本《无声戏》中的第五回到第九回共五回均放入了《连城璧》外编，与后加入的一篇《说鬼话计嫌生人，显神通智恢旧业》将"牝鸡司晨"（男性化的女子）、"南风"（女性化的男子）与菩萨鬼怪之类非常之事作为一个集合，同样具有内在的一致性。从《无声戏》到《连城璧》，除了萧欣桥先生指出的关于回目由整体而分散外，更有关于内容上的整体考虑。同样，《连城璧》也体现了李渔的编辑思想。《无声戏》在编刊之时虽然也放入了许多纲常伦理之教化故事，然而《连城璧》的编刊则更能体现李渔经过张缙彦案后对危险的规避。萧震弹劾张缙彦所指与《连城璧》午集《妒妻守有妇之寡，懦夫还不死之魂》相似之处，以及《连城璧》改刻之后的回目的有关调整及其意义，笔者将在下文展开论述。

依据萧欣桥先生考据的版本产生时间，按照内容的相关性，笔者制《无声戏》（连城璧）版本系统图（见图1）。

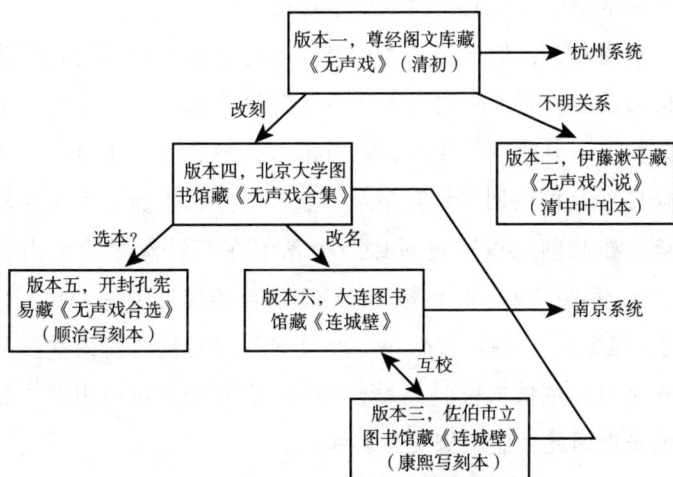

图1 《无声戏》版本系统

二 大连图书馆藏《连城璧》的版本价值

大连图书馆藏《连城璧》自1932年由孙楷第先生向学界公布了有关

版本信息之后，受到了学界的一定关注。由于《无声戏》与《连城璧》之间复杂的版本关系以及史料的不足，存在许多难解的问题。然而笔者检索了相关信息后发现，以《无声戏》的版本研究为丰，对于《连城璧》的版本研究尚且不足，这与《连城璧》的版本价值是不相符的。

当前的通行本《连城璧》均以大连图书馆藏《连城璧》为底本，可以说这一版本流通性较强。此外，自大连图书馆将馆藏明清稀见小说数字化并将其影印出版之后，更多的学者可以获取该抄本进行研究，此抄本更多的版本价值将持续被学界发现。

从版本自身而言，抄本字迹清晰，较少错字与涂改，全十六回中圈改字较少，可读性强。另外，每一回内部字迹统一，可确定为由同一个人抄写，从一定程度上保持了回目的独立性。抄本在抄制时也由不同人分工合作完成，不同回目的字迹不同，这样一来便于减少由同一个人抄写所带来的抄写惯性导致的错误，也保证了抄写的质量。另外，该抄本在内容上也是国内三个版本中最完整的，而且便于获得。

从版本系统而言，最早的日本尊经阁本是李渔在杭州时期所做，属于改刻前的杭州系统。而国内北京大学图书馆藏《无声戏合集》虽为迁居南京后改刻的版本，但此本是残本，只有部分插图，目录不全。而大连图书馆藏《连城璧》是国内回目留存最全的版本，并且属于《无声戏》改刻后的南京系统。如此则可以通过对比两个系统在回目次序乃至内容上的不同，考察《无声戏》由杭州至南京、经顺治至康熙发生的变化。孙楷第先生指出，《连城璧》徒用其名而并不涉及本事，定名《连城璧》只是书商为了"改换名目以炫世求售"。[①]《无声戏》最开始在杭州由友人张缙彦协助刊刻，但张也因此被监察御史萧震弹劾。

> 缙彦……犹曰事在前朝，已邀上恩赦宥。乃自归诚后，仍不知洗心涤虑。官浙江时，编刊《无声戏》二集，自称"不死英雄"，有"吊死在朝房、为隔壁人救活"云云。冀以假死涂饰其献城之罪，又以不死神奇其未死之身。臣未闻有身为大臣，拥戴逆贼、盗鬻宗社之

---

① 孙楷第：《中国通俗小说目录》，中华书局，2018，第366页。

英雄。且当日抗贼殉难者有人，阖门俱死者有人，岂以未有隔壁人救活逊彼英雄？……缙彦乃笔之于书，欲使乱臣贼子相慕效乎？①

朱萍先生认为，《奉先楼》或是对张缙彦的阿谀，笔者在前文已经对这点进行了反驳。此外，朱文中注意到了张的罪状里"自称'不死英雄'，有'吊死在朝房、为隔壁人救活'云云。冀以假死涂饰其献城之罪，又以不死神奇其未死之身"的情节。文中认为，《奉先楼》中舒娘子上吊后被人救回，得立贞节牌坊，是在以"节妇"喻张缙彦，以夫妇关系喻君臣关系。但是细读《奉先楼》则发现舒娘子之死并非假意赴死，同时也算不上是"不死神奇"。笔者认为，萧之弹劾所指另有别篇。

从文本上看，日本尊经阁本《无声戏》中是无法找到与弹劾所指的相关的情节的。原因在于，单从萧震所言看，"吊死在朝房、为隔壁人救活""以不死神奇其未死之身"是张缙彦获罪的原因，并且以"乱臣贼子"刺痛了皇帝的眼睛，故而这样的故事情节是不容许出现在小说之内的，于是无论是在翻刻或是后续的改刻中都当对这一情节进行删改。另外，萧欣桥先生文中也指出，现存的日本尊经阁本《无声戏》是无声戏的一集，还有二集散失或者编入了合集中，但无确切的文本内证。

而笔者阅读大连图书馆藏《连城璧》午集《妒妻守有夫之寡，懦夫还不死之魂》却发现了与"吊死在朝房、为隔壁人救活""以不死神奇其未死之身"相似的故事情节：

> 只有一个妇人，住在费隐公隔壁，偏要与他作梗，年过四十而无子，不容丈夫娶妾。人都说妒总管的威名，但能服远，不能制近，费隐公甚以为耻。②
> 费隐公道："自有妙法，不但使他不疑，还只怕要信之太过。只是一件，从今以后，要屈你权死一死，到一年两年以后，再活转来，这个妒妇才征他得服……"穆子大听了这几句，就惊骇起来道："别

---

① （清）佚名撰，王钟翰点校《清史列传·卷七十九·张缙彦》，中华书局，1987，第6624页。
② （清）李渔：《连城璧》，上海古籍出版社，1996，第94页。

样的事可以做得，生死大事，岂是儿戏得的？况且死了一两年，如何再活得转来？"费隐公笑起来道："不是当真教你死，只要认个'死'字……"①

"另寻一所房子，把你安顿在里面，竟去娶他过来，做一出奇幻戏文与他看看。到那时候，'失节'两个字不消别人说他，他自己塞住了口，料想一生一世吃不得醋了……"②

《妒妻守有夫之寡，懦夫还不死之魂》中的"懦夫"穆子大为了对付自己的妒妻淳于氏，而去找了在他隔壁的"妒总管"费隐公。费隐公给出的计策是让穆子大先假死以让淳于氏先受守寡之苦，害了相思之后再假做鬼还魂吓一吓她，才能让妒妻一生一世不敢吃醋。

通过这一文本，不难看出萧震弹劾之词中所指"为隔壁人救活""假死饰罪""以不死神奇其未死之身"，可与文中"为隔壁费隐公所救""假死断欲""未亡人奇幻还魂吓妻"大致对应。

上文笔者已经论及由于情节的敏感，李渔在改刻之时肯定要对文章进行删改甚至重写，所以在情节上很难与萧震对张缙彦的指摘严丝合缝。其中，萧对张是否有夸大其词或者是牵强附会也很难说清。而当再看第三段引文中所说的"'失节'两个字不消别人说他，他自己塞住了口，料想一生一世吃不得醋了"则更像是李渔在暗讽萧震对友人张缙彦的指摘和弹劾如同"妒妇吃醋"了。

故此笔者得出以下三个结论。其一，《连城璧》午集《妒妻守有夫之寡，懦夫还不死之魂》是改刻前《无声戏》二集中的内容。其二，萧震弹劾之词中的"无声戏二集"应该标点为"《无声戏》二集"且专指第二集，而并非指一、二两集。其三，此亦可作为《无声戏》编刊早于《连城璧》之又一力证。大连图书馆藏《连城璧》在厘清从《无声戏》到《连城璧》之间的转变关系上有着重要意义。

这样一来，朱萍先生在《无声戏二集》辑佚时认为《妒妻守有夫之

---

① （清）李渔：《连城璧》，上海古籍出版社，1996，第110页。
② （清）李渔：《连城璧》，上海古籍出版社，1996，第114页。

寡，懦夫还不死之魂》为二集之一篇有了更强有力的例证支持，而其他篇什的辑佚还需更多文本内证。

另外，还需要注意到的是由上文亦可见在顺治年间刊行的《无声戏》受到了当朝的文化管制，而移家南京后刊行的《无声戏合集》虽然还叫作"无声戏"，但是回目已经由前后对应的单句改为目内平衡的双句（与《十二楼》同），回目的位置也发生了变化。不仅如此，还有内容上的增添。这些都不只是书商为了"炫世求售"，更有为了规避文化管制、顺利刊行做出的改动与取舍。早在明永乐年间，朝廷就有对文化活动加以警告的榜文，"除依律神仙道扮、义夫节妇、孝子顺孙、劝人为善及欢乐太平不禁外，但有衰读帝王圣贤之词曲、驾头杂剧，非律所该载者，敢有收藏、传诵、印卖，一时拿送法司究治"。① 这是明代对于戏曲传奇严苛的政治管束，清初同样处在一个亟须建立一个有序的社会环境的时期，对文化的管束是不会放松的。如此看来，大连图书馆藏《连城璧》是国内考察李渔文本变动的最好版本。

从文本传播与接受的角度而言，大连图书馆藏《连城璧》每页均有日文训读符号，偶有日文眉训，将其放置于日本存有的三个版本之中则可以考察《无声戏》（《连城璧》）在日本的传播。《无声戏》中有许多故事都被李渔后来改作戏曲，其中也体现了李渔的戏曲理论。李渔的《笠翁十种曲》深受日本江户文人的喜爱，成为江户文人模仿的对象，② 而李渔的影响显然并不停留在戏曲艺术上，小说《无声戏》在日本的传播或许也是其戏曲理论及叙事艺术影响的先声。

三　南京改刻本回目调整初探

目前可知的关于《无声戏》的改刻共有两次，第一次是在李渔移家南京后，在杜濬的帮助下刊行了《无声戏合集》，第二次是在康熙初年刊行的《连城璧》。而在第一次改刻时，回目形式以及次序就发生了变化，这

---

① （明）顾起元撰，谭棣华、陈稼禾点校《客座赘语·卷十·国初榜文》，中华书局，1987，第347页。
② 张西艳：《李渔戏曲对日本江户文学的影响》，《戏曲艺术》2020年第3期。

一变化可以通过比对尊经阁文库藏《无声戏》、大连图书馆藏《连城璧》以及日本佐伯市立图书馆藏《连城璧》得出结论，而前人并未就大连图书馆藏《连城璧》的回目进行过考察。由于笔者无法获得佐伯市立图书馆藏《连城璧》与尊经阁文库藏《无声戏》，后述内容均以上海古籍出版社《连城璧》、大连图书馆藏《连城璧》以及萧欣桥先生整理的尊经阁本《无声戏》目录为比对依据。

表1是笔者整理的《连城璧》与《无声戏》回目次序比对。

表1　《连城璧》与《无声戏》回目次序比对

《连城璧》回目次序	《连城璧》回目名称	《无声戏》回目名称	《无声戏》回目次序
子集	谭楚玉戏里传情，刘藐姑曲终死节		
丑集	老星家戏改八字，穷皂隶陡发万金	改八字苦尽甘来	3
寅集	乞儿行好事，皇帝作媒人		
卯集	清官不受扒灰谤，义士难伸窃妇怨	美男子避惑反生疑	2
辰集	美女同遭花烛冤，村郎偏享温柔福	丑郎君怕丑偏得艳	1
巳集	遭风遇盗致奇赢，让本还财成巨富	失千金福因祸至	4
午集	妒妻守有妇之寡，懦夫还不死之魂		
未集	妻妾败纲常，梅香完节操	妻妾抱琵琶梅香守节	12
申集	寡妇设计赘新郎，众美齐心夺才子		
酉集	吃新醋正室蒙冤，续旧欢家堂和事	移妻换妾鬼神奇	10
戌集	重义奔丧奴仆好，贪财殒命子孙愚	儿孙齐骸骨僮仆奔丧	11
亥集	贞女守贞来异谤，朋侪相谑致奇冤		
卷之一	落祸坑智完节操，借仇口巧播声名	女陈平计胜七出	5
卷之二	仗佛力求男得女，格天心变女成男	变女为儿菩萨巧	9
卷之三	说鬼话计嫌生人，显神通智恢旧业		
卷之四	待诏喜风流趣钱赎妓，运弁持公道舍米追赃	人宿妓穷鬼诉嫖冤	7
卷之五	婴众怒舍命殉龙阳，抚孤茕全身报知己	男孟母教合三迁	6
卷之六	受人欺无心落局，连鬼骗有故倾家	鬼输钱活人还赌债	8

依据表1，大致可以将十八回分为三大部分，每部分正好六篇。

第一部分由子集至巳集。《无声戏》的前四篇位于《连城璧》的第一部分，这四篇均是以男性作为主要角色进行描写：《老星家戏改八字，穷皂隶陡发万金》中的蒋成；《清官不受扒灰谤，义士难伸窃妇怨》中的蒋瑜；《美女同遭花烛冤，村郎偏享温柔福》中的阙里侯；《遭风遇盗致奇赢，让本还财成巨富》中的秦世良，而后在《连城璧》中加入的《乞儿行好事，皇帝作媒人》也是以男性为主要人物；《谭楚玉戏里传情，刘藐姑曲终死节》则在人物塑造上有所均衡，既塑造了深情的谭楚玉又塑造了痴情的刘藐姑。总体来说，第一部分人物的塑造集中于男性，情节上集中于书写命运之变化与离奇。

第二部分由午集至亥集。每篇均以塑造女性形象为主，在塑造寡妇的另一面对照塑造了一批贞女形象，结局或是对妒妻选择了规训，或是贞女有美满的结局，体现了较强的教化功能。如《妒妻守有妇之寡，懦夫还不死之魂》中善妒凶悍最终被收服的淳于氏、《妻妾败纲常，梅香完节操》中败坏纲常的罗氏和莫氏，以及维护节操的贞女梅香，等等。需要注意的是，第二部分《连城璧》较之《无声戏》增加了三篇有关纲常之事，而原来《无声戏》中这类故事在十二篇中有三篇，只占1/4；在《连城璧》十八篇中则有六篇，占1/3。可以推断，改刻后拟定的受众仍然是以男性为主，纲常之作有所增加，篇目同样具有传奇性与娱乐性，可以看出李渔将大众审美作为重要的创作准绳，同时张缙彦案也对李渔的编辑思想产生了影响，于是他也置入更多的纲常之事作为重重帷幕。

第三部分为外编六篇，均敷衍神异非常之事。作者将有违常伦的如"牝鸡司晨""南风"也与神鬼之事一同放置于外编，是一种有意识的归类行为。"女陈平"计策频繁，更显得其夫君愚笨不堪。有趣的是在《无声戏》中该篇目名为《女陈平计胜七出》，而在《连城璧》中则明显改换为具有纲常色彩的篇名《落祸坑智完节操，借仇口巧播声名》。笔者认为，原因之一是这类作品在内容上不符合当时的文化倾向，明末清初有大量的神鬼小说均在禁毁之列，张缙彦案便是血的教训。移家南京之后，出于谋生的需要，李渔需要再次刊行，但是出于对文化管制的应对，由杜濬或是李渔本人，对文本次序进行了改动，将这六篇作为"外编"刊行。大连图书馆藏《连城璧》外编余四篇，而日本佐伯市立图书馆存有外编六篇，这种版本差别一方面或许是因为传抄过程中、保存过程中的一些客观情况，另一方面也不得不让人猜想外编的传播比起全集要坎坷许多。

综合来看，李渔由杭州到南京对《无声戏》进行的改刻既是出于对生存的考虑，同时也是对文化政策的应对。他按照一定的原则将十八篇小说客观上分成两部分，即全集与外编。而在内容上则可以分为三个部分，每个部分六篇，其中考虑了读者受众，同时考虑了对主旋律表面的唱和，另外还表现了经济效益与安全性之间的矛盾与调和。虽然神怪之事容易受到禁毁，但是仍然存有受众，刊行者给出的解决方式便是将其放入外编，作为别传而传。大连图书馆藏《连城璧》的版本价值一直为学界所忽视，而这一版本所处的版本系统位置以及它良好的保存情况，以及李渔及其《无声戏》《连城璧》在文学史上的重要意义则表明，对大连图书馆藏《连城璧》的版本、文本价值需要更加深入的挖掘。

参考文献

（清）李渔：《连城璧》，大连图书馆影印本。

（清）李渔：《十二楼》，人民文学出版社，1999。

周健强：《中国古典小说在日本江户时期的流播》，中国社会科学出版社，2021。

On the Value of the Version of *Lian Cheng Bi* in the Collection of Dalian Library

Lai Jinhao

Abstract：*Wu Sheng Xi* in the Sonkei Kakubunko of Japan is the earliest surviving six-version of Li Yu's novel *Wu Sheng Xi* (*Lian Cheng Bi*) . The Dalian Library's collection of *Lian Cheng Bi* is a better version of Li Yu's re-engraving from Hangzhou to Nanjing. The impeachment of Xiao Zhen against Zhang Jinyan's "editing and publishing the second episode of the *Wu Sheng Xi*" discussed by scholars is the second episode specifically referring to *Wu Sheng Xi*, and Li Yu retained the plot of the second episode of *Wu Sheng Xi* in the seventh episode of *Lian Cheng Bi*. The recollection of the Nanjing revised engraving reflects the contradictory reconciliation of economic benefits and cultural policies by the publishers. At the same time, the Dalian Library's collection of *Lian Cheng Bi* is also one of the important materials for studying *Li Yu's* early spread in Japan and the influence of opera theory, and this version has its unique edition value.

Keywords: Li Yu; *Lian Cheng Bi*; Version Value; Second Publication; Ming and Qing Novels

晚明世情小说中杭州的
多元形象与多样书写[*]

张　萌^{**}

【摘要】 在中国古代城市中，杭州拥有着相当独特的城市个性，而在晚明世情小说文本中，杭州的城市形象更加多元：城门之内是"自古繁华"的杭城，城门之外则是以西湖为代表的湖山胜景；杭州人不仅享受着世俗的声色之乐，文学艺术的高雅审美也早已注入他们的日常生活之中；千百年间的历史典故与晚明时期的现实观感形成互文，编织出杭州积淀厚重而又生动灵秀的文化面貌。杭州城市对于晚明世情小说而言，不仅仅是情节发生的空间背景，更作为一种文化观念和审美经验的特殊意象，介入小说的叙事之中，成为故事不可或缺的重要元素。

【关键词】 晚明　世情小说　杭州　叙事

杭州迄今已有两千余年的建城史。秦始皇时始有钱唐县之称，南朝时升为临江郡，至隋则废郡为州，始为杭州，并依凤凰山筑城，"周三十六里九十步"，^① 这是最早的杭州城。隋炀帝修大运河沟通北京与杭州，而杭州作为大运河的南端，一跃成为长江下游的交通枢纽。自此杭州的经济也

---

* 本文系国家社科基金重大项目"大连图书馆藏明清小说整理与研究"（项目编号：17ZDA261）的阶段性研究成果。

** 张萌，哈尔滨师范大学文学院中国古代文学专业 2019 级博士研究生，主要研究方向为中国古代文学。

① （清）张泰交：《修杭州府城记》，载白鸿昌等主编《阳城历史名人文存（第五册）》，三晋出版社，2010，第 425 页。

开始了迅速的发展，至唐代杭州城已"骈樯二十里，开肆三万室"。① 五代时，杭州为吴越国都城，"十余万家，环以湖山，左右映带，而闽海商贾，风帆浪舶，出入于江涛浩渺、烟云杳霭之间，可谓盛矣!"② 北宋时，杭州为两浙路路治，同时也是全国四大商港之一，柳永则有"烟柳画桥，风帘翠幕，参差十万人家"的夸耀之词。南宋时，杭州作为行在改称临安，南宋一百余年正是杭州城市发展史上最辉煌的时期，而杭州在经济和文化方面的优势，一直保持到了元、明、清三代。元代统治者虽然对前朝旧都防范甚严，但杭州的经济仍居世界前列，元英宗时意大利人鄂多立克认为杭州是"世界上规模最大之城"。③ 明清时期，杭州也是当时最大的商业城市之一，手工业特别是丝织业极为发达。经济的繁荣也为文化的昌盛奠定了基础，因而杭州有"东南财赋地，江浙人文薮"之美誉。

在中国古代城市中，杭州拥有着相当独特的城市个性，刘勇强先生认为杭州兼容了世俗与高雅，"既有市列罗绮竞豪奢的商业气息，又有山水烟霞和诗酒风流的文化氛围"。④ 而在晚明世情小说文本中，杭州的城市形象更加多元：城门之内是"自古繁华"的杭城，城门之外则是以西湖为代表的湖山胜景；杭州人享受着世俗的声色之乐，文学艺术的高雅审美也早已注入他们的日常生活之中；千百年间的历史典故与晚明时期的现实观感形成互文，编织出杭州积淀厚重而又生动灵秀的文化面貌。杭州形象的多种元素往往会出现在同一篇小说作品中，这些多样而又和谐的素材为晚明世情小说的多样书写提供了可能。

一 自古繁华：城内日常与城外胜景

城内日常生活和城外交游娱乐是杭州这座古代繁华都市的重要内容，构成了杭州人典型的生活图景。杭州城市元素进入晚明世情小说的文本，

① （唐）李华：《杭州刺史厅壁记》，载周绍良主编《全唐文新编（第二部第二册）》，吉林文史出版社，2000，第3597页。
② （宋）欧阳修：《有美堂记》，载黄公渚选注、石勇校订《欧阳永叔文》，商务印书馆，2019，第125页。
③ 吴慧中主编《中国商业通史（第三卷）》，中国财政经济出版社，2005，第330页。
④ 刘勇强：《西湖小说：城市个性和小说场景》，《文学遗产》2001年第5期。

带来了不同的声音。城市是小说的空间背景，为故事情节的发生提供了广阔生动的舞台，却又在故事情节之外，以人文地理信息的姿态进入小说叙事，增加了小说的文化内涵，并影响到小说的叙事脉络。

（一）构筑故事空间的城市景观

晚明世情小说中的杭州故事，从时间上看大多发生在宋代之后。经过了隋唐时期的茁壮成长和几代吴越王的苦心经营，杭州已经步入中国古代特大城市的行列。城内有精美的庭院园林和喧闹的商业街坊，日常生活内容丰富多彩；城外则有游人如织的寺塔湖山，节庆时更有许多独具特色的民俗活动，如清明踏青、端午赛舟、八月观潮、上元观灯等。繁华的杭州作为一处极具包容性的城市环境，为晚明世情小说中的各类故事情节，提供了恰到好处的空间背景。

杭州城内，人声鼎沸。无论是富家大族的高墙深院之内，还是平民百姓的市井街坊之间，都发生着精彩的人情故事。大家园林中酝酿了才子佳人的爱情故事，如《寻芳雅集》中吴廷璋在临安蕴玉巷听到墙内王家花园中女子的欢声笑语，而后"假馆为名"进入王家，开始窃玉偷香的旅程。卧云轩中思春，集芳亭前弹琴，迎翠轩外拾钗，浪漫的爱情在优美的庭院之中开花结果。而商业街道与平民居所则烟火气十足，各式各样的世态人情故事都在此发生。《沈小官一鸟害七命》中箍桶匠在柳林偷鸟杀人，《王孺人离合团鱼梦》中王从事在抱剑营与妻子失散，《藏香饵椊子遭魔》中狄子经在羊坝头被美女引诱到坟头而遭人侵犯。杭州城内的每一处街道巷陌，在晚明世情小说中都有着精彩的艺术投射。

杭州城外，游人如织。西湖则是杭州的第一胜景，"杭州之有西湖，如人之有眉目"，西湖周边风景无数，论山则有飞来峰、小孤山，论寺则有灵隐寺、天竺寺，论塔则有镇南塔、雷峰塔，论楼则有玩江楼、丰乐楼，凡此种种不胜枚举，而处处都有故事。雷峰塔下白娘子不可出世，玩江楼上柳永偶遇周月仙，冯小青在孤山别业顾影自怜，王翠翘投入钱塘江死报徐明山。杭州城外的湖山胜景扩大了杭州人的生活空间以及杭州小说的故事空间。

杭城节庆，车水马龙。杭州人自古即有乐游的传统，倘若适逢节庆，游人则会更多,且"杭俗湖船男女不避",① 这正为青年男女的相会与相爱创造了有利条件。清明节合当扫墓,杭人则趁机游湖踏青。《卖油郎独占花魁》中秦重正在清明之日救下了被恶少抛弃在清波门外的王美娘,《卢云卿》中清明节为亡夫扫墓的卢云卿偶遇踏青的刘月嵋并约定终身。五月初五端午节,杭州城人皆往湖上看赛龙舟。正是在这一天,《拂云楼》中的裴七郎一面目睹了妻子封氏在雨中的丑态,一面领略了韦小姐的惊艳。八月十八日钱塘江大潮场面更为壮观,"满城的佳人才子,皆出城看潮"。②《乐小舍拚生觅偶》中潮头打来,出神在爱人乐和身上的顺娘不幸被波浪卷走,而乐和也为情所使随之跳入水中,两人经过了潮水对爱情和生命的考验,终于成就良缘。正月十五的元宵节也是一个相当热闹的节日,杭州的灯会往往持续数日之久。《张生彩鸾灯传》中张舜美在第一日灯会偶遇彩鸾,第二日两人定情并相约私奔,第三日则出发,结果被汹涌的人潮冲散,生出一段有情人颠沛流离的故事。杭州特有的民俗传统,促进了故事情节的发生发展。

(二) 丰富情节内容的城市描写

杭州城市描写能够在晚明世情小说文本中占据一席之地,源于小说作者和故事情节与杭州地域所存在的客观联系。杭州因其美好的湖山胜景、繁荣的城市生活、喧闹的市井人家,代表了中国古代城市经济和文化发展的极高水平,因而成为中国古人向往的人间天堂。无论小说家、读者是否生活在杭州,都不可避免地接收到杭州城市文化的辐射,作者与读者对于杭州的城市风物都抱有好奇、认同和向往的态度。而事实上,晚明时期生活在杭州的小说家很多,其中不乏周清源、陆人龙、西湖渔隐主人和李渔等小说名家。与杭州相关的小说作品更多,仅以"三言"为例,三部小说集共收 120 篇短篇小说,涉及江南城市的小说有 60 篇,而其中 24 篇与杭州相关,占比超过 1/3。

在这些作品中,杭州不仅仅作为故事的背景元素出现,有些小说更会

---

① (明)冯梦龙:《情史》,岳麓书社,2003,第128页。
② (明)冯梦龙:《喻世明言》,华夏出版社,2013,第420页。

在情节内容中对杭州的城市风物进行介绍和说明。如：《陆五汉硬留合色鞋》中写张荩清明节出游玩乐时，有"那一日天色晴明，堤上桃花含笑，柳叶舒眉，往来踏青士女，携酒挈榼，纷纷如蚁"①的环境描写；《吴郎妄意院中花 奸棍巧施云里手》的主人公吴尔辉是个盐商，因此故事前有"浙江杭州府，宋时名为临安府，是个帝王之都。南柴北米，东菜西鱼，人烟极是凑集，做了个富庶之地，却也是狡狯之场。东首一带，自钱塘江直通大海，沙滩之上，灶户各有分地，煎沙成盐，卖与盐商，分行各地，朝廷因在杭州菜市桥设立批验盐引所，称掣放行，故此盐商都聚在杭城"②这样一段背景介绍。作者用描写杭州的笔墨吸引读者兴趣，并拉近与读者的距离。

叙事者在小说行文中信手拈来的城市风物与民间习俗使故事情节生动可感，更使得故事空间相当丰满。杭州的美好城市形象，点缀在行文之中可以增加小说的文化内涵。如《西湖二集·寄梅花鬼闹西阁》中对杭州城内的酒楼和妓院如数家珍：

> 共有几处酒楼：熙春楼、三元楼、五间楼、赏心楼、严厨、花月楼、银马杓、康沈店、日新楼、虼蜽眼（只卖好酒）、翁厨、任厨、陈厨、周厨、巧张、沈厨、张花、郑厨（只卖好食，虽海鲜、鼍羹皆有之）。
>
> 那妓馆共有几处：上抱剑营、下抱剑营、漆器墙、沙皮巷、清河坊、清乐茶坊、八仙茶坊、融和坊、太平坊、巾子巷、珠子茶坊、潘家茶坊、后市街、新街、金波桥、连三茶坊、连二茶坊、荐桥、两河、瓦市、狮子巷。③

《鼓掌绝尘·花集》对西湖景色进行细致的梳理：

> 问水亭，柳州亭，放鹤亭，望湖亭，围绕着东西流水。净慈寺，

---

① （明）冯梦龙编撰《醒世恒言》，华夏出版社，2013，第218页。
② （明）陆人龙：《型世言》，黑龙江美术出版社，2015，第270页。
③ （明）周清原：《西湖二集》，华文出版社，2018，第148页。

高丽寺，虎跑寺，大佛寺，相对着南北高峰。宝叔塔、雷峰塔，两边对面；灵鹫山，小孤山，一脉来龙。石屋烟霞，连着九溪十八洞；陆坟岳墓，环来十里六条桥。①

而《西湖二集·邢君瑞五载幽期》中更不厌其烦地向读者介绍杭州的清明习俗：

> 清明日人家屋檐都插柳枝，青蒨可爱，男女尽将柳枝戴在头上。……家家上坟祭扫，南北两山，车马如云，酒樽食箩，山家村店，无处不是饮酒之人。有湖船的，雇觅湖船；没湖船的，藉地而坐，笙箫鼓乐，揭地喧天。苏堤一带，桃红柳绿，莺啼燕舞，花草争妍，无一处不是赏心乐事。还有那跑马走索、飞钱抛钹、踢木撒沙、吞刀吐火，货郎贩卖希奇古怪时新玩弄之物，无所不有，香车宝马，妇人女子，挨挨挤挤，好生热闹。②

这些描写笔墨不单单是故事环境描写或情节内容铺垫，更如同专写杭州风物的诗词或小品文一般，增添了作品的文学元素，丰富了小说的艺术世界。

（三）介入叙事脉络的城市意象

作为晚明世情小说的重要组成部分，杭州城市内容早已融入情节叙事之中，甚至会影响叙事者的声音和叙事走向。小说家常在叙事的过程中与读者就城市背景展开对话，讨论某一地点或习俗的前世今生。《孔淑芳双鱼扇坠传》讲述徐景春偶遇女鬼孔淑芳的故事，小说末尾偏偏有"见今新河坝孔家坟墓见存"③ 一句，以增加这篇志怪小说的真实性。《任孝子烈性为神》中任珪杀死出轨的妻子与奸夫和岳父岳母后自首伏法，化为牛皮街

---

① （明）金木散人编《鼓掌绝尘》，华夏出版社，1995，第113页。
② （明）周清原：《西湖二集》，华文出版社，2018，第199页。
③ 熊龙峰：《熊龙峰四种小说》，上海古籍出版社，1987，第79页。

土地，小说最后亦有"自此香火不绝，祈求必应，其庙至今尚存"① 之语，瞬间将南宋故事带到明代读者的身边。《两房妻暗中双错认》中两对夫妻的相见正是西湖放生池边，作者也顺带介绍了四月初八浴佛节杭州的放生传统，《醋葫芦》中成珪的女婿冷祝出场时，书中则有"这冷祝祖业原是卖人口的，传至冷祝，只吃一味呆老实，人上倒多买他的货，故此江干、湖墅，把这'冷祝布袋'叫出了名。杭人至今传说，却讹作'冷粥布袋'，说凡女婿，便是粥袋"② 一段，既点明冷祝的性格特征，又解释了"粥袋"这一俗语的意义来源，其真伪暂且不论，读之着实饶有谐趣。

更有些小说使用了相当多笔墨对杭州城进行描写，这些描写有时与故事情节的联系并不十分紧密，只是作者有意地凸显杭州的城市形象。《月下老错配本属前缘》中为了凸显朱淑真婚后生活的不幸与内心的怨恨，特别选用了元旦和上元两个重大节日的欢庆仪式进行反衬，尤其对元旦五更吃柿饼和清早吃汤圆的两个习俗展开细描：

> 话说杭州风俗，元旦五更起来，接灶拜天，次拜家长，为椒柏之酒以待亲戚邻里，簪柏枝于柿饼，以大橘承之，谓之"百事大吉"。那金妈妈拿了这"百事大吉"，进房来付与媳妇，以见新年利市之意。朱淑真暗暗的道："我嫁了这般一个丈夫，已勾我终身受用了，还有什么'大吉'？"杭州风俗，元旦清早，先吃汤圆子，取团圆之意。金妈妈煮了一碗，拿进来与媳妇吃。淑真见了汤圆子好生不快，因而比意做首诗道：
>
> 轻圆绝胜鸡头肉，滑腻偏宜蟹眼汤。
>
> 纵有风流无处说，已输汤饼试何郎。
>
> 那诗中之意无一不是怨恨，错嫁了丈夫之意。③

这一情节的素材来源大概是朱淑真留下的这首《圆子》诗，而实际上，朱淑真《断肠集》还有很多诗词作品吐露对婚姻的不满之情，其中不

---

① （明）冯梦龙：《喻世明言》，华夏出版社，2013，第 431 页。
② （明）西湖伏雌教主：《醋葫芦》，百花文艺出版社，1992，第 32 页。
③ （明）周清原：《西湖二集》，华文出版社，2018，第 227 页。

乏"独行独坐，独唱独酬还独卧"之类的名句。《西湖二集》在这里偏偏只选择了这一首与汤圆相关的小诗，与其说是为了表现朱淑真的人物心理而引入这一节日场景，不如说是为了书写杭州元旦节日的习俗，刻意搜寻相关的诗歌并虚构这一抒情场面。此后还插入了朱淑真的《生查子》词，并对杭州的元宵节做简单的介绍。而事实上在这两个节日中并未发生具体的情节，且与其后梦入"缱绻之司"一段联结得并不紧密，除了引入表现朱淑真的心理活动诗词之外，对叙事本身并无推进作用，甚至可以说是可有可无的。从这个角度看，小说家还会为了塑造杭州的城市形象而调整小说的情节安排与叙事逻辑。

二　浓淡相宜：世俗风尚与高雅审美

杭州是一个兼容了世俗和文雅的城市，繁华琐碎的市井日常和文雅风流的艺术生活，互补而又共融在这一片湖山之中。晚明世情小说家也抱有雅俗共赏的写作宗旨，一面曲尽人情地书写丰富多彩的人生百态，一面不露痕迹地投射出清高淡雅的文人审美。这两种风格统属于一篇作品中，不仅互不干扰，而且还交相辉映，构成晚明世情小说的审美基调。

（一）　市井生活的喧闹与躁动

杭州经济的繁荣，为杭州人的日常生活提供了充足的物质基础。杭州人十分崇尚对生活的享受，事实上杭州的奢侈之风自宋代即被世人所公认，柳永《望海潮》有"市列珠玑，户盈罗绮，竞豪奢"之语，吴自牧在《梦粱录》中则说"临安风俗，四时奢侈，赏玩殆无虚日"。① 杭州人确实很懂得享受声色，品尝着龙井茶、东坡肉、莼菜汤、宋嫂鱼羹等特色饮食，使用着丝绸、扇子、织锦、绸伞等精致的手工业品，参与着元宵灯会、清明踏青、钱江观潮、西湖香市和庙会等种类繁多的节庆活动。杭州风尚也往往会引领时代的潮流，《金瓶梅》中潘金莲刻意梳着"杭州攒"勾引西门庆，而李桂姐、郑爱月、郑爱香等也都梳过这样的发式。杭州出

---

① （宋）吴自牧、傅林祥：《梦粱录》，山东友谊出版社，2001，第45页。

产的丝绸也在《金瓶梅》中被视作上品，京城蔡太师过生日的大红五彩罗缎纻丝蟒衣一定要千里迢迢赶去杭州织造，西门庆给庞春梅做衣服"贴里一色多是杭州绢儿"，①她才满意。杭州丝绸在当时也是送礼的必备品，西门庆死后，蔡御史正送了"两匹杭州绢，一双绒袜，四尾白鲞，四罐蜜饯"②作为奠仪。"山外青山楼外楼，西湖歌舞几时休？暖风熏得游人醉，直把杭州作汴州"，③杭州的都市享乐风气就是这般浓厚。

晚明世情小说许多取材于杭州城内的市井生活，并对杭州的世俗风尚进行了生动艺术的再现。关于杭州的生产生活，曾有这样一段民谣：

武林门外鱼担儿，艮山门外丝篮儿，凤山门外跑马儿，清泰门外盐担儿，望江门外菜担儿，候潮门外酒坛儿，清波门外柴担儿，涌金门外划船儿，钱塘门外香篮儿，庆春门外粪担儿。④

从中不难看出杭州城不仅可以自给自足，而且各部分已出现了明显的分工，这意味着商品经济的繁荣。

杭州商业繁荣，很多小说的主人公就是商人，《崔待诏生死冤家》中的崔宁是自产自销的碾玉匠，《白娘子永镇雷峰塔》中的许仙是药材铺伙计，《新桥市韩五卖春情》则是一个私妓装作良家欺骗丝绸商人的故事。还有一类名为"扎火囤"骗局，凌濛初解释说："做自家妻子不着，装成圈套，引诱良家子弟，诈他一个小富贵，谓之'扎火囤'。若不是识破机关，硬浪的郎君，十个着了九个道儿。"⑤即用妻子引诱良家子弟，丈夫在即将事成之际出现，敲诈一笔银钱，《艳异编》中的《李将仕》，《二刻拍案惊奇》中的《赵县君乔送黄柑 吴宣教干偿白镪》都属此类。当时杭州社会，男子纳妾室和设外宅是平常的一件事，《乔彦杰一妾破家》中的乔彦杰就在经商外出时瞒着妻子高氏娶春香为妾，但因妻子不许进门，只能

---

① （明）兰陵笑笑生：《金瓶梅词话》，人民文学出版社，2008，第483页。
② （明）兰陵笑笑生：《金瓶梅词话》，人民文学出版社，2008，第1129页。
③ （明）冯梦龙：《警世通言》，华夏出版社，2013，第285页。
④ 赵晴主编《城纪（坊巷卷）》，杭州出版社，2011，第162页。
⑤ （明）凌濛初：《二刻拍案惊奇》，华夏出版社，2013，第170页。

在外"自赁房屋一间与他另住"。① 高氏堪称妒妇，而更甚者则比比皆是，《醋葫芦》就是一部以疗妒为主题的长篇小说。除了纳妾和妒妇外，晚明世情小说中还有一些内容涉及婚外情，《蒋淑真刎颈鸳鸯会》正是一个丈夫手刃奸夫淫妇的故事，而《铁念三激怒诛淫妇》中还出现了奸夫不忿杀死淫妇的情节。当然，晚明世情小说中也有对节妇品行的赞扬之作，《贪欣误》中的《刘烈女》就讲述了南新桥大街刘氏女子受人诬陷，自缢鸣冤的感人悲剧，《陆五汉硬留合色鞋》结尾十官子巷中被骗奸的潘小姐也自缢而死。在多样的市井生活场景之中，形形色色的人物和复杂缠绕的人情关系得到了充分的展现。

晚明世情小说触及了当时杭州社会的各个阶层，而乞丐、光棍、妓女等处于社会底层的人物，更是得到了入木三分的精彩刻画。《金玉奴棒打薄情郎》就是一个关于乞丐的故事，小说不仅介绍了杭州乞丐首领"团头"的富裕生活——"那团头见成收些常例钱，一般在众丐户中放债盘利。若不嫖不赌，依然做起大家事来。他靠此为生，一时也不想改业"，②更用薄情郎莫稽的发迹负心反衬团头之女金玉奴的有情有义，在物质和精神两方面表现了对乞丐的认可与尊重，解释了"若数着'良贱'二字，只说娼、优、隶、卒四般为贱流，到数不着那乞丐"③ 的缘由。相比较对乞丐的好感，晚明世情小说对光棍帮闲的态度则十分不屑，故事中所有的光棍形象无一例外都是反面角色。《乔太守乱点鸳鸯谱》中，刘家邻居李都管"为人极是刁钻，专一要打听人家的细事，喜谈乐道"，④ 贿赂刘家丫鬟，打听其家私密，更把刘慧娘与孙玉郎私通之事告到刘慧娘的婆家裴家，使刘家惹上一场官司。妓女也是晚明世情小说的重要题材，虽然有《汤赛师》《新桥市韩五卖春情》这样妓女欺骗嫖客的案例，但晚明世情小说中更多的妓女都是才貌双全、有胆有识的奇女子。《卖油郎独占花魁》中花魁娘子王美娘本是良家女子，虽然不幸被骗入烟花巷，却始终抱有从良的愿望，并为自己积攒了相当数额的私房钱，在找到了老实可靠又怜香

① （明）冯梦龙：《警世通言》，华夏出版社，2013，第344页。
② （明）冯梦龙：《喻世明言》，华夏出版社，2013，第299页。
③ （明）冯梦龙：《警世通言》，华夏出版社，2013，第299页。
④ （明）冯梦龙：《醒世恒言》，华夏出版社，2013，第110页。

惜玉的卖油郎秦重之后果断赎身，终于获得了幸福。晚明世情小说对社会下层人物的特别兴趣，也凸显了杭州热闹的世俗生活的魅力。

（二）文人审美的积淀与流传

杭州不仅仅是一个凡俗的城市，更是一个被诗词歌赋吟咏了千年的风流之地。西湖周围处处都是文人足迹，白居易修白沙堤造福万民、林逋在孤山梅妻鹤子、苏轼通判杭州兴筑苏公堤于西湖。据张岱《西湖梦寻》可知，宋时西湖之畔孤山竹阁就曾有供奉白乐天、林和靖、苏东坡的三贤祠。晚明世情小说中有许多故事就记叙杭州与文人雅客的缘分。《苏长公章台柳传》讲述苏轼在西湖边书院中与妓女章台柳的故事；《文昌司怜才慢注禄籍》则记叙了钱塘才子罗隐的一生。文人题材之外，有些故事也会抒发对先辈文人的追慕之情，《邢君瑞五载幽期》中的太原人邢君瑞做杭州太守时，效仿同乡白居易沉醉西湖美景，诗歌吟咏乐此不疲，离任时"竟害了相思之病，恋恋不舍，做了千古风流话柄，传流于世"。[①]

杭州不仅文人才士云集，普通市民的文化水平亦相对较高，这一现象也体现在晚明世情小说之中。才子佳人小说中的诗词唱和更不必说，即使是世态人情小说中也有相当文雅的笔墨。《新桥市韩五卖春情》中妓女韩五和商人吴山往来的两封情书，虽然字句浅近，但用词斯文，礼数周全，深情款款，亦可动人：

> 贱妾赛金再拜，谨启情郎吴小官人：自别尊颜，思慕之心，未尝少怠，悬悬不忘于心。向蒙期约，妾倚门凝望，不见降临。昨遣八老探拜，不遇而回。妾移居在此，甚是荒凉。听闻贵恙灸火疼痛，使妾坐卧不安。空怀思忆，不能代替。谨具猪肚二枚，少申问安之意，幸希笑纳。情照不宣。仲夏二十一日，贱妾赛金再拜。[②]

> 山顿首，字覆爱卿韩五娘妆次：向前会间，多蒙厚款。又且云情

---

① （明）周清原：《西湖二集》，华文出版社，2018，第197页。
② （明）冯梦龙：《喻世明言》，华夏出版社，2013，第54页。

雨意，枕席钟情，无时少忘。所期正欲趋会，生因贱躯灸火，有失卿之盼望。又蒙遣人垂顾，兼惠可口佳肴，不胜感感。二三日间，容当面会。白金五两，权表微情，伏乞收入。吴山再拜。①

受到文人审美的影响，即使是杭州平常人家的生活也带有一种高雅之气。《吹凤箫女诱东墙》中春杏小姐注意到潘用中正是因为他的箫声传到了凤箫楼上，"数日来一连听得店楼上箫声悠雅，与庸俗人所吹不同，知是读书之人"，②整个故事与弄玉吹箫的典故产生互文。《王生陶师儿》中王生和陶师儿爱情受阻，于是在乘船夜游西湖时双双投湖自尽，杭州游人不仅不避讳此事，更特别喜欢再乘此船游湖，"人皆喜谈，争求售之，殆无虚日，其价反倍于他舟"。③冯梦龙则评曰："死后值钱者，惟杨太真袜、陶师儿舟。然袜以色贵，舟以情贵。"④杭人都被这段浪漫的爱情故事所感动，并且对这种形而上的精神追求很是赞叹，展现出较高的审美水平。

晚明世情小说中的故事不仅取材于意蕴深远的逸闻轶事，更有意地追求高雅的审美价值。收录在《万锦情林》中的宋元话本《玩江楼记》记录了柳永在杭州的一段风流韵事。柳永做余杭县令，"使用己财起造一楼于官塘水次，效金陵之楼，题之额曰玩江楼，以自取乐"，⑤在玩江楼上柳永偶遇妓女周月仙，春心荡漾而用言语挑逗，却遭到了拒绝，于是他指使舟子强奸了周月仙，再次设宴玩江楼并令舟子上座以侮辱周月仙，惭愧的周月仙只能任由柳永摆布，"这柳县宰，在任三年，周月仙殷勤奉侍，两情爱笃。却恨任满回京，与周月仙相别，自回京都"，⑥与柳永做了一场露水夫妻。这个故事到了晚明时期发生了重大改变，《喻世明言》中《众名姬春风吊柳七》，柳永不仅与周月仙的被强奸无关，更帮月仙赎身，成全了

① （明）冯梦龙：《喻世明言》，华夏出版社，2013，第55页。
② （明）周清原：《西湖二集》，华文出版社，2018，第165页。
③ （明）冯梦龙：《情史》，岳麓书社，2003，第130页。
④ （明）冯梦龙：《情史》，岳麓书社，2003，第130页。
⑤ 《明》余象斗：《万锦情林》，时代文艺出版社，2001，第94页。
⑥ 《明》余象斗：《万锦情林》，时代文艺出版社，2001，第96页。

她与黄秀才的姻缘，被评价为"风月客怜风月客，有情人遇有情人"。① 两相对比，不仅柳永的形象发生了巨大变化，整个故事的审美基调也从追求美色的物欲层面，上升到成全有情人的精神层面。

三　讲古论今：城市遗迹与历史追念

杭州是一片历史悠久的文明热土，几千年的城建史、几百年的国都身份，为杭州的城市形象在风景优美、民俗生动、文化高雅之外，更增添了几分历史的厚重感。石镜山、抱剑营、六和塔、铁剑巷是吴越王为杭州留下的传说，飞来峰、冷泉亭、聚远楼、丰乐楼是南宋朝廷为杭州的精心装点，宋六陵、义士祠、岳王庙、于谦墓则是后人对历史的凭吊与感怀。昔日的时光一去不返，但历史的遗迹却恒久地留存在后人的生活之中。过去的历史传说与眼前的城市遗迹的互文，书写了晚明世情小说中的历史题材故事。吴越国在杭州建都，南宋政权偏安在临安行在，成为国都的几百年是杭州城建史上的光辉时期，更在杭州城内留下了许多古迹，这些历史遗迹的故事在晚明世情小说中得到了浓墨重彩的书写。

（一）一剑霜寒十四州——吴越立国

许多历史人物与典故传说都与人杰地灵的杭州有关，城内大小地方都有可能是前代的古迹旧址，杭州历史与当代地理的巧妙联结也是晚明世情小说叙事特别关注的一点。《月明和尚度柳翠》诉柳翠桥、柳翠井的来源，《巧书生金銮失对》提到秦始皇与石佛寺的典故，《警世通言·白娘子永镇雷峰塔》的入话中更有一段文字，专门论述杭州名胜故事，如灵鹜岭化为金牛驱退涌金门外洪水的神话，林和靖砌孤山路、白居易筑白公堤、苏东坡建苏公堤等轶事。

出身微贱的钱镠在成为吴越王后没有为扩大疆土而劳民伤财，而是在五代十国的乱世之中一直臣服于中原各政权，最终钱镠的后人更是"纳土归宋"，令赵匡胤不费一兵一卒就得到了吴越国十三州。在吴越国八十六

---

① （明）冯梦龙：《喻世明言》，华夏出版社，2013，第134页。

年间，杭州乃至两浙的百姓得到了难得的休养生息，这也为宋朝南迁时定都杭州打下了坚实的基础。

杭州人对吴越王这位惠及万民的统治者的感情十分深厚，《西湖二集》中也说"杭州人不拘贤人君子，贩夫小人，牧童竖子，没一个不称赞那吴越王"。①《西湖二集》中《吴越王再世索江山》和《喻世明言》中《临安里钱婆留发迹》两篇都书写了吴越王钱镠的故事。钱镠幼时在石镜山上坐在大树下指挥儿童玩耍，照见自己的王者之相，称王后则封此树为衣锦将军，将此山改名为衣锦山。现衣锦山在杭州功臣山下临安博物馆公园范围内，山前镌刻着原名"石镜山"。吴越王定都杭州，造宫殿于凤凰山，南宋迁都临安时亦在此处造宫殿。吴越王屯兵六营：白璧营（城南上隅）、宝剑营（钟公桥北）、马家营（修文坊内）、青字营（盐桥东）、福州营（梅家桥东）、大路营（褚家堂）。其中宝剑营被误传为抱剑营，至南宋时成为杭州妓院集中地之一，汤赛师、马琼琼、柳翠、王从事妻等人的故事皆生于此。当时钱塘江潮极为凶险，钱镠则向龙王祷告，"又建六和塔以镇风潮，亲自取铁箭以射潮头"，②这也是著名的"钱王射潮"传说。除了六和塔外，还有铁箭巷之说与此相关，至今钱塘江畔还有相关雕塑。可以说吴越王钱镠为杭州留下了很多痕迹，不仅有以上这些建筑遗迹，他那"陌上花开，可缓缓归矣"一句"艳称千古"，③更为杭州埋下了风流浪漫的伏笔。

钱镠是一位重情重义的仁德之君，成为吴越王之后对曾经于己有恩的故人都大加封赏。《吴越王再世索江山》记吴越王万金酬谢幼时救下自己性命的婆婆，"以万金酬谢，一壁厢建造屋宇，造报恩坊，拔其二子都做显官，以报其救命之德"。④并且宴请当地父老，"男妇八十以上者饮金杯，百岁者饮玉杯，那时饮玉杯者共有十余人。钱王亲自执杯上寿，诸人欢畅，都吃得烂醉"，⑤一派君民同乐的欢乐景象。《文昌司怜才慢注禄籍》

① （明）周清原：《西湖二集》，华文出版社，2018，第3页。
② （明）周清原：《西湖二集》，华文出版社，2018，第15页。
③ （清）王夫之：《渔阳诗话》，载万事慎、万士志编校《近体诗苑》，安徽文艺出版社，2006，第169页。
④ （明）周清原：《西湖二集》，华文出版社，2018，第12页。
⑤ （明）周清原：《西湖二集》，华文出版社，2018，第12页。

中吴越王则鼓乐喧天，专门到新城聘故人罗隐为官。朱温篡唐后，罗隐劝吴越王兴兵讨逆，但吴越王以"我若兴兵，毕竟要荼毒生灵。我爱养斯民，岂忍置之锋镝之地？"①为由拒绝了罗隐的建议，宋兴后钱镠的后人也"不忍涂炭生民，今日把土宇尽数纳于宋朝"。②在钱镠这样一个爱民如子的仁君的统治之下，杭州百姓不识战火、安居乐业，因而他们对吴越王有着特别的感恩。

吴越国归宋后，随着时间的流逝，杭州人对吴越王钱镠的浓厚好感转为对他的深刻怀念，甚至将宋高宗视作吴越王的转世，《西湖二集·吴越王再世索江山》结尾即表现了百姓心中的美好愿望：

> 吴越王偏安，高宗也偏安；吴越王建都杭州，高宗也建都杭州；吴越王活至八十一岁，高宗也活至八十一岁：怎地合拍，真是奇事。后人有诗为证：
>
> 吴越偏安仅一隅，宋朝南渡又何殊？
>
> 一王一帝同年寿，始信投胎事不诬。③

吴越王和宋高宗确实存在一些共同之处，后世小说家才会将两人联系在一起。一方面，两位最高统治者寿数相当，都依据南方各省建立政权，定都杭州并在凤凰山建造宫殿。而另一方面，两位帝王虽然掌握着无上的权力，却对百姓非常仁慈。无论是吴越国时候的杭州百姓，还是南宋时的临安百姓，都享受着安定舒适的生活。

（二）直把杭州作汴州——南宋偏安

吴越国是杭州土生土长的地方政权，而南宋则是由北迁入杭州的中央政权。对于由北入南的皇室、朝臣和百姓来说，温暖的临安是他们战火中的避难所。晚明世情小说也书写了杭州对外乡人的馈赠。《卖油郎独占花魁》中莘瑶琴在从汴京逃往临安的路上与父母失散，虽然被迫落入烟花

---

① （明）周清原：《西湖二集》，华文出版社，2018，第216页。
② （明）周清原：《西湖二集》，华文出版社，2018，第17页。
③ （明）周清原：《西湖二集》，华文出版社，2018，第20页。

巷，却也得到了痴心的爱人并顺利从良。莘家二老"今日闻临安兴旺，南渡人民，大半安插在彼，诚恐女儿流落此地，特来寻访"①，最后终于在清波门外的油店中与嫁给卖油郎的女儿重逢。卖油郎秦重也是从汴京逃难而来，母亲去世后父亲出家，他才被过继给油店的老板朱十老，并继承了家业得以安身立命。当他娶得花魁娘子之后，向天竺寺祷告还愿，访得父亲下落。在这个故事中，杭州城是北方百姓颠沛流离后的第二个家。

对于杭州百姓而言，杭州成为宋代行在是一件非常幸运的事情，杭州的政治经济地位获得了前所未有的提高，百姓也获得了富足安定的生活，偏安的政权因此稳定了民心。人民的安居乐业，为国家带来了强大的经济实力，彼时思想文化与文学艺术也发展到了相当高的水平。晚明世情小说对于南宋政权的评价总体而言是寓褒于贬、褒多于贬。《西湖二集》不少篇目讲述了朝堂及宫廷内部的故事，虽然对于南宋"专以和议为主，把一个湖山妆点得如花似锦一般，朝歌暮乐"② 有所讽刺，但又肯定了南宋朝廷的民生功绩："那时百姓欢悦，家家饶裕。唯与民同乐，所以还有一百五十年天下，不然与李后主、陈后主又何以异乎？"③《宋高宗偏安耽逸豫》以夸耀的笔法生动地再现了南宋初年在杭州城市兴建的宫殿与园亭：

自南渡以来，建宫殿于凤凰山，左江右湖，曲尽湖山之美，延江数十里，风帆沙鸟，烟霭霏微，一览而尽。不则一日，造成宫殿，非常华丽，与汴京一样。又点缀名山，敕建庙宇。④

因高宗酷爱西湖之景，遂于湖上建造几处园亭，极其华丽精洁。那几处：聚景园（清波门外）、玉津园（嘉会门外）、富景园（新门外）、集芳园（葛岭）、屏山园（钱湖门外）、玉壶园（钱塘门外），这几处园亭，草木繁蔚，胜景天成。⑤

---

① （明）冯梦龙：《醒世恒言》，华夏出版社，2013，第43页。
② （明）周清原：《西湖二集》，华文出版社，2018，第19页。
③ （明）周清原：《西湖二集》，华文出版社，2018，第32页。
④ （明）周清原：《西湖二集》，华文出版社，2018，第25页。
⑤ （明）周清原：《西湖二集》，华文出版社，2018，第26页。

虽然南宋政权在杭州大兴土木，但是很大一部分工程属于公共景区建筑，不仅没有将西湖盛景占用为皇家园林，更与民同乐，即使御驾出行也不会限制行人的活动。"孝宗每每起请太上皇两宫游幸湖山，御大龙舟，宰相诸官，各乘大船，无虑数百，那时承平日久，与民同乐，凡游观买卖之人，都不禁绝。"① 因此高宗可以在苏堤上一间从汴京迁来的酒家内品尝宋嫂鱼羹，在断桥上一家精雅的酒肆之中修改俞国宝题在素屏风上的《风入松》词。宋孝宗并非高宗亲生，所以特别感恩高宗选定自己为继承人，在高宗退位后殷勤侍奉，常为高宗精心组织游赏活动。高宗游玩兴起时往往大赏众人，因此每逢出游，"游人簇拥如山如海之多……每至日晚，圣驾进城，诸人推挤，争前看视，竟至踏死数十人"。② 爱民的高宗闻之愧疚而决定不再出游，为了解决这个问题，孝宗在德寿宫内建造西湖景色，不仅将冷泉亭、飞来峰等景色一一模范，更把整个杭州市井搬到宫内：

> 两廊都是小内侍照依西湖景致，摆列珠翠、花朵、玩具、匹帛、花篮、闹竿、市食等物，许小内侍关扑。次到球场，看小内侍抛彩球、打秋千。看了一会，又到射厅看百戏。……孝宗看完，就登御舟绕堤闲游。也有小舟数十只，供应杂艺、嘌唱鼓板、鬻卖蔬果，竟与西湖一样。③

《西湖二集》中，父慈子孝的宋高宗与宋孝宗被视为与民同乐的仁君典范。南宋的迁都装点了杭州，王朝的宽仁爱民使杭州成为生活的乐土。蒙古军队兵临杭州城下之际，谢太后用"以全宗社，以保族属，以救万姓"④ 为借口放弃抵抗、向元朝投降，杭州也因此避过了屠城之难。元末明初，朱元璋派常遇春攻杭城，围城三月有余，一城之人饿死十之六七。始于偏安终于投降的南宋政权大节有亏，但经历了战火的明代百姓和软弱文人，对宋元之际杭州的"和平"过渡抱有一定怀念之情，《西湖二集》

---

① （明）周清原：《西湖二集》，华文出版社，2018，第26页。
② （明）周清原：《西湖二集》，华文出版社，2018，第29页。
③ （明）周清原：《西湖二集》，华文出版社，2018，第31页。
④ （元）刘敏中：《平宋录》，载《中华野史（卷六）》，三秦出版社，2000，第570页。

正体现了这种社会心态。

尽管南宋政权选择了投降，但一批忠臣烈士展现出无比高尚的民族气节。文天祥、陆秀夫等人拥护着年幼的皇帝带领南宋残兵继续向南流亡。潮阳战败后，文天祥死不降元，被囚三年，面南就义；崖山海战失利后，陆秀夫背负少帝赵昺投海自尽，张世杰等南宋臣民也随之殉难。不仅官员有此气节，《会稽道上义士》的入话中还记叙太学生徐应镳的殉国壮举。南宋太学之地原是岳飞故居，其中有岳飞之祠，徐应镳祭奠岳飞后，协同二男并一女引火自焚，被仆人救出后又投井自杀，后人谥之曰"正节"。同一的空间跨越了漫长的时间，岳飞故居与岳飞祠勾连了岳飞和徐应镳，使精忠报国的民族精神在百年后得到了传承和践行。

南宋的灭亡，意味着中国的版图第一次完全被异族侵占，因此往往会引发后人的无限唏嘘，《西湖二集》中《会稽道中义士》正表现了对南宋的感念。这个故事与《觅灯因话》中的《唐义士传》来源相同，都是至正二十二年（1285）江南释教总统番僧杨琏真迦发掘帝陵取宝毁骨之事，南宋六陵是重要的故事发生地。《唐义士传》中会稽义士唐钰听说杨髡发掘帝陵盗墓的恶行后义愤填膺，更名林德阳扮作乞丐跟着杨髡从杭州走到会稽，一路上捡拾被遗弃的白骨。路遇守陵使罗铣，两人一起拾骨，裹上黄绢，写明某陵，分别埋葬。杨髡将陵骨压在镇南塔下，杭人悲戚不已，杨髡也因此被元世祖逮捕入狱，后死于狱中。唐钰瘗帝骨事迹传开，震动一方百姓，其人也得到上天眷顾善有善报。在《会稽道中义士》中，杨琏真迦发掘陵墓后将骨殖抛于草莽之间，唐钰约同好友林德阳等人，用他人骨殖代替了南宋六帝的尸骸，用黄绢包裹葬于宋故宫之下，并在其上栽冬青树为识。杨髡筑镇南塔镇压于假骨之上，又建报国寺等五寺于其地。事后杨髡遭到恶报，而唐钰等人皆有善果。这些故事在具体情节上各有出入，可见很大一部分出于虚构，但故事的内核是相对固定的——杨琏真迦发陵后虽镇压骨殖于塔下，但其骨并非南宋六帝之骨，而有义士将六帝安葬。小说相对圆满的结局抚慰了遗民内心的伤痛，从元到清，每一位汉族人士都更愿意相信曾经有人挽救了六帝遗骨。明初朱元璋重修宋六陵时，还专门兴建义士祠以纪念唐钰等人。

晚明世情小说中发生在杭州的故事，涉及才子佳人、世态人情、历史人物以及神仙道化等多种题材。在小说中，杭州的历史与现实、世俗与高雅、城内与城外，都得到了缤纷生动的铺陈和渲染。杭州城市对于晚明世情小说而言，不仅仅是情节发生的空间背景，更作为一种文化观念和审美经验的特殊意象，介入小说的叙事之中，成为故事不可或缺的重要元素。

The Multiple Images and Writing of Hangzhou in the Secular Novels of the Late Ming Dynasty

Zhang Meng

Abstract：In ancient Chinese cities, Hangzhou has a quite unique urban personality, while in the text of secular novels in the late Ming dynasty, the urban image of Hangzhou is more diverse：the "prosperous Hangzhou since ancient times" inside the city gate, and the beautiful scenery of lakes and mountains represented by the West Lake outside the city gate；Hangzhou people not only enjoy the secular music of sound and color, but also the elegant aesthetics of literature and art have long been injected into their daily life；The historical allusions of thousands of years and the reality of the late Ming dynasty form intertextuality, weaving out a thick, vivid and beautiful cultural appearance of Hangzhou. For the secular novels of the late Ming dynasty, Hangzhou city is not only the spatial background of the plot, but also a special image of cultural concept and aesthetic experience, which is involved in the narration of the novel and has become an indispensable element of the story.

Keywords：Late Ming Dynasty；Secular Novels；Hangzhou；Narrate

论《东周列国志》人物塑造的
扁平化倾向及其成因[*]

耿亚楠^{**}

【摘要】《东周列国志》塑造了众多栩栩如生的人物形象，为中国艺术长廊增添了亮丽的图景，但综观书中各色人物，不难发现冯梦龙在展现人物性格、揭示人物命运、做出人物评价等方面的局限性。探究《东周列国志》在人物塑造上的扁平化倾向及其背后成因，对于全面评定《东周列国志》的艺术价值具有重要意义。

【关键词】《东周列国志》　人物塑造　明清小说

《东周列国志》是列国小说的集大成之作，全书 108 篇生动演绎了春秋战国长达五百余年历史。其令人称道的成就之一，就是将纷繁的东周史实梳理清晰时，兼而绘制出一幅人员众多、面貌各异的人物画卷，婀娜多姿的倾城佳人、力拔山兮的勇猛壮士、决胜千里的威武将军、昏庸无能的懦弱君主……一一现于人前，但仔细研读，不难发现冯梦龙在塑造人物形象时的局限性。

一　人物形象扁平化的具体表现

《东周列国志》以时间为序，以五霸七雄为重点，记载了东周时期的

---

　*　本文为国家社科基金重大项目"大连图书馆藏明清小说整理与研究"（项目编号：17ZDA261）的阶段性研究成果。

**　耿亚楠，北京语言大学中华文化研究院古代文学专业 2019 级博士研究生，主要研究方向为中国古代文学。

诸国纷争，千余位人物穿插其中，但多数人物呈现的形象都较为僵化呆板，少有让人眼前一亮之感，人物形象整体呈现出扁平化趋势。

（一）人物性格的扁平化

人物是小说创作的中心，文学归根结底是人学。人性中既有至善至美的纯真，也有阴险狡诈的黑暗。人性是复杂的，人的性格不可能是单一的。一部成功的文学作品首先要展现出人物性格的复杂多样性。黑格尔认为"一个性格之所以能引起兴趣，就在于它一方面显出上文所说的整体性，而同时在这种丰富中它却仍是它本身，仍是一种本身完备的主体"。[①]文学的成功不在于呈现极善的代表，也不在于揭露极恶的面貌，而是将二者有机融合，塑造出立体式人物形象。《东周列国志》以事为先，因而冯梦龙在塑造人物时会因事取舍，这导致小说中不论个体还是群体的形象都呈现出扁平化的趋势。

以周宣王个人形象为例，历史上对于周宣王的评价褒贬参半：《诗经》中周宣王形象趋于正面，是一位英明国主；司马迁在《史记·周本纪》中虽然如实记录了周宣王的昏聩之举，但认为其刚即位时，"二相辅之，修政，法文、武、成、康之遗风，诸侯复宗周"[②]，有其贤德一面。《国语》则与这二者相反，开篇即书"宣王即位，不籍千亩"[③]，强调其违礼之处。冯梦龙称其创作《东周列国志》本诸《左》《国》《史》且力求其真，应当不会忽略上述史料中对于周宣王的描述，但小说中的周宣王却是昏聩无能、乱杀忠良的百分百负面形象，全无西周中兴君王的半点特质。为了营造出周宣王的失德之质，《东周列国志》用大量笔墨翔实地描写了宣王败绩千亩、不思悔改、亲自料民等行径，无一不彰显其失道。让宣王失德形象深入人心的，却是错杀忠臣一事。忠臣为国为民，昏君却以莫须有罪名将之杀害，两相对比之下，一代昏君形象跃然纸上。

---

① 〔德〕黑格尔：《美学》（第一卷），朱光潜译，商务印书馆，2017，第302页。

② （汉）司马迁撰、（南朝宋）裴骃集解、（唐）司马贞索隐、（唐）张守节正义《史记》，《史记·卷四·周本纪第四》，中华书局，1982，第144页。

③ （春秋）（旧题）左丘明撰，徐元诰集解，王树民、沈长云点校《国语解集·周语上第一》，中华书局，2002，第15页。

群像的扁平化在女性形象上体现得尤为明显。《东周列国志》中展现了百余位女性形象，数目实为可观，但因小说整体以描写男性为主，对女性着墨不多，因而女性多以群像出现，上至太后国母，下至平民婢女，关于女性的描写往往只有散落于各篇之中的只言片语。她们大多仅仅作为男性的附属品出现，连自己的名字都没有，仅有一个代称表明身份，如"某之母""某之妻""某之妃""某之女""某之姐"①等。面对这些女性，作者直接大手一挥，将其划分为善、恶两个阵营，善者就让其至善，如乐羊妻、百里奚妻等，贤良淑德、忠贞不贰、心胸大度，全无缺陷，与其说是人，毋宁说她们是作者按照传统伦理道德规范对女性的要求塑造出用以传扬真善美的工具；恶者就让其至恶，如褒姒、夏姬、文姜之流，淫乱成性、心肠歹毒、毫无人性，作者吝啬于展现她们身上的女性之美，不仅没有发掘其品性的闪光点，甚至对其恶行夸大其词，将其丑化为"妖"。当然，书中也有个别个性鲜明的女性形象，弄玉算是其中的佼佼者。但这样形象丰满的女性在《东周列国志》中寥寥无几，小说中的女性大多作为补充情节、说明情况的工具人出现，鲜有独立丰满的形象。

魏文哲指出："《东周列国志》中的多数人物是现实生活中实实在在的人物，但缺乏艺术的张力。"②这里的"实实在在"重在强调书中人物皆是在历史上有迹可循的真人，是实实在在的存在，和现实人物血肉丰满的"真实"还有所差距，因而《东周列国志》中流传千古的典型人物形象较少。

（二）人物命运的单一化

人物形象扁平化的一个突出表现就是人物命运的单一化。人们常说性格决定命运，但事实并非如此简单，人物命运受多种因素共同影响，通常而言是不可预测的。春秋战国时代远早于冯梦龙创作《东周列国志》的明

---

① 《东周列国志》中此类称呼如"曾参之母""专诸之母""聂政之母""阎职之妻""陈哀公……其元妃郑姬……次妃……三妃……""伍子胥之妻""文芈之二女——叔芈、伯芈""申亥之二女""屈原之姐""聂政之姐"等。

② 魏文哲：《在历史与艺术碰撞中〈三国演义〉与〈东周列国志〉比较》，《明清小说研究》1994 年第 3 期。

代，加之已存的大量史料，因而冯梦龙能以全知视角安排作品中的人物结局，人物命运具有很大的可预见性。虽然大致走向是确定的，但导致人物命运结局的原因却是千变万化。冯梦龙在创作时显然对这一层面有所忽略，小说中人物命运成因往往是单一的。

齐桓公不计个人恩怨、心胸宽广，终使齐国大治，成为五霸魁首；晋文公从善如流、顾全大局，故能多次化险为夷，为晋国百余年强盛奠定基础。反之，晋灵公残暴不仁，为赵穿弑杀。陈灵公淫乱成性，刺杀忠臣，终于弄得国破身亡。齐闵王刚愎自用，结果众叛亲离，引来四国灭齐，自己被生抽其筋，悬于屋梁，三日后方气绝！苏秦自私自利，为行游说之事，全不顾国家发展，结局悲惨。更为戏剧化的是，一个人如果呈现出性格的两面性，其结局也会随之改变。如楚庄王即位时，不思其政，沉迷田猎酒色，人民怨声载道，后在大夫苏从冒的劝谏下，修身治国，终使楚国日渐强大。

人物命运单一化在吴起的身上体现得最为明显。吴起生于卫国贵族之家，熟读兵书，善于谋略，是一位杰出的军事家和政治家。他为人心狠手辣，为政刻薄少恩，作者用大量笔墨详细叙述了吴起的性格缺陷，然后揭示其悲惨的死亡结局，看似因果天定、水到渠成，但导致吴起身死的直接原因是他支持楚王变法，触及各级权贵利益，小说将他的死亡悲剧简单归结于性格缺陷，忽视了社会变革对人物命运的影响，无疑有些片面。

（三）人物评价标准的伦理化

与人物形象塑造扁平化相联系的，就是人物评价标准的伦理化。中国文学作品中往往直接或间接地夹杂着作者对于人物的评价，《东周列国志》延续了这一创作传统。不同时期不同作者的评价标准或许稍有不同，但大多基于儒家伦理道德。伦理道德其实包含"道德"与"伦理"两个层面。道德是个体基于自身的主体意识自觉约束自我的行为规范，而伦理则是将个体置于社会、集体之下的约定俗成的行为准则，道德与伦理应是一体两面、共同发挥作用的，但在《东周列国志》中，人物行为标准明显呈现重伦理轻道德、重国家轻个人的趋势。

介子推随重耳流亡时，割股肉啖君，并说："孝子杀身以事其亲，忠臣杀身以事其君。"① 卫懿公好鹤亡国，被狄人剁成肉酱，唯一肝完好。大夫弘演看到懿公零落不全的尸体时，跪拜如生时之礼，然后拔佩刀自剖其腹，将懿公之肝纳于腹中。弘演以自身为君棺，真乃"尽心事主"也！故齐桓公追封弘演，禄用其子，以旌表其忠。诸如陈婴牺牲自己的孩子，救出赵氏孤儿……舍己为君这样的例子在小说中比比皆是。"国不堪贰"的尊君传统是儒家伦理在宗法社会中发展的产物。在中国数千年的传统社会里，君主从来没有与国家发生过完全分离。在民众意识深处，忧国即忧君，报国即报君，爱国即忠君，背君即叛国，犯上即作乱，易君即夺国。因此介子推、弘演等甘于为君牺牲自己的行为得到了冯梦龙的无上推崇。

对于忠君者，作者不吝于无上的华美之词，但对背君者，作者也会给予毫不留情的鞭笞。郑大夫祭足出使宋国，被迫答应回国后新立郑君，作者讥讽云："若是忠臣拼一死，宋人未必敢相轻。"② 宋闵公多次戏弄大夫南宫长万，长万怒弑闵公而逃奔陈国，后被绑回剁为肉泥，连八十岁老母亦并诛之，被视为"人臣有不能事君者"③ 的下场，而褒扬笃击长万的大夫仇牧为"死重泰山，名光日月"。④

将男性置于以忠君爱国为主的伦理规范之下尚有时代合理性可言，针对女性的伦理要求则细碎且严苛，可谓对女性赤裸裸的压榨。《东周列国志》中大致塑造出四类个性鲜明的女性形象：一是红颜祸水如褒姒、夏姬之流，二是贤妇慈母如晋文公之妻、介子推之母等，三是坚贞守节如叔姬、季芈之类，四是因男性一己私利无辜牺牲者如吴起之妻、申亥二女等。"贤妻良母"是男权社会赋予女性最重要的角色，将女性囿于方寸宅院，磨灭其意志；"贞洁烈妇"是伦理道德对女性人格的践踏，扭曲女性价值观；女性还往往成为政治斗争、男性争权夺利的无辜牺牲品；"红颜祸水"观是男性将自己政治失败的原因强加于女性的直观表现。小说对女性的观照无不显示出男权社会强加给女性的种种"非人化"的伦理要求。

---

① （明）冯梦龙编、（清）蔡元放评、竺少华点校《东周列国志》，岳麓书社，2002，第216页。
② （明）冯梦龙编、（清）蔡元放评、竺少华点校《东周列国志》，岳麓书社，2002，第65页。
③ （明）冯梦龙编、（清）蔡元放评、竺少华点校《东周列国志》，岳麓书社，2002，第110页。
④ （明）冯梦龙编、（清）蔡元放评、竺少华点校《东周列国志》，岳麓书社，2002，第108页。

二 人物塑造扁平化倾向的原因

文学作品的创作离不开作者，人物形象塑造更是如此。时代风貌、文化思潮等因素通过对作者的价值判断、思想感情产生影响，进一步反映到作品中，这正是《东周列国志》人物塑造扁平化的原因。

（一）传统伦理观念的影响

中国古代小说自萌芽起就一直深受传统伦理影响，于中国土壤中孕育的《东周列国志》亦不能免俗。

伦理道德与社会制度密切相关。从氏族社会遗留下来的、以父系家长为中心、以嫡长子继承制为基本原则的宗法制度，在中国延续了数千年之久，从而使中国一向高度重视伦常规范和道德教化，形成了以"求善重德"为旨趣的"伦理型文化"。家是小"国"，国是大"家"，父为"家君"，君为"国父"。君父同伦，家国同构，宗法关系因之渗透于社会整体。由此发展出的以"忠君爱国"为主的伦理道德规范牢牢约束着上下臣民，受其影响，在日常生活中人们自觉形成以君为先、舍我为君、君辱臣死的思维模式，反映在小说中就是我们看到的大量如出一辙的忠臣形象。

以宗法制度为主导的男权社会中，男性权威至高无上，男性是生产资料的占有者与分配者，女性地位逐渐下降，男尊女卑现象日益严重。在政治上，女性被排斥在外，女性的生存空间被压缩于方寸宅院之间；在经济上，社会没有给予女性外出谋生的机会，久而久之，女性完全丧失了独立生存能力，女性生命价值与人格尊严完全取决于男性，成为男性的附属。为进一步从身到心、由内而外完全控制女性，传统伦理延伸出一系列针对于女性的严苛要求，冯梦龙大致遵循了传统伦理对女性的标准与要求，因而小说中呈现的女性形象大多呆板僵化。

（二）坚持"实录"的创作理念

事实与虚构是贯穿于中国古代历史演义小说发展史的一对关键词，小说创作者如何处理事实与虚构的关系，直接影响小说作品的艺术性。显而易见，相比于虚构，《东周列国志》更侧重于史实，这与作者坚持"羽翼信史"的创作理念密切相关。

冯梦龙在《新列国志·凡例》中指出：

> 旧志事多疏漏，全不贯串，兼以率意杜撰，不顾是非，如临潼斗宝等事，尤可喷饭。兹编以《左》、《国》、《史记》为主，参以《孔子家语》、《公羊》、《谷梁》、晋《乘》、楚《梼杌》、《管子》、《晏子》、《韩非子》、《孙武子》、《燕丹子》、《越绝书》、《吴越春秋》《吕氏春秋》、《韩诗外传》、刘向《说苑》、贾太傅《新书》等书，凡列国大故，一一备载，令始终成败，头绪井如，联络成章，观者无憾。①

由此可见，冯梦龙创作《新列国志》源于难忍当时列国故事对史实的疏漏杜撰，认为其实为荒谬。基于此，他在编纂小说时着意于一个"真"字，力求书中写作之人皆是有史可据、有史可依。因此蔡元放将冯梦龙所作《新列国志》等同于"通俗的历史读物"。

史书要求"实录"，历史容不得假设，史书的美在于真实，而小说与之不同。作为文学艺术的小说则是对真实的再加工，为了突出人物形象，小说往往需要在真实基础上想象，甚至于还会虚构真实、"凭空捏造"，甚而要求虚的部分远超于实的部分。小说是虚构的艺术。《东周列国志》过于追求历史的真实，必然对人物的"真实性"有所限制。

（三）教化大众的创作目的

优秀的文学作品，历来都是教育、感化、激励、鼓舞人的有力武器，是人生的教科书，能全方位反映社会现实的纷繁复杂，深刻揭示人性的善恶美丑，教人如何透过现象看本质，提高对事物的识别力、判断力和洞察力。史书自来被当作最生动的教科书。历史演义以史书为底本，除了再现历史外，更重要的是将史书中的微言大义以通俗易懂的语言阐发出来，传

---

① （明）冯梦龙编，陆树仑、竺少华标点《新列国志》，上海古籍出版社，1987，第1页。

递给大众，这是历史演义小说最重要的社会功能之一。

冯梦龙最重要的文学创作主张之一就是强调文学的教化作用，因而在创作《新列国志》时，冯梦龙有意识将其作为"正史之补"，希望通过历史小说化演绎实现历史通俗化，在作品的传播过程中实现文学作品的教化作用。冯梦龙在《警世通言》序文中举了里巷小儿听《三国》故事受小说人物影响的例子：

> 里中儿代庖而创其指，不呼痛，或怪之，曰："吾顷从玄妙观听说《三国志》来，关云长刮骨疗毒，且谈笑自若，我何痛为？"①

通俗小说的影响力，由此可见一斑，这不是被奉为经典的《孝经》《论语》这类书所能达至的。此外，冯梦龙对于"三言"的解读也明明白白昭示了他借通俗文学宣扬教化的目的：

> 明者，取其可以导愚也；通者，取其可以适俗也；恒则习之而不厌，传之而可久。三刻殊名，其义一耳。②

蔡元放在评点《东周列国志》时，自觉把"劝惩教化"作为评点的出发点，希望其所发议论有益于世道人心，进一步发挥小说劝善惩恶、翊扬教化的社会功能，达到伦理教化的目的。

> 夫史固盛衰成败、废兴存亡之迹也。已然者事，而所以然者理也。理不可见，依事而彰，而事莫备于史。天道之感召，人事之报施，智愚、忠佞、贤奸之辨，皆于是乎取之，则史者可以翼经以为用，亦可谓兼经以立体者也。③

《列国志》之善恶施报，皆一本于古经书，真所谓善足以为劝，

---

① （明）冯梦龙编、岳群标点《警世通言》，岳麓书社，2003，第1页。
② （明）冯梦龙编、岳群标点《醒世恒言》，岳麓书社，2003，第1页。
③ （明）冯梦龙编、（清）蔡元放评、竺少华点校《东周列国志》，岳麓书社，2002，第1页。

恶足以为戒者……他书亦讲报应，亦欲劝惩，但他书劝惩多是寓言，惟《列国志》中，件件皆是实事，则其劝惩为更切也。①

为了更好地实现小说的教化功能，在塑造人物形象时，免不了从伦理道德的角度去观照审视人物，把人物形象分为"善""恶"两大类，作者常常会舍弃人物性格的其他方面，努力充实强化人物的善行或是恶行，以近乎夸张的笔法力求其笔下的人物形象尽可能尽善尽美或是丑恶至极，以达到伦理教化的目的。

《东周列国志》将春秋战国五百余年纷乱如麻的历史梳理得井然有序，使得众多历史人物跃然纸上，全书呈现了成百上千个男女形象，他们面貌各异，身份地位悬殊，都大体呈现出与之相称的形象特征，不得不叹服冯梦龙强大的文学功底，虽然书中塑造的人物形象有扁平化的倾向，但结合作者的生活背景与亲身经历，亦算情有可原。不可否认的是，《东周列国志》是一部较为成功的历史演义，在我国小说史中，堪称演义小说中的代表之一，值得我们细细品味。

参考文献

（明）冯梦龙编、（清）蔡元放评、竺少华点校《东周列国志》，岳麓书社，2002。

（明）冯梦龙编、岳群标点《警世通言》，岳麓书社，2003。

（明）冯梦龙编、岳群标点《醒世恒言》，岳麓书社，2003。

（明）余邵鱼编集、《古本小说集成》编委会编《春秋五霸七雄列国志传》，上海古籍出版社，1991。

曾良：《〈东周列国志〉研究》，巴蜀书社，1998。

---

① （明）冯梦龙编、（清）蔡元放评、竺少华点校《东周列国志》，岳麓书社，2002，第5页。

On the Flattening Tendency and Causes of the Characterization in *The National Chronicles of the Eastern Zhou Dynasty*

Geng Yanan

Abstract：There are many lifelike characters in *The National Chronicles of the Eastern Zhou Dynasty*, it adds a nice image to the gallery of Chinese art, but looking at the characters in the book it's not hard to see Feng Menglong's limitations in revealing the characters' personalities and fates, and making judgments about them. It is of great significance to evaluate the artistic value of *The National Chronicles of the Eastern Zhou Dynasty* to explore the flattening tendency of the book in characterization and the causes of its formation.

Keywords：*The National Chronicles of the Eastern Zhou Dynasty*; Characterization; Ming and Qing Novels

《梧桐影》叙事的三重视角、结构寓意及文化意蕴[*]

乔金秋[**]

【摘要】 清初小说《梧桐影》，在叙事中呈现"史官"、"南方说书人"及"文化精英"三种"潜在叙事者"视角。《梧桐影》的作者在叙事结构方面有一定理论自觉意识，并以情欲书写贯穿小说始终。在文化意蕴层面，小说中纵欲式描写与节欲式说教间形成了矛盾与张力，展现出在现代性曙光来临前，中国古代白话小说在人性探索与反思之路上的萌蘖、徘徊与迟滞。

【关键词】《梧桐影》　叙事视角　结构寓意　文化意蕴

《梧桐影》[①] 是清初一部世情小说。全书凡十二回，不分卷，不题撰人。清啸花轩刊本，大连图书馆藏。封面镌"寻私觅趣""梧桐影""啸花轩藏板"，右下有"鹊字堂之藏书"钤印。目录前题"新编梧桐影词话"，卷端题"新编觉世梧桐影"。主要叙淫僧三拙与优伶王子嘉一事。小说所述三拙与王子嘉之事，为明末清初时事，见载于当时人笔记，小说家亦取以为题材。

---

* 本文为国家社科基金重大项目"大连图书馆藏明清小说整理与研究"（项目编号：17ZDA261）的阶段性研究成果。

** 乔金秋，北京语言大学中华文化研究院中国古代文学博士研究生，主要研究方向为明清小说。

① 本文所引《梧桐影》文本，全部出自（清）《梧桐影》（一函二册），大连图书馆影印本，2000。

作为一部"啸花轩"①作品，《梧桐影》总体思想格调不高，但在一定程度上反映了清初世情小说的时代风貌。笔者运用叙事学理论和文史互证的方法，从故事本事、叙事技艺、文化内涵等方面出发，探究《梧桐影》所蕴含的三重叙事视角，揭示《梧桐影》的叙事结构寓意以及叙事中蕴含的文化意蕴，并探究该小说在情欲书写方面的成就与局限。

一　叙述者的三重视角

在《梧桐影》中，可以发现"史官"、"南方说书人"以及"文化精英"三种潜在叙述者。其中，"南方说书人"形象最为明晰，"文化精英"偶尔露面，而具有实录精神的"史官"，虽未直接出现，但作为"隐含作者"投射到叙述者身上的一种心理创作情绪，使得小说不时呈现一种近乎史传的实录式面貌。这种实录精神具体体现为内容信息的历史真实性。

（一）"史官"视角

《梧桐影》应该有真实可信的素材来源。薛英杰认为，《梧桐影》中"不仅王子嘉与三拙的名字均见于史料，并且小说还原了笔记中王紫稼故事的多处细节"。②笔者诚以为然。而且，文中凡涉及戏曲教学、银两账目、官府工作流程、地名路线等，都条理分明，以史官般的写实笔法写就。

首先，是人物活动路线的真实性。如三拙从北方到南方的路线，经历了山西代州→（消停步行，第三日从县里到山前）→五台山→（逃难，往西北无流贼处走，十几天）→怀仁县→（买箭衣，扮西商）→大同关（买羊绒膻货，车行）→黄河渡口（雇船，平时要走半月二十日，顺风顺水七八日）→清河县→黄家营→（雇划船）→扬州→（换江船）→南京。将

---

① 《明末清初的啸花轩现象》一文提出了"啸花轩现象"这一概念。啸花轩是明末清初杭州地区一个专门组织创作和出版艳情小说的出版社，出版了包括《浓情快史》《梧桐影》等在内的十几部小说，这些小说是明末清初统治阶级的文化政策、世风和士风、小说出版业的特殊处境中产生，出于逐利、反叛理学、劝世的目的而出版，这些小说在当时销量很大，又在清中期几乎全部被查封（陈辽：《明末清初的"啸花轩现象"》，《古典文学知识》1996年第3期）。

② 薛英杰：《文人权力与男风想象：清初小说中的王紫稼故事》，《安徽大学学报》（哲学社会科学版）2017年第5期。

其中所提到的地点，与清朝地图进行对照，我们会发现除"大同关"作"大同府"、"黄家营"作"黄家集"外，其他地名均与之一致，且方位、距离、时长都较为合理（见图1、图2）。

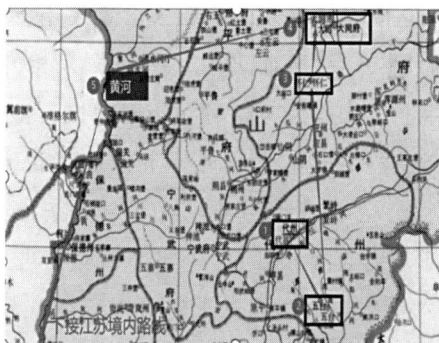

图1 山西（清代）境内路线

资料来源：（清）谭其骧：《中国历史地图集》第八册山西卷，中国地图出版社，1996，第20~21页。

图2 江苏（清代）境内路线

资料来源：（清）谭其骧：《中国历史地图集》第八册江苏卷，中国地图出版社，1996，第16~17页。

其次，是所叙案件在历史细节上的真实性。"本书所记三拙和尚及王子嘉事，亦见当时人记载，《丹午日记·哭庙异闻》：'国初有三妖：金圣叹儒妖，三拙和尚僧妖，王子嘉戏妖，三人俱不得其死。'《小旦王子嘉》又谓：'顺治十年，巡按李公森先访拿二人。重杖用立枷，并枷于阊门月城而死。'王子嘉为明末清初昆曲名旦，多与文人相交，吴伟业、尤侗、徐釚均有诗文纪其事。故知小说实据时事传闻而成，记载当时寺庙及戏班尤详，存有不少珍贵戏曲史料。"① 而《王紫稼考论》中提到，韩世琦《抚吴疏草》卷三十三、卷三十五分别明确记载，按臣李森先于顺治十三年八月二十四日上任，到顺治十四年三月初六日被逮进京。② 冯桂芬《（同治）苏州府志》卷六十八亦云李森先于顺治十三年以御史巡按江南。③ 论文中引缪荃孙《云自在龛随笔》卷一所记，对我们理解此历史事件有帮助："李森先杀优人王紫稼。紫稼负盛名，吴、龚诸老，以诗奖之，为李杖毙。罪案在夤缘关说，刺人阴私，为诸豪胥耳目心腹。又倚姿容口舌，奸通巨室妇女。三遮和尚亦同时杖毙。三遮本天平山佛寺住持，罪案以邪教惑愚民，造窟室，窝藏妇女，为李访闻，与王同时立枷。"这些材料都可以证明历史中确有其事。然而上述文献中内容不够详细，因而论文作者总结说："至于此案的细节，现在已经无法查考了。"④ 《梧桐影》小说中所述内容，除了李御史到任时间提前两个月外，其他内容都较为相符，且可以说提供了一些案件细节。

最后，是小说中所叙故事时间，具有相当的可靠性和严密性。据大连图书馆藏《梧桐影》中所述，山东李御史，"顺治十三年六月到任。未到任之前，已先各府私行了一番"，经过半年时间，办案成绩显著。"二月初旬，放告，忽见枫桥地方，有里邻连名呈子，为淫僧强奸幼女事，僧名三拙。"（第十回）也就是说，顺治十四年二月初旬李御史了解到三拙一案：

---

① 薛亮：《明清稀见小说汇考》，社会科学文献出版社，1999，第155页。

② 韩世琦：《抚吴疏草》，北京出版社，2000，第308、355页，转引自赵杏根、王贵宝《王紫稼考论》，《南京师范大学文学院学报》2018年第3期。

③ 冯桂芬：《（同治）苏州府志》，凤凰出版社，2008，第779页，转引自赵杏根、王贵宝《王紫稼考论》，《南京师范大学文学院学报》2018年第3期。

④ 缪荃孙：《云自在龛随笔》，国家图书馆出版社，2003，第9页，转引自赵杏根、王贵宝《王紫稼考论》，《南京师范大学文学院学报》2018年第3期。

衙门定期挂牌准予告状，李御史注意到三拙和尚之案后，"心中大怒"，决定暂时先不批发此事，而是"私行细访"（第十回）。"几日后"，李御史查访时又注意到王子嘉，并于私访中从其他轿夫、僧人口中得知了更多三拙、王子嘉的恶行。私访一结束，李御史回到衙门，"就把公呈批了，发与本府署印二府，密拿三拙"。有了公文，官府连夜往花山范家坟来，于"日已停午"十分，将三拙和尚带回，二府升堂，问审三拙强奸幼女未遂一事，将三拙发监，并"连夜把口词审语写了申文，与那梳子、髢子等件，第二日申解察院"。此时故事时间，精确值已经由月到日再到时辰了。察院（即李御史）查问之后，就将三拙打板子收监。第四日午后，王子嘉也被察院捉拿归案。"过了两日"，察院（即李御史）吩咐县里做了十面立枷；第三日传唤三拙，三拙不服，察院道："我今月某日，私行到山。"也就是说，目前叙述的所有故事时间，都发生在二月份。三拙死后复苏两回，衙役"只为上司旨意，仍令抬到阊门门下，枷了半日，黄昏气绝了"，而"王子嘉案另结"。王子嘉因通了些关系，获外保一日，但起更后，又被拘发监。第二日辰牌时候，察院放炮开门，问审王子嘉，"打了八十，上了立枷，枷在阊门示众"，第三日辰刻王子嘉死了。但是，二人"虽然死了，还要报了官，直等官教领去烧埋，才许或亲或友，收拾抬去"，所以"三拙尸首，直至第四日"才得收回，而王子嘉"死了一日，第二日官发放了，就是家属领尸，并不臭烂"。笔者将《梧桐影》第十回叙事时间轴整理如下（见图3）。

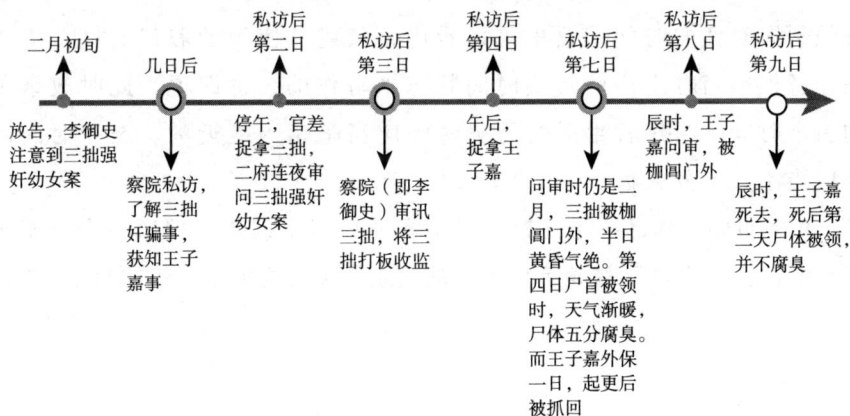

图3　《梧桐影》第十回叙事时间轴

也就是说，三拙、王子嘉二人死于顺治十四年二月中下旬，此时天气渐暖，整个案件一共用时十天左右。《王紫稼考论》的作者根据史实材料推论：“王紫稼顺治十一年回到苏州，到十三年八月至十四年三月的某一天被杀。”① 而《读吴三札》的作者在考证后认为，王紫稼是在清顺治十三年十一月十六日至清顺治十四年“落花时节”这一时段内被杀，且由龚鼎孳《王郎挽歌》中“当门芳草泣千春，欲杀犹怜总一身”“杜鹃滴碎红兰血，到底阊门片石香”“萧条伏枕春才半，月黑吴峰冷似秋”等诗句，推论出王紫稼死于清顺治十四年正、二月②。其结论基本与《梧桐影》所叙相符。相比来说，《梧桐影》在故事时间及细节上还要更精确，小说提及的故事时间又能够和目前学者们根据线索推论出的历史事件相吻合，由此来看，小说中的故事时间应当可以视作史实层面的历史时间的真实反映。

《梧桐影》的叙述者继而叙述道，三拙、王子嘉死后，“这二三年来”，游山的也少了。“又过了一年”，一个陕西客人在苏州卖完西货往北京探亲，然后西去，腊月下旬，才到长安地方。此时，一个老道士问陕西客人：“老丈从苏州来，看见三拙、王子嘉打死么？”“打得也好，死得也好。”陕西人道：“咱在苏州实是看见枷死的。但咱又回乡了一遭，并没人问及。今已二三年了，老师父何故忽然问起他两个？”道人借此二人之事教导陕西人一定要戒淫，后消失不见。陕西人次年到苏州来，“每每向人传说”（第十二回）。从“这二三年”等具有强烈即时性的时间词语中可以看出，叙述者使用的叙述时间，应当是作者根据当时生活的真实时间状态来写作的，也即说，此时故事中的叙事时间，与作者生活的历史时间应当是相当接近的，至少时间间距应当不会十分久远。

由此可知，作品写于三拙、王子嘉死后三至四年，即顺治十七至十八年。根据“史官”视角下所追求的实录精神，再加上小说题目中的“新

---

① 赵杏根、王贵宝：《王紫稼考论》，《南京师范大学文学院学报》2018年第3期。
② 施祖毓：《读吴三札》，《漳州师范学院学报》（哲学社会科学版）2002年第4期。

编"一词与《梧桐影》所叙时态的即时性特征，基本可以判断出，《梧桐影》作于顺治十八年左右，不晚于康熙初年①。

（二）"南方说书人"视角

小说中，"说书人"预先交代故事主题，常常用"有诗为证""只见"等插入文本，还随兴对小说情节做主观评价。不但如此，说书人还以南方视角强势介入文本，以南方为参照系介绍社会风俗。

首先，叙事者十分注意对地区风俗的介绍，内容涉及寺庙规矩、收费标准，南北贸易，交通状况，明末清初江南民风民俗变迁等多方面内容。有意思的是，文中所有对北方风俗的介绍都以南方为参照标准。如第一回提到三拙名字时，叙述者介绍山西代州人家给孩子起名的习惯，以无锡作为参照系："为何叫做三拙？就如无锡人家，若生了三个女儿，大的叫大细，次的叫二细，三的叫三细。"（第四回）说书人再次向读者解释，三拙有两个哥哥，大哥叫大拙，二哥叫二拙，三拙排行老三，因此叫三拙。之所以要让"说书人"出面解释，一是作者依据自身南方生活经验，二是作品的目标受众主要是江南读者。

其次，在"南方说书人"视角的统摄之下，隐含作者在描写北方人物对话、介绍北方情况时常带有一种他者的异域色彩，使得叙述话语和人物话语产生分离。例如第五回中，五台山店家向从代州来的三拙和憨道人介绍当地山寺情况时，说这边山寺"也都好"，并且强调"寺里最后一房，长老号无能，这是第一个有道德、有才调的。一应管事的，又都是他徒弟徒孙"。有店家的推荐，三拙和憨道人就决定投奔无能长老。然而在讲完三拙和憨道人投奔无能长老之后，叙述者插入了这样一段话："这山寺规矩，不比苏杭一带地方。和尚略晓得讲经说偈，门上就挂牌，或是入定，或是放参，做出许多模样来。"在对举之中，五台山和尚"略晓得"内容

---

① 据孟森《心史丛刊·王紫稼考》中顺治十二年的时间节点，推断《梧桐影》"在两人被杀三四年之后，小说结尾写了一个陕西人到长安碰见一个老师父问及此事，是在两人被杀三四年之后，即写到顺治十五、六年为止，则小说之作应不早于顺治十六年，约作于康熙初年"，笔者认为根据本文内证，该时间计算值得商榷。详见文革红《小说书坊啸花轩考》，《明清小说研究》2007年第1期。

就"做出许多模样来"，通过这样的解释和评论，传达出隐含作者对苏杭的高度认同之心和对北方和尚的不屑。

在三拙拜完无能长老之后，文中如此写道：

> （无能长老）也不比南方和尚，公然受人参拜，就只手扶住道："请起。二位还是终身常住的，还是投师授业？"（第五回）①

虽然叙事活动还在进行，但叙事者还是通过简短的文字阐明对南方认同的倾向。一是五台山在代州之南，三拙不可能将五台山和尚与代州和尚对比时称自己为"南方和尚"。二是无能话语内容并无不妥之处，且从后文来看，无能长老确系德高望重之人，三拙对此人是较为尊重和怀念的。由此可知，这里的叙述话语和人物话语并不同步，虽然人物活动正常进行，但这位叙事者采用外聚焦的视角，以南方人的眼光和标准对北方和尚进行品评，在南北差异处表露出认同南方的倾向性。

接着，憨道人与三拙趁乱从寺院携款出逃，在憨道人的提议下，二人扮作西商去山西大同买绒衫，继而到南京、苏州做买卖找快活。二人在大同郑寡妇家饭店落脚，作者对二人与郑寡妇及儿媳刁女见面的一段描写如下：

> 妇人道："这是咱媳妇子。咱这里都是磕头，怕爷回礼，故此不敢劳动，连咱也不曾见礼哩。"三拙道："咱们也不敢行大礼了，照南方只作揖罢！"先替妇人都作了个揖。走近炕一步，都与刁女作下揖去。那女子把身扭转了，含笑也福了一福，秋波一溜，把三拙的痴魂，已提了去了。（第六回）②

从叙事的角度来看，人物和叙述者之间是有一定距离的。妇人解释大同规矩是行磕头礼，但怕三拙和道人回礼，儿媳妇和自己就不曾见礼。

---

① （清）不题撰人：《梧桐影》（一函二册），大连图书馆影印本，2000，第97页。
② （清）不题撰人：《梧桐影》（一函二册），大连图书馆影印本，2000，第112~113页。

此前三拙和憨道人在拜师时都曾行过磕头礼，可见磕头礼确实更为郑重。但是，故事中提到，三拙是山西代州人，憨道人是山西平阳人，而两位妇人是大同本地人，即四个人都是北方人。四个山西人在初次见面时熟练地"照南方只作揖"的场面，显然并不合语境和人物行为逻辑。妇人因"怕回礼"而不见礼的解释也十分牵强。从人物经历时间来看，三拙六岁上私塾，十岁母亲去世，孝满后十三岁去代州城西做了和尚，十四岁离开西山寺去五台山，趁李自成侄子骚扰五台山而出逃至此假扮西商。也就是说，小说中的人物三拙此时才十五六岁，且尚未离开过山西地区。因此可以合理推测，大概率是由于作者为南方人，虽知道北方礼节，但由于个人生活经验有限，不清楚北方男女首次见面行礼的具体流程，于是隐含作者强行更改了人物的行为，让人物按照自己熟悉的南方礼节互相问候。另外，作揖礼更能展现女子扭转姿态和秋波传情的妩媚，方便之后求欢情节顺利展开，也方便南方读者们更容易理解和感知二人此时的暧昧。

（三）"文化精英"视角

隐含作者真诚拥护清王朝统治，而且有强烈的社会责任感和道德感，对维护社会伦理规范和秩序有自觉的主人翁意识。叙述者强烈的自主意识中，透露出企图劝善教化的道德规劝意味。"才不是时手，胡乱捉笔的"（第十一回），可见叙述者明确知道自己写的是迎合世俗的文化消费品，但又不屑与"时手"为伍。而这种不屑和清高，正是出于对自己文化精英身份的认同。

《梧桐影》所记的三拙、王子嘉为真人实事，在清初江南地区影响相当广泛，时人诗文、笔记中多有提及，不少小说如《女开科传》《醒梦啼》等也将此事作为素材。目前研究《女开科传》的学者大多认为，《梧桐影》袭用《女开科传》①。将《梧桐影》与《女开科传》对照，可明显看出隐含作者去除了《女开科传》中对官府差役调侃的成分，而且叙述者对清朝

---

① 参见文革红《〈女开科传〉本事、成书时间及版本考》，《江西财经大学学报》2006 年第 5 期。

天子、清朝政府十分认同，对官府人事及办案流程非常熟悉，且热情颂扬清朝官员公正无私的办案风格。叙事者凡举苏州衙门内的官职名称、各部职责分工、工作流程，无一不清。不仅如此，作者认为王子嘉罪不可恕的其中一条是"自称相公，扰乱纲常"。可见作者对称谓之事有非常清晰的概念认知，其背后反映出儒家"必也正名乎"的"名正"观念，以及"文化精英"对僭越伦理秩序行为的挞伐。

此外，叙述者借老道士之口讲述三拙、王子嘉报业由来。第十二回中，老道士说，三拙"前生是尼僧，犯了佛戒，遍地偷人"，所以"今生应还他淫报"，但因今生好淫良家母女，念头太毒，"且青天白日，肆淫无忌。假银子、假首饰，千般百诈，积恶太深"，因此"得罪佛戒，永生堕落"。而王子嘉不娼而娼，所以"今世以良家女子，前生有缘的，把他淫了，以偿前孽"。王子嘉今生的罪责在于"不该交通大老，擅递线索；又诱人发妻，以媚显要；自称相公，以乱纲常"，所以自己被御史打死，妻妾也要受人淫辱，报应完后，才能再得人身。虽然其中因果报应的封建迷信色彩非常浓厚，但也可以看出，三拙主要罪因为占据大量财富，行骗造假，王子嘉则因牵涉到政治问题，如沟通社会显要、僭越纲常等级，等等。

简言之，叙述者认为二人违背纲常，道德败坏，有伤风化。而从对三拙和王子嘉的严厉处罚，可看出"文化精英"对于本该处于社会边缘的僧人优伶占据财富、获得权位的极度不满与愤怒。其中：僧人三拙趁明清之乱获得一大笔银款，又以此为资本，从事商业贸易，并以宗教名义占据名山，聚敛财富；而王子嘉则凭借自己的美色和才艺，获得权贵显要的宠幸，乃至自称"相公"、僭越等级阶层，导致社会秩序混乱。面对这些问题，这位"不是胡乱捉笔"的"文化精英"，视角凌驾于小说人物之上，对人物行为进行道德审判和谴责，甚至对人物进行"污名化"书写，着力展现二人僭越行为之丑恶，对王子嘉才貌曲艺并不予以认同，对其被上层男性甚至女性"淫骗"没有过多同情，反而以"恨王子嘉"的胜利，凸显文人在伦理等级上的优越地位。总之，以上透露出"文化精英"对清初商业发展、政治经济松动、社会秩序失衡的伦理焦虑感，以及"文化精英"对自我身份的确认与肯定。

二 结构寓意与文化意蕴

(一) 叙事结构的寓意

《梧桐影》有大量抄袭痕迹，也有作者创作的部分，结构上具有明显的缀段性特征。《梧桐影》首卷引《肉蒲团》语，表白这部书"具一片婆心，要为世人说法，劝人窒欲，不是劝人纵欲；为人秘淫，不是为人宣淫"，引后又述："此一段乃《觉后禅》小说提醒世人著书立意，今不惮抄袭之者，亦是窃比谆谆耳……至哉《觉后禅》……"知《梧桐影》作于《觉后禅》（即《肉蒲团》）盛行后，且作者十分认同这种彰显精英阶级教化意识的写作方式，即用审美的文学宣扬非审美的伦理立场。第二回故事抄自一则晚明淫僧故事，情节和文字与原文基本一致，只是对人物名称和故事发生地点做了改动，其中将妻子邓氏改为花氏，以合《女开科传》第六回内容所提"花案"。① 第三回先大骂李卓吾，论述"古来最淫的，男无如唐明皇，女无如武则天"，并称古人笑唐明皇、武则天之淫，今却有人羡慕甚至模仿此二人者。然后讲憨道人欲传采战术并预言因江南淫气忒盛，"上天震怒，遗几个魔君恶鬼，下界四淫，把他人人一个恶结果，警戒世人"，以及憨道人纵欲过度，反而损元神害痨病而死。继而叙述者概述"天启传到崇祯，后来清朝得了天下"，完成整个朝代更迭的时间跳跃后，叙述了"赛包龙图的秦御史"锄奸私访为民办好事之事迹。叙述者用漫长的三回章节作为小说的入话，而整部小说一共才十二回。第四回起，小说才进入正话，叙述三拙和尚与王子嘉奸骗妇女，为李御史查办后枷死，二人死后鬼魂又获刑，而江南人心称快，民风渐好。总之，小说通篇无非将不同内容补缀编缀而成，彼此之间的逻辑关联相当薄弱，甚至令人

---

① 《文人权力与男风想象：清初小说中的王紫稼故事》中提道："该故事与《廉明公案·邵参政梦钟盖黑龙》和《龙图公案·观音菩萨托梦》的内容基本一致。除了对僧人和秀才夫妇的姓名进行了改动，《梧桐影》基本保留了这两则晚明故事的所有情节，在文字上也很少变化。不过，由于《观音菩萨托梦》是《邵参政梦钟盖黑龙》的抄录之作，所以以目前我们还难以确定《梧桐影》第二回故事的直接来源。"〔薛英杰：《文人权力与男风想象：清初小说中的王紫稼故事》，《安徽大学学报》（哲学社会科学版）2017 年第 5 期〕

费解。而这种漫长的入话形式在清初小说中也显得较为罕见。不过，这种结构中所展现的作者的思路与寓意，又不得不引起我们的关注和思考。

前三回入话叙事内容较为零散，但在主旨上显出与正话故事在"类"上的共通性。第一回借《肉蒲团》之语宣扬主旨，称《肉蒲团》为《觉后禅》，而《梧桐影》的别名为《新编觉世梧桐影》，可见在《梧桐影》的作者看来，两部小说都是为了使人觉醒的劝善目的，"看官不可错认了他的主意"。第二回与正话中三拙和尚被李御史斩首之事相呼应，第三回开头对应正话开始提到的江南渐趋淫荡"不减当年郑卫"的风俗，憨道人的预言暗示三拙、王子嘉乃上天所遗下界四淫的"魔君恶鬼"，并以二人恶果警戒世人，点明劝诫主旨。

正话是根据当时影响很大的苏州名伶王紫稼（也称王子弥、王子玠等）与淫僧三折（也称三遮、三拙）被斩的时事进行改编创作，增添了很多淫秽描写，其中对三拙、王子嘉二人服刑前后过程描写得尤为真实。最后又写了王子嘉、三拙死后鬼魂再次在阴间受罚，时人对王子嘉的讨论，以及老道人借二人之事教诲陕西商人不行淫人妻女之事，再次回归劝诫主旨。这种结构上的前后呼应，是作者对其创作理论的自觉实践。叙述者在第十一回交代自己的创作理论：

> 壮士尚且悲秋，何况老子……这回说到三拙、王子嘉钟鸣漏尽、酒阑人散的话，冷淡不好，浓艳不好，扯不得长，裁不得短，认不得真，调不得谎，招不得怨，撇不得情，丢不得前，留不得后。须是有收有放，有照有应，有承接，有结束，才不是时手胡乱捉笔的。（第十一回）①

此处这个有"自我意识"的叙述者，不但出面告知读者自己正在写作，且强调其创作构思有条理和情感色彩的考量，最后，还特意强调自己不同于胡乱捉笔的"时手"。他还在此回结尾再次呼应本回开头："老子正值悲秋，因谱二孽，遣笔消闷，附此说鬼，窃比东坡。还有余波。"（第十

---

① （清）不题撰人：《梧桐影》（一函二册），大连图书馆影印本，2000，第218页。

一回）在这里，叙述者将自己的叙述行为作为叙述对象，向隐含读者说明此时他在编故事，且该故事是自己虚构出来"遣笔消闷"的，以此使读者去关注作品的技巧性，点名该书的娱乐性质。此时的叙述人不是对说书人语调的模仿，而是一个执笔写作的文人口吻，从而使小说从之前的说书情境转入了案头的创作情境。总之，作者有相当自觉的结构意识。虽然隐含作者并没有在叙事实践中做到理论所说，但也在一定程度上反映了清初小说创作者延续了明中叶以来的小说理论自觉意识。

在结构上，作者有意识地做到了前后呼应，从内容上来看，作品中将情欲书写贯穿于始终，交代了三拙、王子嘉的情欲淫乱之始末，以迎合底层市民趣味。其中，前三回如此冗长的入话，可以看出作者有编缀现有素材敷衍成篇的嫌疑。小说内容上存在大量的抄袭和挪用，除了开篇整回的抄袭、第三回改动人物地点的抄袭，还有化用、集成诗词，如第一回词话抄自《肉蒲团》，第四回引子化用自魏晋时期张翰的《咏周小史四言诗》，第十回"生憎云汉惯牵愁，横放天河隔女牛"袭用钱谦益的《丙戌七夕有怀》，等等，简言之，作者运用套话，整合时人对所叙的评论，再加上个人创作的内容，终于将原来《女开科传》①中两个回目的短篇内容敷演成十二回的中篇体量，以此快速生产出快餐式的文化消费品。由此，也可以看出"啸花轩"商品小说部分的特点：以下层文人为创作主体，编缀素材，加之虚构创作，迎合市民阅读趣味，实现利益最大化，同时也表达对社会热点事件的个人看法，达到寓教于乐、劝善教化的目的。

（二）情欲书写的文化意蕴

作为一部清初的"啸花轩"小说，《梧桐影》继承了明末以来延续的艳情风气，其情欲书写并未因朝代更迭而发生变化。当内容涉及男女情欲时，展现了清初精英道德与市民道德在伦理立场和评价体系上的调和。隐含作者承认性需求的合理性，文中三拙、王子嘉的罪名是骗奸妇女，但所叙多是自愿与三拙、王子嘉发生关系的女性。第一类是因丈夫去世，或丈

① 《女开科传》成书于《梧桐影》之前，且《梧桐影》抄袭了《女开科传》第五回和第六回的部分内容。二书内容的具体关系，可参见文革红《〈女开科传〉本事、成书时间及版本考》，《江西财经大学学报》2006年第5期。

夫不能满足其需求，而渴望情欲的女性。如第五回中，城中富家五十正寿，其娘子年纪还只三十五六岁，因丈夫不能满足她的需要，故而见了王子嘉这样的美貌小伙，便瞒了丈夫，招来王子嘉与之发生关系。第六回中，十七岁的刁女对自己的丈夫不中意，渴望另配一个风流丈夫，而刁女的婆婆郑寡妇已守了半年寡。二人与憨道人、三拙做了一夜露水夫妻，郑寡妇对刁女说："如今咱也不要说你，你也不要说咱了。"第二天刁、郑二人"婆看了媳也笑，媳看了婆也笑"，且后来郑还要求跟媳妇换转性伴侣，"各试一试新"。第七回中，一个乡宦"家中有十七个妾，如守寡一般"，夫人劝他，他又不肯，导致"个个怨他"，因此这些妾有两三个缠上了王子嘉。第二类是纯粹追求性愉悦的女性。第七回中，有对关系极好的姑嫂，两个都看上了王子嘉。王子嘉叫上三拙一起云雨，二女抓阄决定性伴，但阿嫂听说是三拙和尚能力突出，就"取才不取貌"。第三类是从肉欲生发出情欲及依恋的女性。如第六回中，刁女含泪送三拙离开，且不顾他人耻笑，大哭回房，对此行为，作者称之为"流泪眼观流泪眼，断肠人送断肠人"，并在第十一回称该女子为"有情的刁女"。再如，第十一回中，王子嘉遇一新寡小姐，那小姐说："若不遇亲亲，怎知脐下这些子，有这样快活。"以此展现小姐因两性和谐而产生的愉悦快感。得知王子嘉被小姐之父囚禁之后，小姐又送王子嘉银两并帮助王子嘉出逃。看见王子嘉从城墙跳下跌倒时，小姐大哭道："我的人嘎！你若是跌死了，咱也跳下来，和你同死。"此时，小姐对王子嘉的心痛与不舍，已经不仅仅是出于个人性爱，而是由此产生的对王子嘉人身安全的担忧与怜爱。

由此可见，这些出自这位清初男性文人笔下的文字，虽以男性中心进行叙述，但其所述在客观上承认了人性欲望的合理性，尤其是女性欲望的合理性，以及女性追求性自由的主观能动性。从中可以看出：第一，女性在丈夫不能满足需求的前提下，会主动寻求欲望的满足而非被动接受；第二，女性也有迷恋男性美色的欲求，甚至品鉴男性的性能力和美貌（才与貌）；第三，肉欲与情欲密切相关，即便是在非道德的性行为中，性欲也会生成情欲，甚至由性产生依恋的情感联结。

由此可知，这部清初小说所展露的思想中，有承认个人性需求和性自由的意味，且这种承袭自明中叶的情欲书写，并未因时代变革而终结。不仅如此，其中还隐现出性别不平等的本质是资源、社会地位的不平等。如第六回中王子嘉想学采战术，三拙就趁机骗王子嘉做男风。第十二回中还提到，王子嘉为大官大商做了十年男风。至于王子嘉跟女性的关系，并不是王子嘉主动与女性偷情，而多是"婆娘偷我"，并给王子嘉钱物。而第七回中，王子嘉引三拙做替身与一富家妇人快活，结束后妇人也要送三拙两锭银子。

但是，此小说在情欲书写方面也带有明显的时代和文化的局限性。一方面，作者描绘的多是底层社会生活中的人物，所写人物具有一定的"浊化"色彩。其情欲书写不过是将性从繁衍后代、延续香火的宗祠目的还原成原始欲望的满足本身，展现出情欲观念的非成熟状态。另一方面，作者展现情欲的淫乱与普遍，承认这种原始爱欲是非理性所能控制的，但又通过官府制裁行为人，以此劝诫世人不要沉迷于淫邪之事。这种通过展现纵欲来教导世人节欲的方法，本身是充满矛盾的。

矛盾的根本在于由于个人克服不了人性自身的弱点，转而企图通过外部力量消灭情欲的不安分因素，即试图通过世俗权威规范和约束个人行为。这种权威力量的具象表达，就是由以李御史为代表的正义官府来消灭世间的淫欲，以正风化。而先放纵本我的人性欲望，将情欲还原为本能的性冲动与肉体欲望，又通过劝讽的笔法，强调道德与教化的克制作用，本质上是一种超我对自我的压制乃至虐待，[①] 也给情欲书写戴上了沉重的道德和思想枷锁。在作者的笔下，情欲得到了承认与宣泄，但没有获得尊重与自由，由此使情欲书写中情欲的解放与人性的自由产生了二律背反的矛盾。

简言之，小说对人性中的情欲问题有一定的思考，一定程度上承认了饮食男女存在的合理性，但止步于情欲本能的释放，没有在人性精神层面方面做更深入的追问与思考。当然，从对人性生存本能的释放到对自由意

---

① 在精神分析理论中，我们的人格结构被分为三层：本我（id）、自我（ego）和超我（superego）。本我代表了原始的冲动、欲望。超我则代表了道德感。自我是在两者中间，协调冲突。当我们的本我有一些冲动和渴望，超我会用它的道德感去压制本我，从而影响自我的行为选择。如果个体在童年早期，受到了来自父母、同伴、老师或其他权威者过多的指责与评判，超我的力量可能会发展得过于强大，从而形成"虐待性的超我"。

志的追求，本身就是一条艰难之路，清初没有实现这个追求情有可原。总之，这部清初世情小说，在纵欲式情欲书写与节欲式道德说教的矛盾和张力中，展现出在现代性曙光来临前，中国古代白话小说在人性探索与反思之路上的萌蘖、徘徊。

参考文献

（明）胡应麟：《少室山房笔丛》，上海书店出版社，2009。

（清）《梧桐影》（一函二册），大连图书馆影印本，2000。

林辰：《明末清初小说述录》，春风文艺出版社，1988。

李梦生：《中国禁毁小说百话》（珍藏本），上海辞书出版社，2017。

范常喜：《琉球写本〈人中画〉对啸花轩本的校勘价值——以〈风流配〉为例》，《国际汉学》2019年第4期。

涂星：《明清小说女性形象"情"、"理"、"欲"描写的矛盾体现》，湖北师范大学硕士学位论文，2019。

黄强：《〈肉蒲团〉作者与序年再考辨》，《江南大学学报》（人文社会科学版）2019年第1期。

袁亚铮：《清代士优交往背景下的蒋玉菡研究》，《古籍整理研究学刊》2018年第1期。

冯保善：《明清通俗小说江南传播及其经典化进程》，《南京师大学报》（社会科学版）2017年第4期。

杨理论：《周询手稿本〈《石头记》说戟〉考辨》，《红楼梦学刊》2015年第5期。

程宇昂：《男旦乐伎对清代中前期文学的影响》，《长沙大学学报》2015年第1期。

程宇昂、梁健荣：《简论男旦作为乐伎对清代中前期文学的影响》，《四川民族学院学报》2014年第6期。

裴雪莱：《吴梅村与清初苏州剧坛——以顺治十年仕清前后为例》，《文艺评论》2013年第10期。

陈益：《昆曲语境中的同性恋现象》，《寻根》2011年第4期。

王云松：《清初官场风习一瞥》，《文史知识》2009年第1期。

张成全：《〈肉蒲团〉为李渔所作考》，《明清小说研究》2008年第4期。

程宇昂：《王紫稼生卒年考》，《韶关学院学报》2007年第8期。

李忠明：《清初书坊啸花轩刊印小说考论》，《文学前沿》2004年第1期。

孙福轩:《〈肉蒲团〉作者非李渔考辨》,《明清小说研究》2002 年第 4 期。

吴存存:《清代士人狎优蓄童风气叙略》,《中国文化》1997 年第 Z1 期。

黄强:《〈万锦娇丽〉所收小说第二种出于〈肉蒲团〉》,《文学遗产》1992 年第 1 期。

陈良瑞:《也说〈万锦娇丽〉及其所收的三种小说》,《文学遗产》1990 年第 3 期。

辜美高:《美国哈佛藏本、日本庆应藏本〈女开科传〉及其与"春风文艺"刊本校补记》,《文献》1989 年第 4 期。

季国平:《戏曲札记二则》,《文学遗产》1989 年第 6 期。

王青平:《关于〈赛花铃〉与〈女开科传〉的题词或著录年代》,《明清小说研究》1986 年第 1 期。

Three Perspectives and Structural & Cultural Implications of the Narrative in the Novel *Shadow of Wutong*

Qiao Jinqiu

Abstract: The novel *Shadow of Wutong* in the early Qing Dynasty presents three "potential narrators" perspectives of "historian", "southern storyteller" and "cultural elite" in its narrative. The author of *Shadow of Wutong* has a certain theoretical consciousness in terms of narrative structure, and writes with lust throughout the whole novel plots. At the level of cultural implications, the indulgence description and abstinence preaching in the novel form a contradiction and tension, showing that before the dawn of modernity ancient Chinese vernacular novels were full of sprouting, wandering and hysteresis in the exploration and reflection of human nature.

Keywords: *Shadow of Wutong*; Narrative Perspective; Structural Implications; Cultural Implications

弥漫的乡愁

——论耿立的《向泥土敬礼》和《消失的乡村》*

刘语涵**

【摘要】20 世纪乡土文学中，鲁迅所开创的知识分子"离去，归来，又离去"的乡愁叙事模式，成为乡土文学的重要典范。现代知识分子现实与精神的异乡困境，现实离乡与精神还乡的悖论、物质与精神的割裂、抗俗与媚俗的矛盾、怀乡与怨乡的交织，构成耿立乡土散文作品对故乡的复杂情感。作品对乡土的情感与想象，既有土地崇拜的赤诚、怀乡恋土的乡愁，又有对土地贫瘠、人性丑陋的痛切批判。

【关键词】耿立　乡土文学　精神还乡　格雷马斯

20 世纪新文化运动中，活跃在当时文坛的作家多有农村生活经历，他们寓居城市后所写作的以乡土为题的文学作品，都可称为乡土文学。鲁迅在《〈中国新文学大系〉小说二集序》中，谈到了对乡土文学的定义："凡在北京用笔写出他的胸臆来的人们，无论他自称为用主观或客观，其实往往是乡土文学，从北京这方面说，则是侨寓文学的作者。"① 乡土文学中，又以鲁迅的艺术和思想成就最高，成为此后乡土文学的重要典范。鲁迅作品中，以《故乡》《祝福》《在酒楼上》等小说为代表，开创了经典的"离去，归来，又离去"的乡愁叙事模式。文本中知识分子形象的主人

* 本文为珠海科技学院文学院 2021~2022 学年学术及教学改革研究课题"论耿立《消失的乡村》逃离与归去的悖论模式"（项目编号：21WXYK01）的研究成果。

** 刘语涵，文学硕士，珠海科技学院文学院讲师，主要研究方向为文艺学。

① 徐鹏绪、李广：《〈中国新文学大系〉研究》，社会科学文献出版社，2007，第 60 页。

公离开故土，去他乡寻求未来，再度回乡却发现故乡消失在日益陌生而冷酷的现实中，于是只能仓惶离去、回归城市他乡。故乡已是异乡，异乡却难成故乡。现实的漂泊，精神的离散，让知识分子在离开故土后，与故乡时间、空间距离越远，精神、情感距离就越近，张力越大。

现定居珠海已十年的作家石耿立，他的家乡位于鲁西南地区的曹濮平原。作为在弱冠之龄为接受高等教育离开乡村、跨入知天命之年远离故土的知识分子，其在散文集《消失的乡村》等乡土文学作品中构建的乡村意象和审美情感，正是历史和当下诸多乡土情感和叙事模式的复杂融合与共生。

一　逃离与还乡的悖论

石耿立，笔名耿立，当代著名散文家，1965 年出生于山东西南鄄城一个叫什集的乡村，中国作家协会会员、广东省作家协会会员、珠海市作家协会副主席、珠海市文艺评论家协会理事；1984 年高中毕业后入读菏泽师专中文系并留校任教多年，1993～1994 年于北京大学中文系进修，1998 年自学考试毕业于山东师范大学中文系，2012 年底离开家乡山东，南下岭南，彻底走出那片土地，定居珠海。耿立散文作品连续八年入选人民文学出版社编辑部编选的《21 世纪年度散文选》，2010 年散文集《遮蔽与记忆》入围全国第五届鲁迅文学奖提名作品，2017 年散文集《青苍》获得第十届广东省鲁迅文学奖，2018 年散文集《向泥土敬礼》入围第七届鲁迅文学奖提名作品，2021 年散文集《向泥土敬礼》获珠海市第五届文学艺术"渔女奖"。

耿立的散文作品，多以乡土为主要抒情叙事的对象。2017 年初出版的书写乡土、记忆乡愁的散文集被命名为《消失的乡村》，2017 年底出版的另一散文集《向泥土敬礼》，也书写了"精神的栖身之所"的故乡土地。怀乡情结和土地崇拜，是耿立乡土作品的显性精神与镜像之明；怨乡情结与"消失的城市"，是他乡土作品的隐性精神和镜像之暗。双方交织缠绕，共同建构起文学和精神世界的乌托邦。

20 世纪以来，乡土文学的情感和叙事模式，具有深厚的文化积淀。启蒙时代的乡土叙事话语体系下，故乡一方面承载着知识分子积淀于集体无意识的思乡情感和审美想象，成为寓居城市他乡的乡土之人的精神寄托和情感归宿；另一方面又作为前现代中国落后愚昧的封建状态和国民性痼疾，被启蒙知识分子深刻揭露和批判，鲁迅以及萧红、台静农、柔石等一系列乡土作家写下了大量反映农村苦难生活和病态人性的作品，以揭露病态社会的病苦与罪恶，希冀改良社会，推动社会进步。而同时，湖南作家沈从文以温情脉脉的回望，创造出理想化、人情化、至情至性化的湘西世界，用以批判和反思现代都市精神文明，但后期湘西世界逐渐暴露出的真实与残酷，宣告了这出于对抗和融合的理想化叙事的轰然垮塌与破产。而在改革开放后兴起"寻根文学"，大量农村出身、定居城市的作家进入创作，他们对于故乡的情感和书写则更加复杂化、多元化和国际化。在拉美"魔幻现实主义"等世界文学影响下，面对后现代文化冲击和现代性进程中民族文化精神危机，改革开放之后的乡土文学，莫言、韩少功、阿城、贾平凹等作家，在民族文化的追溯和重建中，反思和批判现代性与民族性，对新文化运动以来乡土文学的叙事模式及情感话语进行了显著的革新和发展。

　　而当下现实中的乡村，在21世纪的现在和将来，在逐渐消失。改革开放后，长期城乡二元结构下的城乡差距和贫富差距，使得大量农村人口脱离土地与传统的农耕生产模式，进入城市寻求新的谋生方式。农村进城人口中，按谋生方式的不同，可分为体力劳动者与脑力劳动者。体力劳动者多被称为农民工，或进城务工人员，多从事劳动密集型工作，成为城市蓝领阶层，但城市并不能成为大部分农民工群体的新家园；脑力劳动者则多为知识分子，大多成为社会的中产阶级和城市新人。乡村青壮年人群因现实所迫，涌入城市工作，他们年迈的父母和年幼的子女多留守乡村，农村劳动人口被城市大量吸收，造成了农耕文明的萎缩衰落与农村的空心化现象。虽然这是中国乃至整个世界城市化进程的必然结果，却引得众多知识分子迷茫焦虑甚至痛心疾首。这些知识分子，多为早已脱离乡土、转变身份的农村进城人群。而进入城市务工的农民工群体，出于文化水平和生活方式等原因，即使产生这种情感和意识，也很少选择以文学形式传达。面对故乡的衰败和乡村的消失，知识分子在文学创作和精神思辨中，在乡愁叙事和抒情中，展现出了对这种社会现象的矛盾心态和复杂情感。这其中多维深层的原因，引人深思。

耿立在《消失的乡村·乡间纪》中，看似平淡实则惊心动魄地记录下故乡农村的萎缩消失、空心化现象。在这片既熟悉又陌生的土地上，木镇离乡之人回乡次数越来越少，少数留守的老幼人群维持着木镇最后的人气，整个乡村只有在春节期间才能有候鸟回巢般的短暂热闹。庭院荒芜，乡村衰败，木镇什集只是中国广大农村在城镇化进程中的一个平凡缩影，也是工业文明对农耕文明挤压与冲击的必然结果。但早已脱离乡土和农耕文明、身处现代都市工业文明的农村题材作家，面对消失的乡村，难掩痛心之情，同时还伴随着极为深邃的对民族发展和人类未来的迷茫与反思。

作为知识分子，当他们回望早已离开的乡村，为乡村的消失忧心忡忡地唱着挽歌时，一个悖论不可避免地凸显出来：精神上仿佛他们与故土同在，乡村田园成为乡土文学中永恒的精神家园和向往；现实中他们却在早年主动离开故乡后，就选择常年寓居他乡，而这个他乡也主要是现代物质文明最为发达集中的城市。当他们再次候鸟一般来往于异乡和故乡间，会发现故乡已是异乡，异乡却最终难成故乡。肉体与精神的漂泊，对于稳定和某种形而上价值的追求，使得个体内心永远缺乏安宁，只有不断地追寻与回望，才能抚慰内心的焦虑，无论是宗教还是情感，都只为寻求内心的短暂平和。于是当故乡成了并不归去，也回不去的家园，作者在文学中却通过一次次"精神的还乡"，① 获得了心灵的寄托和归宿。

二　物质与精神的割裂

寓居他乡的人对故乡的怀念和怅惘，是一个时间与空间的虚妄。怀念的对象，往往只存在于主体想象和记忆中，而非现实地理意义上的空间。乡愁源自生命最初和最深切的体验，藏在人的无意识深处，是时间与空间的独一无二体验，具有一次性和不可重复性，转瞬即逝，时间无法回溯，空间也在时间中不断变幻，"人不能两次踏进同一条河流"。对故乡的想象

---

① 耿立：《向泥土敬礼》，山东友谊出版社，2017，序言，第1页。

和记忆，多是被突如其来的记忆闪回所勾起的人生过往印象与回味，是过滤了苦难、艰辛、幽暗、酸涩后留下的生命体验，远比过去真实时空的经历要有魅力。"那片土地上也曾有过苦难、丑陋，我童年记忆里也有哭声和饥饿，但文字和回忆，在多年后却有了一种过滤"。① 人的回忆在有意无意中，不断修复、涂抹、美化、篡改、淡化、嫁接主体感知和意识，构筑刻画形成存在于意识中的故乡。所以故乡不是空间地域概念和现实性存在，而是由回忆、想象和情感等因素所构成的理想性、精神性、情感性存在。

耿立在乡土散文中，通过冷静深刻的灵魂自省，体认出乡愁的伪善与媚俗、深陷乡愁的病态属性，自嘲这样的情感是"知识者优雅的伪装"，是"'对于某个不再存在或者从来没有过的家园的向往'"，也是"流传数千年的悯农病和归去来兮病"。② 捷克流亡作家米兰·昆德拉在《不能承受的生命之轻》中谈到，消失的过去，永不复归，无论过往如何，没有任何意义。所以在特定的时间、空间关系中构成的故乡，未来无论是回忆还是实际归乡，都无法返还真正的故乡，故乡是伪命题，是矛盾而虚幻的参照系。回忆和怀念并不能确认生命的存在，只能确认曾经存在，所以故乡是虚无、是沉沦，乡愁是媚俗、是枷锁。

就像故乡这个概念一样，只有在离开家乡后，家乡才会变成故乡。正因为他者的存在，才确证自我。乡土文学怀念故乡的作者，往往并不选择回归故乡，而是留在工作生活更加便捷舒适的现代化城市。人无法选择自己的出身，也无法选择故乡。相反，个体离开故乡往往多出于自身主动选择，而后来长期所居之处，也多源于人生机缘之下的取舍。早年因不堪忍受故乡的贫穷愚昧、缺乏出路和上升途径的知识分子，选择离开乡村前往城市，最终客居他乡。当他脱离土地与自幼熟悉的环境、漂泊在城市这个陌生空间时，一方面，与主动脱离乡土、长居城市的现实相比，原始的心理积淀、最初的生命体验与个体无意识，早已将乡间故土铭刻在了他的精神意志深处。对故乡的回望和情感，既是人之常情，又是华夏民族的集体

① 耿立：《向泥土敬礼》，山东友谊出版社，2017，序言，第3页。
② 耿立：《消失的乡村》，百花文艺出版社，2017，第33页。

无意识，千百年来乡土中国的物质现实和精神文明积淀，也在不断地印证和强化这种情感。

而另一方面，这种怀乡情感和集体无意识，也造成知识分子与当下所处城市环境的精神与心灵隔阂。同时部分知识分子群体也面临社会阶层、个人生存及个人身份认同等问题，有着疏离感和漂泊感，或被动或主动地处于被排斥的孤独状态，于是自我隔离与放逐成为某种必然选择。于是，他的精神归属和自我认知属于早已远离甚至逐渐消失的乡村，但他的肉体却安身立命于与乡村相对的城市，这个被在精神层面逃避和文学空间中消失的城市空间，却是他脚踩大地的现实处所。乡土中国的个体生命，背负和承载着安土重迁、土地崇拜的农耕文化传承，总是以出生成长和祖宗埋骨的乡土，作为自己与这片大地的精神和文化纽带。因此，他既是现实籍贯的异乡人，又是精神归宿的异乡人。而内心的不安与漂泊，越发催生对出生成长地的精神眷念，并不断在回忆中筛除、过滤故乡的苦难，在作品中塑造出超越现实的理想家园和精神故土。但那已经不是真正存在的故乡，而是只存在于回忆与想象中的故乡。而乡愁这个仿佛普世的人之常情，在学者的反思中，是"'对于某个不再存在或者从来没有过的家园的向往'"，[①] 于是最终只是一片虚无。这种超越现实时空关系的理想寄托，实质是在精神层面战胜城市文明与社会更高阶层、抵御现实不堪处境的城池营垒，同时也是消解异乡人的精神困境、安放游离漂泊灵魂之所在，这一切正如沈从文的湘西凤凰、耿立的木镇什集。

知识分子的这种物质与精神的割裂、肉体与灵魂的背离、形而下的现实欲望与形而上的精神归宿的矛盾，普遍存在于乡土文学创作中。正如沈从文，1923 年这个时年 21 岁、仅受过小学教育的湖南湘西年轻人，在摆脱了湘西愚昧贫穷、混乱腐败的行伍生活后，来到北京这个大城市，通过书写湘西土地的故事，在城市中转变身份与阶级，一跃成为国内最高学府北京大学的教授，后来辗转北京、上海、青岛、昆明等多地任教、工作，直到 86 岁于北京去世几年后才埋骨家乡。

这位一生绝大部分时间都在大城市度过的湘西凤凰人，以文字才学为

---

① 耿立：《消失的乡村》，百花文艺出版社，2017，第 33 页。

安身立命、阶级跃升资本的行伍之人，主动选择离开乡下、投奔城市的知识分子，却一生都自称"乡下人"，以"乡下人"的眼光，批判现代城市庸俗虚伪的精神病态，颂赞乡土世界自然蓬勃的原始生命力。高玉在《论都市"病相"对沈从文"湘西世界"的建构意义》一文中，认为沈从文虽留在城市享受都市最先进的物质文明和知识分子的生活方式，但他并不认同都市的文明价值，也对自我身份认同有一定障碍，但他现实中并未选择返回湘西，因为他太过了解他所逃离的故土，一切只会更加不堪。于是在文学和精神中，他创造出世外桃源般的理想化湘西世界，来作为批判病态都市文明的明暗镜像。① 沈从文的个人经历和文艺思想，存在深刻的割裂与悖论：物质现实中，他选择了被他批判的城市空间与世俗生活方式；精神思想上，他却将曾出走逃离的乡土世界湘西凤凰经过审美想象与改造，铸造成为他傲视城市的精神图腾与乌托邦。物质与精神的背离，成为知识分子乡土文学创作背后的深层矛盾与悖论。

三　抗俗与媚俗的矛盾

而同时，乡土文学创作中，身份阶级因素，或者说以乡愁书写建立对自我和社会的想象性认同，也成为影响知识分子创作的某种自觉或不自觉动机。城镇化进程中，城市化和工业化的扩张，年轻人的出走，乡村的萎靡不振，乡土文化认同的式微，自我身份认知的内外矛盾，某种意义上都影响了知识分子的乡土文学创作。这些创作者主要是曾通过接受高等教育方式进入城市的农村青少年，相比农民工群体，他们更容易凭借学历文凭和知识技能留在城市，进入以脑力劳动为主的工作环境和社会圈层，获得某种程度上被社会认可的城市新身份。他们主要以知识为谋生手段，成为知识分子、城市新人，脱离农民和蓝领阶层的原定命运轨迹，实现由农村到城市的阶级跃升。而在中国，特别是改革开放之后，这种在农村出生和成长、依靠教育脱离农村成为城市知识分子的群体，以知识技能为谋生手

---

① 高玉：《论都市"病相"对沈从文"湘西世界"的建构意义》，《文学评论》2007年第2期。

段，属于中国当前社会的中产阶级，同时他们也是当代乡土文学的写作主体。①

保罗·福塞尔在《格调：社会等级与生活品味》一书中，重点分析了美国中产阶级，这个阶层以知识和艺术、品位和格调来实现向更高阶级的模仿与靠拢，同时也将其作为区别于城市底层阶级的标志。《格调：社会等级与生活品味》强调了阶级和文化的密切关联，认为社会中每个等级的成员，在童年时代习得的独特风范与传统，很难从个体身心剥离，往往伴随人的一生。② 而所谓的中产阶级趣味，相较于社会其他阶层，更加重视通过文化艺术来展现和确证自身的阶级地位。

而在当代乡土文学创作中，部分庸俗乡土文学也充满着保罗·福塞尔所揭示的中产阶级的文化虚伪。正如耿立在《拒绝合唱：散文的同质化与异质化》一文中所指出的那样，这部分乡土散文存在同质化的浅薄轻浮和毫无生命力的僵硬抒情，充满着对乡村自然淳朴、田园牧歌的套路化盛赞，对城市道德败坏、污浊喧嚣的模式化批判，这种二元对立式的将乡村与城市置于善恶、美丑两端的粗暴做法，多为虚伪媚俗和趋时跟风之作。③ 而这类同质化创作的背后，其中一个原因，笔者认为，正是中产阶级的文化媚俗。但这种媚俗，并非毫无缘由。

乡土文学往往通过对乡村淳朴美好的怀念赞颂，对乡村凋敝败落、萎缩消亡现状的痛切疾呼，批判和反思工业化进程的野蛮扩张、城市化进程的无序混乱。这是站在农耕文明角度对工业文明发出的消极文化反抗。此时，作为农耕文明的代言人，乡土文学创作者想对抗的不仅仅是城市化进程对乡村的摧毁，更有现代精神文化对乡村农耕文化的侵蚀吞噬。在乡土文学的城乡对立话语中，对古老文明和乡土文化的赞美，将代表现代性的城市置于前现代的乡土文明参照中，既是期望寻找解决源自西方现代性问题的良药，也是赋予自我出身的乡土以东方文化的优越性与自然神性。对部分创作者来说，后者这个牵涉自身的动机可能更加迫切，这种对城市文

---

① 李培林、张翼：《中国中产阶级的规模、认同和社会态度》，《社会》2008 年第 2 期。

② 〔美〕保罗·福塞尔（Paul Fussell）：《格调：社会等级与生活品味》，梁丽真、乐涛、石涛译，世界图书出版公司，2011，第 24 页。

③ 耿立：《拒绝合唱：散文的同质化与异质化（上）》，《名作欣赏》2017 年第 4 期。

明的反思批判，对乡土文明的深情缅怀，被自嘲为知识分子"优雅的伪装"和"田园牧歌的伪善"，①是以乡土文化确证自身阶层地位的媚俗，也是沈从文自矜于"乡下人"身份的另类骄傲。

但这种媚俗和沈从文的创作一般，暴露出作者肉体与灵魂的割裂、物质和精神的背离。因为主体自身并未选择逃离所批判的城市、回归所向往的乡村，原因自然是城市拥有整个社会最发达的物质文明、最先进的精神文明，以知识或技能谋生的知识分子，不可能也不愿意留在乡村从事农业生产工作，他们只有在城市才能获得最理想的职业身份和阶级地位，其中典型代表正如沈从文。知识分子在乡村是精神异乡人，在城市却是现实异乡人，人生各个阶段都处于异乡人处境，敏感地意识到自我的游离状态和不被接纳的地位，于是转而创造出精神领域的自我归宿，深情回望，深切缅怀，不断进行自我确证。回忆与现实的残酷对比，现实和精神的边缘异乡身份，物质现实的选择和精神乌托邦的向往，都令部分田园牧歌、乡村挽歌式的乡愁情感和乡土作品显得无奈又矛盾。

四　怀乡与怨乡的交织

此外，乡土文学另一个矛盾之处在于，城乡二元关系在文学与现实中的颠倒。现实中，从农耕文明到工业文明，在城乡关系割裂的历史和当下，从社会政治经济结构到文化形态，城市都毋庸置疑地处于主导地位，乡村处于附属地位。长久以来，城市引领乡村，乡村以城市为发展目标，乡村自身存在的主体性、合理性被日益消解，现代化近乎成为一切的衡量标准，土地也成为有待开发和改造的对象。

但在知识分子的乡愁话语体系中，对乡村的情感成为他们叙事抒情的原始驱动。因此文学中乡村居主，城市为次，二者的关系与现实相比，被有意无意地人为颠倒过来。大量乡土作品中，乡土所保留的精神文明和价值体系，被认为是城市现代性危机的救赎。于是，与承载原始自然、人性本真的乡村相比，城市往往意味着自然神性的破坏与崩溃、欲望人性的放

---

① 耿立:《消失的乡村》，百花文艺出版社，2017，第33页。

纵与堕落，是被批判和反思的对象，城市也成为乡村堕落与消失的罪恶源头。而失落的农耕文明与消失的乡村，前现代的落后生产方式，人依赖自然天时地利生存的历史阶段，却被认为保留着原始的善的人性与自然的神性，转而成为引导现代人精神复归的桥梁，是解决现代精神危机和困境的良药，是病态腐朽的城市精神文明急需求助和回归的本源。在此话语模式下，城乡关系仍与现实一般，处于二元对立的割裂模式，只是有了高下颠倒之别。

在耿立《向泥土敬礼》《消失的乡村》和其他乡土作品中，也存在这种二元对立模式。下面以法国结构主义学者格雷马斯"符号矩阵"理论为切入点，探知文本深层结构空间，寻求文本意义所指与实质。①

如图1所示，在文本众多意象中，乡村与城市、自然与社会是最基本的两组对立关系，二者背后存在着自然农耕文明与现代工业文明的对立。同时，个体灵魂与肉体、精神与物质、出走与归来、死亡与生存的矛盾，社会贫穷与富裕、土地与高楼、被压迫的底层与权力的上层的矛盾，构成了耿立乡土作品中的众多矛盾。而矛盾的实质，是人与自然的矛盾、人与社会的斗争。

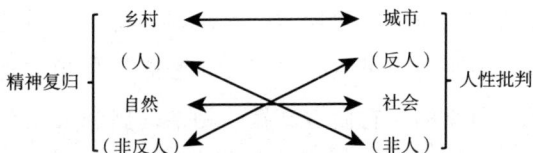

图1　乡土散文文本深层结构

文本中，与土地和乡村相连的关键词，是厚重、凝滞、沉默、浑穆、肃穆、敦厚、淳朴、朴实、孤独、空旷、痛苦、悲哀、荒凉、荒芜、寒冷、泥泞、谦恭、冷漠、沉沦、塌陷、沦陷、卑微、死亡等，是乡村的过去和现在，是人与自然的矛盾与斗争；而与城市相连的关键词，则是喧嚣、噪声、逼仄、雷同、轻浮、漂浮、漂泊、欲望、无根、拆迁、虚空等，是城市的现在和未来，是人与社会的危机与反思。

---

①　王岳川：《当代西方最新文论教程》，复旦大学出版社，2008，第234页。

其中，人与自然的矛盾，集中在人对自然的贪婪攫取。如《消失的乡村》中《谁知道树的呼吸？》一文中，从城市扩张对树等自然资源的疯狂掠夺与无耻践踏，到现代化浪潮下中外各民族对自然生态的艰难保护与可贵坚守，以及大量消失在现代化进程中的乡村本身，这些都是农耕文明与工业文明的显性矛盾。而在对故乡的书写中，自然乡土承载着作者最为温情脉脉的想象和最诚挚真切的眷念，这样的乡土形象也杂糅着剥离了负面因素与质地的情感，这种包含纯粹亲情的自然乡土，是知识分子远离故土后精神家园的核心形态，也是木镇什集给异乡游子耿立的永恒馈赠。而人与社会的斗争，主要呈现为对人性之恶的批判，这是耿立乡土作品怨乡情结的核心。无论是侮辱欺凌父亲的乡土社会权利结构，还是让亲情蜕变人性扭曲的贫穷困厄，归根结底，土地苦寒，人多戾气，人性的残酷与毫不掩饰的罪恶，成为驱使作家逃离乡土的现实原因。

所以耿立作品中对乡土的情感与想象，既有土地崇拜的赤诚、怀乡恋土的乡愁，又有对土地贫瘠、人性丑陋的隐晦和痛切批判。只有理解了作者对土地这一乡土文学最重要意象的复杂情感，才能理解作品的深层意蕴。对土地的崇拜，是农耕文明千万年来所积淀下的集体无意识，也是乡土带给个体最重要的生命体验和哲学。土地在农耕文明中是孕育一切生命的母亲，是乡村、城市乃至民族的"子宫和襁褓"。① 但在现代都市中，自然裸露的土地是不可见的，它们被高楼、柏油马路和人工草坪所遮蔽，否则就是有待开发和改造的原始状态。然而，土地在城市的命运，某种程度上也是知识分子在城市空间和权利关系中被塑造或自我改造的共同命运。他们进入城市后，既享受到先进的物质文明，又遭遇城市的冷遇，现实窘迫造成的伤害带给主体终身的心灵烙印，他们将泥土中生成的自我层层掩盖，饰以文化身份和财富地位的全新面具，而长久之后，自我身份认同的焦虑与迷茫，会转而精神复归于理想化的乡土自然。

那么，乡土文学中对于乡间土地中成长起来的树的关怀和怜悯，也有了自我隐喻的意味。在乡土抒情话语中，人常被认为同树一样，与土地血

---

① 耿立：《向泥土敬礼》，山东友谊出版社，2017，序言，第 2 页。

脉相连，乡间平原上的"树不抛弃它立根的土地"。① 而人，并非特指出生于乡土之人，更是指生于大地的全体人类，探讨的是现代化进程中人与自然的根本问题。文中移栽进城的树，被动脱离生长的大地自然，最终水土不服而死，也象征着人类自我与命运。脱离土地的大树与脱离自然的现代文明，二者何其相似。于是土地和自然常常被用来批判城市病态精神文明，而这也赋予了乡土作者精神的高贵与自足，当回望乡土生活、抒发文化意义的乡愁时，他们总是有意无意地美化乡土社会中人与自然关系，并以农耕文明的视角批判脱离土地的城市，以被修饰过的乡土文明作为拯救城市腐朽精神文明的最终归宿。但其实，人离开乡土，正仿佛被连根移走的植物，因时间流逝和空间阻隔，与土地的联系只会越发遥远和疏离，精神的复归也终归是虚妄。所以无论是树还是人，这一系列意象构成的能指，所指向的都是失落而虚无的幻梦，这一切的归宿，最终只有死亡和虚无，这也是作品《消失的乡村》最深层的情感和实质。

参考文献

赵学勇：《"乡下人"的文化意识和审美追求——沈从文与贾平凹创作心理比较》，《小说评论》1994 年第 4 期。

The Diffuse Nostalgia

—On Geng Li's Salute to the Dirt and The Vanishing Countryside

Liu Yuhan

Abstract：In the vernacular literature of the 20th century, the nostalgic narrative mode of intellectuals "leaving, returning, and leaving" pioneered by Lu Xun has become an important model of vernacular literature. The dilemma of modern intellectuals in a foreign land between reality and spirit, the paradox of realistic departure from home and spiritual return, the separation of material and

_____

① 耿立：《消失的乡村》，百花文艺出版社，2017，第 224 页。

spirit, the contradiction between anti-custom and kitsch, and the interweaving of nostalgia and resentment constitute the complex feelings of Geng Li's vernacular prose works towards his hometown. The works' emotions and imaginations about the countryside include the sincerity of land worship and nostalgia for the homeland, as well as the criticism of the barrenness of the land and the ugliness and obscurity of human nature.

Keywords: Geng Li; Vernacular Literature; Spiritual Homecoming; Algirdas Julien Greimas

《赫索格》的犹太文化母题刍议[*]

彭　涛[**]

【摘要】 美国犹太作家索尔·贝娄以犹太文化为创作源泉，以犹太民族的历史境遇、宗教、伦理道德为依托，在小说《赫索格》中阐释受难、流浪、负罪与救赎的犹太文化母题，关切契约观、上帝观、伦理观等犹太观念，这使他笔下的犹太主人公摩西·赫索格在世俗中不失神性，平凡中不失人性，使其作品既持守了民族性和宗教性，又兼具世界性和人文性，彰显了作家的人文主义关怀和世界性视野。

【关键词】 索尔·贝娄　《赫索格》　犹太文化　母题　摩西·赫索格

索尔·贝娄（Saul Bellow, 1915-2005）于 1976 年因其作品"对当代文化富于人性的理解和精妙的分析"[①] 获诺贝尔文学奖。作为美国犹太移民的第二代，他在访谈中曾说过："当别人最怀疑我的时候，我都是一个彻底的犹太人。这是一份礼物，是一份谁都不会争论的好运。"[②] 贝娄从小就接受犹太人传统的文化教育，包括父母亲在内的家庭成员皆恪守犹太习俗。年仅 4 岁的他能用希伯来语和意地绪语背诵《创世纪》，在地下室里

---

* 本文系广东省哲学社会科学"十三五"规划 2020 年度学科共建项目"叙述策略与犹太伦理指向：索尔·贝娄小说研究"（项目编号：GD20XWW04）的阶段性研究成果。

** 彭涛，文学硕士，珠海科技学院副教授，主要研究方向为美国犹太文学、叙事学。

① 肖淇主编《诺贝尔文学奖要介》，黑龙江人民出版社，1992，第 917 页。

② Gloria L. Cronin, L. H. Goldman, *Saul Bellow in the 1980s: A Collection of Critical Essays*, East Lansing, Michigan: Michigan State University Press, 1989, p. 57.

阅读《塔木德》①，13岁时在斯柏丁（Spaulding）大街的犹太教会里受洗。对犹太文化的熟悉和犹太习俗的实践使得贝娄在小说创作中倾注了太多个人经历的色彩，他说："当一个作家绞尽脑汁写别人的故事的时候，没有理由不能写自己。"②

贝娄于1964年发表的《赫索格》被誉为最有影响力和最具自传性质的小说。美国评论家吉姆·坎普（Jim Kamp）认为"《赫索格》一书中呈现出的家庭氛围、悲伤的求学历程、对教育和艺术的高度重视、在绝望和虚无中坚守的人文主义的信仰给予了小说一种可识别的犹太色彩"。③这种可识别的犹太色彩便是贝娄使用的犹太文化母题的外在表象。

母题（motif）一词源自拉丁文moveo（推动），表述的是一种民族的文化价值观、集体记忆和民族传统意识。母题中蕴含的民族文化决定了作品的文化品性和创作者的文化倾向。贝娄在犹太文化的熏陶中沿袭和发展了犹太文学创作的母题，这些母题清晰地凸显了《赫索格》的文化品性和贝娄本人的文化倾向。

一 犹太文化母题之受难

犹太人的民族史可以描述为耶和华的庇佑与它的缺失、忠诚与背叛、家园与流浪。美国文学史家莫里斯·迪克斯坦（Morris Dickstein，1940-）曾说："受难和忍耐是地道的犹太母题，这个母题是从犹太人大量最凄惨的历史经历中提炼出来的。"④从小生活在"隔都"贫民区的贝娄也曾说过："苦难是我们整个部族的标志。"⑤

---

① 《塔木德》（*Talmud*）一书是犹太人继《圣经》之后最重要的一部典籍，成书于3世纪到5世纪，犹太先哲为了民族精神的延续，持续不断地向人民宣讲和阐释《旧约》前5章。作为犹太5000年文明的智慧基因库，全书共20卷，250万字，内容庞杂，大至宗教、律法、民俗、伦理、医学，小至起居、饮食、着衣、睡眠等无所不包。该书在世界上广泛流传，大约被译为12种语言。

② James Atlas, *Bellow: A Biography*, New York: Random House Inc., 2000, p. 338.

③ Jim Kamp, *Reference Guide to American Literature*, 3rd Ed. Chicago: St. James Press, 1994, p. 89.

④ 〔美〕莫里斯·迪克斯坦：《伊甸园之门：六十年代的美国文化》，方晓光译，上海外语教育出版社，1985，第49页。

⑤ 〔美〕索尔·贝娄：《半生尘缘》，赵兴国译，河北教育出版社，2002，第365页。

犹太学者戈德曼认为"《赫索格》中的主人公摩西·埃尔凯纳·赫索格（Moses Elkanah Herzog）的命名就表明索尔·贝娄关注的必定是奴役、自由和流浪"。① 摩西·赫索格的受难主要是由伦理问题而引发的。华中师范大学的聂珍钊教授指出"在文学文本中，所有伦理问题的产生往往都同伦理身份有关。伦理身份有多种分类，如以血缘为基础的身份、以伦理关系为基础的身份、以道德规范为基础的身份、以集体和社会关系为基础的身份、以从事的职业为基础的身份等"。②

就血缘关系而言，摩西·赫索格既是父亲，也是儿子。作为父亲，"他竟然不管自己的孩子长大成人的事，这实在有伤他的天性和犹太人的感情"。③ 作为父母亲的儿子，他在职业选择上让父母失望，正如纳克曼（Nachman）对他说："你得当心，摩西·赫索格。你妈妈还以为你将来能成为大拉比哩！不过我对你了解，知道你是个懒骨头，母亲的心都要被你这样的儿子气碎了！"（第177页）而父亲在去世前一年拿枪要打他，因为听说"摩西·赫索格快要改信天主教"（第320页），还因为看见赫索格"那股趾高气扬和目空一切的神气"（第321页）而生气。摩西·赫索格违背了"摩西十诫"④之"5'当孝敬父母。'"的诫律。

---

① L. H. Goldman, *Saul Bellow's Moral Vision: A Critical Study of the Jewish Experience*, New York: Irvington Publisher, 1983, p. 116.

② 聂珍钊：《文学伦理学批评导论》，北京大学出版社，2014，第263~264页。

③ 〔美〕索尔·贝娄：《赫索格》，宋兆霖译，河北教育出版社，2002，第41页。以下凡出自该书引文，仅在文中标注页码。

④ "摩西十诫"是耶和华在西奈山通过摩西向犹太人下达的道德命令。《出埃及记》"十诫"20：1~17中有如下具体说明：

1 "我是耶和华，你的神，我是你的天主，除我之外，你不可有别的神。"

2 "不可为你制作任何类似天上或地下或地下水中之物的雕像，不可叩拜也不可敬奉这些雕像。因为我，上主，你的天主是祭邪的天主。"

3 "不可妄呼上主，你的天主的名。"

4 "应守安息日为圣日，六日辛劳工作。"

5 "当孝敬父母。"

6 "不可杀人。"

7 "不可奸淫。"

8 "不可偷盗。"

9 "不可做假证诬陷害人。"

10 "不可贪恋他人的一切。"

"摩西十诫"是犹太教教义的核心和犹太律法的基础，后来犹太教的整个律法体系都是建立在这个基础之上的，它同时也是犹太教伦理的首要纲领。

就婚恋关系来说，摩西·赫索格既是黛西（Daisy）和马德琳（Madeleine）的前夫，也与园子（Sono）、旺达（Wanda）、雷蒙娜（Ramona）搞婚外情。在犹太教里，"通奸是对婚姻的亵渎，等同于违反神的诫命"。① 赫索格在两次婚姻期间都不忠于自己的妻子，他却要求两任妻子都要恪守妇道。当第二任的马德琳与他的好友格斯贝奇（Valentine Gersbach）通奸时，他崩溃了，他认为"要是他俩真能在这种忘情负义的淫欲中，得到他们的生命和爱情，他倒愿意默不作声地退到一旁。是的，他愿意退位让贤"（第77页）。为了得到琼妮（June）的抚养权，他还劝说格斯贝奇的妻子菲比（Phoebe Gersbach）："你可以控告马德琳犯了通奸罪。"（第339页）摩西·赫索格、马德琳和格斯贝奇作为犹太人都违背了"摩西十诫"之"7'不可奸淫。'"的诫律。

就职业来说，摩西·赫索格既是大学教授，也是隐居的学者。作为历史学教授，他认为自己在路德村乡下的住宅"是他个性中未被承认的邪恶的纪念品，也是他这个犹太人在盎格鲁撒克逊新教徒这班高等白人控制的美国，争得一席之地的象征"（第398页）。此外，在与动物学家卢卡斯·阿斯弗特（Lucas Asphalter）交流中，赫索格说："我不知道我现在是不是还是一个学者。在我离开黛西的时候，显然我也就放弃我的学者地位了。"（第346页）在第二次婚姻落败后，他彻底失去了在大学里的教职，随之失去的是他的学术地位，这让他痛苦不已。

就族裔身份而言，摩西·赫索格是美籍犹太人。首先，"赫索格受的犹太教育是正统的"（第88页），当他曾不止一次陪同马德琳去天主教堂的时候，他不禁反思："他是个犹太人。他干嘛到天主教堂里来？"（第91页）即便是认定自己的犹太身份，他在婚姻关系上还是犯了罪，正如雷蒙娜常常说："你并不是一个真正的清教徒式的美国人，你在肉欲方面有一份天才。"（第212页）其次，身为大学教授的他"相信他做个美国人的条件是具备的"（第213页），但是有位海军军士长问他："你是在哪学的英语——在速成学校吗？"（第213页）这说明他还是很难得到美国主流社会

---

① 〔美〕撒母耳·S. 科亨：《犹太教：一种生活之道》，徐新、张利伟等译，四川人民出版社，2009，第134～135页。

的认可。身为大学教授,"我并不以为我的处境安适……认识到你是个幸存者,你会感到震惊;认识到这就是你的命运,你会潜然泪下"(第 106页)。显然,摩西·赫索格既不能被美国主流文化接受和认可,又无法像父亲一样完全继承犹太文化传统,坚守一夫一妻制的婚恋观,成为"正宗的、爱讲感情的旧派犹太人"(第 118 页),他处于双重边缘的状态,陷入了族裔身份认同危机。

综上所述,相比历经时空磨难的古代摩西(Moses),现代的摩西·赫索格遭受的痛苦更甚,他多重的伦理身份、混淆的伦理关系及双重的伦理标准更让他挫败、迷茫。他非常清楚这一切源于他的非理性的伦理选择,因为"我没有力量拒绝一个巨大的工业文明对精神上的要求所开的享乐主义的玩笑,对赫索格式的高尚的期望"(第 220 页)。相比古代以色列人忍受埃及法老的压迫,当代的摩西·赫索格阐释了对苦难的新的认识:"'苦难'的标准已经更加残忍,有了一种新的极端的标准,一种不管人死活的标准。"(第 198 页)赫索格深知他受苦的意义,他认为"我的受苦(如果能这么说的话)常常是这么一回事,是一种更广泛的生活形式,是一种为追求真正的觉醒的努力"(第 407 页),失去人性而招致苦难使得摩西·赫索格与古代摩西单纯逃脱身体束缚不同,他在精神和心理上的受难远超过古代摩西身体上的受难,庆幸的是他具有剖析自己的理念和行为而达到思想觉醒的自我修正能力,从而最终寻找到一种更广泛的生活方式。

二 犹太文化母题之流浪

犹太学者戴维·比亚(David Biale,1949-)曾说:"犹太人在历史上被称为最招人鄙视和边缘的人。"[1] 源于与外界的宗教、种族和文化对立,其生活呈现出悖论的状态,千百年来渴望回归故土,结果却是无尽的流浪。历史性的"走家串户"让流浪成为犹太人心里的一种集体无意识和生活方式。

---

[1] Richard C. Hertz, *The American Jew in Search of Himself*, New York: Block Publishing Company, 1962, p. 122.

古代摩西率领以色列人脱离在埃及被奴役的生活，前后经历40年，最终回到他们的祖先原来居住的地方——迦南。"摩西不仅是以色列人的领袖，更重要的是以色列神耶和华的代言人和他的旨意的执行者"①。若干个世纪以后，摩西·赫索格在小说《赫索格》中的四处奔波和求索何尝不像古代的摩西一样为回到上帝应允的流着牛奶和蜜的地方而做出的艰苦跋涉。与古代摩西为追求物质家园而展开的物理时空之旅相比，现代摩西经历的是物理和心理并置的时空之旅。"《赫索格》开始于现在，在结束对过去五天的回顾后，又回到现在"②。五天的行程如下：第一天，赫索格到葡萄园看望朋友；第二天，与情人雷蒙娜会面；第三天，他去找律师辛金（Simkin），在法庭里旁听了案件后，想去杀死好友格斯贝奇，在见到情敌帮女儿洗澡后放弃了；第四天，赫索格带女儿游玩，却因携带的枪支暴露而被拘留；第五天，赫索格回到他在马萨诸塞州的路德村的旧房子，等待雷蒙娜的到来。

与这五天物理空间并置的是由大量书信和对以往事情的回忆组成的文本空间。赫索格一共写了50多封信，他"发狂似地没完没了地写起信来。写给报章人士，写给知名人士，写给亲戚朋友，最后居然给已经去世的人写起来，先是写给和自己有关的无名之辈，末了就写给那些做了古的大名鼎鼎的人物"（第1页）。小说的第一句话"要是我真的疯了，没什么，我不在乎"就使得赫索格的心灵彷徨与无所归依的精神状态跃然纸上。继而赫索格剖析自己的伦理困境，"在他追求一种大综合的时候，却已犯了一桩违背自己良心的罪"（第270页）。当他逍遥这么些年，发现有淋病的症状而去就医，被一名英国医生狠狠地奚落了一番后还如此剖析自己，"他们在性的问题上始终严守规矩。这家伙火气也真大，说起话来尽刺人，真是个脾气暴躁的英国佬。不过这皆因我自己罪过满身，授人以柄呀"（第42页）。除了认识自己，他也关心时政，探讨哲学和学术，分析宗教，浅谈军事、天文和地理。赫索格涉及的领域之广泛、展现的学识之渊博、进行的剖析之深刻让人叹为观止；其纷乱杂沓、漫无边际的思绪及焦灼不

---

① 〔英〕彼得·卡沃科雷西：《圣经人物词典》，仲掌生、晓晖编译，上海人民出版社，1990，第141页。

② Wilson Jonathan, *Herzog, Limits of Ideas*, Boston：Twayne Publishers, 1990, p. 79.

安、彷徨无助的内心活动也一目了然。"赫索格的举止像一个哲学家，他只关心那些最高级的事情——创造性的理性、如何以善报恶，以及典籍里面的所有智慧。因为他思考，关心信仰。"（第 243 页）赫索格的思考迎合了帕斯卡（Pascal，1623-1662）的一句名言："人是一支芦苇，但是一支有思想的芦苇。"（第 215 页）只不过这支"芦苇"畅谈古今，褒贬世事，鞭笞众生，言语犀利，行为怪异，困于精神"围城"。

三　犹太文化母题之负罪与救赎

从神学意义上来说，"罪"是指人们顺从自己的私欲，违背上帝意旨的言行。《创世纪》中，亚当和夏娃因蛇的引诱而吃了智慧树上的果子，犯下了世代需要救赎的罪孽。基督教认为只有信奉基督为救世主才可获得救赎，而"犹太教认为罪是人的脆弱和愚蠢的结果，而不是灵魂中不可抹去的污点……它并不鼓励人们突然且引人注目地予以改宗，而这是福音主义者的典型做法。犹太教主张通过展示上帝的仁慈从而给罪者指出道路，它强调性格的正常发展"。[①]

古代摩西历时 40 年带领以色列人出埃及，是拯救民族的英雄，而现代摩西作为以色列人的后裔却在"二战"后的美国身处囹圄。作为儿子，他没孝敬父母；作为父亲，他没照顾好子女；作为历史学的大学教授，他却丢掉教职；作为丈夫，犯下"奸淫"的罪过。这些都是非理性伦理选择带来的后果，他成为一个负罪前行的反英雄。

赫索格尝试了很多方式来救赎自己。首先是性解放。作为"年轻的犹太人，受到道德的陶冶"（第 300 页），可他却是个"有耐心的好色之徒"（第 43 页）。当马德琳与格斯贝奇私通而背叛了他，他却将自己的罪投射到他们身上。即便如此，他仍然追逐性的享受，在与雷蒙娜约会后，他说："我和一个女人睡了一宿，我度过了一个假日，但是过后不一会儿，我重又倒在那同样的荆棘上，带着痛苦中的喜悦，或者是欢乐中的悲伤。"

---

① 〔美〕撒母耳·S. 科亨：《犹太教：一种生活之道》，徐新、张利伟等译，四川人民出版社，2009，第 245 页。

（第 269 页）性爱并不能解决赫索格精神上的痛苦。

其次，赫索格也曾用基督教的信念来解决自己的困境。虽然他不止一次陪马德琳去天主教教堂，但仍然说："我绝不可能掌握基督时期和浮士德时期的世界观。"（第 303 页）当他因女儿的抚养权去见律师辛金的时候，在审判室旁听一个 3 岁的小孩被母亲摔死的案件。法庭上"所有的人——律师、陪审团、做母亲的、她那个粗暴的男朋友、法官——都表现得那么冷静"（第 307 页），赫索格起身离开，"他用一只手紧压着另一只手……他双手直打哆嗦，眼睛刺痛难当。而在现代，在号称信奉基督的美国，又有什么值得祈祷的？——正义与仁慈？企图以祈祷来消除世间的罪恶？来消除人生的噩梦？"（第 311 页）赫索格非常清楚"个人对历史的责任感是西方精神文明的一大特点，源出于《圣经》，包括《旧约》和《新约》，这是一种立意要改变地球上人类生活的思想"（第 171 页），但是企图以祈祷基督来消除罪恶在他看来是没有用的，是不能成功的。他忍不住在心里大声疾呼："上帝啊，我为你的神圣事业拼命向前奔跑，但不幸频频失足，迄今犹未能到达斗争的地点。"（第 173 页）

摩西·赫索格像古代摩西一样屡败屡战，最终在前行的道路上选择了向《希伯来圣经》① 回归的方向，在生活中践行《希伯来圣经》中那些传统的神学观念。

首先是契约观。契约观是纵贯《希伯来圣经》始末的核心观念之一，上帝与其"选民"即以色列人自古就订立誓约如"亚伯拉罕之约""摩西之约"等，建立起神圣的"神人关系"。在法庭里旁听了 3 岁小孩被害的案件后，摩西·赫索格重申自己与上帝的契约关系："我故意错读了我的契约。我从来就不是什么资本，而只是把自己借贷给自己。显然，我还继续信仰上帝，虽然这一点我从来没有承认，可是，除此之外，还有什么解释我的行为和我的生活呢？所以假如我没法用别的方式来描述自己的话，我就只能承认事情就是这样。"（第 300 页）

其次是上帝观。《希伯来圣经》是严格的一神论，"摩西十诫"第一条

① 《希伯来圣经》（Hebrew Bible）是犹太教的启示性经典文献，内容和旧约全书一致，但编排不同，包括律法书、先知书和诗文三部分，总共 24 卷。

"我是耶和华，你的神，我是你的天主，除我之外，你不可有别的神"就强调了上帝是绝对神性权威，他是超自然的、全能的、智慧的，敬畏、服从上帝是上帝与其"选民"以色列人立约的基本要求。赫索格由于婚姻、个人事业、族裔身份及社会反犹主义等一系列问题成为晃来晃去的人，但其内心从未动摇过信仰上帝和"爱上帝"的信念。一方面，他如此评判自己与上帝的疏远关系："一个思想深刻的人，非常漂亮的人，但是忧虑，抓不住心里真正想要的东西，一个被上帝所诱惑的人，渴望上帝的恩泽。但是又拼命地想逃离上帝的拯救，而拯救又常常近在身边。"（第242页）另一方面，他又表达自己对上帝的信仰："如果生存是一件呕心的事，那么信仰实在是一种解放，虽然看起来有点渺茫。或者采取另一种态度，任凭苦难去折磨，因为需要的时候上帝会来搭救你的。"（第143页）摩西·赫索格对上帝的信仰表明他在世俗生活中未失掉神圣性。

最后是伦理观。《希伯来圣经》是被称为"伦理一神教"的犹太教的圣书。虽然它以上帝为中心，但个体在现世的道德行为才是衡量信仰的尺度。对于负罪的人，"在以西结看来，获得救赎的唯一途径是洗去罪过，真诚忏悔，求得上帝的宽恕。赎罪包含彻底的精神再生、真心实意的忏悔并在行动上予以改正。人进行赎罪，而上帝通过恩典行动帮助人"。① 美国《索尔·贝娄学刊》的主编格洛丽亚·克罗林（Gloria Cronin, 1947-）认为，"伦理一神教在贝娄小说中表现为信仰上帝，而上帝要求人们选择一种道德的和人性化的生活方式"。② 对于赫索格来说，怎样过一种有道德的生活来获得救赎呢？《希伯来圣经》教导人们"不可埋怨你本国的子民，却要爱人如己"（圣经·利未记19：18），譬如——

当孝敬父母。"父母有义务照料子女的身体健康，还有义务关注孩子在道德和精神上的成长。因此，教育成为犹太人的一项基本职责。反过来，子女必须尊敬父母，在父母生病或年老时孝敬和伺候他们，甚至延伸

---

① 〔美〕撒母耳·S. 科亨：《犹太教：一种生活之道》，徐新、张利伟等译，四川人民出版社，2009，第234页。

② Gloria L. Cronin, L. H. Goldman, *Saul Bellow in the 1980s: A Collection of Critical Essays*, East Lansing, Michigan: Michigan State University Press, 1989, p. 54.

至父母去世以后温馨地回忆逝去的父母。"① 当赫索格的父母在世时，他在职业选择、宗教信仰和婚姻关系上都未让他们感到满意。在父亲去世前一年，老赫索格由于怀疑摩西·赫索格皈依天主教而生气，但是在他们过世后，摩西·赫索格花大量的时间描述他们曾经在芝加哥"隔都"的生活，回忆那些窘迫的日子里的温馨时刻，都彰显了赫索格思念父母和对孝敬父母的重要性的领悟。

不可奸淫。"犹太教既谴责纵欲主义，也谴责病态的禁欲主义，它并不认为性本能是一种罪，只有当性欲泛滥和沦落为色欲和恶性的工具时，它才会导致人类的腐败和堕落"。② 赫索格、格斯贝奇及马德琳都是犹太人，都犯了通奸罪。马德琳是赫索格初婚期间众多情人之一，马德琳成为赫索格第二任妻子后，又与他的好友格斯贝奇私通，而后者的老婆菲比宁愿忍受丈夫的背叛，也以"我的孩子仍得有自己的父亲"（第339页）为理由拒绝离婚。"要她（马德琳）去恨自己是不实际的。幸亏，上帝给她安排了一只待罪的羔羊，一个丈夫。"（第230页）赫索格就是一只"待罪的羔羊"。他因兽性因子和享乐主义背叛婚姻，当马德琳和格斯贝奇背叛他时，他仁一起"犯了罪，所以被逐出了家园"。③

不可杀人。人的生命是神圣不可侵犯的。生命是上帝的属性。阿奇巴（Akiba）拉比根据《创世纪》的语句推论道："无论谁杀人流血都被视为对上帝形象的损害……因为人都是按照上帝的形象造的。"④ 赫索格在纽约的法庭里旁听了3岁的小孩被母亲摔死的庭审后，他痛斥道"有的人杀人之后还哭几声，有的连哭声都没有"（第311页）。作为琼妮的父亲，"纽约再也留不住他了。他得去芝加哥看望他的女儿，去勇敢面对马德琳和格斯贝奇"（第312页）。他直着嗓子，痛苦而愤怒地大声喊叫。在内心里，

---

① 〔美〕撒母耳·S. 科亨：《犹太教：一种生活之道》，徐新、张利伟等译，四川人民出版社，2009，第135页。

② 〔美〕撒母耳·S. 科亨：《犹太教：一种生活之道》，徐新、张利伟等译，四川人民出版社，2009，第133页。

③ 〔美〕撒母耳·S. 科亨：《犹太教：一种生活之道》，徐新、张利伟等译，四川人民出版社，2009，第126页。

④ 〔美〕撒母耳·S. 科亨：《犹太教：一种生活之道》，徐新、张利伟等译，四川人民出版社，2009，第130页。

"他觉得他需要以牙还牙，以其人之道还治其人之身，这是他作为被迫害一方的权利"（第286页）。当他将手枪瞄准格斯贝奇时，发现后者正在给女儿洗澡，"这时候正可以开枪打死他。弹膛里有两颗子弹……但是子弹仍留在弹膛里。赫索格清楚地认识到这一点……用这支手枪杀人只不过是一个念头而已"（第332~333页），因为"他并不打算使自己成为这样一个十足的傻瓜。只有自我仇恨才会导致他去毁灭自己，因为他的心是'破碎'的。他的心怎么会被这样两个人打碎呢？他在小巷里逗留了一会儿，庆幸自己没有采取任何行动。他的呼吸恢复了正常"（第333页）。也因为"我对理性负有责任……我对我的子女有责任"（第418页），赫索格没有扣动扳机，他仍然拥有"善"和理性意志，这表明他在平凡生活中未丧失人性。

除了在行为上遵从孝敬父母、不可奸淫、不可杀人的基本伦理诫律外，摩西·赫索格做到了"爱人如己"，同时，他如同古代摩西遵从耶和华的旨意颁布"十诫"一样走向了对人生的深刻认识。他劝说犹太人卢卡斯："让我们抓住那些有意义的事情吧。我真正相信，四海之内皆兄弟的感情，会使得一个人富有人性。假如我欠上帝一条人命，这就是我陨落的地方。'人不是单独自己活着，他活在他的兄弟的脸上……每个人都将见到永恒的天父，而爱与欢乐会充满人间。'"（第351页）如古代摩西回复上帝从荆棘里呼唤他一样，摩西·赫索格也在回到路德村的乡下说："我已来到了这儿。进去吧！"（第398页）赫索格重申与上帝的关系，他对上帝草草地写下了几行："我一直希望能按您那不可知的意志去做，……做每一件最有意义的事。"（第418页）摩西·赫索格在平凡中不失善良的人性，在践行"爱人如己"中最终接近了上帝，走向了"爱上帝"之路，从而获得神圣性。赫索格在"爱上帝"和"爱人如己"即"神性"和"人性"的和谐统一中完成了从负罪到救赎的历程。

综上所述，摩西·赫索格通过诉诸《希伯来圣经》中的神学观念如契约观、上帝观和伦理观来实现自我的救赎。契约观和上帝观树立起"爱上帝"的鲜明旗帜，因而贝娄笔下的犹太主人公在世俗中未失神圣性，使《赫索格》一书持守了民族性和宗教性；伦理观倡导"爱人如己"，遵循此观念的犹太主人公在平凡中不失善良的人性，使得作品兼具世界性和人文性，这一点也使得整部作品超越了种族局限，昭示了犹太人乃至现代人的普遍的生活境遇与生存法则，因为"爱"是人类生活的主旋律，是全世界人民共荣共生且应对万难的基础和指南针。贝娄在神学观念的演绎中表明了自己的宗教立场和人文关怀。

四 结语

索尔·贝娄深受犹太文化的熏陶和影响，重视犹太文化的传统意义和文化价值，在《赫索格》中，以犹太民族的历史境遇、宗教、伦理道德为依托，选择犹太知识分子作为自己的叙述视角，演绎受难、流浪、负罪与救赎的犹太文化母题，这使他笔下的犹太主人公摩西·赫索格在世俗中不失神性，平凡中不失善良和爱的人性，使其作品既持守了民族性和宗教性，又兼具世界性和人文性。贝娄以文学接近上帝，以人性化解危机，以犹太之声传播"爱"的世界主旋律，这种既关注犹太人的生命情怀，又能照见全人类的生存理念的创作方式，表明了索尔·贝娄对《希伯来圣经》和犹太文化的依赖、传承和发展，也彰显了他的人文主义关怀和世界性视野。

Tentative Analysis of *Herzog*'s Motifs Tied to Biblical Culture

Peng Tao

Abstract：As a Jewish-American writer, Saul Bellow regards Jewish culture as his literary fountainhead, and attaches much importance to Jewry's history, religion, ethics and morals to build his magnificent mansion of novels. In *Herzog*, his masterpiece, Saul Bellow expounds such Jewish culture's archetypal motifs as suffering, exile, sin and salvation which embody such biblical theologies as concept of contract, views on God and ethics. Bellow's exhibition of the above-mentioned motifs makes the characteristics of the Jewish protagonist of *Herzog*, Moses Herzog, worldly yet holy, and ordinary yet humane, making *Herzog* ethnic and religious, cosmopolitan and humanistic, successfully highlighting Bellow as a brilliant writer with humanistic concern and cosmopolitan horizon.

Keywords：Saul Bellow；*Herzog*；Jewish Culture；Motifs；Moses Herzog

温柔的背叛

——意大利文艺复兴再认识

刘云德[*]

【摘要】 意大利文艺复兴是人文主义精神的复兴，形成了和当时占统治地位的神的对立，达到人性对神性的平衡诉求。意大利的文学、雕塑、建筑、绘画等艺术形式在历时 400 年左右的复兴中，不是以革命的、摧枯拉朽式的疾风暴雨来荡涤中世纪高度宗教化的一神观念，而是以一种温和温情的方式将人性元素渗入人的纯神性统治的精神世界中，并占据一定的位置，形成西方人一种新的人文主义精神。文学巨匠创造的表达细腻深刻思想情感和精确抽象概念的高级语言更直接、更接近人们的思想情感表达，因而文学的复兴早于艺术的复兴，而艺术复兴作为一种美学追求，在雕刻、建筑和绘画这些视觉美学表达形式上更复杂多样、更生动鲜活，同样表现了人的精神诉求。

【关键词】 文艺复兴　人文主义　文学　艺术

一　引言

中世纪的欧洲就像一座大熔炉，各种物料、材质投入其中，经过高温高压、近千年的熔化和煎熬，开炉之时的第一股洪流就是金光闪闪的"文艺复兴"。这一运动开始于中世纪的末期，首先使用"Renaissance"一词的是法国历史学家儒勒·米什莱（Jules Michelet，1798-1874），意思是指

---

* 刘云德，珠海科技学院文化理论研究所所长，教授，主要研究方向为文化理论、社会学。

古代美德、技术、知识和文化的再发现和利用。既然是再发现和再利用，说明这些东西曾经存在过，是人类曾经的造物，后来被埋没了、被遗忘了，甚至被毁灭了，这就是西方人祖先在古希腊和古罗马时代所创造的饱含了人性和审美意识的文学艺术作品。这些人类的珍贵遗产在5世纪之后，随着西罗马帝国的倾覆而失落在野蛮人统治的时代中。公正地说，销毁这些古代文明的并不是来自北方的野蛮人，日耳曼人征服了罗马的领土，但罗马人的宗教征服了日耳曼人。中世纪先是基督教的时代，而后是基督教、伊斯兰教共同的一神教时代。一神教的传播是通过一系列的暴力征服和强制皈依来实现的，对人性的否定和灭绝是一神教信仰的前提条件，正是在这种宗教扫荡中压制、埋没和毁灭了古代文明的灿烂遗产。

"Renaissance"，中文译作"文艺复兴"是十分贴切的。"文艺"指文学和艺术，"复兴"表现的是对失去的意识和意志的再兴。实际上，在人类历史中，大部分时代都有回顾并试图修复昔日黄金岁月的倾向，尤其是在一些否定性、压抑性文化时代之后，人们的怀古和复古心理就更加强烈和明显。在文艺复兴的初期，许多意大利贵族就时兴搜集古典时期希腊和罗马的各种拉丁文抄本和各种艺术品的残片，有的贵族还用从希腊和罗马的建筑废墟中捡到的雕塑物碎片来装饰自己的花园，更有一些有势力和财力的贵族办起这类收藏品的博物馆和图书馆。

文艺复兴运动发源于意大利是有其历史原因的。这场运动复兴的核心内容是人性、人的价值和人的美德，而这一核心在中世纪基督教盛行之时受到了压抑，意大利作为基督教罗马帝国的中心既是这个压力的中心，同时又是古代希腊人文主义和古代罗马文化的继承者。

二 文学

文艺复兴的第一个也是最具影响力的人物是意大利商业城市佛罗伦萨人但丁（Dante Alighieri，1265-1321）。作为一名多明我会的修士，但丁深受该会伟大的导师兼作家托马斯·阿奎那（Thomas Aquinas）理性神学的影响，吸收了完整的亚里士多德哲学思想。应该说，文艺复兴一个最重要的特色是语言学的革命。中世纪时期，拉丁文是基督教罗马帝国的官方语言，也是基督教经文的权威性宗教语言。所以拉丁文代表了一种文化势力，是一种无形的统治力量。文艺复兴的学者们力求从古典希腊文和古典拉丁文寻找突破，寻找一种新宗教影响力的古典语言替代物。所以，搜寻和挖掘各种古典文字的抄本就成为一种时尚。另外，当时意大利人所通用的意大利方言（托斯卡纳语）被视为不可能呈现严肃作品的语言，而但丁的《神曲》正是用意大利方言托斯卡纳语写成。在但丁之前，整个意大利半岛并无公认的意大利语书写语言，可以说，是但丁创造了意大利语的书写体系，而且是一种能够写作最精美的诗文和处理最重要事务的书写语言，历史上还没有哪一位作家能像但丁一样通过一部作品对一种现代语言有如此决定性的影响。所谓文艺复兴，首先是要复兴语言，因为语言是人性的最基本体现方式。中世纪的拉丁语通过宗教的神圣化处理变成一种压抑人性精神的语言桎梏，所以，从古典的希腊语和古典拉丁语中寻找那种原始的、没有受到宗教洗礼的、富有生命力的语言就是文艺复兴的首要任务。而但丁对民间化的意大利语所进行的文学化改造，提升了这种方言的人文精神境界，使之成为能够表达细腻思想感情和精确意味的现代语言，这是但丁最伟大的人文主义贡献。

但丁是一位虔诚的基督徒，有着坚定的对上帝的信仰，他的《神曲》（发表于1321年）是一部有关善恶和赏罚的基督教史诗。他以第一人称，用幻想的手法描写他经历地狱、炼狱及天堂的旅程和途中的见闻。他把圣经描述的世界当作自己的经历来演化了一遍，把他自己在佛罗伦萨这个城市里的真实人物和自己在这个城市的宗教争斗中遭受的不公待遇生动地再现了一遍，这是一场宗教的巡礼，是一种自我的审判。但丁以令人敬畏的严肃精神看待基督教信仰，他对教会描述的伟大超凡的宇宙结构深信不疑。从这点来说，他是中世纪的人，但同时，他也大力批评教会的不当之处，他有一种洞察力，能看穿事物的核心。他在《神曲》中对人类的幸福、痛苦、喜悦和哀痛以及自己失败的爱情进行了细腻的文字表述，用艺术的形式表达了人性生动可敬的一面，这正是《神曲》这部作品的真正人文主义价值，是文艺复兴运动的本质。文艺复兴并不希望否定上帝和宗教存在的价值，只是希望对神的信仰不再是以完全的否定人性为代价，在人的精神世界里让神性给人性腾出一点位置来，这是文艺复兴时代人文主义者的一点点哀求。对最虔信的信徒来说，这无疑是一种温柔的背叛。实际上，但丁和继他之后的文艺复兴初期的大师们一样都有一种撕裂的人格，"这些伟人虽然一脚踏入令人兴奋的文艺复兴的现在，另一只脚却牢牢踏在充满迷信及宗教信念的中世纪的过去"。①

紧随但丁之后的是另一位文艺复兴时期的文学巨匠，佛罗伦萨人薄伽丘（Giovanni Boccaccio，1313-1375）。他是一位多产的作家，更重要的是他的著作大多数都脱离了基督教题材，他编写了大量历史地理志等方面的百科全书式的著作，他甚至将基督教之前的原始信仰的神话编成一部《异教神谱》。他的作品挑战了基督教对艺术家描写事物的垄断。因为在14世纪之前，艺术家的主题几乎全与基督教有关。薄伽丘最著名的还是他的文学名著《十日谈》，书中通过七个青年女子和三个青年男子因躲避黑死病的传染逃出佛罗伦萨后十日间所讲的故事，呈现了更多自由的生活方式和青年一代的想法。

文艺复兴在意大利的第三个旗手级人物是薄伽丘的终身挚友比特拉克（Fracisco Petrach，1304-1374）。他以其首创的十四行抒情诗开辟了欧洲抒情诗的新时代，并因此而闻名天下。他认为诗这种艺术形式已经断了整整千年之久，他力求重新将抒情诗推到最高的艺术形式。直到今天，他所创造的这种十四行的诗歌形式仍然是西方诗歌文学一个受人喜爱的艺术品类。和薄伽丘相比，比特拉克更加专注于文艺和语言艺术本身，他游历于欧洲各地的修道院图书馆，专门在被那些虔诚的僧侣们无意但认真保管着的、覆满尘土的、从拜占庭传来的古代手抄本中发现文学艺术的宝藏。在这些手抄本中，他不仅发现了许多古典的文学作品和名人书信（如西塞罗的书信），而且，在整理这些手抄本的过程中，他发现了拉丁文的书写艺术价值。1357年，他以华丽的哥特小篆写字体抄写自己的《牧歌》，其中的字体都是黑色，有些大写字母使用蓝色，结尾最末句则用红色。他用手抄技术使拉丁文成为一种书法艺术，以一种特殊但十分重要的美学视角为文艺复兴增添了一份独特的色彩，这在当时尚没有印刷技术的欧洲来说是

---

① 〔英〕保罗·约翰逊：《文艺复兴：黑暗中诞生的黄金年代》，谭钟瑜译，天津人民出版社，2007，第27页。

十分重要的。

文艺复兴的文学运动发轫于意大利，但很快就传遍了欧洲，成为一股宏大的人文主义运动。虽然在时间上较晚了些，但法国的蒙田（Michel de Montaigne，1533－1592）、英国的乔叟（Geoffrey Chaucer，1343－1400）和西班牙的塞万提斯（Miguel de Cervantes，1547－1616）都以他们天才般的文学作品推动了欧洲的文学复兴运动。

文艺复兴运动中的文学运动是从两个具体角度体现其价值的：一是用文学，尤其是以诗歌的形式呼唤沉睡的人性，用语言艺术的美学表达激发人们对人性的合理性存在的意义；二是语言学本身的复兴。罗马帝国衰亡后的欧洲在政治上四分五裂，文化上死气沉沉，各民族所操持的地方语言五花八门，难登大雅之堂。官方的语言拉丁文是唯一占统治地位的文字，但其主要用途是官方文书和基督教语言，教会垄断了圣经的解释权，也就垄断了拉丁文文字的使用权。这种官方垄断的使用使拉丁文成为一种死气沉沉、毫无生气的语言文字。所以，文艺复兴运动积极使用地方语言文字来创作文艺作品，使原本较简单直接，甚至有点粗俗的民众性语言成长为一种能够表达细腻深刻思想情感和精确表达抽象概念的高级语言，意大利语、法语、英语和德语等欧洲语言正是在这个文学运动中形成了它们的基本轮廓。语言的成熟是一个民族集体意识形成的基础，更重要的是，成熟的语言也是人性活力的表现。所以，文艺复兴的文学运动本身带来了一场语言的革命，这是人文主义的核心。

必须指出，文艺复兴运动中的伟大人物（尤其是早期的人物）的出现都带有某种偶然性，他们并没有明确的以人性反对神性的主观意识，但丁的《神曲》就最典型地表现了这种撕裂的人格。他们的行为毋宁说是一种温柔的反叛，这种温柔的反叛甚至连被反叛者的教会本身都没有意识到，有时还为他们摇旗呐喊，提供资助。

与后来的宗教改革和启蒙运动时期直接抨击教会的思想家们不同，文艺复兴的大师们不用批评教会，不用指责教会压制人性，他们只要不写神性就够了，就像如果你讨厌或反对某个人，你不用去指责他，你只要不注视他，顾左右而言他就足够了。

文艺复兴所表现的人文主义（humanism）是以人为核心的，突出人的价值、人生的意义，更进一步说就是人的精神。它形成了和当时占统治地位的神的对立，即以人性对神性的平衡诉求，力求在人的精神世界中为人性求得一席位置。

文艺复兴包含文学和艺术两个层面，前面我们讲了文字和语言文学的复兴，下面我们再看看艺术复兴的过程和意义。从这两个方面的对比来看，文学的复兴在时间上要早于艺术的复兴，这可能是由于文学和语言的精神觉醒更直接，更接近人们的情感表达。而艺术是一种美学追求，文艺复兴时期的艺术主要表现在雕刻、建筑和绘画这些视觉美学表达形式上，音乐艺术和舞蹈艺术还没有在这个时期得到表现机会。所以，这种视觉艺术的精神开发可能比起文学和语言来说美学表达更复杂，境界要更高一些。换句话说，文学先于艺术是一个精神逻辑的必然过程。虽然在顺序上如此，但就其表现内容来说，文学和艺术表现的都是人性，都是人文主义的精神诉求。

三 雕塑

说到文艺复兴的艺术复兴，人们首先想到的是雕刻艺术，它涉及人的实体在三维空间的美学诠释，是最直接的人性诉求。实际上，早在中世纪中期，就有意大利的艺术工匠们努力从古希腊和古罗马的遗物和遗址中找寻和挖掘雕刻艺术的残片和遗物。他们研读碑文，搜集徽章和有浅浮雕人物头像的硬币和石板，并记录和处理寻得的雕像残片。他们从这些古典的东西中寻找一种渴望：渴望精确地描绘人体，渴望显示出人物脸上展现的突出的而非象征式的情感，渴望辨别出人类从生到死的各个细微过程，渴望将世间男女刻画成富有生命力的个体。最早出现在意大利文艺复兴艺术史上的是尼古拉·比萨诺（Nicola Pisano，1220-1284）和其子乔万尼·比萨诺（Gowani Pisano，1250-1320），还有另一位与上述父子并无血缘关系的安德里亚·比萨诺（Andrea Pisano，1295-1348）。比萨诺父子是以教堂讲道坛的石雕人物著称，最著名的作品是作于1260年的比萨洗礼堂的讲道坛。安德里亚·比萨诺则是以青铜雕刻人物群像而著称，他的代表作《佛罗伦萨洗礼堂南大门》成为青铜镀金艺术的传世之作。

　　这些早期艺术家的作品虽然都是为教堂而作的宗教故事内容，是受雇于教会商业运作的产品，但作者在人物形象中却有着对人物情感和人性善恶最完美的展现。在制作手法上，他们对艺术价值的追求达到了炉火纯青的地步，他们对作品的每一个细节、每一个工艺流程都一丝不苟的严谨态度充分表现了一种艺术完美主义的精神。这种对艺术美学追求的完美主义态度在后来佛罗伦萨洗礼堂的东大门创作中得到了充分的体现。

　　安德里亚·比萨诺的青铜镀金作品《佛罗伦萨洗礼堂南大门》的成功极大地刺激了佛罗伦萨城市贵族和艺术界对艺术追求的欲望，该城的元老院决定委托艺术家参照安德里亚·比萨诺当年签约的方式制作第二扇洗礼堂大门。他们花了 2 年的时间，聘请了 34 位评审员，从全意大利最有名的大师级艺术家们中间最后选定吉贝尔蒂（Lorenzo Ghiberti，1378－1455）的设计方案，以以撒的牺牲为主题来制作这个东大门群体人物铜像。该合约花费 22000 弗罗林金币，相当于佛罗伦萨城邦的全部防卫预算。

　　吉贝尔蒂是一位偏执的完美主义者，他将艺术放在利益的追求之上，他能为了一个部件做上数月，甚至数年，而一旦最后一道工序不完美，他都会毁掉重做。完成这个合约他用了整整 20 年，从 1403 年到 1423 年。随后，他又受托装饰佛罗伦萨洗礼堂的第三扇铜门，这次他用了 30 年时间做成了被米开朗琪罗称为"天堂之门"的艺术珍品。2 年后，吉贝尔蒂去世，他用了近半个世纪的光阴造就了佛罗伦萨洗礼堂的青铜大门。与此同时，通过他的工作坊培养了一大批文艺复兴的艺术家，后来著名的文艺复兴艺术大师多那太洛就是其中的佼佼者。

　　多那太洛（Donatello，1386－1466）是一位高傲的艺术家，他出身卑微，父亲是一位木雕师。多那太洛 1404～1407 年曾拜吉贝尔蒂为师。他从不屈从和特意敬重权贵，做事我行我素。他独特高贵的个性受到各阶层人士的尊重，也为工匠的身份赢得了荣誉。他这个顽固的平民扮演了一个历史性角色，将美之制造者的社会地位从工匠提升到艺术家。文艺复兴时期的艺术家大多出身于工匠，这个跨越正是文艺复兴之宗教的跨越。之前的宗教是工匠的信仰，之后的宗教是艺术家的信仰。

　　如果说此前的艺术家们的主要雕刻作品都是以人物群像的形式展现一系列宗教故事情节，由于人物在群像中的有限面积，只能表达一种瞬间的情感和人性特征，那么，多那太洛的作品则以人物个体的半身和全身雕像的形式出现，以全面立体的人物形象多方位、多角度地塑造出完整的人物性格。这时的雕刻人物是充满活力的，从目光、发式、手足的姿态、衣物的皱褶到人物手中的圣经和盾牌等道具，都在呈现人物内心的情感和爱憎情趣。这些作品有的高达 200 厘米以上（如《福音书作者圣·约翰》，作于 1410～1411 年，大理石，高 210 厘米；《大卫》，作于 1430 年，青铜，高 185 厘米）。

文艺复兴时期雕塑艺术的登峰造极式人物当然要数米开朗琪罗了。米开朗琪罗（Michelangelo Buonarroti）于 1475 年出生于佛罗伦萨，89 岁时逝于罗马，其艺术生涯超过 70 年，一生献身于艺术，从未间断过。他是集雕刻、绘画、设计、建筑和诗作于一身的意大利文艺复兴的大师级人物。在众多艺术形式中，他特别钟爱雕刻，这也许是由于他小时候奶妈的丈夫是一位雕刻师，他是"在凿子和槌子的敲打声中吸吮"她的奶。所以，他不顾父亲的反对，倾情于雕刻艺术的创作。他于 17 岁时创作出大理石浮雕《半人马之战》，作品显示出他在石刻艺术上的熟练技巧。25 岁时，他终于成功地完成了他的第一件重要委托案《圣殇》（圣母玛利亚哀痛已死的基督）。这是一件宗教作品，米开朗琪罗借此表达的却是人类的力量和悲怆、高贵和怜悯、对人性脆弱和人类耐力的意识。观者从中直接的体验是人性，而过渡和转化的体验才是神性，是充满了崇敬、感激、忧伤和祷祝的矛盾情绪。这件作品的艺术感染力是空前的，圣母坐在石凳上，耶稣半裸的身躯躺在母亲怀中，四肢散落般地自然下垂，头面部枕在母亲右臂仰天向外倾斜。作品中耶稣的整个形象的每一个细节都在表达一个主题：死亡，即殇。作品的核心在于圣母的面部表情，嘴唇紧闭，眼帘下垂几乎成一条缝，展示出恰如其分的哀伤和悲怆。作品中圣母的头巾和衣服以及下垂的裹尸布的皱褶细腻而深刻，形成了大面积的立体化表达手法，使整个作品的感染力激增。《圣殇》为他在青年时代就赢得了艺术超人的名声。

然而，米开朗琪罗最为后人敬仰的作品要数巨型大理石雕刻《大卫》了。这一人物主题是为佛罗伦萨大教堂创作的，应该是宗教内容作品，况且，在此之前，已有多那太洛（1430 年）和韦罗基奥（1473 年）两位大师为这一题材创作过两尊大型全身青铜雕像。而米开朗琪罗使用大理石材料，摒弃了前两个作品中故事性表述的道具——剑和歌利亚的头；又大胆地摒弃了前两个作品中已少有的衣帽，以434厘米巨型雕刻的体量全面展示了一个男性全部裸体的每一个细节。这应该是意大利文艺复兴时期的巅峰之作。他以纯粹的艺术手法直接表现了男性的躯体之美，力量、和谐、比例，更表达了男性的精神之美——坚毅、不屈。这是一件惊世之作，其惊动世人是因为它本来是受托为教堂制作的宗教作品，以往的作品都是借表达神性而捎带人性，在人性与神性之间寻找一种平衡与妥协，而《大卫》纯粹表达了人性，这是一个人性的宣言，大胆而勇敢。也许是因为这个原因，这件惊人之作一经完成（1504年），一个由高级公民和艺术家组成的委员会便决定把它放置在佛罗伦萨市政厅门前的广场上，这是意大利自古以来，大型裸体雕像首次出现在公众场所。

四　建筑

与文学、雕刻、绘画之类的纯粹精神创造和美学表达不同，建筑本身首先是一种功用优先的造物。从古代埃及和古代两河流域到古希腊和古罗马，西方建筑都以其宏大的气势和空间形式凸显出宗教的神圣感和王权的威力。这些古代建筑到今天完整保存下来的已经很少，但从其残存的遗址我们也能看到其风格和气势。埃及的金字塔、狮身人面像、阿斯旺的神庙，希腊雅典的帕特农神庙和罗马的斗兽场等都是这种建筑的杰作。这种建筑物显然也有其美学价值和一定的审美诉求，但其总体倾向是显示一种权势和压力。到了文艺复兴时期，意大利经历了长期的动荡和战乱，许多古典建筑都成为废墟，百废待兴，一个庞大的建筑市场在呼唤着一场建筑的革命。而文艺复兴运动的精神成果就成为这场建筑革命的主导精神。

和文学、绘画、雕刻不同，建筑不能直接表达人性解放的诉求，文艺复兴时期的建筑是通过美学表达的形式赋予建筑本身功能之外一种特殊的精神价值，使建筑本身的美感与和谐给人们一种美的享受，从而达到文艺复兴的价值效果。正是这种美学价值和审美意义伸张了人的精神内涵，同时又淡化了宗教建筑本身神性诉求对人的压抑感。

另外，建筑的文化意义比其他文艺形式更能影响普罗大众的情趣和感受。因为建筑，尤其是大型建筑，构成了一个城市或社区的基本轮廓线，市民们每天都游走在这些建筑所在的空间视域之间，一个教堂、广场、街道和花园是以一种什么样的美学意识干预着市民的视觉体验是至关紧要的。文艺复兴时期的意大利艺术家们是以一种全新的建筑语汇展现出人文主义的美学态度，并将古罗马和古希腊的经典的建筑元素融汇其中，成功地奠定了整个欧洲的建筑学基础。

文艺复兴之前的欧洲建筑特色是 12 世纪发源于法国的哥特式建筑。它是仿罗马式建筑发展而来。哥特式建筑主要用于教堂建筑，其风格为高耸削瘦带尖的屋顶，像削尖的竹林，直插云霄。其意在于表达宗教天国的神秘和崇高无限的含义，这种向上无限拔高的气势和密集的尖顶也给人以压抑和高不可攀的感觉，这正是中世纪神圣信仰的诉求。

文艺复兴时期的意大利人并不太接受当时流行于法国、英国和西班牙等地的哥特式建筑，他们渴望从自己的文化根源中撷取优秀的元素来创新。同样，文艺复兴的建筑也起源于佛罗伦萨，基于对中世纪神权至上的背离和对人文主义的肯定，文艺复兴建筑借助古典建筑的比例与和谐，拥有严谨的立面和平面构图以及从古典建筑继承下来的柱式体系。由布鲁内莱斯科（Filippo Brureleschi，1377－1446）设计，建于 1420～1436 年的佛罗伦萨大教堂就是文艺复兴建筑的一个代表作——庞大的长方形教堂，正立面和祭坛之间有 4 个宽敞的柱间距，祭坛本身平面呈八角形，上方是巨大的鼓形体和圆顶。这个庞大的圆顶代替哥特式有点疯狂的丛林般的尖刺式屋顶成为文艺复兴式建筑的一种符号，象征着和谐和温情，它的灵感来源于古罗马万神殿的圆顶。

古罗马的万神殿圆顶是古罗马人利用奴隶劳工用蛮力建造的，而布鲁内莱斯科的圆顶则是科学的结晶，他利用静力学的压力知识解决大教堂圆顶的结构问题，他将圆顶的重量坐落在八角形祭坛的八根主助拱上，这些主助拱是底部角柱墩的结构延伸，由 16 根次助拱支撑，而所有的助拱皆由水平拱固定，并以金属张力链强化。圆顶的角度尽可能地陡峭，使它的载重相互抵消，省去了中央拱架。所有这些细节的设计都利用了当时已经十分进步的数学、几何等科学知识。这就使得一个新的职业"建筑师"应运而生。文艺复兴的建筑不再是工匠的作品，而是由设计师领导的工匠队伍的作品，这种设计师的工作是一种综合性的艺术创造活动。从此，建筑工作就由工匠的信仰转向了艺术家的信仰。

建筑师职业的形成，代表着艺术和学术进入建筑行业，其标志性事件即一系列建筑科学书籍的出版，阿尔伯蒂（Leon Alberti，1404—1472）的《建筑十书论述》和帕拉第奥（Andrea Palladio，1518—1580）的《建筑四书》等。这些书的出版代表着一种科学理性精神对建筑的认识和诠释，是真正的人文主义的体现。

意大利的建筑师职业化引出了一支艺术化的建筑师队伍，一些雕刻家、画家、设计师都加入进来，使意大利文艺复兴时期的建筑成为人文主义精神的大展示，其杰作就是历时近200年，经历过12位建筑师及32位教皇的圣彼得大教堂，文艺复兴的大师级全能性人物拉斐尔、布拉曼特、米开朗琪罗都为该教堂的建筑倾注了精力和时间。要问是谁建了圣彼得大教堂，答案是：上帝和时间。意大利文艺复兴时期建筑的另一个人文主义特点是从实用到纯美学的转变，从功能要求到浮华炫耀的转变。艺术家们常常因为纯美的要求增加许多构件：一组组高雅的窗户并不透光，除了装饰没有任何功用；美丽的大理石柱不支撑任何东西。

文艺复兴运动在建筑领域的表现不仅体现在教堂建设方面，而且也体现在为佛罗伦萨、威尼斯、罗马等的新兴商业贵族建造私家府第和别墅，为城市公共设施配建广场和花园方面。在这些非宗教建筑中，人文主义自由浪漫的风格得到了更充分的体现。

五　绘画

虽然文学开创了文艺复兴的先河，雕刻最直接或直观地表达了人性，建筑以最宏伟的空间干预方式彰显了人文主义精神，但文艺复兴最终也是最伟大的成果还是绘画。文艺复兴的绘画艺术是从方法上的革命开始的。根据黑格尔美学理论，雕刻和建筑都是三维的艺术，而绘画是二维的艺术。三维的艺术好表达，因为事物本身在空间上是三维的，人们欣赏一个三维的艺术成果可以通过自身在实际空间的移动来实现，所谓移步易景。但绘画是二维的，是平面的艺术，是对三维实际物体抽象的结果。

在远古，无论东方还是西方，视觉化是散视性的，画家把他看到的景物记忆下来，他在观察事物时并不是单一视角。他可以多视角观察，在自己头脑中形成已知的景象，但当他要在一个二维平面上表现这所有细节时遇到了困难，画出人脸的正面，就看不到后脑勺，画出侧面，就只能看到一只耳朵和眼睛。画家试图将感受到的所有细节都有系统地描绘出来。画面上的事物的确都存在，画家要传递的信息也是准确的，从这个意义上来说作品是真实无疑的。但观者的眼睛并没有真的看见全部的信息，没有产生真实感，画作会显得虚假、笨拙或粗糙。我们在古埃及金字塔内的墓壁上可以看到这种画作的典型样板。

这种从三维到二维的意象转换的不成功极大地束缚着人的想象力，限制了人的审美感受。实际上，早在公元前5世纪古希腊艺术的古典时期，人们就已经能够使用透视缩短法描绘人体，创造出实体的二维幻象，这种以透视来取代散视艺术的过程是导引人类文明向前的一大步。古希腊人不只是用透视法绘画人体，也画出逼真的动作和人体所处的环境。他们使用透视缩短法和其他幻觉技巧，同时结合透视法，来努力征服画面的空间，使观者可以在二维的平面观察到或感受到三维的效果，可惜这些希腊壁画没有流传于世。古罗马人曾经继承了古希腊人的知识和技巧，在庞贝古城发掘出的一些墙体壁画上可以看见线性和空间透视法、透视缩短法和其他技巧的运用。

但这种幻觉艺术的精致形式消失于欧洲的古代或中世纪的黑暗时代早期，技术也已经失传。艺术家们重返散视性艺术或原始视觉艺术。所以，绘画的文艺复兴首先就是方法和技术上对古希腊和古罗马的绘画技术的挖掘和复兴。好在在拜占庭和意大利仍有足够的幻觉技巧作品的残存保留下来供人们研究和模仿。在意大利中部，首先是画家奇马布埃（Giovanni Cimabue，1240–1302），然后是杜乔（Duccio di Buoninsegna，1255–1319）和乔托（Giotto di Bondone，1267–1337），他们开始用透视缩短法和不同形式的透视法为佛罗伦萨和锡耶纳等地的教堂作画。1436年，阿尔贝蒂在他的《论绘画》中详细论述了透视法的绘画理论，为透视法的普及做出了重要贡献。从此，几乎所有意大利一流画家都开始熟悉透视法。他们能够在二维画布上自然地组织空间，展现更多样的主题。更重要的是，透视法使画家更大胆地发挥其想象力，它给了画家一种从未享受过的自由。更重要的是，这种技术的自由能够超越艺术享受转化为人的精神的自由。

像其他艺术形式一样，文艺复兴时期的绘画艺术最初也是服务于教会的宗教题材画，所以，是以教堂的壁画为主。文艺复兴的绘画大师们几乎都有著名的教堂画像存世。有趣的是，绘画的文艺复兴虽然起始于意大利，但绘画的材料的革命却发生于北欧，后来才传到意大利。当意大利的画家们忙于挣教会的钱，费力耗时地在教堂的墙壁和客厅顶上画宗教画时，北欧低地三国的人已发明木板油彩画，后来又发明了帆布画，这种材料的革命大大解放了生产力，使绘画可以走进平常人家，为普通人画肖像画这样的商业画。结果我们看到，商业化的发展终结了教会对绘画艺术的垄断。艺术家同时也逃离了宫殿大宅的束缚，摆脱了权势者通过艺术赞助加予艺术家们的人身依附关系。绘画艺术家们在精神上获得自由之后，又获得了人身的自由，可以创作属于自己的作品了。事实上，意大利的绘画从此完全不一样了。

应该看到，文艺复兴时期的艺术家们并不是简单地复兴和模仿古代，而是从古代人的作品中汲取其自由精神，并以此为基础开拓出新的人文世界，将人类文明不断向前推进，这就是文艺复兴的真正精神。

意大利文艺复兴时期的绘画史被分为三个阶段，第一阶段是自乔托开始，第二阶段是自马萨乔开始，第三阶段是自达·芬奇开始。乔托被称为佛罗伦萨画派的创始人，是文艺复兴的第一个代表人物，被誉为"欧洲绘画之父"，他第一个突破中世纪拜占庭美术准则的束缚，开辟了文艺复兴绘画的新道路，他的绘画显然大多是以宗教故事为题材，为教会和教堂服务，但他在画中充分表达的是活生生的现实生活气息，人物造型极富立体感的表达方式使观者感受到的更多是人性而不是神性。其名作《背叛基督》和《哀悼基督》中传达出极强烈的情感，画中人物的脸孔忧虑、抽搐且满脸流泪，使人有亲临其境之感。透视法的巧妙使用，使乔托能够将人物放置在复杂的背景之中，使画面结构有了深度，感觉真实亲近。后世艺术家，像吉贝尔蒂、阿尔伯蒂和达·芬奇在评论乔托时都认为是他废止了拜占庭画法，开了以自然为师的先河。

马萨乔（Masaccio，1401-1428）在一定程度上继承了乔托的画风，成为现实主义画派的大师，但他比乔托更注重学习和研究，他通晓有关绘画的古典文献，研读了许多新出土的文学作品，受到古代人文精神的鼓舞。更重要的是他通过对布鲁内莱斯特的建筑透视图板的深刻研究，使自己作品中使用透视法的背景更加自然，他被誉为"现实主义开荒者"。

意大利文艺复兴的高潮是绘画艺术，从乔托、马萨乔到达·芬奇（Leonardo da Vinci，1452-1519）的近300年间，出现了许多伟大的画家，他们都以各自独特的贡献位列文艺复兴绘画的英雄榜。他们有以《圣罗诺战役》而著名的透视法专家保罗·乌彻罗，有以威尼斯社会生活的生动画面做宗教画背景而著称的威尼斯画家贞提尔·达·法布利亚诺（1370~1427），有将自然与生活生动地融入宗教画中，以把花鸟鱼虫、城堡市镇做背景的《三王来朝》而著称的伯诺佐·哥佐利。他们把宗教活动描绘成一种娱乐，对美丽有趣的世界中的生活喜悦的颂赞本身就是人文主义精神。到了14世纪末和15世纪初，意大利文艺复兴的绘画已经趋近成熟，出现了风景画和写实主义画风，油画成了主流，架上画已被引进，肖像画大为流行。与此同时，数学、几何学、解剖学等科学知识也在影响着绘画的发展。这些进步都标志着文艺复兴绘画的巅峰时代即将到来。波提切利（Sandro Botticelli，1445-1510）以一幅《维纳斯的诞生》，跳出宗教画的框框，大胆表达异教风情和古典女神，以一种无忧无虑、享乐主义和优雅的情感展现了一种纯粹的人文主义精神。

到了15世纪末和16世纪之初，意大利文艺复兴的绘画进入了以绘画三杰为代表的巅峰时期。达·芬奇早年在佛罗伦萨最著名的韦罗基奥工作坊受过严格的训练和艺术商业化的熏陶。他的爱好广泛达到了漫无边际的程度，也许这正是他性格和思想自由放任的优点，从而使他成为一个创新而不是复古的艺术大师。达·芬奇也创作宗教作品，为宫廷和教堂作画，但他最著名的还是人物肖像画，在《蒙娜丽莎》、《岩间圣母》和《抱貂的女子》三作最优秀作品中，最有名的是《蒙娜丽莎》，但最有艺术价值且最能反映人文主义艺术价值的是《抱貂的女子》。他在这幅画中成功地使用白色提亮和明暗对照法，将女人的妩媚、尊贵、庄严和神秘感表现得淋漓尽致，使每一个观者心悦诚服，被其中蕴含的人性魅力所折服。

如果说达·芬奇以知识贡献于文艺复兴，那么拉斐尔（Raffaello

Sanzio，1483-1520）的贡献则在于对纯美的发现与追求。拉斐尔在其短暂的生命（37 岁）中专注于宗教题材画。在文艺复兴的艺术家中，他是少有的没有怪癖的人。赞助人都觉得他是完美的画家，和蔼可亲，值得信赖，信守承诺，按时交件。他的性格正反映了他对宗教题材创作中所抱有的虔诚的信仰，他的创作代表了西方宗教艺术中心题材极具创意的变化。在《西斯廷圣母》中，拉斐尔以令人惊异的技巧绘制的圣母像是活生生的女性，宁静而温柔，忠实且虔敬，这是在宗教的心灵中启发出来的信仰，是最纯真高尚的信仰，使审美者感到狂喜，这是真正的信仰的装饰。

米开朗琪罗更多的是位雕刻家，但他以其在梵蒂冈西斯廷礼拜堂祭坛天花板上的惊世杰作《最后的审判》奠定了自己在文艺复兴画坛上的超凡地位。他忽略风景而直击人体，因为这是文艺复兴的典型意识：艺术只关乎人性，与其他无关。在这幅尺寸巨大的《最后的审判》中，他描绘了上百位主要是男性的不同姿势和位置的裸体，十分逼真实在，是写实主义的杰作，他表现了人类无比圆熟的形态，展示了"人是依上帝的形象所造"这一神圣的象征性公理。

意大利文艺复兴绘画在后期真是群星灿烂，美丽辉煌。布隆齐诺（Agndo di Cosimo di Mariano Bronzing）的《维纳斯·丘比特，放荡与时间》、帕尔米贾尼诺的《长颈圣母》、科雷焦的《伊娥》和《牧羊人的朝拜》以及乔尔乔涅的《沉睡的维纳斯》都是文艺复兴绘画的闭关杰作，证明了文艺复兴运动的成功和完美。如果说文艺复兴绘画在意大利有一个收官人物，那可能要数提香（Tiziano Vecellio，1485-1576）了。这位长寿多产的艺术大师的绘画作品涉及题材广泛，其历史、宗教、肖像、神话和寓意各个题材领域的作品在意大利乃至整个欧洲都可以说傲视群伦。他的作品就是意大利文艺复兴艺术的摘要。他的代表作《酒神与阿里亚德涅》成为在他之后 200 年间画家们用来衡量自己作品的标准尺度。

以上我们细数意大利各种文学艺术形式在历时 400 年左右的文艺复兴中的演化过程，梳理意大利民族乃至西方社会，怎样从中世纪高度宗教化的一神观念状态中以一种温和温情的方式解放出来，使人的精神世界从纯神性统治中挤出一定的空间，加入人性元素，形成西方人一种新的精神结构的。我们不能说文艺复兴的人文主义精神使一神教的独尊神性的精神境界降低了，而应该说是用人性表达的精神替换了一部分神性精神。

需要补充的是，基于欧洲封建经济衰退，商业资本主义兴起的背景，教会势力对于文艺复兴运动中的人文主义精神没有形成有组织的抵制和反对，从而形成了神性对人性的让步，是一次温柔的背叛。这种温柔的背叛实际上为后来的宗教改革提供了思想基础，教会的神圣地位被逐步瓦解，西方人的信仰形态在发生蜕变，文艺复兴和后来的理性运动是西方人精神世界另开的一扇窗户。这是后话，暂且不论。

A Gentle Betrayal

—A Fresh Look at the Italian Renaissance

Liu Yunde

Abstract：The Italian renaissance was the revival of the humanistic spirit, which formed the opposition against the dominant god at that time, and reached the balance demand of human nature for divinity. In about 400 years of revival, Italian literature, sculpture, architecture, painting and other art forms were not in the way of revolutionary devastating storm to wash out the medieval highly religious concept of One God, but in a gentle way infiltrating human nature elements into people's spiritual world ruled by pure divinity, and occupied a certain position, formed a new humanism spirit. Created by literary giants these advanced languages, which expressed exquisite and profound thoughts and emotions, and precise and abstract concepts, were more directly and closer to people's thought and emotion expressions, so the revival of literature was earlier than the revival of art, and as an aesthetic pursuit the art revival was more complex and more vivid in carving, architecture and painting and so on these forms of visual aesthetic expression, also showing people's spiritual appeal.

Keywords：Renaissance；Humanism；Literature；Art

《珠江论丛》征稿启事

《珠江论丛》是由珠海科技学院（原吉林大学珠海学院）主办的人文社会科学学术理论刊物，由社会科学文献出版社出版，中国知网（CNKI）全文收录。

本刊秉持服务国家战略、追踪学术前沿、传承优秀文化、打造区域特色、助力学科建设的宗旨，以创新思维、多学科视角开展国内外人文社会科学领域重大理论问题和现实应用问题研究，为广大教师、科研工作者开辟学术窗口，为创新性应用型大学建设和粤港澳区域经济社会发展服务。

本刊的主要内容有，在中国改革开放进入新时代的背景下，结合粤港澳大湾区经济建设实际，在经济管理等社会科学领域开展理论前沿、发展战略、社会热点问题研究，在人文学科领域结合中华传统文化、岭南区域文化开展哲学、历史、文学、艺术等基础理论问题研究，在国家"新文科"观念引领下开展跨学科、跨行业、跨地域和国际化等综合问题研究或比较研究。

为了充分发挥《珠江论丛》这一学术平台的作用，本刊面向校内外作者诚征稿件，尤其是有关粤港澳大湾区经济建设和岭南区域文化的最新学术成果，本刊将优先发表。欢迎广大教师，从事人文和社会科学研究的专家、学者，以及致力于人文社会科学研究的社会各界同人踊跃为本刊撰稿。具体事项及要求说明如下。

1. 来稿须保证首发及原创，已发表过的论文、因袭的论文不予采用。

来稿确保不涉及保密、署名无争议等，作者文责自负，本刊保留以法律途径追究相关作者责任的权利。

2. 来稿要求主题明确、结构严谨、数据可靠、文字简练，一般稿件以8000~12000字为宜，最多不超过20000字。

3. 请注意使用最新数据资料，以使文章更好地说明最新变化情况。论文中如有计量单位，须一律用国际标准书写。

4. 请注意论文用词的严谨和学术性（如在对国内相关情况进行表述时，不应出现"我国"等字样，而应为"中国"）。

5. 正文前应列有200字左右的内容摘要（内容摘要是全文的缩写，也是主要观点的摘写，请采用第三人称的叙述句）、5个以内关键词，以及不超过3个作者名称，同时提供与中文题名、摘要、关键词相对应的英文译文。文章可以以项目组名义署名，但应介绍主要成员；若文章有基金项目（课题）背景，请标明项目（课题）来源、名称及编号。

6. 文中引用他人作品时，请按照原作者姓名、文献名称、出版者和出版年及页码（卷数）顺序列出，以脚注方式（放置于当页下）用①②③……标出注释，并选择"每页重新编号"；参考文献中的作者有2名以上时须全部列出。

7. 来稿后面应按照引用的先后顺序列出参考文献，并标注出参考文献的作者名、引用文题名、出版单位以及出版日期。

8. 文中尽量少用缩略语，必须使用时于首次出现处先叙述其全称，然后括号注出中文缩略语或英文全称及其缩略语，后两者间用"，"分开（如该缩略语已共知，也可不注出其英文全称）。缩略语不得移行。

9. 电子稿件须采用Word格式以邮件附件的方式发送至本刊编辑部，并于文后标注作者简介（真实姓名、所在单位、职称、是否博士、硕士生或博士生导师、研究方向等）及联系方式（电邮、电话、通信地址、邮编，以便邮寄刊物使用）。

10. 编辑部有权对稿件做技术性及文字性修改，有权提出修改意见由作者自行修改，不同意任何修改的作者请在来稿时注明。

11. 稿件一经采用，将向作者赠送当期刊物两册。自投稿之日起3个月未见回复的稿件，视为不予采用，作者可自行处理。不予采用的稿件编辑部不再通知作者，也不做退稿处理，请作者注意保留原稿。

来稿请寄： 广东省珠海市金湾区珠海科技学院学报编辑部

邮　　编： 519041

联系电话： 0756-7626879

投稿邮箱： zhujiangluncong@163.com

网　　址： https：//zjlc.zcst.edu.cn

图书在版编目（CIP）数据

珠江论丛.2022年.第1辑：总第31辑/刘鸣主编
.--北京：社会科学文献出版社，2022.12
ISBN 978-7-5228-0316-6

Ⅰ.①珠…　Ⅱ.①刘…　Ⅲ.①社会科学-文集　Ⅳ.
①C53

中国版本图书馆 CIP 数据核字（2022）第 109785 号

珠江论丛（2022 年第 1 辑　总第 31 辑）

主　　编 / 刘　鸣

出 版 人 / 王利民
责任编辑 / 桂　芳
责任印制 / 王京美

出　　版 / 社会科学文献出版社·皮书出版分社 （010）59367127
　　　　　地址：北京市北三环中路甲 29 号院华龙大厦　邮编：100029
　　　　　网址：www.ssap.com.cn
发　　行 / 社会科学文献出版社 （010）59367028
印　　装 / 三河市东方印刷有限公司

规　　格 / 开　本：787mm×1092mm　1/16
　　　　　印　张：25.75　字　数：400 千字
版　　次 / 2022 年 12 月第 1 版　2022 年 12 月第 1 次印刷
书　　号 / ISBN 978-7-5228-0316-6
定　　价 / 158.00 元

读者服务电话：4008918866